Lust an der Kunst

SERIE PIPER
Band 1250

Zu diesem Buch

Das, was große Künstler über ihre Arbeit schrieben, was bedeutende Kunsthistoriker und Schriftsteller über Meisterwerke und Tendenzen der Kunst von der Renaissance bis zur Gegenwart sagten, Visionen der Schaffenden und Wahrnehmungen der Urteilenden, fügt sich zu einem Kaleidoskop von Informationen und Einsichten. Zu Wort kommen unter anderen Künstler wie van Gogh, Gauguin, Kandinsky, Marc, Barlach, Beckmann und Interpreten von Rang wie Max Dvořák, Meier-Graefe, Reinhard Piper oder Worringer.

»Lust an der Kunst« knüpft an die mit großem Erfolg in der Serie Piper erschienenen Lesebücher an, die Texte von Autoren des Piper Verlags enthalten. Zugleich dokumentiert dieser Band die Kunsttradition eines Hauses, das 1912 das wichtigste künstlerische Manifest des 20. Jahrhunderts publizierte – den Almanach »Der Blaue Reiter«.

Klaus Piper, geboren 1911 in München als Sohn des Verlegers Reinhard Piper. 1932 Eintritt in den Verlag R. Piper & Co. Seit 1953 dessen alleiniger Leiter, seit 1983 gemeinsam mit seinem Sohn Ernst Reinhard Piper.
Karin Staisch, geboren 1964 in München als Tochter von Klaus Piper. Studium der Germanistik und Kunstgeschichte. Verlagslektorat. Lebt in München.

Lust an der Kunst

Ein Lesebuch

Herausgegeben von
Klaus Piper und Karin Staisch

Mit 35 Abbildungen
und Faksimiles

Piper
München Zürich

In der Serie Piper liegen außerdem vor:
Lust an der Natur (550)
Lust am Reisen (650)
Lust am Forschen (1050)
Lust am Lachen (1170)
Lust an der Musik (8250)

ISBN 3-492-11250-1
Originalausgabe
September 1991

Umschlag: Federico Luci,
unter Verwendung des Gemäldes
»Improvisation 26 (Ruder)« (1912) von Wassily Kandinsky

Gesamtherstellung: Clausen & Bosse, Leck
Printed in Germany

Inhalt

Vorwort

»Lust an der Kunst« – dieser Band, der die Reihe der Lesebücher in der SERIE PIPER fortsetzt – bietet einen Lesestoff, für den es innerhalb der heute in den Taschenbuchreihen vertretenen Sammlungen thematisch kaum etwas Vergleichbares gibt.

Schöpferische Künstler, Kunsthistoriker und Kunstkritiker versuchen in diesen Texten der künstlerischen Prozesse habhaft zu werden, bildnerische Inhalte und Ausdrucksformen aufzuhellen. Sie stellen sich die Aufgabe, den Geist eines großen künstlerischen Œuvres und die Tendenzen einer Epoche zu verstehen. Die hier vorgestellten Texte sind heute zum großen Teil gar nicht oder nur schwer auffindbar, da die Publikationen, denen sie entnommen sind – alles Werke, die einst im Piper Verlag erschienen –, größtenteils seit langer Zeit vergriffen sind und nur noch in Bibliotheken zur Verfügung stehen.

Für Reinhard Piper, der seinen Verlag 1904 in München gründete, waren Bücher über Kunst, künstlerische Faksimile-Ausgaben und Kunstdrucke das Herzstück seiner Verlegerarbeit. Besondere Bedeutung erlangte dabei der Almanach »Der Blaue Reiter«, dessen Veröffentlichung Wassily Kandinsky und Franz Marc dem jungen Verleger anvertrauten. Im »Blauen Reiter«, 1912 erschienen, sammelten sich wie in einem Prisma die neuen Ufern zustrebenden künstlerischen Kräfte der Zeit. Der Almanach wurde dadurch bis heute zum Begriff einer ganzen Kunstbewegung. Der zwei Jahre nach seinem Erscheinen ausgebrochene Weltkrieg hat es verhindert, ihn mit neuen Folgen, die geplant waren, fortzuführen.

Reinhard Piper war mit vielen Künstlern und bedeutenden Schreibern über Kunst in freundschaftlicher Zusammenarbeit verbunden – so mit Ernst Barlach, Max Beckmann, Alfred Kubin, Olaf Gulbransson; mit Ernst Buschor, Wilhelm Hausenstein, Wilhelm Worringer, Julius Meier-Graefe und vielen anderen. Er brachte die ersten deutschen Bücher über Künstler wie Pieter Brueghel d. Ä., Poussin, Daumier, Delacroix, Renoir, Courbet, Manet, Munch. Eine erfolgreiche Frucht der Faksimile-Reproduktionen wurden die Piper-Drucke, die es einem großen Kreis von Kunstfreunden, die keine Originale erwerben konnten, ermöglichten, mit berühmten Gemälden bei sich zu Hause umzugehen.

Die Veröffentlichung all dieser Kunstbücher, der Mappen-Werke und Drucke wäre undenkbar gewesen ohne den leidenschaftlichen Einsatz und die Risikobereitschaft des Verlegers, dem für die Gründung seines Unternehmens nur sehr begrenzte Mittel zur Verfügung gestanden hatten. Davon zeugen die Briefe, in denen Piper Kandinsky und Marc, den »Blaue-Reiter«-Herausgebern, seine Probleme vortrug. Für das gebildete Deutschland wurden die Kunstbücher des Piper Verlags dank dem Rang ihrer Autoren und auch der besonderen Qualität der Buchgestaltung zum Begriff.

Inhaltlich gliedert sich der vorliegende Band in vier Kapitel: Im ersten werden bestimmte Aspekte des Werkes eines Künstlers erörtert, oder ein Zeitgenosse dieses Künstlers befaßt sich mit seiner Persönlichkeit. Das zweite Kapitel läßt die Künstler in Tagebuchausschnitten und Briefen selbst zu Wort kommen. Das dritte Kapitel ist dem »Blauen Reiter« gewidmet. Im vierten und letzten Abschnitt werden Einzelaspekte der europäischen Kunstgeschichte beleuchtet.

Die Herausgeber begrüßen die Möglichkeit, mit diesem Band die Leser und Kunstfreunde von heute auf Entwicklungen und Aspekte der bildenden Kunst aufmerksam zu machen, deren hier auftretende Interpreten – dabei sei besonders der Kunsthistoriker und Kunstschriftsteller gedacht – inzwischen oft nur noch Kennern und Fachleuten geläufig sind. Gleichzeitig hoffen wir, daß die hier vorgestellten Segmente künstlerischer Auffassungen, von Visionen und Urteilen einen anregenden Blick in das Universum der Kunst überhaupt eröffnen, spannt sich doch der kunstgeschichtliche Rahmen unseres

Lesebuchs von der Renaissance über Vermeer und Altdorfer bis zu Beckmann und Rauschenberg. Inhaltstypisch bieten die Texte des Lesebuchs sowohl Bildanalysen über Hogarth wie Kunstpolitisches der Nazi-Zeit, leidenschaftliche Bekenntnisse in Briefen van Goghs oder geistesgeschichtliche Perspektiven bei Max Dvořák. Um den Band preiswert zu gestalten und damit vor allem auch jungen Kunstfreunden zugänglich zu machen, mußten wir uns auf eine schmale Auswahl von Bildbeigaben beschränken.

München, im Februar 1991

Klaus Piper und Karin Staisch

I. KÜNSTLER – KUNSTWERKE: BEGEGNUNGEN UND DEUTUNGEN

Franz Winzinger

Altdorfer und Dürer

Dürers Größe beruht nicht zuletzt darauf, daß er den ganzen künstlerischen Vorstellungsbesitz seiner Zeit mit der größten Empfänglichkeit aufnahm und in seine eigene Ausdrucksweise übersetzte. Der Eindringlichkeit der Formsprache Dürers hat sich auf die Dauer kaum ein Künstler seiner Zeit ganz entziehen können. Nur Altdorfer erscheint im ersten Augenblick fast unberührt davon, wenn er auch gelegentlich Dürers Motive ziemlich getreu übernimmt, wie in der »Falkenjägerin zu Pferde«, die dem »Ritter mit dem Landsknecht« nachgebildet ist. Er übersetzt das Vorbild Dürers aber derartig frei in seine ganz eigene, sichere Handschrift, daß diese Zeichnung einer völligen Neuschöpfung gleichkommt und der Zusammenhang bisher überhaupt nicht erkannt wurde. Der feurige Geist, der aus Dürers »Apokalypse« entgegenschlug, und der in seiner leidenschaftlichen Erregtheit so sehr an Veit Stoß erinnert, muß auch den jungen Altdorfer mächtig angerührt haben. Außerdem darf man nicht übersehen, daß Dürer auf seiner Rückreise von Venedig im Frühjahr 1495 in Südtirol schon reine Landschaftsbilder von größter Eindringlichkeit festgehalten hatte und daß so reiche Landschaftsausschnitte, wie z. B. im »Meerwunder« oder in einzelnen Blättern der »Apokalypse«, schon vor 1500 entstanden sind und Altdorfer sicherlich wohlbekannt waren. Daß er von Dürer entscheidende Anregungen für seine Landschaftskunst empfangen hat, zeigen besonders die buchtenreichen und gebirgigen Küstenlandschaften seiner »Ruhe auf der Flucht« von 1510 in Berlin oder der Kasseler »Kreuzigung«, die ganz dürerisch anmuten.

Im Mittelpunkt alles künstlerischen Strebens steht bei Dürer der Mensch, aber es ist nicht wie bei Rembrandt der Mensch in seinen Leidenschaften, die »menschliche Komödie« zwischen Erniedrigung und Verklärung, sondern es ist die äußere menschliche Gestalt, die Dürer zum bevorzugten Gegenstand seiner Kunst macht. Bei ihm durchdringen sich dabei zwei

Züge in auffallender Weise, vor allem eine unerhörte Fähigkeit, die ganze leibhaftige Wirklichkeit der Erscheinung zu ergreifen, und dann aber das heiße Bemühen, das innerste Wesen aller Dinge zu ergründen, ihr Gesetz und Maß zu finden. Dafür fehlt ihm aber oft der Sinn für die Zwischenzustände des Seelischen, für das Zwielichtige und Geheimnisvolle, das oftmals alle Augenwirklichkeit so zweideutig macht. Alles drängt bei ihm zur Realität, und im Meßbaren, im Gesetz, erfüllt sich seine Kunst am vollkommensten.

Dürers unbestechliche Sachlichkeit und sein Sinn für das Greifbare und Plastische sind immer gerühmt worden, aber viele seiner Werke überzieht der Reif einer doktrinären Kühle. In der Strenge und Objektivität seiner Form und in dem Gezügelten seines Temperaments liegen die Größe und Würde seiner Kunst. Dürers Augenkraft erscheint uns wie ein unfaßbares Wunder, aber oft ist es, als ob dadurch die strahlende innere Anschauung, die er doch auch in so reichem Maße besaß, gehemmt würde. Er neigt dann leicht dazu, sich im einzelnen zu verlieren: »Denn es gilt nit, daß man obenhin lauf und überrumpel ein Ding«, sagt er selbst einmal so bezeichnend.

Alle diese Merkmale fehlen der Kunst Altdorfers vollkommen. Seine Zeichnungen sind große beschwingte Einheiten, in denen sich seine kraftvolle Empfindung gleichmäßig ausdrückt. Es fehlt in den Einzelheiten oft die knappe Bestimmtheit der Form, und man erfaßt erst dann ganz ihr eigentliches Wesen, wenn man die Schönheit der vom Rausche einer großen Empfindung geschwellten Linie herauszulösen versteht, obwohl diese ihren Sinn und Wert immer erst aus dem Zusammenhang mit dem Gesamtorganismus der ganzen Zeichnung empfängt. Die kläubelnde, strichelnde Modellierung, mit der Dürer seinen Akten plastische Wirklichkeit verleiht, ist Altdorfer fremd; es fehlt ihm weitgehend der Sinn für Maß und Proportion, für Gelenk und Gliederung. Während Dürer seine Akte wie ein Stück Architektur aufbaut, sind Altdorfers nackte Gestalten oft wie knochenlose, pflanzenhafte Wesen. Die Mechanik ihrer Bewegung ist nie klar und eindeutig, immer haben sie etwas Unbestimmtes und Traumwandlerisches an sich, sie leben gleichsam ein schwebendes, schwereloses Dasein, und darum gelingen ihm auch Erzählungen mit wunderbaren, legendären Inhalten so überzeugend. Dort, wo es auf knappe, bestimmte Formen ankommt, wie z. B. in der Zeichnung von Händen, zeigt Altdorfer sein ganzes Leben lang eine geradezu rührende Unbeholfenheit, und viele der großen Gestalten des Altars von St. Florian wirken wie schlaksige Gliederpuppen. Da, wo seine Figuren klare Proportionen und eine geschlossene, ponderierte Körperlichkeit aufweisen, lehnt er sich meistens an italienische Vorbilder an.

Aus Dürers kunsttheoretischen Schriften geht ganz eindeutig hervor, daß sein ganzes künstlerisches Streben auf ein objektives Erfassen der Dinge gerichtet ist. Genau so wie Leonardo da Vinci betrachtet er jede subjektive Ausformung, in welcher der moderne Betrachter ja gerade den wesentlichen Niederschlag des Seelischen im künstlerischen Bildwerk sieht, als eine Fehlerquelle, die unbedingt vermieden werden müßte. Das wichtigste Kennzeichen für den Wert eines Kunstwerks ist für Dürer immer wieder das »rechte Maß«, und in diesem Sinn müssen die meisten Zeichnungen Altdorfers »unbesunnen Werk« für ihn gewesen sein.

Man darf deshalb diesen Blättern nicht mit der gleichen Einstellung gegenübertreten, mit der man die Zeichnungen Dürers betrachtet. Sie sind nicht besser oder schlechter als diese, sondern sie stellen überhaupt eine andere Art von Kunst dar. Auch das zeugt von dem überquellenden Reichtum der deutschen Kunst um 1500, daß sie zwei grundverschiedene Möglichkeiten hat, die Erscheinungen der Welt in gültiger Weise in eine künstlerische Liniensprache zu übersetzen. Es gibt unter Altdorfers Zeichnungen keine Studien nach der Natur wie Dürers »Rasenstücke« oder wie das »tote Reh« von Cranach. Derartig eindringliche Naturabrisse sind in seiner Form überhaupt nicht denkbar, denn es fehlt ihm vollkommen jener entschiedene Tatsachensinn und jene fast nüchterne Sachlichkeit, die vielen Werken Dürers und besonders Holbeins das Gepräge geben.

Für Altdorfer hat die Wirklichkeit sichtlich nicht die Bedeutung wie für die meisten seiner Zeitgenossen. Die Welt erschließt sich ihm anders, ohne daß die Einzelheiten erst im Spiegel seines Bewußtseins in aller Deutlichkeit sichtbar würden. Nie hat er sich ganz der Erscheinung ergeben, selbst nicht in Zeichnungen wie in jener Donaulandschaft, die Meder mit Sarmingstein in Beziehung gebracht hat. Die Bestandteile einer einmaligen, scheinbar topographischen Wirklichkeit gehen in einer großen Schau unter, die überall zum Allgemeinen drängt und sich dabei über das Besondere des Augenerlebnisses hinwegsetzt.

Mehr noch als seine Bildtafeln sind seine Zeichnungen Zeugnisse eines eigenartigen Gestaltungswillens, ein lebendiges Spiegelbild seiner Persönlichkeit. Sie offenbaren seine innersten Regungen, seine Leidenschaften – sie lassen seine Gesichte ahnen, sein Staunen vor der neuentdeckten Welt. In ihrem unvergleichlichen Reichtum bezeugen sie sein freies und lichtes Menschentum, um dessentwillen wir ihn so sehr lieben.

Als man Daumier einmal fragte, warum er nie nach der Natur arbeite, antwortete er: »Die Natur habe ich bereits in mir!« Dieses Wort trifft auch das innerste Wesen des Schöpfertums Altdorfers. Immer wieder ist es doch, als bilde die Natur selbst durch ihn und aus ihm, so rein und ungebrochen haben die wirkenden Kräfte des Weltgeistes in seinem Werk Gestalt gewonnen.

Reinhard Piper

Bei Barlach in Güstrow

An einem sonnigen, frischen Oktobermorgen 1928 fuhr ich vom Stettiner Bahnhof in Berlin nach Norden. Bald verloren sich in der weiten Ebene die letzten Häuser. Statt ihrer wurden Kanäle sichtbar, lange Schleppkähne darauf, rot und weiß gestrichen, mit Ziegeln beladen. Ein blauer Himmel wölbte sich mit leichten, hohen Wolken. Eine weite Leere, in der die einzelnen Dinge wie verloren standen. Von Zeit zu Zeit eine Windmühle. Am Rande der Landstraßen die weiß getünchten Chausseesteine. Weidenbäume begleiteten einen Bach. Krähen wurden aus den Bäumen aufgescheucht. Lange Scheunen aus Ziegelfachwerk inmitten von Stoppelfeldern.

Allmählich bezog sich der Himmel, alles wurde grau. Wir kamen an die Müritz, den größten See Mecklenburgs. Ich erinnerte mich, daß über ihn ein langes Lesestück in meinem Penzliner Lesebuch stand; die ganze Klasse mußte es ein halb dutzendmal unisono lesen. Einige Speicher standen am See, dicht daneben ein »Konzertgarten«, dessen Bänke und Tische voll gelber Blätter lagen. Mir, der ich an bayrische Landschaft gewöhnt bin, fiel es auf, daß nirgends Einzelhöfe zu sehn waren, kaum Dörfer. Es gab hier nur wenig Bauern, fast nur Großgrundbesitzer und Tagelöhner. Auf der ganzen Fahrt von drei Stunden sah ich nur einen einzigen Dorfkirchturm, einen kurzen, schweren, aus Findlingen errichteten.

Schließlich kam Güstrow in Sicht mit den drei Bauten, die die Stadt weithin überragen: der Pfarrkirche, dem Dom und dem hochgetürmten, vielgiebligen Renaissanceschloß. Sie verschoben sich, während der Zug sich näherte, ständig gegeneinander. Einmal stand das Schloß in der Mitte zwischen den beiden andern, einmal der Dom.

Barlach erwartete mich auf dem Bahnhof, in grünem Lodenmantel mit Schirmmütze und Spazierstock. Er schien mir etwas schwankender im Gang geworden, seit wir im Sommer 1925 ein paar Wochen auf der Englburg im Bayrischen Wald beisammen waren. Unter lebhaften Gesprächen gingen wir über die Brücke der Nebel – so heißt das Flüßchen, an dem Güstrow liegt – und gelangten in die Stadt. Barlach führte mich zum Markt, wo er im »Fürstenhof« ein Zimmer für mich bestellt hatte. Der war ein altes Empirehaus.

Bald lenkten wir unsre Schritte zum frühgotischen Dom, dem schönen roten Ziegelbau, wo Barlach mir sein Kriegsmahnmal zeigen wollte, den schwebenden Engel. Kein Mensch war auf der holperig gepflasterten Straße. Barlach erzählte im Gehn immerzu kleine Geschichten mit dem Unterton: »Was ist das doch für ein seltsames Leben! Was sind die Menschen doch für ein kurioses Pack!« Oft war dieser Unterton ein wenig knurrig.

»Man nimmt mich nun in Güstrow in Gnaden an. Ich gehöre jetzt mit dazu. Die Güstrower denken: Feine Leute haben eben auch feine Künstler!«

Der schwebende Engel mit den vor der Brust gekreuzten Armen hing in einer Seitenkapelle. Die Ketten, die ihn hielten, waren im Schlußstein des Gewölbes verankert. Das Werk tat eine stille, geheimnisvolle Wirkung. »In den Engel ist mir das Gesicht von Käthe Kollwitz hineingekommen, ohne daß ich es mir vorgenommen hatte. Hätte ich sowas gewollt, wäre es wahrscheinlich mißglückt. Das runde Eisengitter darunter war schon vorher in der Kirche – ein paar Meter weiter hinten. Ich hab' es mir ausdrücklich ausgebeten. Nun schafft es Raum für meinen Engel, der drüber hängt, und gibt ihm Respekt. Man geht nicht ran und probiert, ob er wohl wackelt. Die Kirchenfenster muß ich noch matter machen, sie blenden noch zu sehr. Das wird jetzt ausprobiert. Zuerst wollten die Güstrower vor den Dom einen Findling mit einem Kreuz drauf setzen – wuchtig, wie man das nennt. Ich hörte zwei Pastoren drüber reden und sagte zu ihnen: ›Nein! Machen Sie das nicht!‹ Da fragten sie mich: ›Nun, wie würden Sie denn das machen?‹ Da sagte ich: ›Ja, wenn mir mal was einfällt, werd ich mich melden.‹ So schob ich ihnen mal zunächst den Fuß zwischen die Tür. Und dann ging es so weiter. Ich muß es den Güstrowern lassen: es ist eigentlich nachher sehr wenig dran gemäkelt worden. Ein hoher Militär meinte allerdings: ›Wie kann nur ein Pastor ein so pazifistisches Dings aufstellen lassen!‹ Zwei Fehler in einem Satz! Und ein andrer sagte: ›Haben Sie schon mal einen Soldaten so machen sehn?‹ Er hielt den Engel für einen Soldaten! So gab es wohl mancherlei Gerede über meinen Engel, aber ich denk' mir: Er hört's nicht und bleibt hängen.«

Wir wandten uns den wildbewegten, spätgotischen Aposteln aus braunem Eichenholz zu, die einzeln an den Pfeilern stehn. Diese kraftvoll kühnen Gestalten von etwa 1525 werden neuerdings dem Lübecker Claus Berg zugeschrieben. Barlach hat sich über sie seine eignen Gedanken gemacht: »Ich denke mir das so: In diesen gotischen Schnitzwerkstätten gab es sicher eine Arbeitsteilung. Der Lehrling mußte die Füße machen, die sind bei allen Figuren gleich. Dabei hat er so viele Ohrfeigen gekriegt – so viele Ohrfeigen! bis sie endlich ein bißchen besser wurden. Da drüben sind Zehen, die möchte ich nicht gemacht haben – die möchte ich bei Gott nicht gemacht haben! Der Geselle hat die Gewänder gemacht, die sind schon besser, und der Meister die Köpfe, die sind großartig.« Wir wandelten als einzige Besucher in dem schönen Raum umher. »Ich habe kürzlich ein Buch über die Geschichte des Doms gelesen. Wenn man so was Genaues und Historisches liest, freut es einen, aber man behält nichts. Man behält nur einen Begriff davon, daß man mal einen Begriff davon gehabt hat.«

Nun gingen wir langsam über den baumbestandenen Wall nach seiner Wohnung, Schweriner Straße 22. Es ist das eine Vorstadtstraße, die in die Chaussee nach Schwerin mündet. Ein ganz nüchternes Haus, in dessen Erdgeschoß Barlach nun schon sieben Jahre wohnte, früher mit seiner Mutter und seinem Sohn Klaus. Jetzt hielt ihm eine kleine grauhaarige baltische Dame Haus. Die Wohnungseinrichtung, noch von seiner Mutter her, war ganz kleinbürgerlich. Barlach hatte nicht das geringste Bedürfnis nach »künstlerischer« oder »stilvoller« Umgebung.

Bevor wir uns zum Mittagessen setzten, kamen wir auf seine Stücke zu sprechen. Ich wunderte mich, daß er selbst sich so wenig um Aufführungen kümmert. Er sah sie sich fast niemals an. »Ich kann mit den Theaterleuten nicht reden. Die wollen solche Töööne hören und reden selbst immer in solchen Töööhnen, da kann ich nicht mit. Jeßner spielte in Berlin mal die ›Echten Sedemunds‹. Ich war bei der Generalprobe, und er kam nachher zu mir und fragte mich: ›Na, wie gefällt's Ihnen denn?‹ – Ich platzte ganz naiv heraus: ›Ja, mein Stück erkenn' ich nicht wieder!‹ – Das war wirklich genau der Eindruck, den ich gehabt hatte. Jeßner aber sah mich groß an, und da fiel mir erst ein, daß er wohl große Töööne von mir erwartet hatte, große Töööne über seine fabelhafte Inszenierungskunst. Natürlich macht man sich so bei Theaterleuten nicht grade beliebt. Ein andrer Regisseur kam wegen den ›Sedemunds‹ eigens nach Güstrow, um sich vom ›Meister‹, wie er sagte, ganz authentische Informationen zu holen. Bei der Friedhofszene hatte mir der Gertraudenfriedhof vorgeschwebt, wo ich das letztemal mit Ihnen war. Sie wissen: die alte gotische Kapelle in dem verwilderten Garten. Den zeigte ich ihm. Er fand alles wunderschön. Aber was sah ich dann in der Aufführung? Der Horizont – ein schwarzer Strich, und darauf vor einem gelb angemalten Himmel vier dicke schwarze Kreuze. Das war aus meinem schönen Gertraudenfriedhof mit seinen eingesunkenen Gräbern und alten überrankten Bäumen geworden! – Die ›Sedemunds‹ müßten ganz bunt gespielt werden. Die Leute meinen immer, sie müssen bei meinen Stücken Barlachsche Plastiken auf die Beine bringen. Die sehn dann aus wie Mehlsäcke! In Stuttgart haben sie aus dem ›Blauen Boll‹, wie mir erzählt wurde, ein Mysterienspiel gemacht. Den Boll haben sie als ›schlichten‹ Bauern stilisiert. Das ist natürlich ganz falsch. Er ist ein etwas versoffener Gutsbesitzer. Ich seh' ihn jeden Morgen an meinem Fenster vorbeifahren.«

Bei Tisch erzählte ich ihm, daß ein Privatdozent mir ein Manuskript über »Barlach als Dramatiker« zum Verlag angeboten habe. Der Mann müsse doch wenigstens ein sehr ernsthaftes Interesse für seine Dramen haben, sonst würde er sich nicht so viel Mühe damit machen. Barlach war andrer Meinung: »Sie irren sich. Für solch einen Schriftsteller bin ich ja nur, was das Motiv für den Maler ist. Er sucht eine Gelegenheit, an mir seinen eignen Geist leuchten zu lassen. Ein andrer stellte die kompliziertesten Überlegungen an, weshalb der Blaue Boll wohl blau sei. Da gab es denn Anmerkungen die schwere Menge! Sogar Goethes Farbenlehre wurde herangeholt. Und der Blaue Boll ist doch einfach nur deshalb blau, weil er sich blau gesoffen hat, und das steht auch noch klipp und klar im Stück drin!«

Nach Tisch suchten wir das kleine Städtische Museum auf, das in einem gelben Empirehaus am Wall eingerichtet ist. In diesen Tagen schickte sich Güstrow grade an, sein siebenhundertjähriges Stadtjubiläum zu feiern. Es waren da lauter hübsche alte Ansichten von Güstrow ausgestellt, und das Publikum strömte geradezu hinein. Dieser Ausstellung zuliebe hatte man die alten, lebensgroßen Krügerischen Familienbildnisse abgehängt, von denen ich wußte und die mich besonders interessierten. Meine Mutter ist nämlich eine geborne Krüger, und die Krügers stammen aus Güstrow. Es gelang uns, in die Bibliothek des Museums einzudringen, wo die Bilder inzwischen hoch oben unter der Decke Platz gefunden hatten. Friedrich Schult, der am Museum tätig ist, kam dazu, und so waren wir sozusagen Herren im Hause. Die Bilder wurden heruntergeholt. Da tat es sich wie ein Riß vor mir auf, und durch diesen Riß fiel Licht in längst verdämmerte Zeiten. Bisher hatte ich im Bilde nur meinen Urgroßvater, den streitbaren und originellen Arzt Dr. Bogislaw Krüger gekannt, der viele medizinische Bücher geschrieben hat. Nun schlossen sich auf einmal noch vier Generationen nach rückwärts an, bis ins 17. Jahrhundert hinein. Meine Ururgroßmutter in rotem Rokokokleid sah etwas schnippisch und schlagfertig aus, und Barlach erklärte sofort: »Das war'n Satan!« Auf Frauen ist er im allgemeinen nicht gut zu sprechen. »Die Frau möcht ich sehn, die ihrem Mann gestattet, eine Berufung abzulehnen! Die Frau möcht ich sehn! Wie glücklich war ich, daß ich nicht als Professor nach Berlin zu gehn brauchte, als man mich dorthin haben wollte, sondern hier für mich weiterarbeiten konnte! Wenn man mal in Berlin wo eingeladen ist, da sitzt man zwischen Frauen, so zart und zerbrechlich, halb Gretchen und halb Ophelia, und zu Hause machen sie ihren Männern das Leben zur Hölle.«

Auf dem baumbestandenen Platz vor dem Museum lagen etwa ein halbes Dutzend großer schmaler Granitsteine als Bänke, jeder Stein etwa fünf Meter lang. Barlach glaubte, daß die Steine ursprünglich für das Renaissance-Schloß, in dem ja auch Wallenstein eine Zeitlang residiert hat, bestimmt waren und liegen geblieben sind. Sie müssen aus enormen Findlingen, die die Eiszeit aus Schweden herübertransportiert hat, herausgehauen sein. »Die Steine da werde ich mir mal ausbitten, die möcht' ich als Pfeiler aufstellen und Figuren daraus hauen.«

Abends betrachteten wir Zeichnungen. »Meine Themen kehren wie ein Zwang immer wieder: Hexen, Bettler, Propheten, Engel, Fluchende, Blinde, Lesende, Ekstatiker, die Mutter mit dem hungernden Kind usw.« Ich redete ihm zu, die Zeichnungen doch einmal auszustellen. Ich würde ihm das gerne besorgen. Er wollte das aber nicht, er wollte Zeichnungen auch nicht verkaufen. »Die Blätter werden ja doch nur herumgeschoben und abgerieben! Meine Zeichnungen sind, finde ich, viel reicher als die Holzschnitte und Lithographien. Die bleiben eben doch immer Übertragungen. Wenn man so einen großen Stock schneidet und hat die Hälfte fertig, dann fürchtet man, sich zu verschneiden und möchte nichts mehr riskieren. Und ist der Holzstock fertig, dann kommt noch der Drucker und schmiert ihn schwarz zu.«

Wir hatten uns in dem kleinen Hinterzimmer nach dem Garten hinaus niedergelassen. Die Zeichnungen stellte ich einzeln unter die Stehlampe, so hatten sie gutes Licht. Barlach saß auf einem wackligen Klappstuhl, einem sogenannten Faulenzer, eingeklemmt zwischen dem hohen weißen Kachelofen und zwei aneinandergerückten Tischen.

»Auf diesem Platz am Ofen habe ich nun seit langem Winter um Winter verbracht. Hier habe ich alles so schön in Greifnähe. Die Füße lege ich vor mich auf den andern Stuhl, sehen Sie, so! und nun schreibe und zeichne ich alles auf den Knien. An dem Tisch da drüben saß sonst Klaus. Wenn ich aufblicke, sehe ich gegenüber den wunderschönen ›Herbst‹ von Brueghel, den Sie mir geschickt haben. Das Bild sieht man nie zu

Barlach: Umschlag zu den »Zeichnungen«

Ende. Drüben auf der Kommode liegt Ihr großes Buch über Plastik des deutschen Mittelalters. Das bleibt da immer liegen, das ist Handwerkszeug. – Jetzt ist es so schön still. Aber wir hatten auch unruhige Zeiten. Über uns die alte Dame konnte und konnte nicht sterben. Das war ein Gegröhle und Gejammer, ganze Nächte lang. Die alte Frau war geistesschwach, sie konnte Tür und Fenster nicht mehr unterscheiden. Ihre Tochter, eine verwitwete Frau Kirchenrat, pflegte sie, und wenn ihre Tochter einmal selber unpäßlich war und sich hinlegen mußte, erging sie sich in den sondersten Vermutungen. ›Min Dochter kümmt woll in de Wochen!‹ und lauter solche Sachen, die man sonst verwitweten Kirchenrätinnen nicht nachsagt.«

»Ich habe mich«, fuhr er nach einer Weile fort, »in dies alte Güstrow zurückgezogen, um ruhig zu arbeiten. In Berlin hätte ich meine dreiundsechzig Holzplastiken gewiß nicht fertiggekriegt. Man wäre da von allen Seiten in die Kunstpolitik hineingezerrt worden. Aber auch hier ist es manchmal nicht ganz einfach, ungestört zu bleiben. Die Leute haben komische Vorstellungen. Da hat sich für übermorgen ein Doktor aus Rostock angemeldet mit seiner Tochter. Ich habe ihn ganz gern, aber nun hat er diese Tochter, die Gedichte macht. Die soll ich nun lesen und ihr auch noch einen Verleger dazu besorgen und einen Umschlag dazu zeichnen. ›Es brauchen ja nur ein paar Striche zu sein‹, meinte der gute Mann. Das Mädchen hat natürlich von Leben und Dichten kaum eine Ahnung. Aber der Vater sagt stolz: ›Leute, die was davon ver-s-tehn, sagen: da s-teckt was drin! Da s-teckt was drin! Leute, die was davon ver-s-tehn, sagen das!‹« (Barlach wiederholte gern Worte und ganze Sätze, meist mit einer etwas kollernden Entrüstung im Ton.) »Da kam mal ein Literat zu mir, ganz verwahrlost, den Kragen hatte er sicher schon seit drei Wochen um. Natürlich hieß es ›Meister‹ hinten und vorn. Er tat ganz wie zu Hause. Er sah Klaus von hinten gegen das Fenster sitzen und sprang auf ihn zu: ›Ah, guten Tag, gnädige Frau!‹ und schüttelte ihm die Hand. Schließlich nahm er mich in eine Ecke und flüsterte: ›Meister, ich habe heute noch nicht gefrühstückt.‹ – Na, da er nur von Frühstück sprach, dachte ich: der ist wohl mit dem zufrieden, was ich habe, und traktierte ihn. Es gibt aber auch noch ganz andre Leute, die mich überfallen und kaum wieder loszuwerden sind. Doch genug davon!«

Im Laufe des Abends las mir Barlach aus seinem großen Roman »Seespeck« ein paar Kapitel vor, die seine Wedeler Zeit behandeln. Er war damals dreißig Jahre alt, war in Hamburg, Paris, Friedrichroda in Thüringen und wieder in Hamburg, auch in Berlin gewesen und versuchte vergeblich, sich in seiner Heimat nochmal zurechtzufinden. Warum sollte er nicht, dachte er, da er ein Wedeler gewesen, wieder einer werden! Es gab in diesen Kapiteln viele sehr suggestive Szenen, viele krause Wortkunstwerke. Besonders eine nächtliche Bootsfahrt über die Elbe ist mir im Ohr geblieben. Ich konnte sie jetzt, zwanzig Jahre später, in der Buchausgabe, die Suhrkamp herausbrachte, nachlesen. Die Sätze klangen mir noch mit Barlachs Stimme im Ohr:

»Wenn er durch diese Winterschauer herüberruderte, stak des Halbmondes blankes Beil im Himmel fest und nicht weit davon, wunderlich groß, wie ein Mondjunges anzusehen, der Abendplanet. Eisschollen stießen gegen den Bord, und das ziehende Wasser schauderte wie das Leben selbst in Winterkälte. Daraus zog der Mond mit durchdringendem leisem Tasten und dem Kitzeln dünner Strahlen gespensterhaftes Leben hervor, Jenseitsgefunkel. Aber das alles verfloß vor Seespecks Gedanken, denn grade gegen Osten, auf den steigenden Orion los, ging sein Kurs. Der Sternkaiser ragte schon über der weiten blanken Wüste, und nur der rechte Fuß war noch unterm Horizont. Sein himmeldurchstürmendes Drohen fuhr vor ihm majestätischer als je, und alles am Himmel stand starr im Reigenaufzug, streng eingeteilt nach Nord, Süd und Westen, angetreten zum Vollzug der allnächtlich großen Tanzfigur, deren ungeheuer langsamer Schwung den Orion bis drei Uhr nachts an den leeren Platz bringen sollte, den vor einer Stunde die Sonne verlassen hatte... Gegen den Orion ging die Fahrt und gegen die Ebbe und gegen den grausamen Wind, der wie schneidender Atem die Majestät vor ihm heranbläst. Wie hinter den Sternen hervor klang das Schreien unsichtbar fliegender wilder Gänse, Stimmen wie stoßweis erpreßt vom Anprall querfliegender Baßnoten. Dann murmelte Seespeck wohl, warm vom Rudern, vor sich hin: Die kalte Herrlichkeit der Orion-Nacht bekleidet den Mechanismus des Ultra-Begreiflichen, wer aber schaut und staunt, dem wird Schauen und Staunen und er sich selbst zur Unbegreiflichkeit. – Ich will aber heute Grog trinken.«

Hajo Düchting

Paul Cézanne – Bilder eines Berges

Das Werk Paul Cézannes, obwohl von unterschiedlichster Seite vereinnahmt und ausgedeutet, gehört immer noch zu den rätselhaftesten Erscheinungen der neueren Kunstgeschichte. Kaum aus dem Bann des Primitiven und Absonderlichen befreit, stilisierte man den mißverstandenen Maler aus Aix-en-Provence zum »Stammvater der Moderne« und wußte bald alle nachfolgenden Kunstrichtungen auf die eine oder andere Weise von ihm und seiner Malerei abzuleiten. Gegen die Projektionen seiner schon zu Lebzeiten auftretenden Exegeten behauptete Cézanne allerdings immer seine »Empfindung vor der Natur«, der es gelte in der Malerei nachzugehen. Die Kunsttheorien gehörten den Schwachköpfen, der wahre Maler aber habe seinem »Temperament« zu folgen, und dies im Einklang mit der immer wieder befragten und aufgesuchten Natur.

Die Natur im weitesten Sinne war aber im 19. Jahrhundert frag-würdig geworden. Der Zwiespalt zwischen rücksichtsloser Naturausbeutung und der sich dagegen auflehnenden Natursehnsucht, die in den vielfältig sich anbietenden Fluchträumen zum Ausdruck kommt, nicht zuletzt in jener »künstlichen Natur« überfeinerter Ästhetik, in den Ich-Kulten am Ende der Epoche, durchzieht dieses zerrissene Zeitalter in allen Bereichen kulturellen Schaffens. Auch Cézanne wird bei seiner Suche nach Identität hin- und hergerissen zwischen romantischer Empfindsamkeit in ihrer Vorliebe für die Naturidylle und rebellischer Aggression, dem Wunsch, alle Bindungen auf einmal zu zerschlagen. Davon spricht sein Frühwerk. Doch durchläuft sein Gesamtwerk alle Phasen einer zunehmenden »Läuterung«, einer erwachenden Demut vor der Natur und ihrer über den Menschen triumphierenden, immerwährenden Größe.

Was Cézanne sich und der Malerei bei der Befragung der Natur, bei dem immer wieder neu einsetzenden Dialog zwischen seinen streng begrenzten künstlerischen Mitteln und der Fülle und Vielfalt der Naturerscheinungen abverlangt, gehört zu den Ruhmesblättern der europäischen Kunstgeschichte; nicht aber jene Ableitungen, die aus Cézanne einen unabdingbar Modernen machen wollen. Cézanne blieb immer seiner Zeit verhaftet; seine Mittel schuf er in der Auseinandersetzung mit dem Impressionismus, sein Temperament schulte er an Courbet und Delacroix, seine Naturreligion verband ihn wiederum mit jenem geheimen, unterirdischen Ideenstrang, der von den Höhen der deutschen Frühromantik kommend noch die wirren Phantasien der »Décadents« an der Jahrhundertwende beflügelte und mit dem exzentrischen Mythos einer allmächtigen Natur den erstickenden Positivismus unterminierte.

Cézannes Naturanschauung läßt sich am besten an einem Motiv ablesen, das in allen Phasen seines Werkes auftritt, dem Motiv des Berges, das wie ein natürlicher Gegenpol zu dem anderen wesentlichen Motiv der »Badenden« und ihrer Affinität zum Wasser, zum Flüssigen, Triebhaften steht. Es handelt sich um die Serie der »Montagne Sainte-Victoire«, eines für die Provence charakteristischen Berges im Hinterland von Aix-en-Provence, für die Provençalen und Cézanne beileibe kein gewöhnlicher Berg!

Die im 19. Jahrhundert gebräuchlich werdende Bezeichnung »Sainte-Victoire« bezieht sich auf das Umfeld des Heiligen, Numinosen – ein seit der Antike geläufiger Sinnbezug des Berges als Sitz des Göttlichen, Unfaßbaren (Sinai, Tabor, Olymp); in seiner Verbindung von Himmel und Erde war der Berg für den Menschen der Vorzeit ein Tor zur Transzendenz. In den kultischen Ritualen und im Mythos der »Großen Mutter« offenbart sich ein bedeutungsvoller Doppelaspekt des Berges: das Bergende, Schützende wie auch das Gefährdende, das Verlockende und schließlich Verschlingende. Der unwiderrufliche, rätselhafte Kreislauf der Natur wird dem Wirken einer Schicksalsmacht zugeordnet, der sich der Mensch unterwerfen muß, will er mit sich und der Natur »eins sein«.

Nur langsam durchdrangen die römische Zivilisierung und die anschließende Christianisierung die ursprünglichen heidnischen Kulte einer pantheistischen Naturverehrung. Vieles mußte sich erst vermischen, bevor die neue Religion über den alten Mythos siegen konnte. So folgten seit dem 5. Jahrhundert christliche Märtyrer den Spuren der alten Kultstätten und errichteten Eremitagen, auch auf der Sainte-Victoire, an unheimlichen Orten, dem alten kelto-ligurischen Windgott Ventour genauso ausgesetzt wie den Anfechtungen des lebendig gewordenen Mythos. Die mit einer romanischen Kapelle überbaute Grotte des Eremiten Saint-Ser diente noch zu Cézannes Zeiten als Wallfahrtsort für heiratswillige Mädchen, welche die magisch geladene Atmosphäre auf sich zu übertragen suchten. Auch die legendären Siege des römischen Feldherrn Marius über die Barbaren, die in der Provence einfallenden Teutonen bei Aquae Sextiae (Aix) 102 v. Chr. und die Kimbern bei Vercellae 101 v. Chr. spielten in die Geschichte dieses Berges und seiner Mythisierung hinein.

Cézanne durchstreift von frühester Jugend an mit seinen Freunden die Provence, oft die Umgebung des magnetisch anziehenden Berges. In den verlassenen Räumen des Camaldulenser-Ordens aus dem 17. Jahrhundert finden die Bergwanderer Unterschlupf. Höhepunkte waren sicher die Sonnwendfeiern auf dem Gipfel des Berges, bei denen sich in »heidnischer« Ausgelassenheit die Jugend von Aix und Pertuis traf.

Cézannes Bindung an seine Heimat, seine Jugenderlebnisse, seine Freunde prägen seine künstlerische Motivation. Die schillernde Großstadt Paris, die vielen Malern seiner Zeit eine Fülle von Motiven und Anregungen bietet, stößt Cézanne ab. Er entwickelt eine aufsässige Attitüde gegen alles Großstädtisch-Gewandte und Luxuriöse, wohl als Abwehr gegen die verwirrenden Lockmittel der Metropole, in der alles käuflich ist, schnellem Genuß zugedacht. Cézanne verweigert sich und bleibt doch in merkwürdiger Ambivalenz, wie seine zahlreichen Identifikationsfiguren im Frühwerk zeigen, Bilder voller Gewalt und unterdrückter Triebhaftigkeit. Er ist der sich kasteiende Mönch zwischen den Verlockungen des Fleisches, ein schwacher Mensch, der sich zwar dem Weg des Geistes geweiht hat, aber noch von Trieben und Begierden gefesselt ist. Einziger Zufluchtsort in seinen schmerzhaften Selbstfindungsprozessen ist für Cézanne der väterliche Gutshof bei Aix, der Jas de Bouffan, an den er häufig zurückkehrt, um Kraft zu sammeln. Allerdings muß er dort mit einem anderen »Dämon« rechnen, mit der väterlichen Autorität und Mißachtung, der er schonungslos ausgesetzt ist.

Gegen den forcierten Fortschritt hat sich Cézanne später deutlich ausgesprochen. Er wird im wahrsten Sinne des Wortes ein »Konservativer«, Bewahrender, ein »Tiefgründiger«, der sich von der Schnellebigkeit und Oberflächlichkeit seiner Zeit in die Tiefen der Natur zurückzieht. »Die Stadt Aix ist durch den Stadtbaumeister verdorben worden. Man muß sich beeilen, wenn man noch etwas sehen will. Alles verschwindet. Mit der Anlage von Gehsteigen hat man die Schönheit der alten Städte vernichtet... Wahrhaftig, es ist eine eigentliche Manie, alles in eine gerade Linie bringen zu wollen und die Harmonie der früheren Zeit zu zerstören.«

Die Gefährdung, die von dem Eingriff der Moderne ausgeht, wird »aufgefangen« durch den Berg, der sich als Fixpunkt über der trügerischen Wasserfläche erhebt. Ihm »zur Seite« steht der Kirchturm des Aixer Saint-Sauveur – ein weiterer Hinweis auf die stützende und abwehrende Funktion des Berges. Die Verfestigung, das Mineralische, soll über dem Flüssigen, Flüchtigen, Triebhaften stehen. Der Berg wird zum Zeichen einer beginnenden Suche nach Festigkeit in Form, Anlage und Bildstruktur.

In der Folge wird sich Cézanne mit dem Bildbegriff des Impressionismus auseinandersetzen, er wird bei Pissarro in die Lehre gehen, soll aber nie zum Impressionisten werden. Er übernimmt die Bildmittel des Impressionismus lediglich, um daraus ein neues Rüstzeug zu schmieden. Seine Vorstellung von Malerei entwickelt sich in eine ganz andere Richtung, diametral zum schnell erfassenden, bewegten Strich der Impressionisten. Cézanne trennt sich bald wieder von Pissarro. Spätestens nach der dritten gemeinsamen Ausstellung der Impressionisten 1877 werden die unterschiedlichen Zielsetzungen überdeutlich. Die impressionistischen Maler suchen den Augen-Blick höchster Lebenserfüllung in einem Gewebe farbiger Differenzierungen einzufangen. Renoirs Gruppenszenen zeigen die sinnliche Wärme der menschlichen Gemeinschaft, die entspannte Beziehung von Mann und Frau in einer »freien«, der gesellschaftlichen Zwänge enthobenen Zeit. Monets Bilder, besonders seine in den neunziger Jahren entstehenden Serien, setzen sich mit dem Verströmen von Zeit auseinander. Licht- und Farbverschiebungen verdeutlichen den Wechsel der Naturerscheinungen. Cézanne hingegen möchte die Dinge als im tiefsten Innern unzerstörbar, unveränderlich, zeitlos sehen. Hinter dem farbigen Schleier ihrer Erscheinungen sucht er die Struktur der Welt. Zu ihrem Sinnbild wird aber der Berg, der mit seinem harten Felsgestein alle Zeiten wie auch die Schicksale des Menschen übersteht. Der Berg wird zum »Motiv« schlechthin, zur »Motivation« des Malens in einer Mitte der achtziger Jahre einsetzenden und bis zu seinem Tode fortgeführten Serie von Einzelbildern, die einen immer wieder neuen Anlauf zeigen zur endgültigen »Realisation« seiner Vorstellung von Malerei und Natur.

Auf der Suche nach der »Harmonie der früheren Zeit« hat Cézanne die Montagne Sainte-Victoire von allen Seiten erwandert und dargestellt. Vom Jas de Bouffan und vom Gehöft seines Schwagers Maxime Conil aus sieht man den Berg in der Profilansicht von Südwesten mit dem Arc-Tal. Die hier seit 1882 entstandenen Bilder geben den Berg in harmonischen Umrissen einer abgestumpften Pyramide wieder, zu seinen Füßen das Arc-Tal. Die lyrische Naturstimmung wird von der Sainte-Victoire aufgenommen und kraftvoll gesteigert. Wieder schweift der Blick wie in einer umarmenden Geste über das Panorama von Berg und Tal, Einladung zur hingebungsvollen Einstimmung wie Aufruf zur erhöhten Konzentration zugleich. Man erinnert sich an Hokusais »Hundert Ansichten des Berges Fudschi« (1883 in Paris erschienen), des japanischen Meisters des »Heiligen Berges«, dessen Holzschnitte von den französischen Künstlern studiert wurden.

Von Gardanne, Meyreuil oder Beaurecueil aus zeigt Cézanne die Südansicht des immer dominanter im Bildmittelpunkt auftretenden Berges, oft mit Häusergruppen, und in Richtung Osten von der Route de Tholonet aus die Nahansicht im Dreiviertelprofil mit vorliegendem hügeligem Gelände und einigen Baumkronen. Die dramatischste Ansicht des Berges, vom Plateau du Marin aus über den Steinbruch Bibémus als Nahansicht von Westen mit verlorenem Profil und ausgeprägtem Doppelhorn, erscheint auf Ölbildern und Aquarellen zwischen 1896 und 1900.

Der Betrachterstandort der letzten Serie zwischen 1902 und 1906 ist vorwiegend der Chemin des Lauves oder das Plateau d'Entremont. Cézanne schuf mit diesen Bildern seine »visionärsten«, gegenstandsfernsten; er bildete den Berg am Horizont in einer charakteristisch konisch zulaufenden Form ab. Einige Gemälde der letzten Jahre lassen die Montagne Sainte-Victoire auch von der Route de Vauvenargues, in Richtung zur Commune de St.-Marc sowie dem Parc de Château-Noir aus sehen, einem verlassenen Waldstück, in das sich Cézanne zum Lebensende hin öfter zurückzieht, um ungestört seinen »Empfindungen vor der Natur« nachgehen zu können.

Der Anziehungskraft des Berges konnten sich schon vor Cézanne die provençalischen Maler nicht entziehen. Während Maler wie Prosper Grésy und Justinien Gaut den Berg als pittoreskes Element oder topographische Markierung einsetzen, rückt ihn François-Marius Granet (1775–1849), dem das Kunstmuseum in Aix gewidmet ist, wie später Cézanne in den Mittelpunkt der Komposition, allerdings auf konventionelle Weise, so zum Beispiel durch einen ins Bild führenden Weg und luftperspektivisch abgestufte Bildpläne. Auf ähnliche Art malt noch Renoir den Berg bei einem Besuch im Jas de Bouffan 1888. Renoir malt eine provençalische Landschaft, Cézanne den Berg in seiner harten und einprägsamen Struktur. Wie sehr es Cézanne um die von innen gewachsene, feste Struktur der Materie geht, aus der alles Sein besteht – in Menschenbildnissen wie Stilleben und Landschaften –, macht gerade die ständige Umkreisung des Bergmotivs deutlich. In einer Bildserie der achtziger Jahre – Cézanne wählt Gardanne als Standort – prägt die kristalline Struktur des Berges den gesamten Bildorganismus. Jede Art von Luft- oder Farbperspektive ist vermieden; der Berg, der sich in der Ferne erhebt, ist genauso deutlich sichtbar wie die vorgelagerten landschaftlichen Elemente. Nichts ist durch ein zeitliches Moment belebt; Cézannes Naturbild ist der Zeit enthoben. Alles ist in die harte, unvergängliche Materie des Berges einbezogen. Die wechselnden Erscheinungen der Natur sind zu einer neuen Einheit verschmolzen, die Ferne und Nähe, Himmel und Erde, Gestein und Pflanze umfaßt. Dem Blick des Betrachters scheint die Landschaft wie zu Stein geworden, kristallisiert. Kein Weg, keine perspektivische Überleitung führt ins Bild, unvermittelt bietet sie die homogene kristalline Substanz.

Das Kristallin-Mineralische ist das sichtbare Kennzeichen dieses Naturbildes, das bestimmt wird von dem Wunsch nach Dauer, nach Aufhebung von Zeit in ruhender Anschauung. Cézanne widersteht den Versuchungen der Zeit: gegen die beschleunigte Wahrnehmung der Impressionisten setzt er die Langsamkeit der Imagination, die ihm aus der intensiven Beobachtung der Natur zuwächst; gegen die formlosen Wirbel der Farbe setzt er die durchgliederte Struktur, gegen die schnelle und impulsive Malweise der Impressionisten die bedächtig austarierende Bildgestaltung.

Julius Meier-Graefe
Eugène Delacroix – Chaos und Kosmos

Delacroix hat keine schöneren Bilder als die alten Meister oder als die jungen, die ihm folgten, gemalt. Denn er hat immer nur seine eigenen gut oder schlecht malen können. Aber es wäre nicht übertrieben, zu sagen, er habe die seinen besser gemalt als die größten Meister die ihren, habe mit seinem Pfund besser als alle anderen gewuchert. Auch sein Verhältnis zum Malen ist einzig. Die Organe seines Schöpferischen waren vielleicht nicht besser, aber zahlreicher und besser geordnet. Es gelang ihm, Faktoren seines Menschentums zu beteiligen, die bei anderen Künstlern schlafen oder Dinge treiben, die der Produktion entgegen sind. Er hatte kein Privatleben. Es gab bei ihm nicht den bekannten Unterschied zwischen Mensch und Künstler, mit dem man alles und nichts erklärt und entschuldigt. Ob er den Pinsel in der Hand hatte oder die Feder, ob er mit den Gestalten seiner Bilder sprach oder bei Thiers dinierte, ob er seine geliebten Dichter las oder Chopin zuhörte: er war derselbe nunancenreiche Mensch, und alle Nuancen blieben beteiligt. Daraus erwächst sein Universalismus. Wie vollbringe ich meine Kunst? ist nur der eine, nie isoliert geltende Teil des Programms, untrennbar von dem zweiten: Wie mache ich es, um dabei Mensch unter Menschen zu bleiben? Man mag dieses Programm noch so weit fassen und alles Ethische und Ästhetische, das darin liegt, überdenken, man wird nicht den Umkreis im Auge behalten, den Delacroix realisierte. Aus dem *Journal* geht manches Detail in dem Stundenplan dieses Weltmannes sondergleichen hervor. Was mir, wenn ich an Delacroix ohne eine besondere Hinsicht denke, als sein Größtes erscheint, ist seine Muße. Und nichts beschämt uns Trunkene von Geschäftigkeit tiefer als dieser Hinweis: Wieviel Zeit hatte der Mensch, der soundsoviel tausend schöne Dinge hinterließ, für andere Dinge? Gab es ein des Geistes Würdiges, das ihm fremd blieb? In seinen Schriften findet sich zuweilen eine leise Bitterkeit des Skeptikers. Nie kommt es zu der Klage, die heute in unserem Dasein auf aller Lippen ist, die Dehmels *Arbeitsmann* ausspricht. Nie fliegt dem Künstler, dem Denker, dem Weltmann die Zeit fort, die er braucht. Er malte schnell, schneller, als andere dachten, das war seine Technik, Resultat eines reifen Gedankens. Er lebte gelassenen Schritts, wie es die vollkommene Harmonie aller hohen Bedürfnisse fordert. Dies war seine Form und sein Inhalt.

Von der Zinne eines Weltbürgers, der mit dem Zusehen allein genug zu tun hätte, wird ein Werk geschaffen, das in jedem Strich produktive Originalität ist. Es ist das umfangreichste Œuvre unsrer Zeit. Wird Eigenhändigkeit bedingt, so dürfte es das größte Maleropus aller Zeiten sein. In dieser Fülle ist nichts, das dem Mechanismus der Gewohnheit das Dasein verdankt, das nicht empfunden wäre. Ein Gefühl, mächtig wie ein großer Massengedanke, rein und subtil wie nur ein hochgeartetes Individuum sein kann, bringt Historien, Heiligenlegenden, Schlachten und Löwenkämpfe, Stilleben und Bildnisse hervor, illustriert die Dichtung auf eine den Dichter überflügelnde Art, malt riesige Fresken, die noch einmal die ganze Pracht einer den wirklichen Raum umschlingenden Kunst ausstrahlen und deren Stil jede Stilisierung verbannt, malt winzige Staffeleibilder von juwelenhaftem Gefüge. Und dieses Gefühl, dessen Produktivität nur aus einer angeborenen dämonischen Kraft von urwüchsiger Robustheit zu erklären ist, das wie eine ungeheure Flamme seine Stoffwelt umschlingt, paart sich mit dem Geiste des Forschers, des Gelehrten, mit einer Kühle des Bewußtseins, die die bequeme Erklärung mit der Romantik ausschließt. Das Romantische in Delacroix ist Technik. Er hat die Gabe, mit allem, was er in die Hand nimmt, hinzureißen und große Wagnisse zu natürlichen Wirkungen zu machen. Nur eins wird nicht mitgerissen: das Hirn, von dem alles ausgeht. Delacroix steht über seinem Dämon.

Man könnte diese Mischung nicht erfinden. Der Dichter, der es wagte, würde Mühe haben, gegen das Mißtrauen zu kämpfen; das Mißtrauen gegen den Geist, der dem Dämon immer nur das rechte Feld öffnet, oder das Mißtrauen gegen die Stärke des Dämons, der sich leiten läßt. Wir sind zu wenig

Delacroix, Selbstbildnis

gewohnt, sich ausgleichende Kräfte schöpferisch wirken zu sehen, um nicht in der Harmonie nach dem Defekt der einen oder anderen Seite zu suchen. Und die ganze Geschichte seit der Revolution, die ganze Geschichte nach Delacroix bestätigt das Mißtrauen. Es gibt selbst in der alten Kunst nur sehr wenige Beispiele, vor denen sich unserer Bewunderung der Harmonie nicht der leise Wunsch nach einer stärkeren Aufbietung der Kräfte beimengt oder unser Staunen vor der Kraft die Sehnsucht nach einer, sei es auch nur in Einzelheiten, reineren Harmonie beschwichtigt. Die Wucht eines Rubens wird nicht so vollkommen zum Spiel, der Materialismus eines Tizian nicht so vollkommen vergeistigt, das Dämonische Michelangelos nicht so vollkommen überwältigt, daß nicht das Überwiegen des kräftigeren Teils als Einbuße an dem höchsten Werte erschiene. Rubens ist viel mehr Romantiker als Delacroix. Wir machen uns die Kritik zu leicht, wenn wir just in dem Geringen, das göttliche Meister bei dem Ausgleich ihres Menschentums mit ihren Zielen übrigließen, ihre Eigenheit zu erkennen glauben. Eigenheit ist nur der Name für Kräfte, die erst, wenn sie die Ansprüche der Vielheit aushalten und wirksam bleiben, den hohen Wert, der ihrer Summe zugesprochen wird, verdienen.

Ein Kreis höchster menschlicher Forderungen bestimmt den wesentlichen Wert Delacroix', und er übertrifft um ein Unendliches die Sphäre, in der sein materieller Nutzen für Kunst und Künstler gefunden wird. Wohl ist dieser kaum hoch genug zu schätzen. Delacroix hat ein neues Handwerk geschaffen. Wir verdanken ihm die sichere Erkenntnis der Grenzen des Malerischen. Er hat das rechte Wissen von der Palette, das dem Empire entgangen war, das dem Dix-huitième über alles ging, wiederhergestellt und um eine der vollen Weglängen von Tizian bis Watteau entsprechende Spanne erweitert und hat es, was noch mehr bedeutet, an die rechte Stelle gesetzt, wo es keiner gerechten Reaktion erreichbar ist. Er hat der neuen Malerei alle Möglichkeiten der alten und mit ihnen das Mittel erschlossen, sich ihrer zu bedienen, ohne Epigone zu werden. Er hat ihr viele neue Möglichkeiten geöffnet. Er hat die Bedeutung des

Manuellen erwiesen, die Notwendigkeit, eine geübte Hand in Bereitschaft zu haben, um allen Windungen des Rhythmus mit Schnelligkeit folgen zu können, und hat, was mehr bedeutet, gezeigt, wie wenig Geschicklichkeit wert ist, welche Gefahren jede Kunst bedrohen, die sich allein auf Geschwindschrift und Schönheit des Pinselstrichs verläßt. Alles, was im nahen und im weiteren das Metier des Künstlers angeht, hat Delacroix in strahlenden Werken, sicherer als die klarsten Lehrsätze, niedergelegt. Er ist die Bibel des modernen Malers, der Klassiker aller Malererfahrung. Und doch gilt dieses immense Werk nichts neben der Bedeutung des Menschentums dieses Künstlers. Delacroix hat unsere Begriffe vom Menschlichen erhöht. Wir wissen besser seit ihm, was Eigenart und Stil und was Natur nicht nur in der Kunst, sondern überall bedeutet, was ein großer Auserwählter schuldig ist. Über den Tausenden von Zeichen, die seine Kunst uns schenkte, leuchtet das göttliche Gefühl seiner Verantwortlichkeit. (...) Es gibt wenig Großes in der Kunst, zu dem sich in Delacroix nicht eine nahe oder ferne Beziehung finden ließe, und es gibt kein Bild in seinem Œuvre, das nicht in allen Teilen Geist von seinem Geist wäre, in dem er nicht Herr und Gebieter aller Regungen bliebe, von dem man nicht zu der *Dantebarke*, der einfachsten und geschlossensten Form seiner Eigenart, zurückfände. Man wird schwer entscheiden, was bedeutender in ihm war, der Widerstand gegen so viele Einflüsse oder die Kultur, die ihrer bedurfte.

Wie er die Kunst umfaßt, so verallgemeinernd, reinigend und erweiternd nimmt er die Natur. Die Reise nach Marokko, die wichtigste Etappe des Naturalisten, an der Grenze zweier Zeiten, am Ende der stürmischen Jugend, zu Beginn der Reife, ist nicht der vorübergehende Zufall im Leben eines Malers, sondern der planvolle Zug eines Eroberers. Europa, in Gestalt seines größten künstlerischen Genies, nimmt von dem Orient Besitz. Ein Europäer, den hier so wenig das Ethnographische bedroht wie in der Kunst, wo es anders genannt wird, erbeutet die Schätze, die vorher keinem Maler erreichbar schienen. Er entdeckt in Marokko die Quellen Italiens, das er nie betreten wird. Besser als die deutschen und französischen Romfahrer an den Formen Raffaels ersieht er an den Mohammedanern und Juden des unberührten Landes antike Schönheit und ein weiteres, das allen Suchern der Antike beim Anblick des Marmors entging: die Atmosphäre um antike Gestalten. Dieser Fund ist nicht zum geringsten Teil physiologischer Art. Die Sonne Afrikas bestätigt dem Forscher den zweiten und wichtigsten Abschnitt seiner Farbenlehre: das Gesetz von den Kontrasten und den Komplementären.

Die Gleichzeitigkeit physiologischer und psychologischer Momente, die schon an dem Maler des *Massacre* auffällt, die unter dem heißen Himmel zu einer ganz organischen Verbindung geschweißt wird, ist Delacroix' größter Besitz. Die einen durchdringen die anderen, modifizieren und werden modifiziert, ganz wie sich die einsichtige Pietät vor Raffael mit der instinktiven Verwandtenliebe zu Rubens vereint, wie die Begeisterung für Dante und Shakespeare den Naturalismus in der Balance hält und das Bedürfnis musikalischer Sensationen die materiellere Freude des Handwerkers an der Materie ausgleicht. Nach der Marokkoreise hat Delacroix sein Material zusammen, die günstigen Motive für sein Talent, das vorher nicht immer mit gleichem Glück den Gegenstand getroffen hatte, und hat gleichzeitig alle Möglichkeiten, diese Stoffe zu entmaterialisieren. Die *Femmes d'Alger*, die *Eroberung Konstantinopels*, die Dekoration der Bibliothek im Palais *Bourbon*, der *Louvreplafond* und *Saint Sulpice* sind ebenso viele und große Etappen der Laufbahn des Malers und des Menschen. Wie bei Dante wird Pracht und Geist zu einem und demselben Begriff. Seine Farbenlehre ist der Kodex von der Materie, die aufdekkende Physiologie aller Geheimnisse von den Mosaiken an über die Venezianer bis zur Neuzeit und noch über Delacroix hinaus, und ist gleichzeitig das unangreifbare Mittel der Vergeistigung der Materie. Wohl übertrifft die Pracht alle Gelüste der Emailleure von Limoges, wohl könnten manche kleinen Legenden der Sammlung Thomy-Thiéry Reliquienschreine der Menschheit umschließen, nie ist die Pracht ihrer selbst wegen da. Die Farbe schmückt nicht, sondern realisiert das Objekt in einer überirdischen Atmosphäre.

Die Bilder nach der Marokkoreise haben der modernen Malerei die Farbe, das heißt die Substanz gegeben. Das Genie Prud'hons war quasi nackt herumgelaufen. Ein Windstoß mußte den losen Schal zerfetzen, mit dem die Eigenart ihre Blößen verhüllte. Die Klassizisten hatten sich bei ihren feierlichen Gelegenheiten mit Blech gegürtet; Ingres mit einem nur für ganz bestimmte Bewegungen passenden Gewebe. Goya hängt die Form wie malerische Lumpen um die Glieder. Gros und Géricault werden von ihr erdrückt, wenn sie sie nicht instinktiv von sich fernhalten.

Der Geschmackswert der Farbe ist eine Modesache und der Kolorist, dem die Farbe alles ist, ein Maler für Hutbänder und Schleifen. Nur wer ohne Farbe zu gestalten vermag, kann mit ihr seine Malerei vergrößern, kann Entdecker einer bleibenden Farbigkeit werden. Nicht weil Delacroix der größte Kolorist aller Zeiten ist, steht er so hoch, sondern weil er die Farbe zu einem vollkommenen organischen Ausdruck seines Geistes formte. Nicht seine hohe Liebe zu den alten Meistern gibt ihm einen Ruhmestitel, sondern die Werktätigkeit seiner Liebe, das Einfügen der Werte alter Meister in den Blutumlauf der zeitgenössischen Schöpfung. Ebensowenig verdient sein leidenschaftlicher Hang zur Natur besonderes Lob. Ingres' Naturalismus war ebenso ernst gemeint, Constables Landschaftertum und die Treue der Runge und Friedrich nicht weniger ehrlich. Aber es gilt von dem Nutzen der Natur dasselbe, das von der Farbe gilt und von den alten Meistern, denen nur der das Maximum entlockt, der ohne sie fertigwerden könnte. Nur wer aus sich selbst heraus das Natürliche zu produzieren vermag, wird mit der Natur die höchsten Gipfel erreichen. Delacroix war von keiner besonderen Natur abhängig, weil sein Gedächtnis von natürlichen Modellen voll war. Sie versperrten dem Rhythmus nicht den Weg, füllten nicht sein Atelier – wieviel hätte er haben müssen! –, sondern umgaben ihn, wenn er aß und trank, spazierenging oder im Theater lauschte, und sie hatten ihm bereits ihre Hilfen gegeben, wenn er zu malen begann. Keiner der Sehnsüchtigen, die von der Natur Rettung erhofften, hat Landschaft, Tier- und Blumenwelt und Menschheit tiefer durchschaut und rationeller genützt und dem einzigen Lehrbuch so gültige Erkenntnisse weitesten Umfangs entnommen. Dem traurigen Realisten, dem das Barock des Meisters das Natürliche in den Löwenjagden und Reiterkämpfen, in den großen Dekorationen und den kleinen Legenden verdeckt, dem entgeht wohl auch die Natur in Rembrandt und Greco, in Mozart und Beethoven, und er verlangt nach Eßbarem, wo ihm geistige Nahrung geboten wird. Man soll dem Barock dankbar sein, weil es eins der Mittel ist, den Feuergeist, der in diesem Menschen wohnte, zugänglich zu machen. Er besaß von Michelangelo die Gabe, mit einem Arm oder Bein ein Drama zu spielen. Wenn er den *Christ im Ölgarten* malt, zeigt er nicht einen am Boden liegenden Heiligen, von dessen Antlitz wir das Seelische ablesen können, sondern wirft ein Stück zuckenden Fleisches hin, das die halbe Welt bedeckt. Er konnte mit Farben ohne Gegenstände Dramen spielen, mit züngelnden Rots und lauernden Smaragds, mit glühenden und dumpfen, lächelnden und weinenden Farben. Er besaß hundert Wege und Irrwege der Symbolik. Wir würden ihn nicht fassen, wenn das Barock nicht seine Artikulationen zur Sprache fügte. Es ist Teil seiner Technik, im Grunde ein sehr geringfügiger Teil. Wer in ihn eingedrungen ist, kann das Barock leicht abziehen.

Delacroix hat der Kunst eine Sprache gegeben, die von keinen grammatikalischen Schnitzern, die zu Originalitäten werden, getrübt ist; eine Sprache, rein wie Musik, fähig, das Tiefste auszudrücken, und zu allen Geistern, selbst zu denen, die nicht besonders auf Malerei eingelernt sind, zu reden, eine Weltsprache. Mit ihr stellte er sich der zerstörenden Tendenz seiner Zeit entgegen. Sie ist der Kosmos im Chaos. Dafür lebte der Weltmann. Sein sozialer und sein Künstlerinstinkt sahen in dieser Schöpfung das vornehmste Ziel seines Universalismus. Sprache und Vernunft waren dem Künstler dasselbe.

Wir Deutsche drücken uns gern in Interjektionen aus und sind geneigt, einer Empfindung zu mißtrauen, die sich lückenlos in Sätze zu kleiden vermag. Mancher von uns hört nur das Pathos in Delacroix und weigert seiner Sprache die Gültigkeit für schlichte Zwecke. Delacroix war pathetisch. Er war es zumal in dem vibrierenden Fleisch seiner Menschen, in dem Leuchten der Stoffe, in dem Blinken der Wellen, in Lichtern, Schatten und Farben. Er war es in keinem lärmenden Achilles, in keiner überlieferten Andromachepose, in keinem Augenaufschlag betörter Schönen, in keiner Gebärde, die des ergänzenden Wortes bedarf. Er war es so wenig in seinem urbanen Anstand, daß ihn mancher für einen glatten Diplomaten nahm. Doch könnte man den wahren Sinn seiner ganzen Lebensführung pathetisch im höchsten Maße nennen. Sein Pathos war die Fülle einer lebensträchtigen Form, der Prunk ganz reifer Früchte auf kristallener Schale, die Kurve, die sich, getrieben von beherrschter Kraft, zur größten Rundung wölbt.

Dieser Mensch trägt eine ganze Welt. Er steht vor dem ungeheuren Loch in der Geschichte, ein Fels im Chaos. Seine magnetischen Kräfte ziehen alle Werte, die das leichtsinnige achtzehnte Jahrhundert und die Wut der Revolution zerstörten, an und in sich hinein. Das Überlieferte hat er in reinsten Essenzen, das Neue liegt in ihm wie die Perle in perlmutterner Schale. Er läßt es dort, umschlossen von dem sicheren Gehäuse, ein ruhiger Besitzer. Zum letzten Male wurde die Welt, die Welt unserer schönsten Begriffe, zu Malerei. Nach seinem Hingang kommen Maler, Perlenfischer, verwegene Taucher nach kürzeren und intensiveren Lüsten. Aus winzigen Perlen werden neue Welten. Wir freuen uns ihrer. Wie sollten wir nicht? Doch jener allumfassende Kosmos kommt nicht wieder.

Max Dvořák

Dürers Apokalypse

Als Dürer die Apokalypse für den Holzschnitt zu zeichnen begonnen hat, war er 25 Jahre alt. Er war vor kurzem von seinen großen Reisen zurückgekehrt, die ihn nach Westdeutschland und nach Italien geführt haben. Im Westen wurde er hauptsächlich durch die Kunst Schongauers mit dem niederländischen Naturalismus vertraut, den Schongauer nicht nur in seine große Kunst vollständig aufgenommen, sondern dem er auch eine neue Wendung und einen neuen Inhalt gegeben hatte. Im Süden lernte er hauptsächlich durch Mantegnas Werke die italienischen Probleme und Errungenschaften der Körperdarstellung kennen und eine zwar aus derselben Quelle fließende, dennoch der niederländischen entgegengesetzte Art der Naturbeobachtung und Naturdarstellung, die den Begriff des Naturwahren in der Kunst mit dem Begriffe der natürlichen Gesetzmäßigkeit und einer darauf beruhenden formalen Schönheit verbunden hat.

Beide Einflußsphären haben auf den jungen Dürer tief eingewirkt, ja man kann sagen, daß sie für die ganze Entwicklungsrichtung seiner Kunst in aller Folgezeit von entscheidender Bedeutung waren. Und dennoch ist das erste große Werk, mit dem er nach den Wanderjahren hervortrat – seine erste große graphische Publikation überhaupt – von beiden so weit entfernt als nur möglich. Denn die fünfzehn Bilder, in denen Dürer die Offenbarung dargestellt hat, sind von einer Originalität, der gegenüber alles in der Fremde Erlernte in den Hintergrund trat und die mit einem Schlage nicht nur ihn zu einer führenden Stellung unter den deutschen Künstlern seiner Zeit, sondern, wie wir sehen werden, auch die deutsche Kunst selbst im Rahmen der Kunstbestrebungen der europäischen Völker zu einer neuen Bedeutung erhoben hat.

Bevor wir auf die Bilder eingehen, empfiehlt es sich, einige Worte über den Text zu sagen. Er fällt merkwürdig aus dem Inhalt und Stil der übrigen Bestandteile des Neuen Testaments heraus, die – weit entfernt von jedem Pathos – den Charakter einer ruhigen sachlichen Berichterstattung ohne literarischen Ehrgeiz besitzen. Die Apokalypse überströmt dagegen von einer leidenschaftlich maßlosen und zum Teil zweifellos absichtlich dunklen Phantastik, wie kein zweites Werk der Weltliteratur: Bild reiht sich an Bild, Symbol an Symbol, Vision an Vision, alles in einer wilderregten und dadurch zuweilen mächtig hinreißenden Sprache – der alte jüdische Prophetismus zu schauerlichen Fieberträumen gesteigert. Das Werk eines kleinasiatischen Judenchristen, ist sie in der Zeit der großen neronischen Verfolgung oder unmittelbar darauf geschrieben worden. Diese Verfolgung, eine der größten, hat sich auf Christen und Juden erstreckt und führte zu dem großen Judenaufstand in Palästina, einem furchtbaren Verzweiflungskampfe ohne gegenseitiges Erbarmen. Als die Juden in Jerusalem das Übergewicht bekamen, erschlugen sie alle Römer und römisch Gesinnten, wofür in Cäsarea an einem Tage 20000 Juden hingemordet wurden. Die Tage brachte man mit Morden zu, die Nächte in banger Sorge – schreibt ein Zeitgenosse. In tiefster Erregung folgten die ganzen jüdischen und jüdisch-christlichen Gemeinden diesem Ringen, und die Aufregung wurde noch gesteigert durch allgemeine Verhältnisse. Überall im Römischen Reiche herrschten Aufruhr und Blutvergießen, Kleinasien war von Erdbeben, Rom von Hunger und Pest heimgesucht. Nero hatte sich, als sich die Legionen gegen ihn erklärten, von einem Freigelassenen einen Dolch in die Kehle stoßen lassen; doch man glaubte es nicht und befürchtete sein Erscheinen im Orient. Und all dies erzeugte eine Stimmung der Verzweiflung, der geistigen Empörung und das Gefühl einer nahenden Weltkatastrophe, als dessen Niederschlag die Apokalypse entstanden ist.

Auf die Kunst hat die Offenbarung verhältnismäßig weniger eingewirkt als andere Teile des Neuen Testaments. Nur in Perioden religiöser Erschütterungen und Spannungen hat man sich lebhafter für sie interessiert, so zum Beispiel vor dem Ende des ersten Jahrtausends, als man an die Nähe des Weltgerichtes glaubte, dann im zwölften und dreizehnten Jahrhundert, als die große Bewegung der mystischen Sekten und Häresien entstand, und in der zweiten Hälfte des fünfzehnten Jahrhunderts im Zusammenhange mit jener religiösen Revolution, aus der sich die deutsche Reformation entwickelt hat. Wohl haben einzelne apokalyptische Stoffe immer die darstellende Kunst beeinflußt; als Ganzes hat sie jedoch nur einmal, in Dürers Holzschnitten, ein ganz großes Kunstwerk hervorgebracht. Zum Teil erklärt sich dies aus dem Texte selbst, in dem Christliches stärker als in den übrigen Teilen des Neuen Testaments mit jüdischen Elementen verflochten ist und der – mehr in den irrealen Phantasien und Meditationen eines bildlosen Volkes als in der Anschauung verankert – im höchsten Grade unbildlich ist. Dank den Umständen der Zeit und der Eigenart der damaligen deutschen Kunst wie auch seiner eigenen hat nun Dürer diesen zur ausführlichen Illustration kaum geeigneten Text – die älteren Darstellungen beschränkten sich auf einzelne Figuren und Szenen – in Bilder verwandelt, die künstlerisch unverhältnismäßig wirkungsvoller waren als ihr literarischer Ausgangspunkt und von denen einzelne ein dauernder Besitz des allgemeinen Phantasielebens geworden sind.

Daß ihm dies gelungen ist, beruht zuallererst auf dem künstlerischen Prinzip, welches den Bildern zugrunde liegt. Aus dem poetischen Überreichtum des Sendschreibens an die sieben asiatischen Gemeinden wählte Dürer Momente, die sinnlich darstellbar waren und in der Naturanschauung irgendwie verankert werden konnten – man könnte von einer Auflösung der gedanklichen Phantasie in bildliche Ausdrucksmittel sprechen. So wählt er aus der ersten Vision der sieben Leuchter die Gestalt des Jemand, der einem Menschensohn ähnlich sah, dessen Haupt wie weiße Wolle war, dessen Augen Feuerflammen glichen, der in seiner Rechten sieben Sterne hielt und aus dessen Munde ein scharfes zweischneidiges Schwert ging und dessen Angesicht wie Sonne strahlte; er wählt ferner die Leuchter und den Seher selbst. Und solche bildliche Elemente verbindet er zu Kompositionen, die man als bildliche Visionen und Phantasien bezeichnen könnte und die mehr auf freier Vorstellung der Einbildungskraft beruhen als auf Naturanschauung, so daß der ins Sinnliche übertragene Inhalt der Apokalypse wiederum zu Bildern vereinigt wurde, die nicht in realen Situationen und Zusammenhängen, sondern in inneren Vorstellungen verankert sind. Er sieht die Szene in den Lüften: auf sonderbaren Wolken stehen die Leuchter und ruht der Regenbogen mit der Gestalt des Ersten und Letzten, vor dem der Seher selbst kniet; es ist also nicht dessen Vision, sondern die Vision des Künstlers. In das Stoffliche und Wirkliche der Niederländer oder in das erdgebundene Statisch-Gesetzmäßige der Italiener übertragen, wäre eine solche Darstellung weder überzeugend noch wirkungsvoll. Dürer verwischt nicht ihren irrealen Charakter, sondern betont ihn im Gegenteil. Die gekrausten Linien, die nicht der Einwirkung der Schwere unterliegen, die lichten Wolken, die sich von dem dunklen Hintergrund körperlos abheben und alles entlasten, was sie tragen, die Unbestimmtheit des Raumes – all dies versetzt uns in eine Welt, die nur im Geiste existiert, in der andere Gesetze walten als in der sinnlich wahrnehmbaren und in der eine andere Wahrheit herrscht: in die Welt nicht des natürlichen, sondern des übernatürlichen Seins. Sie war ein Vermächtnis der mittelalterlichen Weltanschauung, welche sich als lebendiger und führender Faktor in der deutschen Kunst länger erhalten hat als anderswo. Dennoch wäre es falsch, den merkwürdigen Stil der Apokalypse aus einem letzten Aufflammen des mittelalterlichen Geistes erklären zu wollen.

Werfen wir einen Blick auf das zweite Bild: Johannes erhält die Weisung vom Himmel. Da sehen wir unten eine stille, liebliche Landschaft, die uns die Schönheit und die Weite der Erde vor Augen führt, und fast wie störend in der ruhigen Stimmung oben den geöffneten Himmel. Durch kuriose Wolken von der Zone des Irdischen getrennt, steht da ein gewaltiger Bau, dessen Tore aufgesprungen sind; Flammen schlagen heraus und bilden einen Kreis um eine Darstellung, in der alles im schärfsten Gegensatze zu der Wirklichkeit unten steht; eine von Himmelschören umgebene Mandorla, alte mittelalterliche Vorstellungen und Gestalten, phantastisch, unwirklich, in einem Idealraum zusammengedrängt – und mit diesem Traumbild ist auch der Seher verbunden, der sich dem Throne Gottes nähert, den Auftrag zu empfangen. Ich glaube – klar entrollt sich da die Entstehung eines solchen Bildes vor unseren Augen –, der Künstler hat den Text gelesen und denkt über ihn nach: zuerst sieht er die Schönheit der Welt, deren Schicksal nun entschieden wird, so wie er sie oft auf seinen Wanderungen mit dem Zeichenstift in der Hand gesehen hat; dann denkt er an die Gewalten, von denen dieses Schicksal abhängt, und wundersame altvertraute Vorstellungen der überweltlichen Mächte, Gestalten und Bilder, wie er sie in der Kirche oder in alten Manuskripten sah, die nur in der Phantasie leben und doch das Wirklichste sind, kommen ihm zum Bewußtsein. Und beide Sphären des geistigen Bewußtseins, jene, die aus der sinnlichen Erfahrung schöpft, und die, die auf der ideellen Erklärung der Umwelt und der Geschichte der Menschheit beruht, vereinigen sich zu einer traumhaften Einheit, in der der Künstler selbst der Dichter und Seher ist, seine inneren Gesichte als bildliche Offenbarungen den verbalen Meditationen entgegenstellend, wobei er, subjektiv nach seinem Ermessen Wirkliches mit Unwirklichem verbindend, den Grad der Realität der einzelnen bildlichen Elemente bestimmt.

Dieser Subjektivismus geht über alles Mittelalterliche hinaus, wo durch das theologische Welterklärungssystem der persönlichen geistigen Stellungnahme zur Umwelt bestimmte Schranken gezogen waren. Auf das engste berührt er sich dagegen mit dem niederländischen und italienischen Streben des fünfzehnten Jahrhunderts, dieses Verhältnis durch Beobachtung und Erfahrung neu zu begründen. Der Unterschied bestand nur darin, daß man dies im Westen und Süden hauptsächlich auf dem Wege der äußeren, sinnlichen Erfahrung zu erreichen suchte, durch Nachahmung der Natur und Erkenntnis der in ihr waltenden Gesetzmäßigkeit; in Deutschland dagegen durch innere Erfahrung, durch Bereicherung des inneren Vorstellungslebens auf dem Wege der Erbauung und des geistigen Selbstbildens. Eine dahin strebene Entwicklung kann man in Deutschland durch das ganze fünfzehnte Jahrhundert beobachten. Die Rolle der Kunst im geistigen Leben war da eine grundsätzlich andere als im Westen und in Italien. Über esoterische Zwecke hinaus hatte sie da dem allgemeinen Bedürfnisse nach seelischer Erhebung, dem allgemeinen religiösen und profanen Bildungshunger zu dienen, und diese allgemeine geistige Aufgabe galt ihr als wichtiger als die Probleme der Form. Daraus erklärt sich, daß sich der Fortschritt weniger intensiv an den großen Altarwerken vollzogen hat, als in Kunstgattungen, die aus diesem Erbauungs- und Bildungsbedürfnis entstanden sind, im Holzschnitt, Kupferstich und in den illustrierten Büchern. Auf dieser Entwicklung, in der sich eine Vermenschlichung der Kunst nicht minder vollzogen hat als in der italienischen und niederländischen Kunst, nur auf einem anderen Wege, beruht die Apokalypse; mit dem Unterschiede, daß in ihr in persönlicher Genialität in einem großen Kunstwerk verkörpert wurde, was bis dahin mehr oder weniger das Kriterium einer breit und mehr oder weniger gleichmäßig dahinfließenden Produktion war, wie Shakespeares Meisterwerke auf der Basis unbedeutender Autoren entstanden sind.

So ist aber die Apokalypse das erste große deutsche Kunstwerk der Neuzeit und zugleich ein Kunstwerk sui generis, eine Predigt von Luthers Tiefe und Beredsamkeit vor Luther, in der der Geist zum Geiste spricht und die mit anderen als ihren Maßstäben, welche die der deutschen Kunst jener Zeit sind, gar nicht gemessen werden kann. Nachdem Dürer einmal den Ton gefunden hat, entrollen sich die Bilder Schlag auf Schlag. Und in steigender Dramatik, wie wir sie in gleichzeitiger Kunst sonst vergeblich suchen würden, zieht an unseren Augen, wie dies der Künstler innerlich sah, die Vernichtung der Menschheit und der Kampf des Himmels und der Hölle vorbei. Im schauerlichen Vorwärts rasen die Verkörperer des Todes in vierfacher Form – die Vision des unaufhaltsam dahinjagenden Fatums, dem Hekatomben zum Opfer fallen. Man sieht in einem noch gewaltigeren Bilde die vier Würgengel ihres Amtes walten; eine formlose Masse, aus der sie sich emporheben; vier Gestalten und doch nur ein Akkord; von einer Dynamik der Bewegung, der die italienische Kunst nichts an die Seite stellen kann. Es sind keine Idealgestalten, diese Sendboten des Todes,

Dürer: Die babylonische Buhlerin / Holzschnitt aus der Apokalypse

wie in Italien, keine göttlichen Heroen, sondern Wickinger – durch den Furor ihrer Lebensenergien ins Göttliche gesteigert.

Doch all dies ist viel zu bekannt, als daß wir uns dabei aufhalten müßten; dagegen möchte ich über den Zusammenhang des Ganzen einige Worte sagen. Der Faden der Erzählung ist in dem Text der Apokalypse schwer zu verfolgen; es sind mehr zusammenhanglose Fieberschauer als eine klar fortschreitende Erzählung. Der Grundgedanke ist aber klar und einfach: schwere Heimsuchung der Menschheit in furchtbaren Erschütterungen und die Vernichtung des von Lastern und Fäulnis zerfressenen Rom, der Ursache des Unheils; es ist ein haßerfüllter Gesang gegen die Bedrücker und Weltbeherrscher, verbunden mit dem Alleluja auf den endgültigen Sieg des wahren und einzigen Gottes.

Man könnte die Apokalypse des heiligen Johannes als eine Tendenzschrift bezeichnen, und ihre Grundtendenz berührt sich merkwürdig mit dem, was Dürer in der Zeit der Entstehung der Bilder so wie viele seiner Zeitgenossen in religiösen Fragen bedrückte. Daß Dürer diesen Zusammenhang im Auge hatte, als er die Illustrationen erfand, unterliegt keinem Zweifel. Besonders deutlich wird dies in der Darstellung der babylonischen Buhlerin. Es wird erzählt, daß sieben Engel den Seher in die Wüste führten, um ihm die babylonische Buhlerin zu zeigen. Da sah er sie in prächtigen Gewändern auf einem siebenköpfigen Tiere sitzen, einen goldenen Becher in der Hand, voll von dem Greuel und Unrat ihrer Buhlerei. Die sieben Köpfe des Tieres, das sind die sieben Hügel – eine deutliche Anspielung auf Rom –, und die zehn Hörner sind die Könige, die sie regierten und denen Gott den Sinn gab, sie wüste zu machen und bloß, ihr Reich dem Tiere zu opfern, damit Gottes Wille erfüllt werde auf Erden. Und Engel werden kommen und den Fall Babylons verkünden, denn die Buhlerin ist eine Behausung des Teufels geworden; von ihrem Weine haben alle Könige getrunken, und die Kaufleute sind reich geworden von ihrer Wollust; deshalb müsse sie vernichtet werden, daß niemand mehr ihre Ware kaufe; der Handel und die Schiffahrt sollen aufhören, die Stimme der Mühlen soll verlöschen und die

Kunst nicht mehr gehört werden, denn all dies ist durch sie vergiftet worden; darum soll die große Stadt verschwinden und nie mehr erfunden werden. Und dann erscheint Jesus auf weißem Pferde und wird zu euch sprechen: Ich bin euer Bruder und Mitknecht. – Ich wüßte keinen historischen Bericht, in dem uns die furchtbaren Konvulsionen, in denen sich eine neue Religion durchringt, so anschaulich entgegentreten würden wie in diesem poetischen Verzweiflungsschrei. Wir kennen unter dem Einflusse der späteren kirchlichen Auffassung nur die eine Seite des Prozesses: die gewaltsame Unterdrückung durch die Heiden, die passive Ergebenheit und Aufopferung bei den Christen – die naturgemäße spätere Idealisierung eines Weltumsturzes. Doch daß diese Auffassung zumindest nur teilweise dem historischen Sachverhalt entsprach, lehrt uns die Apokalypse. Da steht Welt gegen Welt, Partei gegen Partei: die eine, die über alle Macht und Weltherrschaft verfügt, und die zweite kleine, doch von glühender Begeisterung und Überzeugung von dem endlichen Siege ihrer Ideen erfüllte, die bereit ist, die bestehende Kultur auszurotten, um ihrem Glauben allgemeine Geltung zu verschaffen.

Und gerade dieser Zug der Apokalypse hat im jungen Dürer den größten Widerhall gefunden. Denn auch seine Apokalypse war ein Revolutionslied und ebenfalls gegen Rom gerichtet. Nicht gegen das Rom der Imperatoren, sondern gegen das päpstliche Rom. Noch im Jahre 1521 schreibt er, als er während seiner niederländischen Reise eine falsche Nachricht von Luthers Tode erhalten hatte, in sein Tagebuch unter ausdrücklicher Berufung auf die Apokalypse flammende Worte gegen die Kurie, die das wahre Christentum mordet und ihm das Blut aussaugt und die Quelle des unchristlichen Lebens ist. Und in dieses Rom seiner Zeit verwandelt sich ihm die babylonische Buhlerin. Er stellt sie, eine Naturstudie benützend, die er aus der Lagunenstadt mitgebracht hat, als eine schöne Venezianerin dar, fürstlich und verführerisch wie eine Zaubererscheinung, die den müden Wanderer, dem sie einen Becher zeigt, zu sich heranlockt. Sie erscheint jedoch nicht so wie in der Bibel dem Seher, sondern einer Schar von Männern und Frauen in Zeittracht. Nur einer scheint sie zu bewundern: ein Mönchlein mit weit geöffneten Augen und gespitzten Lippen sinkt anbetend vor ihr nieder. In den anderen Köpfen malt sich scheuer Schrecken oder Widerspruch. Ängstlich schielen der Edelknabe und die Frau hinüber. Mit starrem, verächtlichem Trotze blickt der Bauer. Kritisch, in unbeugsamer Haltung, breitspurig, mit Händen in den Hüften faßt die Buhlerin die Mittelfigur ins Auge, in der wir Dürer selbst vermuten können. Das Phantom erscheint nicht in der Wüste, sondern auf heimatlichem Boden, aus dem heimatliche Pflanzen wachsen. Es kommt jedoch den Fluß überschreitend aus der Ferne, die man im Hintergrunde sehen kann – das Meer und die Berge und das große Babylon, Rom, die ganze christliche Welt, die im Banne der Buhlerin stand. Dieser Bann wird bald gebrochen sein. Nach alter Art verbindet Dürer mehrere nacheinander folgende Momente der Erzählung zu einem Bilde. Schon erscheint in den Wolken der Engel mit dem Mühlstein, der die verruchte Sünderin zerschmettern wird. Schon naht ein zweiter, dessen Stimme verkündet: Babylon, das große, ist gefallen, und die Stadt brennt. Wie in gewaltigen Explosionen schlagen die Flammen bis zum Himmel, und eingerahmt von zusammengeballten Wolken zieht eine dritte Vision an unserem Auge vorbei: die siegbringende himmlische Schar, die – von Jesus, dem christlichen Ritter, angeführt – gekommen ist, das neue Jerusalem zu begründen, welches uns in dem letzten Blatte, dem friedlichen Schlußwort der Folge, gezeigt wird. Ein Engel schließt die alte Schlange, den Teufel, der das Unheil angerichtet hat, in den Abgrund, und ein anderer zeigt dem Seher nicht wie im Text das himmlische Paradies, sondern einen irdischen Himmel, eine schöne deutsche Stadt, an deren Tore der Friedensengel wacht.

So ist aber Dürers Apokalypse nicht nur eine Illustration, sondern nicht minder eine selbständige Dichtung in Bildern, in der Dürer seine persönliche Auffassung der wichtigsten geistigen Probleme der Zeit künstlerisch ausgedrückt hat, so daß man in dieser Verbindung von Wirklichkeit und Traum, von Wahrheit und Dichtung beinahe ein Stück Selbstbiographie wie in den Werken moderner Dichter sehen könnte. Auch das ist etwas Neues. Aus den Gemälden der gleichzeitigen italienischen und niederländischen Künstler kann man keinen Schluß auf ihr subjektives Geistesleben ziehen; in einem Gemälde Giambellins, Raffaels, Gerard Davids scheidet es im Verhältnis zu objektiven künstlerischen Problemen, die für alle Künstler ihrer Zeit und Heimat die gleichen waren, beinahe vollkommen aus. Noch deutlicher drückt sich dies in den Zeichnungen aus, die fast ausnahmslos ebenfalls mit Rücksicht auf diese objektiven, außerhalb des subjektiven Seelenlebens stehenden Ziele geschaffen wurden, wogegen wir bei Dürer im ganzen Verlaufe seines Lebens in Zeichnungen und graphischen Werken eine unerschöpfliche Fülle von Gesichtspunkten, ein ununterbrochenes Sichauseinandersetzen mit sich selbst und mit der Umwelt beobachten können.

In der Apokalypse tritt uns dieser Zug seiner Kunst ebenso stark als nach der damaligen Gesamtlage der europäischen Kunst überraschend entgegen. Sie ist ein persönliches geistiges Bekenntnis, dessen Inhalt nicht nur auf dem Gebiete der eigentlichen Probleme der Kunst liegt, sondern in all den schicksalsschweren Fragen, die damals alle tiefer veranlagten Menschen beschäftigten. Es ist in denselben Jahren entstanden, in denen in Florenz Savonarola gepredigt hat und verbrannt wurde. Doch in Italien handelte es sich nur um eine Bewegung zur Restitution des kirchlichen Regiments, während in Deutschland die Allgemeinheit durch ein ganzes Jahrhundert zu tieferer religiöser Bildung und Empfindung erzogen, über die tieferen Ursachen des Verfalles des religiösen Lebens nachzudenken und in führenden Köpfen das Problem der geistigen Erneuerung des Christentums als die wichtigste Forderung der Zeit greifbare Gestalt anzunehmen begann; auch bei Dürer, dessen erstes großes Werk aus dem Gefühle der Verpflichtung dieser Hauptfrage des geistigen Lebens der Menschen gegenüber entstanden ist, die höher steht als die Sonderaufgaben der Kunst und die die Bilder in eine hinreißende Predigt verwandelt hat. Diese geistige Programmatik erinnert an das Mittelalter, wogegen das Persönliche des Bekenntnisses vorwegnimmt, was einige Jahrzehnte später in Michelangelo die unpersönlichen künstlerischen Ideale der Renaissance zerbrochen hat und nach Michelangelo die ganze europäische Kunst eroberte. So steht die Apokalypse zwischen zwei Welten, eine schließt sie ab und eine leitet sie ein, verbindend was vor der Renaissance war und was nach ihr kommen sollte.

Eine merkwürdige Rolle spielt die Apokalypse in Dürers Entwicklung. Er hat in der Folgezeit bedeutendere oder zumindest ebenso bedeutende Werke geschaffen, doch nie mehr etwas, was in einem ähnlichen Grade von der stürmisch jugendlichen Entflammung für eine bestimmte Idee erfüllt gewesen wäre. Es ist wie wildaufschäumende Jugendkraft darin, und gewiß hat ihn nicht nur die Analogie der geschichtlichen Situation, sondern auch das Sturmbewegte des Geistes und der jugendlich glühenden Begeisterung für Zukunftsideale zu dem apokalyptischen Texte hingezogen. Nirgends können wir in der gleichzeitigen niederländischen, italienischen oder französischen Kunst einen ähnlichen Sturm und Drang der Jugend beobachten. Da ist der Künstlerlauf ein allmählicher Aufstieg, und die kühnsten Werke entstehen nicht am Anfang, sondern am Ende der künstlerischen Laufbahn. Das ist sicher kein Zufall, und ebensowenig kann es ein Zufall sein, daß sich diese Erscheinung in der deutschen Kunst wiederholte und Deutschlands größte Dichter ihr künstlerisches Schaffen mit jugendlich radikaler Gesinnung und Fortschrittsbegeisterung eröffnet haben, so daß man von einem verwandten Künstlertypus sprechen könnte. Die Quelle dieser Verwandtschaft liegt in jenem Verhältnis zwischen Kunst und den Problemen des Daseins, wie es in Deutschland gerade um die Wende des fünfzehnten und sechzehnten Jahrhunderts begründet wurde und sich auch später in Deutschland bis in die Gegenwart erhalten hat. Es hängt mit jenem Drange zusammen, die Welt als ein Problem des Innenlebens zu betrachten, die Kunst als ein Mittel, sich mit Gott und Teufel, Diesseits und Jenseits, mit sich selbst und mit dem, was die Allgemeinheit bewegt, auseinanderzusetzen, was in der Jugend stürmischer als im Alter ausfallen mußte. Doch auch später behält die Gleichung ihre Berechtigung.

Dürers ganzes Leben war ein Ringen um eine Bereicherung der geistigen Persönlichkeit, der er alles dienstbar zu machen versucht, was ihm die Zeit an großen geistigen Anregungen und Erlebnissen geboten hat: Humanismus und Reformation, die italienische und niederländische Kunstauffassung, Theorie und Praxis und die Schönheit und Mannigfaltigkeit des Lebens und der Natur. So entsteht aber ein Künstlertypus, der von den gleichzeitigen italienischen und niederländischen diametral verschieden war, der Typus eines neuen Bildungsidealismus und Universalismus, wobei dieser Universalismus nicht wie bei Lionardo auf naturwissenschaftlicher Empirie allein beruhte, sondern wie dreihundert Jahre später bei Goethe in einer nie versiegenden Anteilnahme an allem, was die Menschen geistig beschäftigte und der Phantasie Nahrung bot, begründet war.

Horst Keller

Vincent van Gogh – In der Provence

»Mein lieber Bruder, Du weißt, daß ich tausend Gründe hatte, in den Süden zu gehen und mich in die Arbeit zu stürzen. Ich wollte ein anderes Licht sehen, ich dachte, wenn man die Natur unter einem helleren Himmel betrachtete, so bekäme man eine bessere Vorstellung von der Art, wie die Japaner empfinden und zeichnen. Schließlich wollte ich diese stärkere Sonne sehen... Dazu kommt eine Vorliebe des Herzens für diesen Süden, den Daudet im ›Tartarin‹ geschildert hat, und dann habe ich auch hier und da Freunde gefunden und Dinge, die mir lieb sind. So entsetzlich ich auch meine Krankheit finde und obwohl ich hier starke Bande geknüpft habe... könnte es trotz alledem geschehen, daß ich verhältnismäßig bald in den Norden zurückkehre – kannst Du das verstehen?«

Diese Sätze stehen in einem in französischer Sprache abgefaßten Brief des Malers Vincent van Gogh, geschrieben zwischen 6. und 10. September 1889 aus dem Sanatorium Saint-Paul-de-Mausole in Saint-Rémy, nahe seinem vorherigen Domizil Arles an der Rhône. Gerichtet ist dieser Brief an den jüngeren Bruder Theo, der als Angestellter im Pariser Kunsthandel arbeitet – an den treuesten Freund, unermüdlichen Helfer und Tröster, den Empfänger unzähliger Briefe des damals sechsunddreißigjährigen Vincent. Der zitierte Brief ist der 605. dieser Korrespondenz. Er beschreibt Anfang und Ende von einem Wagnis, das der Maler um den Preis von Leib und Seele eingegangen ist.

Zu diesem Zeitpunkt hat Vincent van Gogh den größeren Teil seiner achthundert Tage in der Provence schon hinter sich, Monate und Wochen, die seiner Kunst die Größe und die volle Reife bringen, die aber auch seine geistige Verwirrung – wie angeweht vom Mistral, dem gefährlichen Wind aus den Bergregionen der Alpenausläufer, der Alpilles – auf erschreckende Weise steigern. Er hat nur noch zehn Monate zu leben. Wie er es im Brief ausgesprochen und gewünscht hat, ist er tatsächlich heimgekehrt in das tiefländliche Maleridyll Auvers-sur-Oise, nördlich von Paris.

Van Gogh in der Provence. Das bedeutet für die Nachwelt eine riesige Bildergalerie samt herrlichen Aquarellen und Rohrfederzeichnungen, die in aller Welt verbreitet sind und überall bewundert werden, als Ausdruck höchster künstlerischer Konzentration, strahlender, intensiver Farbigkeit, gespeist und hervorgebracht von einer bis dahin ungekannten Kraft und der Fähigkeit, das Licht, die Sonne aus Leinwänden leuchten zu lassen. Diese Wirkung hält heute, nach hundert Jahren, unvermindert an.

Dabei ist es so: immer ist dieser Holländer Fremdling in der Provence und in dem Kleinbürgermilieu des mittelalterlich verwinkelten Arles über der breit sich in die Camargue verlierenden doppelarmigen Rhône geblieben, immer ist er »auf dem Wege zur Arbeit«. Etwas anderes kennt er nicht. Mann des Nordens, trotzt er der Glut des Südens, der blendenden Sonnenhelle auf staubigen Wegen und Straßen, zwischen Sumpf und roten Weinfeldern und unter Bäumen, die spärlichen Schatten geben. Er lebt ohne geregelte Mahlzeit, ohne angenehmes Quartier, ohne einen Kreis von Freunden, meist auch ohne Geld. Der Bruder Theo schickt es in seinen Briefen, Abgespartes, nicht etwa den Erlös aus Bildverkäufen. Die Leinwände, die Vincent im Lauf der Zeit nach Paris schickt, stapeln sich in Theos beengter Pariser Stadtwohnung; nicht ein einziges Bild kommt zu dieser Stunde vor die Augen eines ahnungsvollen Sammlers.

Das ist die Situation des größten holländischen Malers seit Rembrandt, eines Mannes, der Schmerz und Hunger, zeitweilige geistige Umnachtung und tiefste, von ihm mit vollem Bewußtsein durchlebte Depression überwindet, weil das Malen ihn immer wieder aus seiner Jämmerlichkeit heraushebt, bis zu jenem letzten Tag, wo er vor das Dorf Auvers-sur-Oise läuft und sich die Kugel gibt. Die zwei Jahre in Arles und Saint-Rémy, in denen er als freier Mann, freilich in aller Bescheidenheit am Rand der sich spießig und feindlich abschirmenden Gesellschaft oder im sicheren Gewahrsam der freiwillig aufgesuchten Hospitäler lebte, sind dennoch eines der unbestritten größten Ereignisse in der Geschichte der neueren Malerei.

Rotblond, in simpler, unangemessener Kleidung, des provençalischen Gebrauchs der französischen Sprache nicht mächtig, steht Vincent van Gogh eines Februartages im Jahre 1888 auf dem Bahnsteig von Arles. Ringsum liegt Schnee – ein eindrucksvolles Bild, das er jedoch nicht erwartet hatte. Es bringt ihm allenfalls die schönen, sanften Farbholzschnitte des Japaners Hiroschige in Erinnerung, die er bei Malern, Literaten, Kritikern und auch Kunsthändlern während des kurzen Zwischenaufenthaltes auf dem Wege von Holland in den Süden in Paris gesehen hatte. Diese von der provençalischen Szene – einer ihm bis dahin fremden Landschaft – ausgestrahlte Faszination genügt ihm, seine geistige Sehnsucht, wie sie der zu Anfang zitierte Brief angedeutet hatte, zu stillen. Er glaubt hier dieses Bilderjapan zu finden, wie es die eben nach Paris importierten farbigen Blätter der großen fernöstlichen Künstler entworfen hatten und wie es den Malern in Paris auf der Suche nach neuen Wegen als eine Offenbarung erschienen war. Ergänzen darf man sich dazu, daß Vincent bei der Auseinandersetzung der Impressionisten mit der japanischen Flächenkunst, die in ihrer Begeisterung sich zu einem wahren »Japonismus« gesteigert hatte, gerade Augen- und Ohrenzeuge gewesen war. Nach japanischen Farbholzschnitten hatte er in Paris denn auch Bilder gemalt, und in den Briefen an Theo aus dem Vorfrühlings-Arles weiß er zu berichten, daß sich sein Traum zu verwirklichen scheine.

Die Nebel des Nordens hat er hinter sich gelassen, der Schnee vergeht, tausend Blütenbäume umgeben ihn bald, als er mit seinem Zeichenblock und seiner Leinwand erst durch das düstere Arles, dann bald durch die Felder streicht, erschreckt von dem einen, entzückt von dem anderen.

Dem kaum beachteten Außenseiter, der sich nicht mitteilen kann, eröffnet sich hier eine Motivwelt, wie sie weder Holland noch Paris anboten. Zunächst muß er sich mit den unzureichenden Ölfarben begnügen, die beim Kolonialwaren- oder Buchhändler vorrätig sind, bis Theo aus Paris ihm bessere schickt.

Und der »Verbrauch« an Leinwand und Farbe ist gewaltig. Die meisten Studien und auch fertig durchgemalten Bilder entstehen zweimal: eine Fassung ist immer für Theo, also für den Weg zum erhofften Erfolg bestimmt, die andere für ihn selbst, zur Kontrolle, sogar zum »Wandschmuck«, wofür die großen Sonnenrosen-Bilder des ersten Herbstes – 1888 – nach seinem Willen ausdrücklich bestimmt sein sollen. Zu dieser Zeit ist er durchaus überzeugt davon, daß solche Bilder den Geschmack des Bürgers bessern würden und ihm langwährende, stets erneute Freude am Bilde schenken könnten.

Der Maler auf dem Weg zur Arbeit. Das bedeutet für van Goghs Tage in der Provence eine kaum je wieder so in einem einzigen Malerleben angetroffene und alle anderen Lebensregungen nahezu ausschließende Intensität der Arbeit. Viele hundert Bilder entstehen, nicht alle sind Glückswürfe, manchen fehlt der volle Widerschein der reinen Malertat, nicht jedes ist entstanden ohne Trübung der Gedanken, ohne Zweifel am Durchhalten. Aber hinter manchem strahlend schönen Lilienstrauß, hinter zarten Blütenbäumen, hinter den von Blumen übersäten Wiesen bleiben die düsteren Sorgen um die Zukunft, um den nächsten Tag, um die nächste Woche verborgen. Die zu bewältigende Zeit ist nicht nur für ihn, sondern auch für seine fernen Freunde im französischen Norden – so für Gauguin, der bei ihm einen kurzen, tragisch im Mißverständnis endenden Besuch machen wird – in tiefe Schwärze gehüllt. Man will diese Kunst nicht, diese Erzeugnisse von Sektierern, von Symbolisten, von Sonnenfanatikern, Enthusiasten, die erfüllt sind von neuen, bewegenden menschlichen Themen und sich nicht, wie vor ihnen die Impressionisten, mit der Darstellung des schönen, verklärenden Scheins über den Dingen zufriedengeben.

Hinzu kommt in diesen Monaten für van Gogh, daß der briefliche Austausch mit dem weit entfernten Bruder Theo seine nahezu einzige geistige Nahrung bleibt, wie auch nur von ihm beflügelnde Kritik zu erwarten ist; und dies gilt, selbst wenn man die Bücherstapel in Betracht zieht, mit denen er sich lesend über seine äußerlich elenden und einsamen Abende bringt. Er verschlingt Bücher von und über Flaubert, Dostojewski, Tolstoi, Alexis, Wagner, Petrarca, Dante, Botticelli, Giotto, Huysmans und viele andere. Dazu liest er Romane von Zola und Balzac, später die Werke von Shakespeare. Und Homer möchte er lesen. Er befaßt sich – anhand von bescheidenen Reproduktionen – mit dem Werk von Renoir, von Manet und von Puvis de Chavannes, er schafft später in der Zellenabgeschiedenheit des Hospitals von Saint-Paul-de-Mausole, wo er malen darf, sogar eigene herrliche Bilder nach Reproduktionen, nach »Kunstblättern«, wobei er Radierungen von Rembrandt, von Millet, Delacroix, Daumier und Doré in seine malerische Handschrift übersetzt. Der Bruder Theo ist auch hier wieder derjenige, der unverdrossen jeden Wunsch nach inspirierenden Bildvorwürfen zu erfüllen sucht.

Aber die hermetische Abgeschlossenheit Vincents in dieser »lateinischen« Welt der Provence, verdeutlicht am Beispiel einer Kleinstadt, läßt sich nur so weit durchbrechen, als er der Familie des Postmeisters Roulin nähertreten darf, der Familie Ginoux, die ihm Quartier gibt, und dann allenfalls dem Pastor Salles, der den freiwilligen Einzug des Malers in das Hospital Saint-Paul-de-Mausole, sprich: in die Irrenanstalt, im höher gelegenen Saint-Rémy sorgsam vorbereiten wird.

Sonst ist da um ihn nur die große fruchtbare Ebene, seine Arbeitsregion: die Crau und das Marais, die Sumpflandschaft zwischen Arles und dem Meer, das sich hier als eine halb dem Land, halb dem Wasser zugehörende einzigartige Zone noch bis heute erhalten hat, die von den Rhônearmen eingeschlossene und breit durchströmte Camargue, das Paradies der wilden Tiere, von Weinfeldern gesäumt, bis hinaus zum einst noch stillen Fischerdorf Saintes-Maries-de-la-Mer, berühmter Wallfahrtsort der Zigeuner – heute freilich ein Tummelplatz der Touristen.

Aus dieser Flachlandschaft, dem von van Gogh viele Male gezeichneten wohlbebauten Areal der Felder, erheben sich grobe graue, wie von den Alpen weggeschleuderte Brocken, ganze Felsketten, die sich für ihn bald als genau fixiertes Massiv, bald als dramatisch gesteigerte und wie in Wellen sich gebende Hügelketten zur Darstellung angeboten haben. Seine Bilder und Zeichnungen tragen an deren Schlichtheit und nur bisweilen geologische »Verrücktheit« eine ungeheure Steigerung der Formen heran und lassen uns seither die Landschaft der Alpilles mit seinen Augen sehen. Und dies gilt nicht nur für diese Gesteinsformationen, sondern ebenso für Baum und Strauch.

Karren im Feld, Hütten der Bauern, Zypressen, eingezäunte Baumreviere, wilder Wuchs am Wegrand, Rohr, Schilf, Gras, Blumen und Stauden, Sattheit und Dürre, Weites und Nahes beschreibt seine in bräunliche Tinte eingetauchte Rohrfeder, die noch heute im Musée d'Orsay in Paris samt seiner Palette neben den schönsten Bildern aus diesen Tagen zu sehen ist. Und man liest es gerade dort am deutlichsten ab: Die Pinsel sind mit säuberlichen Farben in größter Leuchtkraft breit strichelnd über die Leinwand gefahren.

Das anonymere Motiv hat beim Malen den Vorrang gewonnen; immer entrückt er da dem allzu dringlichen Sujet. Das Nachtcafé, der Blick auf Arles, die Klosterruine des ragenden Montmajour, die Crau, selbst die Boote draußen am Strande von Saintes-Maries-de-la-Mer bieten sich dem Zeichner anders dar als dem Maler, obwohl er in beiden Fällen finale Kunstwerke schafft, was sich in jeder Kunstsammlung der Welt, die sich eines Werkes von van Gogh rühmen darf, dem Betrachter in immer erneuter Bewunderung erschließt.

Aber es ist auch nicht angezeigt, den Maler etwa gegen den Zeichner auszuspielen oder umgekehrt. Wie bei den Größten seiner Epoche – denken wir nur an seinen provençalischen Nachbarn Cézanne – ist die Zeichnung trotz des Verzichts auf die Macht der Farbe ein besonderes geistiges Ereignis. Ein Bauernkopf unter schattendem Strohhut, ein im Sonnenglast erstarrendes Feld, eine weitgebreitete Landschaft, vom erhöhten Standpunkt ins Auge gefaßt, bringt in der Hand dieses Mannes einen so phantastisch vielgestalteten Wirbel von kleinen Strichen, Druckern, Schraffen, Kringeln hervor, daß die Niederschrift dem Pinsel scheinbar vorauseilt, sosehr hier auch staunenswerte Genauigkeit mit einer nie genug zu rühmenden

Bauer mit Strohhut. Rohrfederzeichnung, Arles 1888

Fähigkeit zusammengeht, das Auge des Betrachters mit seinen Zeichnungen zu beschäftigen. Für den Bereich der kurzen Schaffens-Jubelzeit von van Goghs Kunst in der Provence läßt sich das an den schon etwas blaß-bräunlich gewordenen Originalen, die manches Schicksal hinter sich haben, ablesen. Kein Kunstfreund läßt sich ihren Anblick entgehen.

Mauerwerk, Gestein und Gesteinsgeschiebe, Baum und Strauch sind ihm in der doch eigentlich ratlos machenden Fülle von lauter unterschiedlichen Strukturen und Formelementen bis zu winzigen Einheiten, die sich in der Sprache der Graphik ausdrücken sollen, gerade recht. Van Gogh hat hier, unberührt von äußeren Nöten und Drangsalen, leidenschaftlich ein neues Wirkungsfeld des Strichs erschlossen, mit der Rohrfeder und in einem ständig umspringenden Vortrag der graphischen Form.

Die naive Freude über Gelungenes, der durch seine Briefe schwingende Optimismus, das Bedürfnis, sich mitzuteilen, Bildpläne dem Bruder oder auch anderen Empfängern darzulegen, auch mit Hilfe von eingefügten Zeichnungen und Grobskizzen, die sich mit den Briefen erhalten haben, also auf alle Art aus dem Monolog hervorzutreten, hat topographisch getreue Situationen von Arles und seiner Landschaft, so wie später auch von dem großen verwilderten Garten der Nervenheilanstalt über Saint-Rémy, erhalten.

Da ist bald übersehbares Planen und bald reines Ersinnen im Spiel, bald auch ist es die Lust, immer neue Motive ausfindig zu machen, über die hohe Mauer gelehnt, mit der das Flußbett der Rhône begrenzt ist, und auf die schwerbeladenen Lastkähne niederblickend. Van Gogh stellt die erstarrte Stille des provençalischen Mittags dar, immer mit den Mitteln einer möglichst einfachen, aber ihm zugehörenden Komposition, die Glut des Tages, die nur von dem Nordländer aufgesucht wird, von einem jungen und doch schon so alten Mann mit manchen immer wiederkehrenden Schmerzen. Von einem Künstler, der sich nach einfacher menschlicher Freundschaft sehnt, der seinen Vaternamen aufgeben möchte, weil ihn dort doch niemand aussprechen kann, der sich oft genug wünscht –

und dies bei einer, von uns aus gesehen, so erhabenen Kunst –, er möchte dahin kommen, daß er »eigenwilliger, übertriebener« vorgehe.

Beim Arbeiten im Freien, wo er sich im Kampf mit den Moskitos und dem jähen, krank machenden Mistral befindet, ist er doch wahrer Feldherr seiner Vorhaben. Er sieht auf die Landschaft und auf das, was er aus ihr macht, und sagt davon im Brief an Theo: »... auf den ersten Blick ist es eine Landkarte, ein strategischer Lageplan, was die Komposition angeht«.

Und dabei muß er nebenbei immer an den bescheidenen Fortgang des Lebens denken, an dieses Dasein als Fremder in einer Kleinbürgerstadt, die ihn nicht braucht und nicht wünscht. So hofft er für die Zeichnungen, denen nichts Flüchtiges und Unwirsches anhaftet, daß sie leichter verkäuflich sein möchten in Paris, wo Theo van Gogh sie an den Mann bringen könnte; denn der Maler ist immer wieder ohne einen Sou, so oft der Bruder auch nachhilft. So muß Vincent, der erst von der Nachwelt bewundert wird, dem Bruder klagen: »... bisher habe ich mehr für meine Farben, Leinwand usw. ausgegeben als für mich selbst«.

Diese Klagen sind fern von Selbstanklage und versuchter Rechtfertigung; sie umschreiben vielmehr eine für sein ganzes kurzes Leben geltende Sehnsucht nach bescheidenem Wohlstand und nach Anerkennung, von denen er nichts mehr erfahren soll. Sein Glück hätte in dem Sieg eines vollkommenen Durchbruchs bestanden. Dieser Traum hält ihn in gesunden und kranken Tagen aufrecht und gibt seinem Aufbruch in diese Landschaft der Sonne, der sich nie vor ihm und nach ihm ein Maler so gewidmet hat, seinen Sinn. Die Diszipliniertheit im Tun, die Selbstbewahrung bei aller Wirrsal seines Daseins – bis hin zum wütend abgeschnittenen Ohrläppchen –, ist es, die einen auch nach einem sich vollendenden Jahrhundert des Gedenkens, also noch in unseren Tagen, mit unverminderter Eindringlichkeit beschäftigt.

Werner Busch

William Hogarth

Der englische Künstler William Hogarth gab 1735 eine aus acht Blättern bestehende graphische Serie mit dem Titel »A Rake's Progress«, »Der Lebenslauf eines Liederlichen« heraus. Die erste Szene aus der Lebensgeschichte eines ziemlich haltlosen jungen Mannes sei in einiger Ausführlichkeit analysiert (*Abb. 1*).

Wie wir aus der Interpretation der Gesamtfolge wissen, schwängert der liederliche Titelheld, kaum ins Studium entlassen, ein harmloses Landmädchen. Nach dem Tode seines reichen, aber geizigen Vaters brechen bei ihm alle Dämme. Das beträchtliche Erbe verpraßt er auf jede erdenkliche Art und Weise, in Bordell und Spielhölle, durch hemmungsloses Luxusleben. Durch die Heirat mit einer garstigen, aber wohlhabenden älteren Frau kann er sich noch einmal kurzfristig konsolidieren, gerät dann aber doch ins Schuldgefängnis, da hilft auch das mühsam Ersparte seines rührenden Landmädchens nichts. Er endet schließlich, indem er Hand an sich legt, im Irrenhaus. Die erste Szene zeigt die ersten Amtshandlungen des Rake unmittelbar nach dem Tode seines Vaters. Wir befinden uns in dessen Haus in einem Zimmer, das wohl alles zugleich war, Arbeits- und Wohnzimmer, Kontor und Tresor. Nun wird es schwarz ausgeschlagen, in ein Trauerzimmer verwandelt. Kisten und Kästen sind erbrochen, wahllos gehortete Reichtümer und Geschäftsunterlagen, Verträge und Obligationen quellen hervor. Der Rake läßt sich Trauerkleider anmessen und versucht sich zugleich durch ein Geldangebot von seiner geschwängerten Geliebten loszukaufen, die mit ihrer Mutter erschienen ist. Die Mutter des Opfers hat die Liebesbriefe des Rake mit seinem Eheversprechen und den Bauch ihrer Tochter vorzuweisen, die Untröstliche gar einen Ehering. Der Advokat im Rücken des Rake, der die Angelegenheiten des Erben regeln soll, nutzt die Verwirrung und bedient sich aus einem offen auf dem Tisch stehenden Geldbeutel. Eine verhärmte Dienerin

1 William Hogarth: A Rake's Progress, Szene 1: Der Erbe. 1735

heizt den Kamin, eine halb verhungerte Katze sucht vergebens in einer der Schatztruhen nach etwas Eßbarem.

Diese Handlungsebene wahrzunehmen, bereitet keine Schwierigkeit. Man versteht, was da gespielt wird, der Zusammenhang der Geschichte liegt offen zutage; wer ihn begriffen hat, wird auch den weiteren Ereignissen folgen können. Schauen wir jedoch genau hin, so stellen wir fest, daß uns unendlich viel mehr an Information geboten wird, die sich zunächst aus einer geduldigen Betrachtung der ungezählten Gegenstände, vor allem aber aus einer Analyse des Verhältnisses der Gegenstände zueinander ergibt. Lesen wir diese Bezüge nur richtig, so erfahren wir zum Beispiel manches vom Wesen des Verstorbenen. Auf dem Kaminsims etwa liegt noch seine pelzbesetzte Mütze. Eine ebensolche Mütze trägt der Geldwäger, der auf dem über dem Kamin hängenden Bild dargestellt ist. Offenbar also haben wir ein Porträt des Verstorbenen vor uns. Schaut man noch geanuer hin, so erkennt man, daß der Geldwäger einen Zwicker trägt, ein ebensolcher hängt am Kamin, und hinter der zur Rumpelkammer offenen Türe links entdecken wir auch den zugehörigen Mantel. Doch damit nicht genug. Der Dargestellte trägt seine Pelzmütze und seinen schweren Mantel bei der Arbeit im Zimmer, der Kamin unter dem Bild war wohl zu Lebzeiten des Geizhalses nicht in Benutzung, erst sein Erbe hat das Heizen angeordnet.

Sorgfältiges Betrachten und Kombinieren wird uns diese Sinnbereiche erschließen. Vieles ist von dieser Art. Verwandt ist die Funktion der allerorten angebrachten Schrift. So erfahren wir über die Beschriftung etwa den Namen des gesegneten Erben: Tom Rakewell heißt er. Ein vieldeutiger, für Vater und Sohn passender Name. »To rake well« heißt wörtlich übersetzt »gut zusammenharken, zusammenraffen«, das hat der Alte in der Tat getan. Aber der »Rake« ist eben auch der liederliche, leichtfertige Wüstling, und auf diesem Felde glänzt der Sohn. Das Motto des Familienwappens lautet »beware«, drei Schraubzwingen geben das Wappenbild, wieder ist der Alte damit gut gekennzeichnet: er hat in der Tat mit aller Macht festgehalten, was er hatte und was der Junge nun durch die Finger rinnen läßt, ihm fehlt die Schraubzwingenmentalität. Aber das englische »beware« heißt auch »hüte Dich!«, und das dem Sohn mit auf den Weg gegeben, ist sicher auch nicht verkehrt. Allerdings erreicht man hier einen Punkt der Ausdeutung, an dem das Kombinieren nicht mehr gänzlich zwingend ist, wir beginnen zu assoziieren. Es eröffnet sich eine ausgesprochene Mehrdeutigkeit der Bedeutungen.

Betrachten wir noch ein weiteres Motiv. Beim Ausschlagen des Raumes mit schwarzem Tuch ist – oben links im Bild – ein Stück der Deckenleiste herausgebrochen. Hinter ihr hatte der Alte Geld verborgen, das nun herunterpurzelt. Wie ist das zu verstehen? Es bietet sich einiges an: erst durch den Tod des Alten kommt das Geld wieder ans Licht, d. h. er hat es nur gehortet und nichts davon gehabt. Oder: jetzt nach dem Tod des Alten beginnt das Geld zu fließen, es ist kein Halten mehr, bald wird es vergeudet sein. Oder aber wir haben das herabfallende Geld mit dem darunter hängenden Bild zusammenzulesen. Offenbar wird es in die Waagschale fallen und die ganze Rechnung durcheinanderbringen, es soll uns wohl bedeutet werden, daß die Lebensrechnung des Alten nicht aufgegangen ist. Oder wir haben gar eine Anspielung auf den Goldregen, den Jupiter auf Danae niedergehen ließ, vor uns. Er schwängerte Danae damit; hier ist zwar auch geschwängert worden, aber das Geld selbst trägt keine Frucht. Das hat es weder beim Vater getan, und wird es erst recht nicht beim Sohn tun. Und so weiter und so fort.

Es würde sich noch manches anbieten. Vorläufig gilt es festzuhalten, daß die Gegenstände durchaus ihren primären Sinn im Bildzusammenhang haben: der Alte hat Geld hinter der Deckenleiste verborgen; darin haben wir einen von vielen Hinweisen auf seinen krankhaften Geiz und die damit verbundene Furcht vor Diebstahl zu sehen. Aber die Bedeutung der Gegenstände ist auch auf seltsame Art und Weise offen; offen für Assoziationen, offen auch in ihrem Verhältnis zu anderen Gegenständen.

Je mehr man sich in einen derartigen Hogarthschen Kupferstich vertieft, um so unklarer wird, auf welcher Ebene man ihn denn lesen soll. Und dabei haben wir vor lauter Gegenstandsdeutung einen großen Bereich noch gar nicht angesprochen, den der Kunst bzw. Kunsttradition. Lassen wir das Problem des besonderen Kunstcharakters dieses Blattes noch beiseite und fragen vorerst nur danach, wie hier etwa Kunsttradition verarbeitet wurde. Denn auch von daher erfährt die Bedeutung der Gegenstände ihre Färbung. Nur ein Beispiel: Wir hatten gesagt, das Gemälde mit dem Goldwäger stellt ganz offensichtlich den alten Rakewell dar. Nun erkennt allerdings der Kunsthistoriker sofort, daß Hogarth sich bewußt bei Thema und Themenauffassung einer ganz bestimmten niederländischen Tradition des 16. und 17. Jahrhunderts bedient. So waren etwa die niederländischen Künstler Quinten Massijs oder Marinus von Roemerswale auf derartige Goldwägerbilder spezialisiert.

Dabei handelte es sich um vielschichtige, sinnbildhaft aufgeladene Bilder, deren eine Dimension es sein konnte, den Zusammenhang von Geiz und physiognomischer Häßlichkeit aufzuzeigen. Hogarth scheint diese Sinnschicht wohl bewußt gewesen zu sein, zur Charakterisierung seines Alten hat er sie genutzt. Machen wir uns noch einmal klar: das Bild ist Bildnis des Alten, gibt seinen Beruf und seine Leidenschaft wieder. Mütze, Brille und Mantel hatten uns diese Identifizierung ermöglicht. Aber wir hatten das Bild auch mit dem Goldregen zusammengelesen, schließlich auch mit der einheizenden Alten. Doch damit nicht genug, auch auf der primären Bedeutungsebene gibt das Bild noch weiteren Sinn frei. Denn lesen wir es als Werk des niederländischen 16. oder 17. Jahrhunderts, dann haben wir zu fragen, was macht ein solches Werk in der Wohnung eines englischen Kaufmanns des 18. Jahrhunderts, bzw. was beabsichtigt Hogarth mit einer solchen Anbringung? Kein Zweifel: Hogarth charakterisiert damit die soziale Zugehörigkeit seines Geizigen. Niederländische Kunst ist nach der Vorstellung klassischer Kunstauffassung niedere Kunst; niedrig nach dieser Meinung deswegen, weil sie ohne Anspruch auf Idealisierung oder Überhöhung bloß wiedergebe, was ist, ungeschönt städtisches und ländliches Leben abbilde. Für Hogarth, das macht die Verwendung niederländischer Bilder auch in anderen Zyklen zweifelsfrei, charakterisieren diese Bilder wie für viele seiner Zeitgenossen die bürgerliche Sphäre, die Sphäre der Handwerker und Kaufleute, die zu gewissem Wohlstand gekommen sind. Sie können sich in derartigen Bildern wiedererkennen, finden Geschmack an den holländischen Themen und Gegenständen und ihrer unmittelbaren Wiedergabe. Dem Rake, das lehrt uns der weitere Zyklus, ist dies nicht genug, er will die välterliche klein- oder mittelbürgerliche Sphäre verlassen. Das ererbte Geld soll ihm adligen Lebensstil ermöglichen. Er, so erfahren wir schon in der nächsten Szene, nimmt sich einen Fecht-, einen Tanz-, einen Musikmeister, einen Gartenarchitekten, unterhält Reitpferde, gibt Empfänge, er versucht nach der Mode zu leben. Die Kunst an den Wänden seiner anspruchsvollen Wohnung, keine Frage, ist klassische italienische Hochkunst, die Kunst des Adels.

Der Rake lebt über seine Verhältnisse, wir haben gehört, er kommt mit Konsequenz im Irrenhaus um. So scheint die Sozialmoral der Serie einfach und eindeutig zu sein: Wer sich über seinen Stand erhebt, der wird bös enden. In der Tat charakterisiert Hogarth das jeweilige soziale Umfeld sehr differenziert. Jeder Raum, seine Architektur und Ausstattung, sagt etwas über die soziale Zugehörigkeit oder den sozialen Ehrgeiz seines Bewohners. Aber auch Kleidung, Mimik und Gestik des Personals der Bilder werden zur präzisen Fixierung des jeweiligen sozialen Erscheinungsbildes genutzt.

Betrachten wir zur Kontrolle dieser Behauptung ein weiteres Blatt von Hogarth aus einer anderen Folge: Blatt 1 der 1745 publizierten Serie »Marriage à la Mode« – »Heirat nach der Mode« (*Abb. 2*).

Gezeigt wird die Geschichte einer Mesalliance, einer nicht standesgemäßen Ehe. In dürren Worten: reiche Bürgerstochter wird mit verarmtem, aber hochgeborenem Adelssohn verheiratet. Moral von der Geschicht: Kaufmanns Gut und blaues Blut reimen sich nicht unbedingt, besonders wenn es allein die Absicht dieser Unternehmung ist, die Bürgerliche zu adeln und den Adeligen durch das bürgerliche Kapital abzusichern. Die Interessengemeinschaft erweist sich bei Hogarth als nicht tragfähig, die Partner des Geschäfts gehen gesonderten Interessen nach. Der Ehemann, selbst ständig auf Abwegen, überrascht schließlich die Gattin mit ihrem Liebhaber und wird von diesem in nächtlichem Duell getötet. Die Frau geht mit Schande beladen ins bürgerliche Elternhaus zurück und bringt sich um. Das gemeinsame Kind wird nicht etwa das Geschlecht fortsetzen, sondern erbt die Geschlechtskrankheit seines honorigen Vaters und wird die bis auf Wilhelm den Eroberer zurückreichende Adelslinie abrupt enden lassen. In der Tat, eine wahre Schauergeschichte.

Szene 1 gibt uns den Blick frei in ein prunkvolles Empfangszimmer der Adelsfamilie, der Heiratsvertrag wird geschlossen. Das Geschäft erledigen auf sehr unterschiedliche Art und Weise die Väter des Brautpaares. Während der gichtige Lord posierend seine Bedeutsamkeit demonstriert, auf seinen Platz

2 *Gérard Scotin nach William Hogarth: Marriage à la Mode, Szene 1: Der Heiratskontrakt. 1745*

im Stammbaum verweist, trotz Gicht und Krücken barocke Pracht und Eleganz ausstrahlt, ist sein Gegenüber am Tisch, der reiche Kaufmann, nicht weniger treffend in seinem Stand gekennzeichnet. Er studiert mit Hilfe seines Kneifers das Heiratsdokument, das Geschäft muß schließlich seine Ordnung haben, der Mund spricht die gelesenen Worte mit. Und wie sitzt er da! Die adlige Stuhllehne berührt er nicht, bieder und etwas plump hat er die Beine nebeneinandergesetzt, man spürt, wie der Leib lastet. Der Lord hat zwar die Gicht, aber der umwikkelte Fuß ruht auf einem gepolsterten Schemel, der andere schwebt selbst beim Sitzen leicht über dem Boden. Noch sein Leid dient der Dekoration, und wir verständen Hogarth schlecht, wenn wir die den Lord rahmenden Krücken nicht auch als Hinweis darauf lesen würden, daß eben der Adel die Krücke seiner Existenz ist. Das Geld des Kaufmanns ist schon über den Tisch zu ihm gewandert, seine Schulden wird er los, seinen Lebensstil braucht er nicht zu ändern. Doch sein Blick ruht nicht auf dem schnöden Geld, er ruht in sich. Der Kaufmann an seiner Stelle würde nachzählen. Wir können die Musterung fortsetzen, die Hände etwa miteinander vergleichen, den bürgerlichen Griff zum Dokument mit dem Fingerspiel auf der Adelsbrust, oder die Spiegelung des Verhältnisses der beiden Väter im Brautpaar, in der mißmutig dasitzenden, noch bürgerlichen Braut und dem von allem völlig unberührten eitlen Adelsaffen; sie äußert ihr Gefühl, er hat seines längst in noble Gestik aufgehen lassen. Wir können auch den adligen Vater mit seinem Sproß vergleichen, und stellen fest, wie erstaunlich feinsinnig Hogarth charakterisiert. Den Vater ziert noch barockes Pathos, der Sohn frönt schon, ganz nach der Mode, dem Stil der neuen Zeit, dem grazilen französischen Rokoko: man vergleiche nur die Perücken: hier noch wallende Allongeperücke, dort bereits Zopf.

Doch wir wollen es dabei bewenden lassen und noch einen Moment unser Augenmerk auf die adlige Gemäldegalerie richten. Das Hauptwerk in schwerem Barockrahmen zeigt den Lord in jüngeren Jahren als Feldherrn, wie Jupiter die Blitzbündel mit der Hand schleudernd, mit donnernder Kanone unten vor sich. Doch Hogarth wäre nicht Hogarth, wenn die Kanone nicht vielfältig aufgeladen wäre. Zum einen sollen wir den Schuß wohl als nach hinten losgehend begreifen; aber kein Zweifel, so wie die Kanone angebracht ist, dient sie dem mächtigen Feldherrn auch als Potenzersatz. Auch dieser Schuß, betrachten wir seinen Sohn, dessen Schicksal und sein letztlich vergebliches Bemühen, die Linie fortzusetzen, war kein Treffer. Die kleineren Bilder eröffnen ein wahres Gruselkabinett, da wird in klassisch italienischer Kunstmanier gefoltert, gemartet, gemordet, geschlachtet, enthauptet und gequält, daß es eine Lust ist.

Erinnern wir uns an unsere Beobachtungen zur ersten Szene aus dem »Leben eines Liederlichen«, so wird deutlich: auch die hier geschilderten Greueltaten aus Religion und klassischem Mythos sind auf verschiedenen Sinnebenen zu lesen. Auf der ersten, der primären Ebene charakterisieren sie den Kunstgeschmack unseres Adligen, auf der zweiten geben sie einen beredten Kommentar zu dem sich abzeichnenden Ehezerfleischungsdrama, auf einer dritten Ebene liefern sie eine nicht weniger deutliche Einschätzung der klassischen Kunsttradition und ihrer Bedeutung für das englische 18. Jahrhundert durch den Künstler Hogarth. Weitere Ebenen ließen sich erschließen. So können wir uns fragen, ob diese Vieldeutigkeit der Dinge und Bezüge nicht etwa auch die Eindeutigkeit der Moral der ganzen Serie aufhebt. Welcher der Sinnbereiche ist denn der wichtigere, der sozialkritische, der moralsatirische oder der kunsttheoretische, ästhetische, von dem wir noch sprechen werden? Oder etwa, auch das wäre denkbar, der historische, nur charakterisierende, neutral abbildende? Ist der Hogarthsche Blickwinkel eindeutig, vertritt er einen bestimmten Moralstandpunkt, handelt es sich bei dem Blatt »Marriage à la Mode« wirklich um nichts anderes als eine Satire auf die Unmoral und Geschmacklosigkeit der Oberschicht, wie wir in der neuen Literatur zu Hogarth lesen können?

Bevor wir uns der Beantwortung dieser Fragen zuwenden, wollen wir die Ergebnisse unserer Betrachtung zusammenfassen:

1. Die Serienblätter von Hogarth sind voll von äußerst differenzierten Beobachtungen, was soziale Charakterisierung angeht.
2. Historisch gesehen ist eine derartige Sozialdifferenzierung in der Kunst bis zu diesem Zeitpunkt ohne Beispiel.
3. Dem steht gegenüber, daß die Fülle der Daten und Bezüge, so treffend sie sind, die Eindeutigkeit der Aussage tendenziell wieder aufhebt. Dies erweist sich,
4. als ein zentrales Kunstproblem. Denn die Mehrdeutigkeit der Sinnschichten und ihres Verhältnisses zueinander stellt notwendigerweise die Frage nach der Sprache und nach den Sprachmöglichkeiten der Kunst überhaupt. Gibt es überhaupt eine verbindliche Kunstsprache, hat der Betrachter des 18. Jahrhunderts diese Bilder eindeutig gelesen, gab es eine gemeinsame Verständnisebene?

Im folgenden ist einmal zu fragen, in welchen geschichtlichen und kunstgeschichtlichen Zusammenhängen entstand diese Kunst? Zum anderen ist das Problem der Kunstsprache anzugehen, also ein ästhetisches Problem, das die Möglichkeiten der Abbildung durch Kunst und ihre Rezeption untersucht.

Als William Hogarth 1697 geboren wurde, lag einer der entscheidenden Einschnitte in der Geschichte der Neuzeit erst wenige Jahre zurück. 1688 hatte die Glorious Revolution, die glorreiche Revolution, zur Vertreibung des katholischen Herrscherhauses aus England geführt, in der Folge kam es 1689 zur Declaration of Rights, der Erklärung grundlegender Rechte, wie z. B. zur parlamentarischen Mitbestimmung des Landadels und der Londoner City, zur Einschränkung königlicher Willkür. Im selben Jahr begründete John Locke theoretisch die Gewalteilung des Staates in Legislative und Exekutive, in gesetzgebende und ausführende Gewalt, zur Sicherung der Rechte und Besitzverhältnisse des einzelnen Bürgers. Zugleich sicherte die Toleranzakte den protestantischen Gruppierungen außerhalb der anglikanischen Staatskirche freie Religionsausübung zu. Hogarth wurde also in eine Zeit geboren, die im Rahmen einer fortbestehenden Adelsherrschaft insbesondere in der City die relative Entfaltung bürgerlicher Wirtschaftsprinzipien auf der Basis einer ausgeprägten Vernunftmoral gewährleistete.

Von entscheidendem Einfluß auf das Hogarthsche Selbstverständnis waren die Schriften der sogenannten Augustäer, allen voran Addison und Steele, die in ihren Zeitschriften »Tatler« und »Spectator« so etwas wie lebenspraktische Kulturerziehung betrieben. Die Vernunftmoral der Augustäer ging von der gänzlichen Formbarkeit des Menschen durch richtige Erziehung aus, wie sie der englische Philosoph John Locke verstanden hatte. Auch die englische Prosadichtung der ersten Hälfte des 18. Jahrhunderts verfaßte dementsprechend weit überwiegend Lebensläufe als Moralbeispiele, im Guten wie im Schlechten.

Hogarth mußte die grundsätzliche Berechtigung dieser Moral sehr einleuchten. Sein Vater war im Jahre der Deklaration der neuen Staatsform als ländlicher Privatgelehrter nach London gekommen, hatte versucht, als Lehrer Fuß zu fassen, war gescheitert, hatte schließlich eine Art Literatenkneipe aufgemacht, war wieder gescheitert und endlich ins Schuldgefängnis gekommen. Er mußte mit seiner Familie über Jahre im Bezirk des Fleet-Gefängnisses wohnen. Als er 1718 starb, hinterließ er seinem gerade 20jährigen Sohn die Ernährung der Familie. Nach einer abgebrochenen Lehre als Verzierer von Silbergeräten hatte sich Hogarth als Künstler im Selbststudium weitergebildet. Ersten großen Erfolg brachte ihm 1732 die Publikation seines ersten Lebenslaufes unter dem Titel »A Harlot's Progress«, »Der Lebenslauf einer Hure«. Hogarth war ausgesprochen produktiv, geschäftstüchtig und unternehmungslustig. Doch der Aufstieg wie aus dem Bilderbuch hatte auch Spuren hinterlassen. So sehr er die Geschäftsmoral der City vertrat und verbreitete, er hatte auch in der eigenen Familie die möglichen Folgen wildwüchsiger Konkurrenz zu spüren bekommen. Er hatte zudem gesehen, daß seine eigenen graphischen Erfindungen in Raubdrucken kopiert und verbilligt auf den Markt geworfen wurden, so daß er um beträchtliche Teile seines Gewinns gebracht wurde. Hogarth, darin ganz ein Kind seiner Zeit, machte sich daran, die Wirksamkeit seiner Moralprinzipien auch organisatorisch abzusichern.

Vielleicht das Faszinierendste an Hogarths eigenem Lebenslauf ist die systematische Verquickung von Geschäfts- und Sozialaktivitäten, gerechtfertigt durch die beiden gemeinsame Moral. Wohl nie zuvor und kaum je danach hat ein Künstler in einem derartigen Maße Kunst- und Gesellschaftsentwicklung zusammengesehen. Über die Förderung sozialer Aktivitäten hoffte er, der Kunst ihren Platz in der Gesellschaft zuweisen zu können. Umgekehrt versuchte er, über die Kunst und ihre Moraldarstellungen, die der Gesellschaft einen Spiegel vorhielten, unmittelbar auf die Gesellschaftszustände einzuwirken.

Nur wenige Daten mögen diesen wechselseitigen Prozeß erhellen. Schon 1729 malte er das Parlamentskomitee bei der Untersuchung der Mißstände im Fleet-Gefängnis; es ist nicht verwunderlich, daß er nach seinen Jugenderfahrungen ausgerechnet hier einsetzte. 1734 bewarb er sich um die Ausmalung des Treppenhauses im St. Bartholomews Hospital. Er ließ sich in den Vorstand des Krankenhauses wählen, unterstützte dieses im Rahmen seiner finanziellen Möglichkeiten und lieferte die Ausmalung des Treppenhauses schließlich kostenlos. Nicht ohne Hintergedanken: Durch sein kostenloses Angebot verdrängte er den für die Ausmalung vorgesehenen italienischen Künstler Amigoni und ermöglichte so eine Demonstration nationaler Kunstfertigkeit. Den vor allem vom Adel bevorzugten ausländischen Künstlern war der Kampf angesagt. Eine nationalenglische Malschule zeigte allererste Konturen. 1735 setzte Hogarth eine Parlamentsakte zum Schutze seiner Graphik vor Nachdrucken durch. Dieses erste wirkliche Copyright für Kunstprodukte ist als »Hogarth Act« in die Geschichte eingegangen.

1739 war Hogarth im Gründungsvorstand des Findelhauses, des berühmten Foundling Hospital, einer der vielen dringend notwendigen Sozialeinrichtungen des englischen 18. Jahrhunderts, die allein bürgerlicher Privatinitiative entsprangen. 1740 ließ er dem Findelhaus eine für seine Verhältnisse erstaunlich hohe Geldspende zukommen und schenkte ihm zudem das lebensgroße und ausgesprochen lebensnahe Ganzporträt des Gründers dieses Findelhauses, Captain Coram. 1746 machte Hogarth dann dem Vorstand des Findelhauses den Vorschlag, die wichtigsten englischen Künstler aufzufordern, dem Findelhaus Gemälde zur Ausschmückung zu schenken. Das Projekt kam zustande, achtzehn der wichtigsten Maler der Stadt erklärten sich bereit, und das Foundling Hospital beherbergte ab 1746 die erste öffentliche, ständig zugängliche Kunstausstellung Englands. Für zwei weitere Unternehmungen Hogarths seien auch deren künstlerische Früchte etwas genauer analysiert: zuerst Hogarths Bildnis des Simon Lord Lovat von 1746 (*Abb. 3*).

In diesem Jahr waren die schottischen Hochland-Clans, die eine Wiedereinsetzung der schottischen, jakobitischen Königslinie betrieben, vom Duke of Cumberland, dem jüngeren Bruder des regierenden Hannoveranischen Königs Georg II., vernichtend geschlagen worden. Das Oberhaupt des Fraser-Clans, der greise Simon Lord Lovat, war geflohen, jedoch aufgespürt worden. Er wurde nach London zu Prozeß und folgender Hin-

3 *William Hogarth: Simon Lord Lovat. 1746*

richtung transportiert, auf dem Wege nach London erkrankte er und wurde in St. Albans behandelt. Hogarth reiste ihm entgegen und porträtierte den berühmt-berüchtigten Lord. Hogarth fertigte eine Radierung nach dieser Studie, die er unmittelbar nach Lovats Eintreffen im Tower und zur Hinrichtung zweier weiterer hochrangiger Verschwörer publizierte. Das Blatt, das zum Preise von 1 Shilling vertrieben wurde, war ein ungeheurer Erfolg und mußte Tag und Nacht nachgedruckt werden. Man hat errechnet, daß Hogarth bis zur Hinrichtung Lovats im April 1747, die den Verkauf noch einmal anheizte, rund 10000 Blatt verkauft hat.

Die Radierung ist tagespolitische Reportage, erfüllt die Funktion eines heutigen Pressefotos. Das Blatt ist mit einfachen, simplen Mitteln radiert, nur das Nötigste ist angegeben, der Betrachter kann sich ganz auf Lovats bullige frontale Erscheinung konzentrieren, die das Bild geradezu sprengt. Hier wird nicht viel kommentiert oder mit Verweisen gearbeitet, nicht moralisiert; die Figur, so wie sie erscheint, wird festgehalten. Das ist nur konsequent, denn die Zusammenhänge, das Detail kannte das Publikum. Hier hatte es den Verschwörer geradezu leibhaftig, konnte sich wohligen Schaudern hingeben. Kein Zweifel, Hogarth macht sich die Lust am negativen Helden zunutze. Sie war im England des 18. Jahrhunderts besonders ausgeprägt und hatte insbesondere bei der herrschenden extremen Rechtsunsicherheit die Funktion, sozialen Druck abzuleiten. Die englische Rechtsordnung war hanebüchen, Strafanlaß und Strafmaß standen in einem absurden Mißverhältnis zueinander, die Rechtswillkür der Richter, die ihr Amt als Pfründe betrachten konnten, war unvorstellbar. Das änderte sich in Ansätzen erst um die Mitte des 18. Jahrhunderts mit den beiden Fieldings, Henry, dem Richter und Dichter, und dem jüngeren Sir John, dem berühmten blinden Magistraten von Bow Street, streng, aber unbestechlich. Hogarth war besonders mit Henry Fielding eng befreundet. Mit ihm zusammen arbeitete er an einer Kampagne, die noch heute in jeder Darstellung der Geschichte des englischen 18. Jahrhunderts eine zentrale Rolle spielt, an der Kampagne gegen das in

4 William Hogarth: Beer Street. 1750/1751

jeder Beziehung hochgradige Gintrinken und das wilde Gin-destillieren.

In diesem Zusammenhang stach Hogarth das Gegensatzpaar »Beer Street« (*Abb. 4*), die Bierstraße, und »Gin Lane« (*Abb. 5*), die Schnapsgasse. Die Graphiken sind auf dem Höhepunkt der Kampagne 1750/51 veröffentlicht worden.

Die Blätter argumentieren plakativ. Auf dem einen werden

5 *William Hogarth: Gin Lane. 1750/1751*

die positiven Folgen des Biertrinkens gepriesen: Bier ist gesund, gibt Kraft, fördert Handel und Wandel, läßt jeden Engländer vergnügt sein Leben genießen. Schmied, Schlachter, Pflasterer und städtischer Träger, vor Saft und Kraft strotzende Kerle allesamt, verkörpern die Volkswohlfahrt. Allein dem Pfandleiher, der seine Hand durch die verschlossene Haustür nach einem Bier ausstreckt, geht es in seinem zerfallenen Gemäuer schlecht, und auch der unterernährte, abgerissene Schildermaler auf der Leiter nimmt noch nicht an den Segnungen des allgemeinen Wohlstandes teil.

Die »Gin Lane« dagegen führt in endzeitliche Zustände, das allgemeine Chaos ist ausgebrochen. Der Gin hat alles ruiniert, Wahn, Verzweiflung, Krankheit und Tod haben um sich gegriffen; allein das Geschäft des im Bierzeitalter am Hungertuche nagenden Pfandleihers floriert, die Leute versetzen bei ihm ihre letzte Habe, um im Gin vergessen zu können. Statt Schmied und Schlachter sind die Hauptpersonen hier, wo selbst Säuglinge mit Gin gefüttert werden, ein schon zu Lebzeiten zum Totengerippe gewordener blinder Balladenverkäufer und eine offenbar syphilitische Trinkerin, die ihr Kind kopfüber in einen Ginkeller hinabstürzt. An tagespolitischen Anspielungen fehlt es weder auf dem einen noch auf dem anderen Blatt, denn es sind ganz bestimmte Stadtviertel, ganz bestimmte Kirchen gemeint – es soll dem hier nicht weiter nachgegangen werden.

Uns mag die Schwarzweißmalerei vielleicht ein wenig irritieren, doch brauchen wir uns nur die Londoner Zustände in den Jahren des unlizenzierten Ginbrennens und -ausschenkens zu vergegenwärtigen, um die Funktion der Blätter zu begreifen: Schon 1713 hatte Daniel Defoe festgestellt, daß das Schnapsbrennen zu einem wichtigen Wirtschaftszweig in England geworden war. Andauernde Kornüberproduktion und damit verbundener Preisverfall hatten das Destillieren für die Interessen der Landbesitzer geradezu notwendig werden lassen. Sie nutzten ihren Parlamentseinfluß, um Steuerbefreiungen für Schnapsbrennen und Schnapsverkaufen durchzusetzen.

Seit den zwanziger Jahren des 18. Jahrhunderts wurden die verheerenden Folgen des Ginkonsums, insbesondere für die Unterklasse, sichtbar. Man kann sich das Ausmaß kaum noch vorstellen, in manchen Stadtvierteln Londons befand sich in jedem fünften Haus ein Ausschank. Das extreme Mißverhältnis zwischen Geburts- und Sterberate, die erschreckend hohe Kindersterblichkeit – bis zu 75% der 1–5jährigen starben – führte schon in den dreißiger Jahren zu der Überzeugung, daß vor allem der Ginkonsum dafür verantwortlich zu machen sei. Petitionen aus sozial engagierten Kreisen des Bürgertums führten zu vereinzelten Parlamentsmaßnahmen, die allerdings unter dem Druck der Landlobby und auch unter dem Druck der Straße wieder zurückgenommen werden mußten. 1750/51 erreichten die traurigen Zustände, aber auch die Kampagne gegen den Gin, ihren Höhepunkt, es kam zur Gin-Act, dem Gingesetz, das drastische Besteuerungen ins Werk setzte und dem Mißbrauch erfolgreich Einhalt gebot. Henry Fieldings systematische Untersuchung zur Kriminalität, die den Zusammenhang von Alkohol und Verbrechen thematisierte, und Hogarths nachfolgende Kupferstiche, die gezielt die Kampagne vorantrieben, haben beide entscheidenden Anteil an diesem Erfolg gehabt. Hogarth war sich der öffentlichen Wirksamkeit seiner Bilder wohl bewußt. In ganz erstaunlichem Maße hat er sich neuer Medien bedient – wiederum zu seinem eigenen, wie auch zum Nutzen der moralischen Sache. Gezielt hat er in den Zeitungen für seine Graphik annonciert, Vorbestellungen ausgeschrieben, Auktionen veranstaltet. Was er für die Öffentlichkeit tat, ließ er sich von der Öffentlichkeit auch wieder entgelten.

Es dürfte deutlich geworden sein, daß eine Kunst, wie die William Hogarths, um Erfolg haben zu können, an ein bestimmtes Verhältnis von Kunst und Gesellschaft, von Kunst und Leben gebunden war und nur unter bestimmten Umständen ihre Funktion erfüllen konnte. Versuchen wir diese Funktion noch einmal in wenigen Sätzen zu charakterisieren. Hogarth hielt der englischen Gesellschaft, oder genauer, der Londoner Gesellschaft einen Spiegel vor Augen, um sie durch bildliche Demonstration auf bestimmte Moralprinzipien zu verpflichten. Er bediente sich dazu verschiedener Mittel: der Satire, der Übertreibung, der Vereinfachung, zudem einer im Endeffekt komplizierten Bildersprache, die dennoch auf der ersten Ebene leicht lesbar ist. Alle Dinge, die auftauchen, haben ihre Bedeutung auf der ersten, der primären Sinnebene, sie gehören in den angesprochenen Zusammenhang; und sie charakterisieren differenziert die in sich völlig stimmige Erscheinungssphäre, das soziale Umfeld. Insofern ist Hogarths Kunst abbildend; sie bildet soziale Verhältnisse ab. Die Funktion dieser Art der Abbildung ist es, den Betrachter, die Gesellschaft, deren grundsätzliche Struktur akzeptiert wird, auf Normen des sozialen Verhaltens zu verpflichten, die nun allerdings die Normen einer aufstrebenden Mittelklasse sind. Wie »Beer Street« und »Gin Lane« lehren, wollte Hogarth hier nach unten wirken; wie die Serie »Marriage à la Mode« zeigt, hatte er aber auch den Adel im Visier.

Zudem – und das ist geradezu revolutionär – spricht Hogarth den jeweiligen Adressaten seiner Graphiken in dessen eigener Sprache an. »Beer Street« und »Gin Lane« sind in der Anlage relativ simpel. Selbst die einzelne graphische Linie ist einfach lesbar, Häuser bestehen aus klaren Kuben, Schattenzonen aus mehr oder weniger dichten, zumeist rechtwinklig aufeinandertreffenden Kreuzschraffuren, bloße Parallellinien geben Körperrundungen und Volumen. In wörtlichem und übertragenem Sinn handelt es sich um Schwarz-Weiß-Malerei. Der Rezeption dieser Graphiken durch ein breites, in Sachen Kunst nicht vorgebildetes Publikum sind keine Schwierigkeiten in den Weg gelegt worden – und zwar bewußt nicht. Ganz anders dagegen »Marriage à la Mode«. Hogarth ließ, was ihn ein Vermögen kostete, französische Feinstecher aus Paris nach London kommen: Profis, die in der Lage waren, jeder Nuance des Stofflichen mit graphischen Mitteln nachzukommen, allein die Köpfe der Dargestellten, den Ausdruck, behielt Hogarth sich selbst vor. Äußerst komplizierte Linienmuster ergeben sich, die subtil Farbabstufungen, Formdetails ausschöpfen. Der Adressat bekommt, was er bei seinem verfeinerten kulturellen Selbstverständnis erwartet.

Es gibt nicht mehr *die* Kunstsprache, sondern je nach Adressaten, Erwartungshaltung oder Sprachkompetenz verschiedene, relative Kunstsprachen. Diese aus der Rezeptionsanalyse gewonnene Einsicht stellt die Basis einer idealistischen Kunst, ihre verbindliche Hochsprache, ein für allemal in Frage. Hogarths differenzierter, von bürgerlichen Normen bestimmter Wirklichkeitszugriff eröffnet damit, ohne es zu wollen, ein neues Zeitalter der Kunst, das der Moderne. Nicht lange und das Wissen um die Relativität aller Darstellung und Wahrnehmung wird den Künstler auf seine Subjektivität als allein verläßlichen Partner verweisen und den Rezipienten individueller Einfühlung überlassen. Beide – Künstler und Rezipient – werden vergangene Kunst zudem geschichtlich, reflektiv zu aktivieren suchen.

Reinhard Piper

Alfred Kubin – Der Zeichner von Zwickledt

Es war im Februar 1927. Alfred Kubin holte mich in Passau ab. Mit nervöser Lebhaftigkeit, den grauen Wettermantel um die Schultern, trat der Fünfziger in die Tür des Gasthofs zum »Passauer Wolf«, wo ich ihn erwartete. Es war ein nebliger Tag, erst gegen Mittag war die Sonne durchgebrochen. Bald machten wir uns auf, denn nach Zwickledt, dem Wohnsitz Kubins – schon im Österreichischen gelegen –, sind gute zwei Stunden zu wandern.

Vorher waren aber noch allerlei Einkäufe zu besorgen. So durchstreiften wir die tiefen Straßenschluchten der alten Stadt mit ihren barocken, bunten Fassaden. Wir betraten alte Verkaufsgewölbe; hier galt es eine Medizin abzuholen, dort nach einem bestellten Buch zu fragen, die neue Hornbrille für die Frau war fertig geworden, eine Grammophonplatte mit dem Don-Kosaken-Chor wurde in die ländliche Abgeschiedenheit mitgenommen. Nach dem Befinden eines verunglückten Arztes, der schon Kubins Vater behandelt hatte, wurde gefragt, der Steindrucker in seinem Verlies wurde durchs Fenster begrüßt, zwischendurch die weißblonden Zöpfe eines muntern Schulmädchens bewundert. Dann gingen wir über den Domberg hinab an den breit und schnell strömenden Inn. Wir setzten uns in ein altes behagliches Café. Wie nicht anders denkbar, sprachen wir über die Kunst im Allgemeinen und im Besondern. Auch Kubin sah besorgt in die Zukunft. Ganz offenbar geworden war auch seiner Meinung nach die grundsätzliche und wohl für lange Zeit endgültige Abkehr des großen Publikums von den geistigen Werten überhaupt und damit auch von der Kunst.

»Das Volk ist zur Masse geworden, die zunehmende Vernegerung Europas scheint mir unausbleiblich. Wer vertieft sich noch zu Hause in die krausen Linien einer Zeichnung, in die vom Künstler so viel Leben hineingeheimnißt wurde! Aber eine Schicht wird doch bleiben, die uns dann um so treuer und dankbarer ist. Das Künstlerproletariat wird verschwinden, so daß wir wieder mehr Atem bekommen. Wieviele Leute haben nach dem Krieg das Malen angefangen! Die stecken es jetzt wieder auf, weil nichts damit zu verdienen ist. Es wird wieder Platz für die, die wirklich etwas zu sagen haben. Auch daß der Mode-Expressionismus abflaut, ist gut. Der war so bequem, für den brauchte man überhaupt nichts gelernt zu haben! Jetzt haben wir ja allerdings dafür die ›Neue Sachlichkeit‹! Aber das ist auch nur wieder so ein Schlagwort, damit das liebe Publikum nicht lange nachzudenken braucht! Vor lauter Richtung sieht niemand mehr das einzelne Werk, und auf das kommt es doch an! Das Publikum freilich könnte ›Sachlichkeit‹ brauchen. Wenn sich das heutzutage für einen Künstler interessiert, so gilt das viel mehr der Person als dem Schaffen, und da ist es dann für das Publikum doch ziemlich gleichgültig, ob es sich um einen Künstler oder um einen Boxer handelt!«

Doch nun setzten wir uns endgültig in Gang. Über die Innbrücke stiegen wir hinauf zur zweitürmigen weißen Wallfahrtskirche Maria Hilf. Von oben taten wir noch einen Rückblick auf die Stadt zwischen Inn und Donau. Über den mächtigen Palästen des Dombergs mit ihren flachen Dächern erhob sich der gotische Dom mit Kuppel und Türmen. »Sehen Sie die feinen Farben der Häuser! Selbst der bunteste Anstrich bekommt hier zwischen den vielen Wassern sofort eine prachtvolle Patina!«

Wir bogen alsbald in die große Landstraße ein, die über Schärding nach Linz führt. Sie stieg langsam immer höher. Zuletzt waren wir im dichten weißen Winter, während unten im Tal kaum noch Schnee gelegen hatte. Vorbei am bayrischen und dann am österreichischen Zollhaus. Niemand trat heraus zur Kontrolle. Neben dem verwaschenen, schwarzgelben Grenzpfahl des alten Österreich glänzte der neue rotweiße. Wir kamen nicht durch Dörfer, nur an einzelnen Gehöften vorbei und begegneten nur wenigen Menschen. Hie und da standen alte breite Wirtshäuser aus der Zeit, als dies noch die vielbefahrene Poststraße war. Ein feines geschmiedetes Rokokreuz stand am Weg, seine Aufschrift war neu. Sie meldete, daß hier vor einigen Jahren ein Eisenbahnbediensteter erschlagen wurde. »Dies Marterl ist aber schon das zweite, das ihm errichtet wurde«, erzählte Kubin. »Auf dem ersten hatte etwas von ›ruchloser Mörderhand‹ gestanden. Ein Bauernbursche, der bei dem Totschlag zwar zugesehn, wenn auch nicht mit zugeschlagen hatte, hatte sich über den Ausdruck ›ruchlos‹ so gegiftet, daß er das Marterl kurz und klein schlug. Er bekam dafür eine schwere Gefängnisstrafe.« Nachher begegneten wir ihm. Er ging, schon wieder gutgelaunt, mit der Pfeife im Mundwinkel neben seinem Wagen her und begrüßte Kubin mit dem ländlichen Du.

Wir kamen durch Tannenwald. Eine Kapelle, wie auf dem Bild von Schwind, stand am Wege. Kleine Kinder zogen vollgefüllte Säcke auf ihren Schlitten vom Weg ab in eine Waldschlucht hinunter. »Die haben da unten an einem Bach eine kleine Stampfmühle. Der braucht man das Korn nur vorzuschütten, sie arbeitet umsonst und ganz für sich allein Tag und Nacht.« Wir holten ein Gespann mit großen Baumstämmen ein, das durch den Schnee knirschte. – »Ein alter Lieblingsglaube von mir ist, daß in jedem Menschen ein Zeichner steckt. Diese Zeichenfähigkeit muß nur geweckt werden! Der Mensch lebt viel zu sehr in schematischen Begriffen, er schaut die Dinge selber nicht mehr an. Er sagt zum Beispiel: ›Baum‹, sieht aber nicht mehr diesen einzelnen Baum mit seinen besondern Astbildungen, seiner alten Rinde, seinen Drehungen und Verzweigungen. Sehen Sie dies Fuhrwerk! Die Menschen müssen dahin kommen, daß sie sich einen solchen Pferdehintern in seiner Erscheinung genau ansehn, so genau, daß sie ihn zeichnen könnten – daß sie nicht bloß die dumpfe Vorstellung haben: da fährt ein Wagen! Schon als kleiner Junge in Zell am See setzte ich mich mit meinen Freunden um den Tisch, und wir zeichneten und malten drauf los. Jeder war gespannt, was der andre fertig bringen würde, wir schauten uns gegenseitig über die Schultern. Welche Buben setzen sich heut noch zu einem solchen Um-die-Wette-Malen zusammen? Die denken an nichts wie Fußball!«

Die Landstraße stieg wieder um eine Stufe. Wir wanderten

auf der Höhe zwischen Inn und Donau; der Volksmund nennt diese ganze Landschaft den Sauspitz. Ein großer Hofhund, der seine losgerissene Kette im Schnee nachschleifte, verfolgte uns geraume Zeit mit höchst unfreundlichem Knurren. Endlich ließ er von uns ab. Wir bogen in einen Fußweg ein, hinab in eine Talsenkung und wieder aufwärts und sahen nun oben hinter den kahlen Bäumen des Gartens das gelbe, breite, zweistökkige Herrenhaus von Zwickledt. Kubin nennt es seit 1907 sein eigen. Auf dem Dach steht das kleine Glockentürmchen mit der Uhr. »Die Glocke muß bei jedem Todesfall in der Gegend von uns geläutet werden. Wir sind mit allem, was hier geschieht, eng verknüpft. Noch kürzlich kam eine Nachbarin zu mir gelaufen: ›Herr Kubin, kemma's schnell, mei Mann rührt si net mehr!‹ Ich ging mit der Frau hinüber. Ich konnte dem alten Bauern aber nur noch die Augen zudrücken.«

Eine schwarze Krähe hüpfte vor der Haustür in seltsamen Sprüngen. Ihre Flügel waren gestutzt. »Das ist meine Freundin Thekla. Sehn Sie, wie freundschaftlich sie mich begrüßt. Thekla saß als junges Ding in ihrem Nest hoch oben auf einer Eiche. Da wurde der Baum gefällt, und so kam sie zu uns als Hausgenossin.«

Wir traten in den gewölbten Flur und stiegen die Treppe hinauf in das kleine warme Wohn-, Eß- und Arbeitszimmer. Ein Buchenholzfeuer bullerte im weißen Kachelofen. Der Zeichentisch am Fenster ist vollgehäuft mit Papieren, Federn und sonstigen Zeicheninstrumenten. An ihm sind die Hunderte von Zeichnungen der letzten zwanzig Jahre entstanden. Durchs Fenster blickt man auf einen großen Lärchenbaum und auf verschneite bewaldete Höhenzüge.

»Da haben Sie aber Federn genug!« – »Lauter verschiedne! Ich zeichne mit Rabenfedern, Gänsefedern, Truthahnfedern, Rohrfedern und allen Arten Zeichenfedern. Ich habe mir angewöhnt, mit den Federn immer wieder zu wechseln, so vermeid' ich jede Routine. Ich möchte keine Phrasen in meinem Strich haben, er soll immer von neuem errungen werden! Ich zeichne auf uraltes Bütten. Mein Vater war Geometer, da bekam ich von ihm alte ausrangierte Katasterblätter auf herrlichem, unverwüstlichem Papier. Ich zeichnete jahrzehntelang alle Rückseiten voll. Mein Kummer war groß, als es zu Ende ging.«

Zum Tee tischte uns Frau Kubin Schinken vom selbstgezognen Schwein auf. Sie ist eine rundliche Frau mit freundlichen Augen. Graue Fäden ziehn sich durch ihr dunkles gescheiteltes Haar. Sie stammt aus Homburg vor der Höhe und ist die

Schwester des vielseitigen, kulturkritischen Essayisten Oskar A. H. Schmitz.

Lächelnd vertraute sie mir an, wie schwierig es manchesmal mit »ihm« sei, der aufkommende Widersprüche meist einfach mit den Worten: »Ich bin eben Polarist« zu erledigen versuche.

Die beiden schönen Angorakatzen, Nuschi, die Mutter, und Fritzl, ihr Sohn, leisteten schnurrend Gesellschaft. Es wurde Zeit, Licht zu machen. Kubin setzte den grünen Augenschirm auf den hohen, fast kahlen Schädel und holte Zeichnungen. Blatt um Blatt legte er vor mich hin. Es sind die Arbeiten der jüngst vergangenen Monate, die ich noch nicht kenne. Das letztemal hatte ich mit Kubin aus der Überfülle der Gesichte die Blätter für die Mappe »Am Rande des Lebens« zusammengestellt, die dann in meinem Verlag erschien. Kubin war damals verwundert über meine Unermüdlichkeit im Betrachten. Ich war wie in einem Rausch gewesen. Auch jetzt erstaunte ich von neuem über das unablässige Strömen seines Schaffens. Da sah ich aufs Papier gebannt wilde Pferde, eine Zwergenschlacht, eine Urwaldszenerie mit übereinandergestürzten, halb verwesten Riesenstämmen, einen Sankt Christophorus, eine Walpurgisnacht, eine Raufszene mit Prügeln und Messern, eine verfallene Kegelbahn, die Juden in Ägypten und sogar einen verbummelten Zauberer, der, herabgekommen und verschämt, zu seinem alten Drachen in der Höhle zurückkehrt. Schließlich zeigte mir Kubin die zarten und intimen Blätter kleinen Formats, die dann unter dem Titel »Heimliche Welt« erschienen sind. »Diese heimliche Welt«, sagte Kubin, »die Welt des Abstiegs, der Talwanderung, ist in sich nicht ärmer als die rauschende, dröhnende des Heraufkommens, sie ist nur leiser. Man wird kein andrer, und auch hier haben mich wieder meine alten Themen beschäftigt. Nur sind sie gedämpfter und mit verborgener Leidenschaft vorgetragen. Beim Arbeiten an den Blättern war meine Schaffenslust vermischt mit jener melancholischen Abschiedswonne des Niewiederkehrenden. Ich schaute diese Bilder, obgleich ich sie in mir und ganz nahe spürte, weit weg und scharf wie durch ein umgekehrtes Fernglas an, ehe ich sie aufs Papier bannte. So ergab sich das kleine Format wie von selbst.«

Christkindl 1914

Nach dem Abendbrot wurde das Grammophon auf den Tisch gestellt und die neu mitgebrachte Platte aufgelegt. Ich bin Klavierspieler und stand dem Grammophon bisher mit mißtrauischer Zurückhaltung gegenüber. Aber wie jetzt der Chor der Wolgaschiffer ertönte, mächtig anschwoll und wieder verhallte, wie dann eine alte Zigeunerin ihre Lieder sang – das übte auch auf mich einen starken Zauber.

Kubin ist ein Bücherfreund und im Bücherlesen kein engherziger Spezialist. Von überallher holt er Nahrung für seine Phantasie. Da wurde das Reisebuch von Bengt Berg gebracht, und Kubin wurde nicht müde, über den merkwürdigen Riesenstorch Abu Markub und seinen seltsamen Blick sich zu verwundern. Ein neues Buch mit vielen Totenmasken gab Anlaß zu nachdenklichen Gesprächen. »Die Menschen wollen das Leben enträtseln. Mir aber macht erst das Geheimnis des Lebens das Leben schön und lebenswert.«

Bei Kubins geht man früh ins Bett, denn die Hauptarbeitszeit ist der Vormittag, die durchwachten Nächte jüngerer Jahre sind längst abgeschafft. Aber im Bett wird erst noch gelesen, und Kubin steckte auch mir ein Buch unter den Arm, die Novelle »Unpaar« des im Irrsinn gestorbenen Heinrich Lautensack, den ich von den »Elf Scharfrichtern« her gekannt hatte – ein Buch, allerdings nicht angetan, freundliche Träume herbeizulocken. –

Am nächsten Morgen zeigte sich, daß über Nacht viel Schnee gefallen war. Wir machten einen Morgenspaziergang. Auf den Straßen waren kaum Spuren vor uns. Nur ein Nachbar hatte schon einen schmalen Weg zu seinem Bienenhaus freigeschaufelt. Kubin schob vorsorglich seinen Arm in den meinen und führte mich die Straße nach Schärding bis zu einer Schmiede, wo wir umkehrten. Wir plauderten über seine Herkunft. Er stammt aus Leitmeritz in Nordböhmen. Er ist überzeugt, daß auch etwas slawisches Blut in seinen Adern fließt, doch fühlt er sich ganz als Deutscher. Er sprach von den Jahren in München, wohin er einundzwanzigjährig zuerst kam. Keiner Stadt verdankt er so viel; hier durfte er Künstler werden, hier erschien sein erstes Werk, hier lernte er seine Frau kennen. Er hatte vorher noch nie mit Bewußtsein ein großes Kunstwerk gesehn. Am zweiten Tag nach seiner Ankunft – es war im Frühling 1898 – ging er gleich morgens in die Alte Pinakothek. Der Eindruck war erschütternd. »Fassungslos, wie aufgelöst vor Seligkeit und Erstaunen schlich ich auf Fußspitzen von Saal zu Saal und blieb, ohne etwas zu essen oder zu ermüden, bis am Spätnachmittag die Diener mit ihrer Klingel schellten und mich vertrieben.«

Nachdem wir auf diesem Gang frische Winterluft geatmet, kehrten wir ins Haus zurück, und jetzt brachte Kubin einen großen Stoß seiner kolorierten Zeichnungen. Farbe ist ihm nicht Aufbau, sondern immer nur Duft und Schimmer, aber die Farbe verleiht vielen seiner Blätter einen eignen phantastischen Reiz. In die Eishöhle des Bibliothekzimmers nebenan konnten wir uns nur auf Umwegen – die Ritzen der Zwischentür waren sorgfältig verstopft – und nur mit Mantel und Pelzmütze wagen. Hier steht der stolze Schrank mit all den Büchern und Mappen, die Kubins unerschöpflicher Phantasie entsprungen sind, die »Kubiniana«, wie er selbst sie nennt. Da reihen sich die Bände von Dostojewski, Poe, Strindberg, Voltaire, die er illustriert hat, aneinander. Da sind die Bilder zur Bibel, die deutschen Romantiker, Arnim, Jean Paul, Hauff, die Droste, da sind de Coster und Andersen. Auch Texte moderner Dichter wie Gerhart Hauptmann, Hofmannsthal, Willy Seidel, Friedrich Huch hat Kubin mit seinen Zeichnungen begleitet. Er ist kein Illustrator im banalen Sinne des Wortes. Immer verschmelzen bei ihm Text und Bild zu einer neuen höheren künstlerischen Einheit. Nicht zuletzt sind da zu finden die Mappen und Bücher, in denen Kubin ganz frei gestaltet hat, in denen er sozusagen sein eigner Dichter war: Am Rande des Lebens, Wilde Tiere, Sansara, Meine Traumwelt, Masken, Kritiker, Rauhnacht. Doch Kubin weiß, daß ich sein gedrucktes Werk gut kenne. Er zeigt mir alte Kinderbücher, die – künstlerisch ganz belanglos – auf seine Phantasie nachhaltig gewirkt haben, ja bis heute nachwirken. Ein Kuriosum ist das Dictionnaire infernale, in dem mit bischöflicher Approbation alles Teufelswesen genau abgebildet ist, das je auf Erden sich betätigt hat. Da sind die liebevoll gehegten Bücher mit den Bildern von Pocci, Menzel, Ludwig Richter und Speckter und schließlich die »Cimelien«: kostbare Originaldrucke der über alles verehrten alten Meister Dürer, Baldung, Brueghel, Rembrandt, Callot.

Kubin beherrscht, wie man weiß, nicht nur die Zeichenfeder, sondern auch das Wort. Seine autobiographischen Skizzen sind in dem Band »Dämonen und Nachtgesichte« gesammelt, sie gehören zu den aufschlußreichsten Selbstdarstellungen eines Künstlers. Kubin las mir einen eben erst niedergeschriebenen Aufsatz über die Federzeichnung vor, der sein Credo enthält. Er schließt: »Die echten Federzeichner sind Improvisatoren. Scheinbar flüchtiger, rücken sie in Wirklichkeit dem Leben doch weit näher als die Maler. Das Leben erscheint uns nun einmal fließend, plötzlich ankommend und verdämmernd! Wer es anders auffaßt, dem wird auch die beste Federzeichnung nicht viel bedeuten.«

Nach dem Mittagsmahl mußte aufgebrochen werden. Kubin begleitete mich wieder nach Passau, doch diesmal gingen wir den Schluchtweg hinunter nach Wernstein am Inn. Gegenüber, hoch über dem Fluß, sahen wir mit Türmen und Terrassen die Neuburg aufragen. Der Zug fuhr den Inn entlang. Wir sprachen im Fahren noch viel von Dingen, über die nie ein letztes Wort gesagt werden kann.

Karl Scheffler

Max Liebermann – Die Landschaften

Landschaften, wie man dieses Wort nun einmal versteht, treten verhältnismäß spät auf im Œuvre Liebermanns. Vorher gibt es nur landschaftliche Gelegenheitsarbeiten. Allerdings zum Teil solche von hohem Rang. Von den frühen holländischen Landschaften war schon die Rede. Ihnen folgten die »Dächer von Amsterdam«, die eine lange Reihe holländischer Stadtlandschaften einleiten. Dann gibt es einige Tiergartenbilder, die man hierherrechnen kann (doch kann man sie des Menschengewühls wegen auch den »Biergärten« zurechnen), und endlich spricht die Landschaft stark mit in verschiedenen Darstellungen spielender oder auf ihrem Schulweg gehender Kinder. Die erste wirkliche »Landschaft« aber, wie das Wort damals verstanden wurde, ist »Die Bleiche«. Es haben den Künstler zehn Jahre lang andere Probleme der Kunst so intensiv beschäftigt, daß er erst nach 1880 dazu gekommen ist, sich der Landschaftsempfindung ungehemmt einmal und ohne Nebenabsichten hinzugeben. Wie rückhaltlos Liebermann sich in der Bleiche hingegeben hat, erkennt jeder, der nur ein wenig Sinn für empfindungsvolle Malerei hat. Liebermann hat auch hier die ihm eigene Besonnenheit und Temperiertheit bewahrt, er ist in diesem Bild zurückhaltend bei großer Innigkeit und besonnen innerhalb einer schön dahinströmenden Lyrik. Es gehört das Bild seiner malerischen Haltung nach etwa zu der »Nähterin« oder zum »Altmännerhaus«. Dieselbe moderne Altmeisterlichkeit ist darin, dieselbe holländische Durchdringung des Alltagsstoffes mit einer sozusagen häuslich und zivil gewordenen Klassik. Wunderschön ist der Reiz des feuchten, stillen, hellen, aber schattenlosen Tages unter halbhohen, lichten Bäumen gegeben; unvergeßlich ist der Zauber der vornehmen, graugrünen, silbrigen Farbe, – in der etwas Rötlichgrau und etwas Blau ist – und der Charme der rhythmischen Ordnung, erreicht durch die in die Tiefe, in den durchsichtig schönen Hintergrund führenden Baumreihen, durch die auf dem Rasen ausgebreitete Wäsche, durch die unendlich glücklich in den Garten gesetzten Figuren und durch den Akzent des großen Zubers im Vordergrund. Der Betrachter empfindet deutlich, daß das ruhige Daseinsglück eines seine Kraft fühlenden Menschen in dieses Bild hineingemalt worden ist.

Um 1888 sind sodann einige Landschaftsbilder entstanden, die auf ein Übergangsstadium weisen. Charakteristisch für diese Gruppe ist vor allem »Die Gedächtnisfeier für Kaiser Friedrich in Kösen« und »Die Schafherde«. Es ist dieselbe Zeit, wo »Die Flachsscheuer« und »Die Netzflickerinnen« geschaffen worden sind. Doch hat die Landschaftsempfindung mit der Entwicklung nicht ganz Schritt gehalten. Diese beiden Bilder zögern hinter den großen Gebärden der Figurenbilder merklich einher. Es ist nicht mehr die sichere Ruhe, es ist nicht mehr das stille reife Blühen der Landschaftsempfindung darin, wie »Die Bleiche« es zeigt; aber es ist auch noch nicht die unbedingte Wahrheit des Eindrucks gegeben wie in den Landschaften der nächsten Jahre. Dadurch – man kann wirklich sagen: durch dieses halbe Zögern – ist in diese Landschaften ein Element von Menzel gekommen, eine gewisse nüchterne Getreulichkeit, die vom Stoff nicht ganz loskommt. Besonders die »Gedächtnisfeier für Kaiser Friedrich in Kösen« weist Menzelzüge auf. Die Malerei ist vortrefflich, aber sie ist bürgerlicher, schwungloser als in den Hauptbildern der achtziger Jahre. Eindrucksvoller ist »Die Schafherde«. Dort kommt deutlich ein Element der Fontainebleauer Landschaftskunst hinzu. Auch ist das Motiv sehr glücklich. Die Reihen halbhoher Bäume, die wie so oft den Blick in die Tiefe führen, und darunter der Schäfer mit der Schafherde: das steht der »Bleiche« in manchen Punkten noch recht nahe. Übrigens ist es bemerkenswert, wie sehr Liebermann, der Maler und der Zeichner, es liebt, in seinen Landschaften Menschen unter mäßig hohen Bäumen, die das Licht überall durchlassen, zu malen. Er schafft damit seinen Darstellungen einen geschlossenen, von Kulissen umstellten Raum, ohne doch die unendliche Weite der Natur zu lassen.

Eine schöne Höhe als Landschaftsmaler hat Liebermann in den Jahren 1890–1892 etwa erreicht. Er hat zwar niemals die reine Landschaftsdarstellung so kultiviert, daß er Ergebnisse erzielt hat, die den »Netzflickerinnen« etwa entsprechen. Das reine Landschaftliche hat er immer mehr improvisatorisch betrieben. Dennoch ist auch in den Landschaften der ersten neunziger Jahre dieselbe rücksichtslose Kraft der Wahrheit – dasselbe Pathos der unmittelbaren Empfindung wie in den monumentalen Hauptwerken. Die am meisten charakteristischen Werke dieser Periode sind »Der Schweinemarkt zu Haarlem«, »Wäschetrocknen« und »Holländische Dorfecke«. »Der Schweinemarkt« ist ja freilich kein reines Landschaftsbild, es gehört dem Charakter nach etwa zu den »Seilerbahnen«; dennoch kann er in dieser Verbindung genannt werden. In allen drei Werken ist derselbe Geist zu spüren: ein Geist, dessen Wille zur Wahrheit der Stimmung bis zur Härte und Rücksichtslosigkeit geht, der das Rauhe, Dunkelnde, das herb Windige, das ganz Unromantische und gerade dadurch drohend Geheimnisvolle der Natur darstellt und aus alledem einen neuen bedeutungsvollen Reichtum gewinnt. In dieser Landschaftskunst ist ein ganz anderes Gesicht als in der der »Bleiche«. Der Heroismus in der nackten Natur der »Holländischen Dorfecke« ist voller Schwermut, die Armseligkeit in dem Bild »Wäschetrocknen« ist wie voll dramatischer Spannung, und über das fast formlose Gewühl des »Schweinemarktes« gleitet die allgegenwärtige, kosmische Schönheit der sich ewig gleichenden Tage in einer fast erhabenen Weise dahin. Die Landschaftskunst dieser Jahre hat ein sehr entschlossenes, ein sehr ernstes Gesicht. Man spürt, daß sich der Maler mit der Erscheinung wie ein Kämpfer, wie mit dem Trotz eines um jeden Preis Wahrheit suchenden Menschen auseinandergesetzt hat. Eine unendliche Schönheit des Tons und der Materie ist in den Dünenbildern dieser Zeit. Öde Sandwege zwischen Sandbergen und eine Karre darauf, das ist das ganze Motiv. Und doch ist in diesem scheinbar ärmlichen Motiv das Klassische des unerschütterlich seinen Weg gehenden Lebens.

Eine Gruppe für sich bilden die im wesentlichen zwischen 1906 und 1908 in Holland am Meer entstandenen hellen und impressionistischen Strandlandschaften. Früher hat Liebermann immer Naturstudien gemacht, das Bild dann aber im Atelier vollendet; in diesen Strandbildern hat er, ebenso wie in den gleichzeitigen »Judengassen«, das Bild vor der Natur fertig gemalt. Dadurch ist etwas Skizzistisches in diese Bilder gekommen. Und etwas Ungleichmäßiges im Gelingen. Aber auch eine Geschmeidigkeit oft, die in ihrer stolzen Handschriftlichkeit temperamentvoll fortreißt, die unmittelbar an Manet erinnert – wenn nicht im farbigen Charme, so doch in der Unmittelbarkeit der Niederschrift. Der Tumult des Meeres, das Leben des Strandes zwischen Strandkörben und Sandburgen, die Stimmung der gleißenden Helle, die wehende Frische der Meerlandschaft; das alles ist unübertrefflich, oft im Augenblick gegeben. Anschauungsextrakte, Dokumente eines ganz aufs Wesentliche gerichteten Geistes, eines unendlich in seinem Handwerk erfahrenen Künstlers, der den Blick für das Kosmische, für das Bleibende im Wechselnden hat, und in dessen Impressionen der Weite zuweilen etwas von der großen Lebensmystik Rembrandts anklingt. Wer Liebermanns Landschaften genießen will, muß sich jeder Empfindelei und literarischen Romantik entäußern. Liebermann hat nie eine Mondscheinlandschaft (»mondbeglänzte Zaubernacht«) gemalt, kaum jemals ein Winterbild, nie einen Sonnenuntergang oder ein Gewitter. Er verzichtet grundsätzlich auf das Phänomen, auf die Sensation, auf das Außergewöhnliche. Auch seine Landschaft ist tägliches Brot sozusagen. Sie ist ganz ohne Effekte und ohne Affekt, er gibt in keiner Weise die Natur im Sonntagsgewand. Er ist ein Maler des Alltags und dessen, was unter normalen Bedingungen ewig schön ist. Die Schönheit seiner Landschaften liegt in der ruhigen Selbstverständlichkeit der Erscheinung, er giebt nicht Ausnahmeschönheit, sondern die Schönheit jeder Stunde, woran jedermann Anteil hat. Er ist Naturalist im allerbesten Sinn des Wortes: vor der Natur, Aug in Aug mit ihr verwandelt er die Erscheinung in ein Abbild seines Gefühls von der Natur. Sein

Gefühl aber ist von einer einfachen menschlichen Rechtschaffenheit ohnegleichen, es ist darin nicht ein Zug theatralischer Erregung, es ist darin nur Ehrfurcht vor dem still ruhigen Gleichmaß aller Tage, in deren Wirklichkeiten überall Ewigkeit schimmert.

Wieland Schmied

René Magritte – Die Reize der Landschaft

Landschaften übten auf den belgischen Maler René Magritte einen hintergründigen und magischen Reiz aus. Hätte er im Zeitalter der Romantik gelebt, er wäre wohl ein reiner Landschaftsmaler geworden wie Caspar David Friedrich, der mit seinen Riesengebirgslandschaften und Meeresbildern an das Unendliche zu rühren versuchte.

So wie Caspar David Friedrich ein Leben lang nicht müde wurde, Zauber und Geheimnis seiner »Seelenlandschaften« zu beschwören, so hat das Thema der Landschaft auch für Magritte niemals seinen Reiz verloren. Je älter er wurde, desto lieber malte er Landschaften. Der Reiz lag für ihn aber nicht einfach in der Anmut, Harmonie oder Stimmung, die eine Landschaft zu vermitteln vermochte – obwohl er auch für sie durchaus empfänglich war –, sondern in den Zeichen, die sich in ihr verbargen, in den Gedanken, die er aus ihnen herauslesen konnte, im Mysterium, das durch sie sichtbar wurde.

Magrittes Landschaften entstanden wie die Caspar David Friedrichs im Atelier. Anders als Friedrich aber war er kein Mann ausgedehnter Wanderungen und intensiver Naturstudien. Sein Wohnzimmer war ihm Welt genug, und seine Spaziergänge unternahm er am liebsten nur auf der Leinwand. Als Vorbereitung genügte ihm die einfachste Ideenskizze. Magritte bedurfte nicht der Natur vor Augen, um ihr Bild zu beschwören. Seine Landschaften sind – trotz des hohen Maßes an Anschauung, das in sie eingegangen ist – gedachte Landschaften. Sie bilden nicht irgendeinen bestimmten Ausschnitt der Natur ab, so viele ihrer Elemente er auch übernahm. Diese Elemente sehen fast immer gleich aus und verändern sich nicht. An den Dingen dieser Welt interessierte Magritte nicht das Individuelle, sondern das Allgemeine. So scheint es immer der gleiche Baum, das gleiche Haus, der gleiche Bergzug, die gleiche Wolkenformation zu sein, die er malt. Es ist, als ob er die gleichen Karten immer aufs neue zu dem einen Spiel mischte, das allein ihn beschäftigte: zum Spiel einer Kunst, die ans Mysterium der Welt rührt.

Mysterium ist das Schlüsselwort zum Verständnis seiner Kunst. Magritte zeigt uns in allen seinen Bildern die Welt als Rätsel. Der unauflösliche Widerspruch, von dem jedes einzelne Bild beherrscht wird, soll uns an das Geheimnis eines Daseins erinnern, das ebensowenig aufzulösen ist. Es war die Überzeugung Magrittes, daß dieses Geheimnis sich nicht erklären läßt, daß es aber gerade in seiner Unerklärbarkeit evoziert werden kann. Indem Magritte das Geheimnis unserer Existenz in einer im Ganzen undeutbaren Welt beschwört, hält er sich pedantisch an die sichtbare Wirklichkeit, an das Bizarre einer Gebirgslandschaft oder die Monotonie einer Meeresküste, einen sternenbesetzten Nachthimmel oder eine blumenbesäte Frühlingswiese, an denen er aber – im Sinne der von Max Ernst entwickelten Collagetechnik – einen entscheidenden Eingriff vornimmt. Dieser Eingriff, der oft nur eine scheinbar geringfügige Veränderung darstellt, bewirkt einen grundsätzlichen Wandel der Atmosphäre, einen tiefgreifenden Wechsel des Klimas.

Er bewirkt, daß uns das Vertraute fremd, das Gewohnte unheimlich, das Normale verrückt erscheint. Er läßt uns erschrecken, ohne daß wir genau bestimmen könnten, woher dieses Erschrecken eigentlich rührt.

Die Reize der Landschaft lagen für Magritte seit je im Moment des Erschreckens und im Maß der Verzauberung, welche sie in uns zu erwecken vermag. Wie alle Surrealisten setzte Magritte auf den Moment des Erschreckens. Jedes seiner Bilder sollte diesen Moment provozieren, jedes seiner Bilder war auf ihn hin kalkuliert. Es ist ein Erschrecken, dessen Plötzlichkeit uns aus der Kontinuität des Alltags reißt, uns alles mit anderen Augen sehen und damit der Rätsel innewerden läßt, die uns umgeben und die in uns selber sind.

Ein Riß geht durch die sichtbare Welt. Aber indem wir seiner ansichtig werden, verlieren wir unseren Halt und meinen in einen Abgrund zu schauen. Jetzt sind wir dem Zauberspiel der Kunst preisgegeben. Jetzt sind wir auf die Erscheinung des Mysteriums vorbereitet.

René Magritte verband mit den Surrealisten nicht nur seine Lust am Doppelspiel von Schock und Verzauberung, sondern auch die Faszination durch die Landschaft. Wie den anderen Surrealisten erschien ihm die Landschaft als ideales Motiv, jenes Doppelspiel in Szene zu setzen und unsere Anschauung der Welt von Grund auf zu erschüttern.

Fast alle Surrealisten, von Joan Miró bis zu Yves Tanguy, von Max Ernst bis zu Salvador Dalí, haben ihren eigenen Stil bevorzugt an landschaftlichen Motiven entwickelt. Das scheint insofern überraschend, als der Künstler, der ihnen unmittelbar vorangegangen ist und der sie fast alle inspiriert hat, Giorgio de Chirico, alles andere als ein Landschaftsmaler war. In seinen Bildern, die er selbst »metaphysisch« nannte und in denen er in von kulissenhaften Architekturen umstellten Stadtplätzen die Welt als Bühne präsentierte, ist Natur, ist Landschaft, sind Spuren aktuellen Lebens auf beinahe schmerzhafte Weise abwesend. Alles Leben ist erloschen, erstarrt, versteinert. Vielleicht waren es aber gerade die von de Chirico beschworene Welt, in der alles Vergangenheit ist, und die von ihr geförderte nostalgische Stimmung, seine »Sehnsucht nach dem Unendlichen«, die bei den Surrealisten Bilder einer oft von wildem Wachstum erfüllten, sich beständig wandelnden und mitunter seltsame Blüten treibenden Natur provoziert haben.

Vielleicht war es aber auch ihre geheime Verbindung zur Romantik, insbesondere zur Frühromantik eines Caspar David Friedrich, Philipp Otto Runge und Novalis, in der gedankliche Elemente und lebendige Anschauung eine einzigartige Balance hielten, ja sich wechselseitig steigerten, die ihre Neigung zur Landschaft unterstützte. Wie den Romantikern die Landschaft sehr viel mehr bedeutete als bloße Vedute, nämlich Spiegel der Seele und Gleichnis des Göttlichen, so wurde sie den Surrealisten Schauplatz von Gedankenspielen und Gefäß des Phantastischen und damit ein Sujet, das sich umfassend einsetzen ließ.

Und noch mehr. Wie der Romantiker Gotthilf Heinrich von Schubert »an eine geistige Bedeutung der uns umgebenden Natur, an eine sogenannte Natursprache« dachte (in seiner »Symbolik der Natur«), wie Philipp Otto Runge sich mit der Hoffnung trug, daß das Studium der Landschaft eine neue künstlerische Bestimmtheit, eine bindende Hieroglyphensprache stiften könnte, so besaß die Wirklichkeit für René Magritte – zumindest in den späteren Jahren, als er sich in wachsendem Maße dem Reiz der Landschaft verschrieb – zeichenhaften, sprachlichen Charakter. In der sichtbaren Wirklichkeit schienen die Elemente einer Sprache verborgen, die man lernen konnte und die sich dem Kundigen zu einer lesbaren Bilderschrift fügten.

Auf dem Sprachcharakter der Realität gründet auch seine Aussage, daß das Denken – Magrittes Lieblingswort, wenn er von Malerei spricht – der Welt ähneln müsse. Nur das inspirierte – wir dürfen auch sagen: schöpferische – Denken, dessen Elemente den Figuren der sichtbaren Welt ähneln, vermag die Realität zu erhellen und den inneren Zusammenhang der Erscheinungen offenbar zu machen. Der Akt des Malens wird dann zur »Beschreibung eines Denkens, das geeignet ist, das Mysterium zu evozieren« (Magritte).

Wenn wir von den Reizen der Landschaft sprechen und ihrem Niederschlag in der Malerei Magrittes, dann scheint es wichtig, die grundsätzliche Wandlung, die seine Bildwelt etwa zur Mitte der dreißiger Jahre erfuhr, näher ins Auge zu fassen. So eigensinnig und so originell seine Ansätze um 1925 – inspiriert von Giorgio de Chirico und Max Ernst – auch waren, sie bewegten sich doch ganz im Bannkreis des klassischen Surrealismus Bretonscher Prägung. In den Jahren 1927 – 1930 lebte Magritte (der 1898 im belgischen Lessines geboren wurde) in Perreux-sur-Marne bei Paris und nahm intensiven Anteil an den Aktivitäten der surrealistischen Gruppe. Nach dreijähriger Abwesenheit kehrte er 1930 nach Brüssel zurück, wo er bis zu seinem Tode 1967 ein von äußeren Ereignissen nur wenig erschüttertes, ganz der Arbeit gewidmetes Leben führte.

Um 1933 hatte er dann jene plötzliche Einsicht, die ihm den geheimen Zusammenhang scheinbar nicht zueinander gehörender Dinge enthüllte und seiner Malerei eine neue Orientierung gab. Zielten die frühen Bilder auf das überraschende Zusammentreffen einander wesensfremder Dinge im Sinne des Dichters Lautréamont, der Schönheit als die zufällige Begegnung einer Nähmaschine und eines Regenschirms auf einem Operationstisch definierte, so suchte er nach 1933 immer systematischer nach den verborgenen Beziehungen und inneren Verwandtschaften (oder »Wahlverwandtschaften«, wie er mit Goethe sagte), die unentdeckt zwischen den Dingen bestanden, und nähert sich so den Gedanken der Romantik, für die unsere Welt von Zeichen und wechselseitigen Verweisen bestimmt war.

Setzten die frühen Bilder mit ihrem unbegründeten und unvermittelten Nebeneinander des Unvereinbaren ganz auf das Überraschungsmoment, auf den Schock, so ging es Magritte später mehr und mehr um die Verzauberung, die dem anfänglichen Erschrecken folgte. Standen die frühen Bilder unter dem Primat eines selbstherrlichen, von allen Bindungen freien Denkens, das die Kraft besaß, willkürlich allerorten in die Realität einzugreifen und sie nach Belieben zu manipulieren, so strukturierte sich dieses Denken von den dreißiger Jahren an immer stärker nach Maßgabe der sichtbaren Realität mit dem schließlich erklärten Ziel, sich den Dingen zu nähern und so der »Welt zu ähneln«.

Analog erscheinen die frühen Bilder von erkenntnistheoretischen Problemen und kriminologischen Fragestellungen inspiriert und artikulieren den Widerspruch zwischen Sprache und Welt wie das Klima von Terror und Verbrechen, während im Jahrzehnt darauf allmählich die Landschaft zum dominierenden Motiv wird, Sprache und Welt einander wieder näherkommen und die Atmosphäre des Terrors abgelöst wird von Geheimnis und Harmonie eines »domaine enchanté«, eines verzauberten Bereichs.

Im gleichen Maße, indem wir in diesen »domaine enchanté« eindringen und in ihm heimisch werden, eröffnet sich uns eine neue Lesbarkeit der Welt. Neben den Kontext der Zeichen, den wir im Bild der Landschaft zu entziffern gelernt haben, tritt die Interpretation der Natur als grandioses Schauspiel, das von verborgenen Ideen gelenkt wird. Auf der Bühne des großen

Naturtheaters werden vertraute Gegenstände zu befremdlichen Akteuren, um dann in einer »reconnaissance infinie«, in einem »unendlichen Wiedererkennen«, neu zueinander zu finden und sich organisch zu verbinden. Das Mysterium kann erscheinen.

Wassily Kandinsky
Über Franz Marc
Mit einer Einführung von Klaus Lankheit

> *»Kandinsky's Kunst ist ebenso prophetisch wie seine Worte, – die einzige wirklich prophetische in unserm Kreis. Kandinsky ist der eigentliche Mittelpunkt der ganzen Bewegung...«*

Mit diesen Sätzen hat Franz Marc die überragende Wirkung der Persönlichkeit des Freundes freimütig bekannt. Dennoch ist »Der Blaue Reiter« ebensosehr sein eigenes Werk wie das des älteren. Nur in einem weiteren Sinne umfaßt der Begriff eine ganze Gruppe von Künstlern. Denn es gab nie eine Vereinigung dieses Namens, und die vielzitierte Programmschrift war nicht das Organ eines solchen Zusammenschlusses. Der Name war vielmehr ursprünglich nur ein Buchtitel und ging von hier auf die Ausstellungen über, die von der »Redaktion Der Blaue Reiter« geplant und durchgeführt wurden. Die Redaktion aber hieß: Kandinsky und Marc. »Der Blaue Reiter« – in doppelter Gestalt – war somit die ganz persönliche Leistung dieser beiden kongenialen Maler. Die übrigen den beiden menschlich und künstlerisch verbundenen Gefährten und Mitarbeiter wurden durch keinerlei formelle Maßnahmen zusammengehalten; so unentbehrlich ihr Verständnis und ihr gleiches Streben für das Freundespaar gewesen sein mögen – am »Blauen Reiter« haben sie alle nur mittelbar Anteil. Das wird uns gerade durch die Äußerungen von August Macke oder Paul Klee, die erst vor kurzem veröffentlicht worden sind, in das Bewußtsein gerückt. Will Grohmann, der Biograph des Meisters, stellt fest: »Wenige können sich rühmen, Kandinsky nahegestanden zu haben. Während der Jahre des ›Blauen Reiter‹ war es Franz Marc, dessen persönlicher Mut für den angegriffenen älteren Freund ein großer Schutz war, und dessen natürliche Intelligenz und Weltverbundenheit die Durchführung der gemeinsamen Pläne erleichterten.«

Mehr als jeder andere war Kandinsky befugt, ein gültiges Bild des Menschen und Künstlers Marc aufzuzeichnen. Daß er sich tatsächlich dieser Aufgabe unterzogen hat, ehrt den deutschen Freund vor allen anderen Persönlichkeiten, die ihm begegnet sind. Wie freudig und oft sich Kandinsky schriftstellerisch betätigt hat, so gelten seine Bücher und Aufsätze doch fast ausschließlich kunsttheoretischen Erörterungen. Franz Marc ist der einzige, über dessen Persönlichkeit und Leistung er sich wiederholt geäußert hat. Schon in den Rückblicken *gedachte er dessen »feiner, verständnis- und talentvoller geistiger Mitarbeit und Hilfe«. Aber erst während des Pariser Exils verfaßte er eine umfassende Würdigung des Freundes. Die* Cahiers d'art *brachten aus Anlaß des zwanzigjährigen Todestages Marcs einen von tiefem Verständnis für dessen Wesen und Werk zeugenden Artikel; er wurde in den gesammelten* Essays über Kunst und Künstler *erneut abgedruckt. Der Text dieses Beitrages ist jedoch nur eine gekürzte Fassung von Gedanken, die Kandinsky bereits im Jahr zuvor niedergeschrieben hatte.*

Im Jahre 1931 waren die Stimmen der Freunde *erschienen, das Buch zum Gedächtnis von Rainer Maria Rilke. Diese Veröffentlichung löste in Maria Marc, der Witwe des Malers, den Wunsch aus, eine ähnliche Sammlung von Beiträgen über den gefallenen Künstler zu veranstalten. Der erste, den sie um seine Mitarbeit bat, war Kandinsky. Der versagte sich dem Anruf nicht. Am 1. Dezember 1935 beendete er die umfangreichen Erinnerungen an Franz Marc, er überschrieb sie »Unsre Freundschaft«. Die bald einsetzende Verfemung auch Marcs vereitelte den Plan des Buches. Doch hat sich das Manuskript Kandinskys erhalten. Es wird hiermit – nach fünfundzwanzig Jahren – im Druck vorgelegt.*

Ohne in die Gefahr einer Übertreibung zu verfallen, darf es gesagt werden: Dieses Dokument der berühmtesten, historisch folgereichsten Künstlerfreundschaft unserer Zeit geht in seiner Bedeutung weit über die eines Nachrufes hinaus. Es stellt Marc in den lebendigen Zusammenhang mit den geschichtlichen Strömungen der Zeit und schält doch zugleich das unverwechselbar Individuelle der Persönlichkeit heraus. Kandinsky schildert höchst pointiert den »Heroischen Frühling« zu Beginn des Jahr-

hunderts in München: die offizielle Kunstakademie, in deren Gebälk es bereits knistert, die schon gespaltene »Sezession«, dann die »Phalanx« (»Die freche Wanze«), die »Scholle« und die »Neue Künstlervereinigung«. Die Ausführungen über Entstehung und Wesen des »Blauen Reiters« dürfen besonderes Interesse fordern, denn hier liegen endlich einmal authentische Aussagen vor, ohne deren Beachtung jede Darstellung der Ereignisse fragmentarisch bleibt. Immer wieder aber kehrt Kandinsky zum Kernpunkt zurück – zu Franz Marc. Er zerstört die Legende von dem »Tiermaler« und erklärt den Künstler aus der ganzheitlichen Haltung des Menschen. Mit der Erkenntnis, daß »sein Äußeres seinem Inneren vollkommen entsprach«, ist wohl das Geheimnis des Zaubers berührt, den Marc ausstrahlte. In der lebensvollen Schilderung der Erscheinung des Freundes gewinnen Kandinskys Worte einen dichterischen Klang – sie sind das Schönste, was je über Marc gesagt wurde.

Ich kann mich nicht mehr an alle Daten genau erinnern, obwohl die Intensität der damaligen »heroischen« Zeiten in meinen Erinnerungen wahrscheinlich nie an ihrer Kraft etwas verlieren wird. Die Genauigkeit der Daten ist ja auch nicht so wichtig. Ich bitte nur um Erlaubnis, bevor ich direkt von Franz Marc spreche, die geistige Atmosphäre der damaligen Zeit, in der ich ihn kennenlernte, in möglichst kurzen Worten zu beschreiben. Auf diesem »Hintergrund« wird, hoffe ich, auch die Figur von Marc plastischer erscheinen.

Am Anfang des laufenden 20. Jahrhunderts war das Kunstleben in der »Kunststadt« München bereits erschüttert. Die »Münchner Sezession« war bereits in zwei Stücke geschnitten, welche Operation die Gründung der »Berliner Sezession« zur Folge hatte, und die »Münchner Sezession« selbst hauste schon in ihrem feierlichen Heim am Karolinenplatz gegenüber der Glyptothek. Die Zeit fing schon damals an, an Tempo zu gewinnen, und in wenigen Jahren bekam die »M. S.« einen »akademischen« Beigeschmack. Franz Stuck wurde bereits zum Professor der Münchner Kunstakademie ernannt, wo er seine Malklasse diktatorisch leitete. Die untere Abteilung der Akademie behielt noch ihre alten Professoren, und die »Zeichenklassen« wurden unter Leitung dieser Herren immer steifer und verloren immer mehr die lebendige Beziehung zum lebendigen Pulsieren der erwachenden Kunst. In der oberen Abteilung (»Malklassen« genannt) unterrichteten außer Franz Stuck fast ausschließlich Mitglieder der »Sezession« – u. a. Herterich, Zügel. So hatten die beiden Abteilungen nichts miteinander zu tun, was auch als »Zeichen der Zeit« angesehen werden muß: immer zunehmendes Tempo und Risse in ehemals einheitlichen »Organismen«.

Diese beiden Zeichen der Zeit sind an und für sich negativer Natur – zersetzende Eile und Eile in Zersetzung. Sie können aber durch Zugabe einer rein positiven Kraft positiv werden – der Kraft der neuen Verbindungen. Dann tritt an Stelle einer mechanischen Zusammensetzung eine organische. Aber damals lebte man erst im Zeichen »Heroischer Lenz«, d. h. in der Zeit mit vielen Resten des schlafenden, harten, steifen Winters. Der »Heroische Frühling« ließ noch auf sich warten. Die Erschütterungen gingen aber weiter vor sich – von größeren und kleineren Dimensionen. Ich arbeitete noch in der »Stuck-Klasse«, als ich von einigen jungen Malern zur Beteiligung an einer frisch gegründeten Künstlervereinigung eingeladen wurde. Sie hieß »Phalanx«, im Volksmund »Die freche Wanze«. Frech waren wir tatsächlich, da wir alle noch sehr »grün« waren. Aber trotzdem hatten wir Erfolg – manchmal eine recht gute Presse und sogar Verkäufe, einige Mäzene, die uns unterstützten. Ich erwähne diese bescheidene Tatsache, weil sie in meinen Augen ein Beweis dafür ist, daß manche Teile der Presse und des Publikums »Neues« wünschten und begrüßten. Trotzdem hieß das letzte Kapitel unsrer, glaube ich, fast zweijährigen Tätigkeit: »Pleite«.

Bald darauf kam die Münchner »Scholle« ins Leben, die in Brackl einen energischen und kühnen Kunsthändler hatte. Den akademischen Beigeschmack bekam sie aber noch viel schneller als s. Z. die »Sezession« – das Tempo nimmt zu. Soviel ich mich erinnern kann, erhielten die beiden Vereinigungen alle zwei Jahre eigne Säle im Glaspalast – eine offizielle Anerkennung. Ich sehe noch lebhaft vor mir diese großen Leinwänder in milden Harmonien gemalt, die so liebenswürdig waren, daß man sich unwillkürlich fragte: »Fabelhafte Ruhe! Kommt denn einmal auch Bewegung?« Gegen dieses ruhige Schlummern kam ein Lovis Corinth als ein fanatischer Prophet mit Donnerstimme vor. Auch Frau Berendt-Corinth. Auch Slevogt. Endlich auch Max Liebermann, der von den genannten der ruhigste war.

Den Winter habe ich in Berlin verbracht, wo ich eines wirklich »schönen Tages« einen Brief von meinen Münchner Freunden erhielt, in dem sie mich aufforderten, nach München zurückzukehren, um dort an der Gründung einer neuen Vereinigung teilzunehmen. Ich ging hin, und wir gaben der Gründung den Namen der »Neuen Künstlervereinigung München«. Die Mitgliederliste zeigte Namen internationalen Charakters – Deutschland, Frankreich, Österreich, Rußland, Italien. Es waren Länder, in welchen das »Heroische Frühjahr« zu wehen anfing. Bald mußten also die ersten Frühjahrsgewitter kommen. Und sie kamen.

Außer dieser Verbindung verschiedener Länder zu einem Zweck, den wir alle für den höchsten hielten, gab es noch eine, die damals neu war: Außer Malern und Bildhauern wurden zu Mitgliedern auch Musiker, Dichter, Tänzer und Kunsttheoretiker gewählt. D. h. wir suchten Einzelerscheinungen, die bis dahin nicht nur äußerlich, sondern auch innerlich voneinander getrennt waren, zu einem »Eins« zu verbinden. So trat die oben erwähnte positive Kraft langsam ins Kunstleben ein.

Ohne einen »Deus ex machina« wäre aber aus allen diesen begeisterten Plänen nichts geworden, da wir für unsre Ausstellungen einen Kunsthändler brauchten und keinen bekamen. Zu diesem kritischen Augenblick hörten wir, daß Geheimrat Hugo v. Tschudi als Generaldirektor der sämtlichen bayrischen Museen berufen wurde. Es war natürlich ziemlich kühn (manche sagten »leichtsinnig«, manche – »frech«), diesen großen Mann um Hilfe zu bitten. Er war aber nicht nur ein großer Mann, sondern auch ein Großer Mann. Da er fast keinen von uns kannte, bat er, für ihn eine kleine Ausstellung unsrer

Werke privatim zu veranstalten, was auch sofort im Atelier von A. v. Jawlensky geschah. H. v. Tschudi erschien auf die Minute und blieb in der kleinen Ausstellung mindestens eine Stunde. Seine Bemerkungen waren trefflich. U. a. bemerkte er, daß man in unsren Bildern sehr oft die Diagonale als Konstruktionsbasis sieht.

Ich schreibe augenblicklich keinen theoretischen Aufsatz und erlaube mir nur kurz zu bemerken, was diese Konstruktionsbasis ganz im allgemeinen bedeutet. Wir liegen horizontal, wir stehen vertikal, wir gehen und laufen diagonal – je schneller, je mehr. Wenn wir gehen und laufen, verwirklichen wir die Bewegung, wir wechseln den Platz und kommen nach vorwärts. Für uns damals drückte sich in dieser ganz unbewußt »Frühlingserwachen« aus.

Es war nicht die Gewohnheit von Tschudi, sein Interesse nur in Worten auszudrücken. Er setzte sich für uns mit Tat ein, und diese Tat fiel ihm nicht leicht, da Kunsthändler als Geschäftsmenschen gezwungen sind, an Verdienste zu denken. Heinrich Thannhauser hatte damals vielleicht die schönsten Ausstellungsräume in ganz München, und diese Räume erzwang Tschudi bei ihm. Seine nicht nur offizielle, sondern vielmehr rein menschliche Autorität, seine – ich kann ruhig sagen – idealistische Überzeugungskraft hat Thannhauser zu einer tatsächlich »heroischen« Tat gebracht. Diesen Heroismus hatte er bald bereut, vielleicht verflucht.

Ich nehme ihm das nicht übel, weil wir, die »Bösewichte«, in unsren Ateliers blieben und der arme Mann ganz allein den ganzen Sturm der Empörung über sich ergehen lassen mußte. Die Presse ließ ihre ganze Wut gegen die Ausstellung los, das Publikum schimpfte, drohte, spuckte... auf die Bilder. Ich gebe gern zu, daß unsre Bilder im Gegensatz zur offiziellen »Sezession«, zur stillen »Scholle« wie eine Bombe wirken mußten und daß die Erregung eine natürliche war. Tschudi besuchte Thannhauser, um ihm neuen Mut zu geben, was nicht leicht war, aber doch einigermaßen gelang. Es gelang so weit, daß die Bilder nicht abgehängt wurden, was ja sonst zu erwarten gewesen wäre.

Für uns Aussteller war die Empörung unverständlich. Wir standen bereits mit beiden Füßen im Geist der erwachten Kunst und lebten in diesem Geist mit Seele und Leib. Wir wunderten uns nur, daß in der »Kunststadt« München mit Ausnahme von Tschudi aus keiner Stelle ein Sympathiewort an uns gerichtet wurde.

Und eines Tages kam dieses Wort. Thannhauser zeigte uns einen Brief von einem uns noch unbekannten Münchner Maler, der uns zur Ausstellung beglückwünschte und seine Begeisterung in ausdrucksvollen Worten kundgab. Dieser Maler war ein »echter Bayer«, Franz Marc. Er lebte damals in einem Bauernhaus in Sindelsdorf (Oberbayern – zwischen Murnau und Kochel). Bald entstand die persönliche Bekanntschaft, und wir sahen, daß sein Äußeres seinem Inneren vollkommen entsprach: ein großer Mann mit breiten Schultern, mit festem Gang, mit einem charaktervollen Kopf, mit eigenartigen Gesichtszügen, die eine seltene Verbindung von Kraft, Schärfe und Milde zeigten. In München erschien er zu groß, sein Gang zu breit. Er machte den Eindruck, die Stadt wäre ihm zu eng, daß sie ihn »genierte«. Seiner freien Natur entsprach das Land, und es war für mich immer eine besondre Freude, ihn mit einem Rucksack auf dem Rücken, mit einem Stock in der Hand durch Wiesen, Felder und Wälder marschieren zu sehen. Seine Natürlichkeit entsprach der Natur auf eine wunderbare Art, und es schien, die Natur freue sich über ihn. Diese organische Verbindung mit der Natur spiegelte sich auch in seinen Beziehungen zu seinem Hund »Russi«, einem großen weißen Schäferhund, dessen Art, Charakterschärfe und Milde eine genaue vierbeinige Kopie seines Herrn bildeten.

Beziehungen Marc – Russi sind nur ein Beispiel für die organische, tief innere Beziehung Marcs zu der gesamten Tierwelt. Auf seinen Bildern sind aber die Tiere mit der »Landschaft« so eng verschmolzen, daß sie trotz ihrem starken »Ausdruck«, ihrer Marcschen Charakteristik gleichzeitig immer nur ein organischer Teil des Ganzen sind. Besonders damals gab es nur sehr selten Menschen, die vom Ganzen etwas wußten, und noch weniger solche, die dieses Ganze in der tiefsten Seele erlebten, zu diesem Erleben fähig waren. Auch heute noch ist diese Zahl wenig gewachsen. Die Welt ist noch viel zu materiell dafür, d. h. die Welt, in der der heutige Mensch lebt und die er selbst zu seinem Unglück geschaffen hat.

So ist Franz Marc nie ein »Tiermaler« gewesen, auch kein »Naturalist«, kein »Expressionist« und noch weniger ein »Kubist« – Titel, die ihm oft angehängt werden. Am Anfang seiner Entwicklung lebte in ihm die für ihn selbst noch unbewußte Verbindungsidee, der noch unbewußte Drang zur Einheit. In dieser Beziehung allein war er ein tatsächlich »neuer Mensch«. Das war die Basis, auf der wir uns fanden und aus der unsre gemeinsamen Pläne und unsre Tätigkeit auf eine ganz natürliche Weise entstanden. So kam auch »Der Blaue Reiter« zur Welt (1. Auflage 1912, Verlag R. Piper u. Co., München).

1911 habe ich mein erstes abstraktes Bild gemalt. Auch die »Komposition 5« entstand in demselben Jahre, die ich unter einigen andren Bildern in der zweiten (oder dritten) Ausstellung der »Neuen Künstlervereinigung München« ausstellen wollte. Eine überwältigende Anzahl unsrer Mitglieder erklärte sich mit diesen Bildern nicht einverstanden, bei der Abstimmung wurde die Komposition abgelehnt, und ich teilte der Versammlung meinen Austritt mit. Mit mir traten einige andre Mitglieder aus, darunter in erster Linie Franz Marc.

Da wir beide den »Krach« schon früher witterten, hatten wir eine andre Ausstellung vorbereitet, und Thannhauser stellte uns seine Räume zur Verfügung – direkt neben den Ausstellungsräumen der »N.K.V.M.«. Im Katalog unsrer Ausstellung haben wir erklärt, daß die Ausstellung nicht eine spezielle Richtung zu propagieren beabsichtigt, sondern die Mannigfaltigkeit der Kunstausdrücke zur Basis hat. Die »Front« umfaßte den »linken« (damals erst geborenen »abstrakten«) Flügel und den »rechten« (rein »realistischen«). Diese synthetische Basis war damals neu, ist allerdings bis heute neu geblieben. Als Veranstalter der Ausstellung haben wir die Redaktion des »Blauen Reiters« genannt, da wir bereits an diesem Buch arbeiteten.

Zufällig erschien zur Eröffnung der Ausstellung mein erstes Buch »Über das Geistige in der Kunst«, das fast volle zwei

Jahre vergeblich nach einem Verleger suchte und endlich im Verlag R. Piper und Co. erschien. Ohne die energische Hilfe von Marc, der den Weg zum Verleger »geglättet« hatte, wäre das Buch vielleicht noch mehrere Jahre in meiner Schublade geblieben. Das Buch, das auf einer synthetischen Grundlage aufgebaut war, hatte zum Hauptzweck, das Innere der Kunst zu beleuchten und die Frage der Kunstform von einer äußeren Basis auf eine innere zu verpflanzen – »Prinzip der inneren Notwendigkeit«. Es war die erste Manifestation der richtigen Stellung der Kunstformfrage, die auf ihrer früheren Basis zu unendlichen Mißverständnissen und Verwirrungen in der »Äußerlichkeit« führte. Die zweite Manifestation war »Der Blaue Reiter«, ein Buch, das s. Z. nicht wenig »Staub« aufwirbelte.

Unsre Erfahrungen führten uns zur Ansicht, daß mehrere Künstler nie längere Zeit ohne Streit und gegenseitigen Kampf zusammen arbeiten können, wenn zum Grund dieser Zusammenarbeit ein rein »demokratisches« Prinzip liegt. So beschlossen wir, unsren »Blauen Reiter« auf eine »diktatorische« Art zu leiten. Die »Diktatoren« waren selbstverständlich Franz Marc und ich. Zur näheren Hilfe nahmen wir den damals noch sehr jungen Maler August Macke, einen persönlichen Freund von Marc. Der Zweck des Buches war in erster Linie zu zeigen, daß die äußere Form in der Kunst keine entscheidende Rolle spielt, daß deshalb keine scharfen Grenzen zwischen »Kunst« (Malerei, Plastik), »Ethnographie«, Musik, »Kinderkunst«, »Dilettantenwerken« usw. zu ziehen sind, weil die Unterschiede (Mauern!) zwischen diesen sämtlichen Erscheinungen nur äußerer Natur sind, indem sie auf der inneren Basis überhaupt nicht existieren. Daß uns für dieses »anarchistische« Prinzip »der Kopf tüchtig gewaschen« wurde, ist selbstverständlich. Es wurde uns übelgenommen, daß wir die »Ethnographie«, die »Wilden« neben die Kunst »Kultureuropas« stellten, daß wir ein »Durcheinander« verursachen, an den anerkannten »Traditionen« rütteln usw.

Heute klingen solche Beschuldigungen unverständlich, »primitiv«. Aber damals war es die erste Zeit des »Deutschen Expressionismus« hauptsächlich in Dresden und München und die allererste Zeit der »Abstrakten Kunst« ausschließlich in München, die Zeit der »Fauves« und des »Kubismus« in Paris – eine Zeit der stürmisch nacheinander folgenden »Explosionen«, eine wirkliche »Sturm- und Drangperiode«, die Zeit einer »Frühjahrsbegeisterung«, die sich bald von Land zu Land verpflanzte und Völkergrenzen mißachtete. So wie zur gewissen Stunde des »materiellen« Frühlings in verschiedenen Ländern – ohne Grenzenrespekt – Veilchen das Licht erblicken, so kamen auch zu diesem geistigen Frühling die »geistigen Veilchen« zur Welt. Vielen schien damals dieser »Veilchenduft« (und scheint noch heute manchen) giftig zu sein.

Die zweite Ausstellung des »B. R.« umfaßte ausschließlich Aquarelle und wurde auf dieselbe »diktatorische« Art veranstaltet. In Wirklichkeit gab es nie eine Vereinigung »Der Blaue Reiter«, auch keine »Gruppe«, wie es oft irrtümlich geschrieben wird. Marc und ich nahmen das, was uns richtig erschien, was wir frei wählten, ohne sich um irgendwelche Meinungen oder Wünsche zu kümmern. So entstand auch die Aquarell-Ausstellung, zu der uns Hans Goltz seine neuen Räume ohne einen Augenblick zu zögern zur Verfügung stellte. Einige Monate vor seinem Tod (vor etwa 5–6 Jahren) schrieb er mir von einer zu seinem zehnjährigen Jubiläum geplanten Ausstellung und erinnerte sich mit großer Begeisterung an sein »Debüt«, d. h. an die 2. Ausstellung des »B. R.«. Diese Ausstellung kam hauptsächlich zustande, da Marc aus seiner Berliner Reise einen Riesenstoß Aquarelle der »Brücke«-Maler mitbrachte, die in München noch fast unbekannt waren. Mich hatte er jedenfalls überrascht, und ich hatte eine große Freude nicht nur an den Blättern, sondern an der strahlenden Begeisterung Marcs für seine Entdeckung. Für einen Künstler ein seltener Charakterzug: Marc hatte keine Ahnung von Neid, Mißgunst – umgekehrt war ihm nur eins wichtig, Schönes, Richtiges, wahre Kunst zu sehen und sie zu lieben, gleich woher sie kam. In solchen Fällen wollte er seine Freude der ganzen Menschheit kundgeben und sie dadurch beglücken.

Ich wundre mich heute, wie wir damals zu allem Zeit fanden. Das Buch des »B. R.« war eine tüchtige Arbeit, die Ausstellungen seiner Redaktion verlangten nach konsequenten Anstrengungen, und es blieb uns noch unendlich viel Zeit für unsre Malerei, für die großen Leinwänder, die wir eine nach der andren malten, für kleinere Bilder, für Aquarelle, für Graphik usw.

Marc kam oft nach München, um zu sehen, »was hier los ist«, ich fuhr nach Sindelsdorf, wo mich immer neue Bilder von Marc und die Musik seiner Frau Maria erwartete – wunderbare Stunden. Marc arbeitete auch im Winter auf dem Speicher seines Bauernhauses. Außen alles weiß – der Schnee bedeckt die Felder, die Berge, die Wälder –, der Frost zwickt an der Nase, die Stille erweckt das Ohrensummen. Oben auf dem niedren Speicher (fortwährend stieß man mit dem Kopf an den Balken) stand »Der Turm der blauen Pferde« auf der Staffelei, Franz Marc stand da mit seinem Pelzmantel, großer Pelzmütze und selbstgeflochtenen Strohschuhen an den Füßen. »Nun sagen Sie aufrichtig, wie Sie das Bild finden.« Nicht der Pelz allein wärmte Marc, sondern, denke ich, viel mehr die innere Flamme, die stets mit gleicher Kraft in seiner Seele brannte. Diese Flamme äußerte sich in seiner künstlerischen Tätigkeit, war in seiner Malerei zu sehen und in seinem Wort zu hören. Er sprach aber nie zu laut mit seiner tiefen Stimme, er bewegte sich ruhig, machte nie hastige Bewegungen und verlor auch zu kritischen Stunden seine Ruhe und sein inneres Gleichgewicht nie. Ich bin sicher, er blieb der gleiche bis zu seiner letzten Stunde im Feld.

Wir hatten damals keine Ahnung, daß diese Stunde mit jedem Tag näher heranrückte, daß unsre weiteren Pläne unverwirklicht bleiben werden. Wir wollten im zweiten Band des »B. R.« Gelehrte als Mitarbeiter heranziehen, um die frühere Kunstbasis immer zu erweitern und deutlich zu zeigen, auf welche verwandte Weise der Künstler und der Wissenschaftler arbeiten und wie nahe nebeneinander die beiden geistigen Gebiete liegen.

Marc war kein »Modernist« (was ja leicht wäre), aber ein tatsächlich moderner Mensch (was nicht leicht ist). Wenn er heute noch leben würde, wäre unsre Bewunderung der »technischen Siege« bestimmt dieselbe: »Wunderbar! Wo ist aber die andre Seite?«

In seinem Artikel »Geistige Güter« (»Der Blaue Reiter«) schrieb Franz Marc: »Es ist merkwürdig, wie geistige Güter von den Menschen so vollkommen anders gewertet werden als materielle.« Und etwas weiter: »Es ist wahnsinnig schwer, seinen Zeitgenossen geistige Geschenke zu machen.«

Dicht vor der Kriegserklärung verwirklichte Marc einen seiner alten Träume, eine kleine Besitzung in Oberbayern zu haben. Ein Glücksfall hat diesen Traum für ihn selbst unerwartet realisiert. Diese Besitzung bestand aus einem nicht zu kleinen Haus mit Garten, Wiese und einem Stück Wald. Es war die Gegend, die er besonders liebte – bei Benediktbeuern, in einigen Kilometern von Kochel – das echte bayrische Vorgebirge mit allen seinen Wundern.

Der Krieg brach aus. Ich hatte noch gerade Zeit, von Murnau (meiner mehrjährigen »Sommerfrische«) nach Ried zu fahren. Dort zeigte mir Marc seine Rehe, die er wie eigne Kinder liebte, seine ganze Besitzung, zu der er endlich kam, sein stilles und freudiges Haus. Marc war Festungsartillerist, und ich dachte leichtsinnig, er würde einige Monate in einer bayrischen Festung verbringen (z. B. im schönen Augsburg), und die Trennung würde nicht lange sein. Das sagte ich ihm, als er mich zu meinem Omnibus brachte. »Nein«, antwortete er, »wir sehen uns nie mehr.« Den Winter 1916 verbrachte ich in Stockholm, und dort hörte ich, daß Marc gefallen ist.

Es wurde ihm leichter, sein Leben seinem Volk zu schenken, als geistige Geschenke zu machen, die ja noch heute ohne Dank abgelehnt werden.

Robert Suckale

Claude Monet – Die Kathedrale von Rouen

Als 1895 die Ausstellung von Claude Monets 20 Ansichten der Kathedrale von Rouen in der Galerie Durand-Ruel eröffnet wurde, schrieb Monets Malerfreund Pissarro begeistert seinem Sohn: »Ich bedaure, daß Du nicht hier bist vor der Schließung der Monet-Ausstellung; seine ›Kathedralen‹ werden überallhin verstreut werden, aber sie müssen vor allem als geschlossenes Ganzes gesehen werden – es ist das Ensemble der Bilder, das man auf sich wirken lassen muß…«, und später: »Dein Brief zeigt mir, daß Du zu spät abreist, um die Monets zu sehen. Das ist sehr schade, denn die ›Kathedralen‹ werden sehr diskutiert und auch sehr gelobt, von Degas, mir, Renoir und anderen. Ich hätte gewünscht, daß Du sie zusammen siehst, weil ich in diesen Bildern eine große innere Einheit finde, die ich so sehr angestrebt habe.«

Tatsächlich wurden die Bilder, deren so »außerordentliche Meisterschaft« Pissarro an dieser Stelle lobt, in alle Welt verstreut, ebenso die anderen Gemälde der Serie, die nicht mit ausgestellt worden waren. Der Freund Monets und spätere Ministerpräsident Frankreichs, Georges Clemenceau, hatte den Ankauf des Ensembles durch den Staat oder einen reichen Privatmann vorgeschlagen, damit die Harmonie nicht zerstört werde, die sich erst bei der Betrachtung der ganzen Gruppe ergäbe. Diese Forderung Clemenceaus aber fand angesichts der in Akademie und Ministerium noch vorherrschenden Feindseligkeit gegenüber den sogenannten »Impressionisten« keine Resonanz.

Erst dreißig Jahre später konnte der Politiker, nun auf dem Höhepunkt seines Ansehens und seiner Macht, die Einrichtung von zwei Sälen der Orangerie des Louvre mit den Seerosenbildern Monets durchsetzen.

Die Ansichten der Kathedrale von Rouen galten zur Zeit ihrer ersten Ausstellung so wie heute als ein Höhepunkt im Schaffen Monets, als eine Zusammenfassung seiner künstle-

Claude Mon…
d'Après-midi" (…
6,9 Millionen Pfund

rischen Bemühungen. Sie erreichten – damals für astronomisch gehaltene – Preise bis zu 15000 Goldfranken für ein Bild. In einem Artikel einer Pariser Tageszeitung galten sie »neben der Aufführung des Thannhäuser als *das* Ereignis in Paris«. Während man noch wenige Jahre zuvor den Maler als wilden Narren oder als malenden Revoluzzer beschimpft hatte, erschien Monet nun als der herausragende Künstler der Moderne.

Diese Bilderserie ist als eine wichtige Etappe zur Durchsetzung der modernen Kunst anzusehen, zu einer Zeit, als modern und impressionistisch in der Öffentlichkeit noch dasselbe bedeuteten. Die begeisterte Resonanz der Ausstellung beschränkte sich keineswegs auf die Anhänger und Freunde der Malergruppe, die wir Impressionisten nennen, sie war zum Beispiel auch bei den Symbolisten sehr groß.

Seither ist es still geworden um diese Bilder. Neben dem Verdammungsurteil deutscher Kritiker wie Meier-Graefe steht das Verdikt vieler Künstler und Kunstkritiker, die der Abstraktion bzw. anderen Richtungen der Kunst des 20. Jahrhunderts verpflichtet waren. Erst mit den jüngsten amerikanischen Tendenzen, dem »Abstract Expressionism« und der »Op Art« stiegen Verständnis und Bewunderung rapide an, sichtbar etwa an Roy Lichtensteins Umsetzung von drei Pariser Bildern der Serie in den Siebdruck.

Es ist nie mehr versucht worden, wenigstens einen größeren Teil dieser Serie in einer Ausstellung zu vereinen. Allenfalls im Jeu de Paume in Paris, wo vier Bilder zusammenhängen, gewinnt man einen Einblick vom Ganzen.

Will man heute »impressionistische« Bilder analysieren, so muß man zunächst versuchen, die vielen Mißverständnisse auszuräumen, die um diese Malerei gebildet worden sind.

Wenn allgemein von Serien gesprochen wird, so heißt das nicht, daß diese Gemälde seriell hergestellt sind. Es sind auch keine schematischen Wiederholungen unter systematischer Abwandlung bestimmter Momente.

Aus Monets Briefen und Äußerungen von Verwandten und Freunden erfahren wir folgendes über die Entstehung dieser

Bilder: der Künstler begann die Arbeit Ende Februar 1892. Er hatte zunächst ein Zimmer gegenüber der Kathedrale, durfte es aber nur kurze Zeit benutzen, so daß die Zahl der frontalen Ansichten klein blieb. In der darauffolgenden Zeit benutzte er ein Zimmer, das ihm einen Blick von weiter rechts bot – hier wurde eine Gruppe von Bildern konzipiert, die sich dadurch leicht erkennen lassen, daß links vom Mittelteil der Fassade noch ein kleiner Streifen Himmel sichtbar ist. Wir erfahren weiter, daß er Ende März an Bildern bei bedecktem Himmel (›temps gris‹) und während einer Periode klirrender Kälte an Ansichten der Cour d'Albane arbeitete. Vorwiegend herrschte Sonnenwetter. Monet beendete die Arbeit Mitte April.

Im nächsten Jahr mußte er auf einen dritten Raum ausweichen, der noch weiter rechts von der Fassade lag – hier entwarf er die übrigen Ansichten. Er begann Mitte Februar zu malen und beendete seine Tätigkeit wiederum Mitte April. Wir hören von wechselhaftem Wetter mit leichtem Nebel, später von immer heller werdendem Licht.

Insgesamt sind fünf verschiedene Standpunkte nachweisbar, drei aus den Fenstern der Häuser gegenüber der Kathedrale, zwei von der Kirchplatzebene aus.

Alle Bilder sind »Claude Monet 1894« signiert und datiert, sowohl die 1892 wie die 1893 konzipierten. Monet hat zwischen seinen Rouen-Aufenthalten die Leinwände in seinem Atelier in Giverny überarbeitet – hier konnte er sie nebeneinander sehen, konnte auf Distanz gehen. Selbst im Februar 1895, während seiner Norwegenreise, arbeitete er noch an einem Bild. Wie unfertig einige der Werke aus Rouen kamen, zeigt die nie vollendete Skizze des Musée Marmottan in Paris. Die intensive Überarbeitung ist der Grund für die Dicke und Körnigkeit der Malschicht.

Die Bilder sind also sowohl Naturstudien wie Atelierwerke. Das Malen vom Zimmer aus erklärt sich z. T. aus den rheumatischen Anfällen, die Monet zwangen, weniger Zeit in der Kälte zu verbringen. Das erklärt aber noch nicht, warum der Maler die Fassade nicht im Sommer malte und den Winter im Atelier zubrachte – Monet liebte den Winter mehr als alle anderen Jahreszeiten. Winterbilder sind in seinem Werk von Anfang an zahlreich vertreten – hervorzuheben ist die Zeit um 1879 in Vétheuil, eine Epoche großer innerer und äußerer Schwierigkeiten: das trübe Wetter, die vereiste Seine, der schmutzige Schnee haben ihn mehr als andere Motive angesprochen, wurden zu Bildern seiner Gedanken und Stimmungen, so ausschließlich, daß er damals im Frühling und Sommer so gut wie gar nicht malen konnte noch wollte. Bei Monet und seinen Malerfreunden beobachten wir immer wieder Entsprechungen zwischen dem gewählten Motiv (dazu gehören auch Tageszeit und Wetter) und der inneren Einstellung. Wir können deshalb – in gewissen Grenzen – aus den Bildern auch Rückschlüsse auf die Empfindungen des Malers ziehen. Nun zeigen die Ansichten der Kathedrale von Rouen allerdings nicht die trüben und düsteren Züge der Vétheuil-Bilder: das Licht ist nicht gänzlich aus ihnen verschwunden – im Gegenteil: in fast allen »Kathedralen« dominiert es, zum Beispiel langsam aufdämmernd oder aufglühend, zum Schluß in Zwielicht verdämmernd.

Das Licht ritt in diesen Bildern als handelndes Element auf, verscheucht das Dunkel und den Nebeldunst, formt den Bau. Gerade das sich allmählich durchsetzende Licht ist fast so etwas wie ein Lieblingsmotiv in dieser Serie – entsprechend einer langgehegten Vorliebe des Malers, der das Licht der frühen Morgenstunden dem vollen Tageslicht vorzog; man ist versucht, ein Element vorsichtigen Optimismus' zu vermuten. Morgen- und Winterluft sind im übrigen farbig reicher, gebrochener, sie verhüllen die Dinge und geben der Imagination mehr Platz.

Die Serie wird durch eine erkennbare Folge der Tageszeiten bestimmt, wenn auch nicht durchgängig; sie entspricht nicht dem traditionellen Ablauf der Tageszeiten. Gleichwohl erhält so diese Bilderreihe etwas vom Charakter eines Zyklus.

Wie weit diese Bilder von dem entfernt sind, was man üblicherweise als »Impressionismus« bezeichnet, erkennt man gut an der unfertigen Studie im Musée Marmottan. Wer die schwarzen Mauern der Kathedrale einmal vor Augen gehabt hat, wird zugeben, daß die von Monet gemalten Farbtöne weniger gesehen, als, analog zu Beobachtungen, erfunden sind. Der Maler studierte aufmerksam die Farbnuancen des wandernden Lichtes und der Schatten, und er wählte eine Situation, deren Eigentümlichkeit ihn besonders reizte, nämlich der – in konzentrierter Pinseltätigkeit bearbeitete – Gegensatz des aufglühenden Lichtes in den Archivolten zur Finsternis in den Schatten. Der Rest des Bildes wird mit sehr breiten, schnell gemalten Pinselstrichen in drei Farben bedeckt, weniger eine Wiedergabe von Gesehenem als eine Strukturierung der restlichen Bildfläche.

Von der Heftigkeit im Ausdruck dieser ersten Erfahrung, von der Spontaneität der Skizze steckt nicht mehr viel in den von ihm als fertig angesehenen und signierten Bildern. Andererseits sind sie differenzierter ausgearbeitet, reicher als nur dieser »erste Einfall«, der nicht tragfähig genug erschien für ein Bildganzes. Immerhin können wir so die Weite des Weges von der Skizze zum Bild ermessen.

Georges Clemenceau schrieb zur Serie der Ansichten der Kathedrale von Rouen eine berühmte Kritik, in der er behauptet: »Mit seinen zwanzig Leinwänden hat uns der Maler das Gefühl vermittelt, daß er gekonnt, ja gesollt hätte, fünfzig, hundert, tausend zu malen, so viele, wie es Sekunden in seinem Leben gibt...« Clemenceau suggeriert damit eine Systematik der Malweise von geradezu meteorologischer Genauigkeit und Regelmäßigkeit. Obwohl Monet nach Aussage von Briefen zeitweise bis zu zwölf Leinwände am Tag bearbeitet hat, wird hier ein Eindruck der Wissenschaftlichkeit und fast mechanischer Präzision geweckt, der nicht zutrifft: einige Phänomene, die ihn wenige Jahre zuvor sehr interessiert hatten, etwa peitschenden Regen, hat er ausgelassen, ebenso bestimmte Tageszeiten wie Vormittag und später Nachmittag. Es ist hier kein mechanisch vorgehender Beobachter am Werk, sondern ein wählender und gestaltender.

Man kommt der tatsächlichen Gesinnung und Intention dieser Gemäldeserie näher, wenn man die Äußerungen Monets ernst nimmt: »Ich male, was ich vor den Gegenständen empfinde.« Es waren Empfindungen, die ihn zur Wahl bestimmter Momente und Ausschnitte veranlaßten, die ihn vor allem bei der Umarbeitung der Leinwände im Atelier von Giverny leiteten.

Man darf noch einen Schritt weitergehen und sagen, daß die Bilder nicht nur Entdeckungen des Malers am Gegenstand sind, nicht nur Darstellungen der eigenen Empfindungen, sondern auch Form- und Farbstudien, in denen die Kunst und ihre bildnerischen Mittel selbst zum Thema werden.

Dies ist am leichtesten an der Farbe anschaulich zu machen. Entgegen der verbreiteten Anschauung, die »Impressionisten« hätten sich um die Wiedergabe der feinsten Brechungen der Lichtfarben bemüht, wäre zuerst festzustellen, daß Monet in den einzelnen Bildern kaum mehr als jeweils fünf verschiedene Farbtöne verwendet. Die Konzeption jedes Bildes fußt auf dem Akt der Zusammenstellung dieser Farben sowie auf dem bildlogischen Ausgleich der Töne auf der Leinwand. Die Farbpasten werden unvermischt aufgetragen. Nur durch das Übereinanderlegen verschiedener Farbschichten entstehen neue Nuancen.

Die Beschränkung auf so wenige Grundfarben ist nicht dadurch erzwungen, daß die Maler statt die Farben selber zu reiben nun fertige Tubenpigmente benutzten. Vielmehr sehen wir hier die Fortsetzung des seit Delacroix bei den avantgardistischen Künstlern Frankreichs gültigen Satzes, man habe sich zuallererst auf den Inhalt des Malkastens einzustellen. Der Künstler geht ebenso von der Erfahrung der Farben und Farbkombinationen aus wie von dem Studium der Wirklichkeit. Die Eindrücke setzt er um in ein Farbkonzept; oder er entwickelt Farbideen vor der Natur; neben der Naturerfahrung kommen gleichermaßen die eigene Subjektivität wie das streng künstlerisch-logische Vorgehen zum Tragen. Gegenüber der immer wiederholten These, Monet »sei nur Auge«, ist die freie Verfügung des Malers über den Gegenstand, der bewußte Einsatz der künstlerischen Mittel und die subjektive Empfindung zu betonen. Deshalb wird man ebenso von »Farbgedanken über die

Kathedrale von Rouen« sprechen dürfen wie von »Ansichten der Kathedrale zu verschiedenen Tageszeiten und Wetterbedingungen«.

Monet verehrte Delacroix von Beginn seiner Laufbahn an, vor allem den Koloristen Delacroix. Er griff dessen Forderung auf, ein Bild vom farbigen Eindruck her zu entwickeln und sich nicht auf die akademische, trennende Folge von »Zeichnung« und »Farbe« einzulassen. Nach dem Erscheinen von Delacroix' »Journal« 1893 hat er dies für Farbtheorie so wichtige Werk immer wieder gelesen.

Monets Beschäftigung mit Farbe ist aber kaum theoretisch. Anders als die Neoimpressionisten oder Pointillisten um Seurat inspirierte ihn die These, Farbe sei künstlerische Freiheit. Er folgte der Auffassung Delacroix', man müsse entsprechend dem persönlichen Temperament aus eigener Imagination die Mittel zur Wiedergabe der Natur gewinnen. Monet wagte seit Beginn der siebziger Jahre, denselben Gegenstand nach verschiedenen Ideen künstlerisch zu entwickeln. Zunächst waren es Bildpaare, wie die Ansichten des Boulevard des Capucines 1877, dann waren es kleinere Serien. Anfänglich bildeten zahlreiche, von ihm wahrgenommene unterschiedliche ›Effekte‹ (Monet spricht gern von *les effets*) den Ausgangspunkt des Malens; seit seiner Zeit in Vétheuil stellen wir ein wachsendes Interesse an der Darstellung subjektiver Empfindung und an der Systematisierung des farbigen Ausdrucks fest.

Eine Zusammenfassung und Steigerung dieser Bemühungen bildet die erste große Serie 1890/91 zum Thema der »Heuhaufen«. Ein höchst unbedeutsamer und zugleich formloser Gegenstand wurde Anlaß von Farb- und Lichtforschungen. Gleichwohl handelt es sich hier nicht nur um eine Folge von Studien: es sind über die Wiedergabe der Beleuchtungsphänomene hinaus dargestellte Metamorphosen der Sonne – vom verzehrenden Feuerball zum gläsernen kalten Gestirn. Eine heftige Pinselfaktur läßt Lichtstürme über die unbeweglich geduckten Haufen hinweggehen oder die Luft flimmern.

Für das Verständnis des Weges zur Folge der Kathedralansichten ist die Kenntnis der Pappelserie von 1891 notwendig:

komplementär zu den primär farbigen »Heuhaufen« liegt hier der Hauptakzent auf der Komposition und dem Studium rhythmischer Folgen. Die »Kathedralen« sind jedoch nicht einfach eine Addierung der beiden vorangehenden Zyklen. Ihr farbiges Thema ist ein anderes: während in den »Heuhaufen« Flächen von farbausbleichender Lichtheit in größtem Gegensatz zu dunkleren Schattenflächen mit phosphoreszierender Farbigkeit stehen, ist der Farbwahl der »Kathedralen« vor allem harmonisch. Auch wenn durch mehrfache Komplementärfarbigkeit eine gewisse Stärke des Farbausdrucks hineingebracht wird, so wird die Spannung durch das viele Weiß gemildert, ebenso durch die Hereinnahme harmonisierender bzw. benachbarter Farben. Im übrigen tritt die Farbe meist nicht in großen Flächen auf, sondern oft in netzartig lockerer Struktur oder einzelnen Farbflocken.

Geht man die Farbwahl der einzelnen Kathedralbilder durch, so empfängt man den Eindruck, daß Monet teilweise verwirklicht hat, wovon er mehrfach spricht: die »alten Meister« zu Vorbildern zu nehmen. In der brauntonigen Frontalansicht meint man, die Farbskala der holländischen Maler des frühen 17. Jhs. zu finden, im Washingtoner Morgenbild die Farben Antoine Watteaus. Die graue Fassade erscheint wie eine »hommage à Corot«; das New Yorker Mittagsbild läßt an Turner denken.

Monets Serie hat etwas Paradoxes: sie ist abgeschlossen und offen zugleich. Die Bilder breiten eine Fülle inhaltlicher Nuancen aus – und entziehen sich doch entschiedener Deutung. Sie ringen mit dem Gegenstand – und sind ein Stück sich in den Vordergrund schiebender Virtuosität. Wir dürfen sie romantisch, historisierend, impressionistisch, expressionistisch oder symbolistisch nennen – und dürfen sie doch nicht festlegen. Diese Gemälde sind ein verdecktes Resumé der großen Malerei, nicht nur des 19. Jahrhunderts; sie verkörpern zugleich den – utopischen – Anspruch auf die Eröffnung neuer Dimensionen der Malerei.

Walter Urbanek

Edvard Munch – Der Tanz des Lebens

Der Name Edvard Munch verbindet sich mit den Namen all derer, die um die Jahrhundertwende die Weichen zu einem geistigen Umbruch stellten, der Protagonisten einer Revolution, die dem einzelnen wie der Gesellschaft einen neuen Rang zu geben versprachen, indem sie eine neue Lebens- und Kunstauffassung programmierten. Daß dies nicht ohne Einbrüche in liebgewordene Vorstellungen alter Traditionen geschehen konnte, ist selbstverständlich, aber manche der Vorpreschenden waren bereit, ihre Ideen bis an die Grenze der Selbstaufgabe zu verfolgen.

Wer allein Munchs frühes Meisterwerk »Das kranke Kind« mit der Bereitschaft zum Nacherleben betrachtet, muß nicht nur die tiefe Erschütterung des jungen Malers spüren, er wird sich sofort dessen bewußt, daß die Kunst hier eine Tür aufstößt, eine Tür in einen noch unbetretenen Raum, von dessen Existenz die meisten nichts wußten oder wissen wollten. Sie folgen nur zögernd, aber die drängende Handschrift des Malers ist so unerbittlich, daß sie sich ihr nicht zu entziehen vermögen. Bilder solcher Eindringlichkeit kommen nicht aus einem ästhetischen Verlangen, sondern aus dem Bewußtsein, einem unentrinnbaren Schicksal ausgeliefert zu sein, das man durch das Medium Kunst zu bewältigen versucht. Der permanente Zwang, sich aus schicksalhafter Umklammerung zu befreien, wird Munchs ureigentlicher Schaffensgrund, die Quelle seines Antriebs.

Sein Schicksalsweg beginnt am 12. Dezember 1863 in Løten in der Hedmark nördlich Oslo, das bis 1925 noch Kristiania hieß. Munchs Großvater war Pastor, der Vater ehemals Schiffsarzt, ein schwer zugänglicher, schwermütiger, aber rechtschaffener Mann, zu dessen Vorfahren Männer von genialer Veranlagung, Dichter und Wissenschaftler, zählten. Edvards Mutter litt schon bei seiner Geburt an Tuberkulose; sie stirbt, als Edvard fünf Jahre alt ist. Ein paar Jahre später stirbt auch eine seiner Schwestern an derselben Krankheit, eine andere in geistiger Umnachtung. »Krankheit, Wahnsinn und Tod«, bekennt Munch später, »hielten wie schwarze Engel Wache an meiner Wiege. Sie haben mich durch mein ganzes Leben begleitet.«

Der junge Munch will zunächst Ingenieur werden, besucht aber dann die Königliche Zeichenschule in Kristiania. Ein bekannter norwegischer Maler naturalistischer Richtung, Christian Krohg, begleitet seine ersten künstlerischen Schritte. Bald zieht es den Zweiundzwanzigjährigen nach Paris, damals das Mekka ehrgeiziger Kunstjünger. Wir wissen nichts über diesen nur dreiwöchigen Aufenthalt und über die Eindrücke, die er hinterließ; sie müssen gleichwohl bedeutend gewesen sein, wenn man das noch 1885 begonnene Bild »Das kranke Kind« zum Anlaß einer kritischen Analyse nimmt. Munch war sich darüber im klaren, daß ihm mit diesem Bild der Durchbruch zu sich selbst gelungen war, wenn auch die Öffentlichkeit das in Oslo ausgestellte Gemälde mit Mißfallen und Beschimpfungen des Künstlers quittierte. Man wollte nicht wahrhaben, daß er hier kein Modell abmalte, sondern aus der Erinnerung an den Tod seiner Schwester gestaltete, den er miterlebt hatte bis zum letzten Atemzug. Noch nie war der Tod in einem Bild so unmittelbar nahe gewesen wie in diesem.

Munch zog es immer wieder zu diesem Motiv, er hat es insgesamt sechsmal gemalt; die in der Osloer Nationalgalerie hängende Fassung erfuhr mehrfache Überarbeitungen, ganze Teile wurden wieder ausgekratzt und von neuem überarbeitet. Der endgültige Zustand läßt keinen Zweifel zu, daß Munch hier eine Synthese von Thema und Stil gesucht und gefunden hat. Gerade die radikale Verletzung der Maloberfläche verleiht dem Bild jene unerbittliche Wahrheit, um die es dem Maler zu tun war. Es weist so voraus auf den Expressionismus der nächsten Künstlergeneration. Der Aufruhr der Kritik aber war verständlich, denn das Seelisch-Exhibitionistische des Sujets in dieser Behandlung war zu ungewöhnlich angesichts einer Flut von Historienbildern, harmlosen Interieurs, idyllischen Landschaften und mondänen Porträts, in der sich das Bürgertum Kristianias wie überall gefiel.

Die Unerschrockenheit, mit der der Maler zu Werke gegangen war, deutet auf eine völlige Umstellung nicht nur seiner Sehgewohnheiten, sondern seiner ganzen Lebensauffassung. Ihr ging ein Entwicklungsprozeß voraus, der für Munch richtungweisend wurde. Dieser Prozeß vollzog sich in einem Kreise junger Künstler und Literaten, der sich im Café im Grand Hotel am Stortingsplass im Zentrum Oslos zusammengefunden hatte und wegen seiner betont antibürgerlichen Haltung als »Kristiania-Boheme« geschichtskundig wurde; ihr Wortführer war der Schriftsteller Hans Jæger. Hier wurde ein neues gesellschaftliches Programm entwickelt, defensiv gegenüber dem in festgefahrenen Konventionen erstarrten Bürgertum, gegen moralische Heuchelei und Krämergeist, offensiv für mehr natürliche Menschlichkeit, persönliche Freiheit und soziale Gerechtigkeit in der Gesellschaft. Künstler und Schriftsteller sollten das »Bild der Zeit« gestalten. Munch sah in diesem Kreise vor allem einen Ausweg aus der eigenen familiären Enge und Misere, bekannte aber dennoch mehrfach seine Neuorientierung durch die Ideen der Boheme. Als die Prinzipien des »Jægerkreises« veröffentlicht werden, nimmt er den Leitsatz »Du sollst dein eigenes Leben schreiben« als Maxime für sein künftiges Leben und Schaffen.

Mit seiner neugewonnenen Einstellung reist Munch 1889 wieder nach Paris, er hatte ein Staatsstipendium erhalten. Er schreibt sich in Léon Bonnats Kunstschule ein und lernt vor allem die jungen Symbolisten kennen, sieht Bilder von Toulouse-Lautrec, Gauguin und, bei Theo van Gogh, auch von Vincent. Das Paris von 1890 steckte voller künstlerischer Überraschungen. Große Ausstellungen bieten Einblicke in die französische Gegenwartskunst und Überblicke über die Malerei der Impressionisten, für die das Pariser Publikum sich allmählich zu erwärmen beginnt. Munch studiert eifrig Pissarro, Manet, Degas, Seurat und Whistler, aber gerade angesichts ihrer allein auf die Probleme des Optischen gerichteten Kunst wird ihm die eigene, ganz andere innere Einstellung bewußt.

Als wenige Wochen nach seiner Abreise von zu Hause sein Vater stirbt, trifft ihn dies zutiefst. Er weiß, daß der von vielen

Schicksalsschlägen Verwundete ihn wahrhaft geliebt hatte, auch wenn er die Haltung des Sohnes in vielen Fragen des Lebens nicht zu tolerieren vermochte. In seinem Pariser Tagebuch vermerkt er: »Es sollen nicht mehr Interieurs mit lesenden Menschen und strickenden Frauen gemalt werden, sondern lebendige Menschen, die atmen und fühlen, die leiden und lieben. Ich fühlte, daß ich dies tun sollte – das würde so leicht sein. Das Fleisch würde Form annehmen, und die Farben leben.« Und im gleichen Zusammenhang: »Die Menschen sollten das Unvergängliche, das Machtvolle darin sehen und den Hut wie in einer Kirche abnehmen.«

Man versteht, daß die impressionistischen Studien, die Munch nach Hause bringt, insgesamt nur als Experimente begriffen werden dürfen, aus der augenblicklichen Situation erwachsen. Immerhin hellte sich seine Palette auf, reine, ungebrochene Farbtöne lösen die Grau- und Brauntöne seiner naturalistischen Frühstufe ab. Wichtiger wurden für ihn die Theorien der Symbolisten; er fühlt die innere Verwandtschaft, denn in ihrer Malerei wird der Gegenstand »subjektiv«, das heißt nicht als bloßer Gegenstand, sondern als Zeichen einer vom Subjekt des Malers gewonnenen Idee aufgefaßt. Ihre entscheidenden Ausdrucksmittel sind die Betonung der Linie und der Verzicht auf Raumtiefe, Neuerungen, die ihrerseits wiederum auf das Beispiel der japanischen Farbholzschnitte zurückführen, die damals im Zeichen des steigenden Welthandels überall in Europa auftauchten und von den Malern bewundert wurden. Manet, van Gogh, Denis und Sérusier, Toulouse-Lautrec und Gauguin hatten sich hieran orientiert. Überall konnte eine Vorliebe für strenge Flächenkomposition, für autonome Flächenwerte und starke Farbkontraste, vor allem aber für die rhythmische Gliederung der Bildfläche beobachtet werden. Von Gauguin, so scheint es, übernimmt Munch auch die auffallende Konturierung der Bildgegenstände, vor allem die Figuren mit einer durchgehenden Linie, die zum Formgerüst wird.

Munch weiß, daß die Aufgabe, die er sich stellt, über seine Kräfte gehen kann und mehr von ihm fordert als nur die Kenntnis künstlerischer Techniken. Aber er fühlt sich vorbereitet;

Paris hat ihm den Weg gezeigt, der erste Durchbruch ist geglückt. Er ist auch philosophisch orientiert und beschäftigt sich mit Psychologie. Die Philosophie Nietzsches fesselt ihn seit dem Boheme-Erlebnis. Er hat den »Zarathustra« gelesen, dessen moderne Ausdrucksform ihn über das Inhaltliche hinaus mit Bewunderung erfüllte. Er verstand diesen Rauschzustand, diese Sprache; hier schlug ihm eine Flamme entgegen, die Licht in das Dunkel der Welt, auch seines Lebens bringen konnte. Nietzsches System der tragischen Polarität der Geschlechter, von Leben und Geist, von Kunst und Leben, Rausch und Harmonie schienen entscheidende Fragen des Welträtsels zu beantworten. Munch fühlte, daß ihm hier neue Themen entgegenwuchsen. Auch seine Haltung zur Frau wird von Nietzsches Gedankengängen bestimmt: die Frau als Widersacherin des Geistes, als alles vereinnahmende Macht des Lebens steht stets zwischen dem Künstler und seinem Werk, das seine ganze Kraft beansprucht und keine andere Hingabe duldet.

Munch wird diese Haltung in unmißverständlichen Bildern gestalten, er vertraut seiner Kraft; er kennt sicherlich auch die Existentialtheologie seines skandinavischen Landsmannes Kierkegaard mit seiner dem Jahrhundert vorgreifenden existentialistischen Ethik, die jedem einzelnen die sittlich-moralische Verantwortlichkeit und Entscheidungsfreiheit jenseits jeden dogmatischen Zwangs auferlegt. Hier liegen die Wurzeln dieser Kraft. Kierkegaard hatte auch die Ursachen dunkler Weltsicht gedeutet: »Jede ästhetische Weltanschauung ist Verzweiflung, und jeder, der ästhetisch lebt, ist verzweifelt, ob er es nun weiß oder nicht.«

Als Munch 1892 einer Einladung des Vereins Berliner Künstler zu einer Ausstellung folgte, begann eine neue Ära in seinem Leben. Aber Zeitpunkt und Ort waren im Grunde falsch gewählt. Berlins Kunst stand ganz im Zeichen staatsverherrlichender Historienmalerei, sogar die Naturalisten wie Liebermann und Uhde kämpften noch um Anerkennung, und Paris war ein Fremdwort, das man tunlichst vermied. So war der Eklat vorgezeichnet. Bilder, wie sie Munch zu zeigen hatte, provozierten Publikum und Kritik gleichermaßen; die Presse überbot sich nach Eröffnung der Ausstellung in Verunglimpfungen skandalöser Art, man schloß die Ausstellung nach wenigen Tagen. Gleichwohl hatte diese Berliner Schau einen Dialog in Gang gesetzt; er fand zwischen den Generationen statt: die eigentlichen schöpferischen Kräfte Berlins gründeten die Berliner Secession, und Munch selbst hatte die Genugtuung, daß man über seine Kunstauffassung diskutierte.

Seit diesem Schicksalsjahr 1892 bleibt Munch für Jahre Berlin aufs engste verbunden. Er schätzt die lebendige Atmosphäre, die so ganz im Gegensatz zur behäbigen Ruhe Kristianias steht, und läßt sich in einem Kreis junger internationaler Künstler und Schriftsteller stimulieren. Um August Strindberg, Holger Drachmann und Knut Hamsun scharen sich die Skandinavier, um Richard Dehmel, Otto Julius Bierbaum und Julius Meier-Graefe die Deutschen. Man programmiert eine sensitive Moderne, die sich über alle Gebiete kreativen Schaffens erstrecken soll. Munch schloß sich enger an den innerlich verwandten Strindberg an, der als Schriftsteller und Maler von ähnlichen Vorstellungen beseelt war wie er selbst; auch litten beide unter ihren Alkoholexzessen und an ihrer neurotischen Verwundbarkeit.

Hier, im Berlin der Jahre bis 1895, wurde Munchs Plan eines das ganze Leben umfassenden Bilderfrieses allmählich Wirklichkeit. In bescheidenen Hotelzimmern entstanden erste Meisterwerke wie »Madonna«, »Die Frau in drei Stadien«, »Vampir«, »Der Schrei« und andere. Unter dem Diktat dieser Friesthematik und im Vollzug des sich rasch ausweitenden Zyklus entwickelt Munch eine ungemein freie Technik, eine Technik lockerer Pinselzüge, die mehr andeutenden als definierenden Charakter haben; sie »beschreiben« das Thema bisweilen mit fast bis zur Unbekümmertheit gehenden Spontaneität. Kontrastierend mit den linearen Strukturen vermitteln Flächenrhythmen in oft primären Farbtönen den Bildern Suggestionskraft. Die betonte Reduzierung des Gegenständlichen bis an die Grenze des Möglichen führt zu einer strengen Bildtektonik.

Auch Munchs Landschaften jener Zeit fördern hinter dem

Realistisch-Konkreten ein Raumerlebnis zutage, das weit über die allgemeinen Klischeevorstellungen von nordischer Natur, Mittsommer- und Winternacht hinausgeht. Landschaft ist immer zugleich Ausdruck des eigenen Innern, des seelischen Zustands, und Landschaftsvision mit ihren Dimensionen des Rätselhaften und Unheimlichen. Das Pastell »Schrei« von 1893, das offenbar in Berlin aus der Erinnerung an ein bestimmtes Erlebnis gemalt wurde, reißt mit brutaler Gewalt den schonenden Vorhang von der zerrütteten Seele. Er selbst erinnert sich: »An einem Abend ging ich auf einem Weg. Auf der einen Seite lag die Stadt, unter mir der Fjord. Ich war müde und krank. Ich sah auf den Fjord hinaus. Die Sonne ging gerade unter – die Wolken färbten sich rot, wie Blut. Ich empfand das alles wie einen Schrei, der durch die Natur ging. Ich glaubte, einen Schrei zu hören. Ich malte das Bild, malte die Wolken wie richtiges Blut. Die Farben schrien. So entstand das Bild *Schrei* für den Lebensfries.«

In einer Lithographie von 1895 hat Munch das in mehreren Fassungen gewissermaßen als Wahrzeichen seiner Kunstauffassung gemalte Bild noch einmal in schärfster Verknappung dargestellt. Unter eines dieser Blätter schrieb er eigenhändig: »Ich fühlte das große Geschrei durch die Natur.« Die gewellten Linien der Fjordlandschaft, durch Parallelen in Schwingung versetzt, kontrastieren aufs heftigste mit der diagonalen Schräge des Laufstegs. Die schemenhafte Figur stürzt schreiend und mit weit aufgerissenen Augen einem Unbekannten entgegen, während die beiden Zylinderbekleideten im Hintergrund unbeteiligt davonschreiten. Wenige Jahre später wird Franz Kafka ähnliche Metaphern totaler Isolation finden.

In der europäischen Kunst vor der Jahrhundertwende ist eine solche Formensprache unerhört, aber sie bleibt nicht unverstanden; man beginnt den Formanstrengungen gegen alle Tradition und gegen den sogenannten guten Geschmack analysierend nachzuforschen. Meier-Graefe stößt tief in die dunklen Zellen des Schöpfungsaktes vor, wenn er später Munchs Arbeit am Bild durchleuchtet: »Das Bild preßt sich mühsam, verbogen, verbeult, mit Rissen und Zacken ins Freie. Die Form ist

Der Schrei. 1895

genauso prekär wie das Motiv und gewinnt den Stil ausschließlich aus der gebotenen Selbsthilfe gegen die natürlichen Widerstände dieser Darstellung. Diese liegen in der Außenwelt, in dem mangelhaften Sprachbesitz für solche Zwecke. Munch ist genötigt, sich eigene Gleichnisse zu schaffen. Und die Widerstände liegen im Subjektiven, in der Qual des Geständnisses, dessen Inhalt dem Maler im Augenblick zu doppeltem Bewußtsein kommt. Man kann auch Zwangsvorstellung sagen. Wäre die Form gediegener, müßte man protestieren.«

1902 forderte die Künstlergemeinschaft der Berliner Secession Munch zu einer umfassenden Ausstellung auf. Der »Lebensfries« war inzwischen auf zweiundzwanzig Bilder angewachsen und umfaßte schon damals alle wichtigen Themen wie keimende Liebe, Anziehung und Abstoßung, Leidenschaft und Eifersucht, Lebensangst und Melancholie, Sterben und Tod. Zum erstenmal hatte ein Maler hier das Epos des Lebens in Bildern archetypischer Zeichenhaftigkeit gestaltet, herausgestoßen aus dem Erlebnisgrund seiner eigenen bedrängten seelischen Existenz. Rückschauend auf diese die eine Hälfte seines Lebenswerks umfassende Epoche hat Munch die innersten Beweggründe für sein Schaffen enthüllt:

»Ich, welcher krank in die Welt hineinkam
– in kranker Umgebung
– welchem die Jugend ein Krankenzimmer und das Leben ein strahlend beleuchtetes Fenster war
– mit herrlichen Farben und herrlichen Freuden und dorthin
– draußen
möchte ich gerne im Tanz dabeisein
Tanz des Lebens.«

Kurt Kusenberg

Pablo Picasso und die Lithographie

Der 2. November 1945 war für die Lithographie ein Schicksalsdatum. An diesem Tage erschien Picasso in den Werkstätten des Pariser Meisterdruckers Fernand Mourlot, angeblich, um drei Zeichnungen, die er mitgebracht hatte, auf den Stein übertragen zu lassen, in Wirklichkeit aber wohl, weil er Lust verspürte, sich wieder mit dem Steindruck zu befassen. Er hatte es fünfzehn Jahre lang nicht getan. Seine erste Lithographie war 1919 entstanden, seine letzte 1930, alles in allem waren es 27 Stück in elf Jahren gewesen, also wenig genug, und dann kam die lange Unberbrechung.

Picassos Besuch versetzte Mourlot und seine Leute in Aufregung; vermutlich spürten sie, daß sich da etwas Entscheidendes anbahnte. Sie täuschten sich nicht. Noch am selben Tag wurden vier Lithographien gedruckt, drei nach den mitgebrachten Blättern (eine davon oben rechts) und eine nach einem Entwurf, den der Maler an Ort und Stelle zeichnete. Von nun an kam Picasso täglich, morgens gegen neun Uhr, und arbeitete pausenlos, wie ein Besessener, bis zum Abend – vier Monate lang; er war dem Steindruck verfallen. In einer Ecke der Werkstatt hatte er sich seine eigene kleine Werkstatt eingerichtet;

mit den Arbeitern kam er, nun selber ein Lithograph, kameradschaftlich aus und verblüffte sie durch die Kühnheit seines technischen Vorgehens. Er benutzte selbsterfundene Instrumente. Er hörte sich handwerkliche Ratschläge freundlich an, beherzigte sie jedoch nicht. Er brachte alte lithographische Verfahren zu neuen Ehren und holte aus der Zinkplatte, aus dem Lithopapier unnachahmliche Wirkungen heraus. Er revolutionierte die Lithographie.

Ende Februar 1946 unterbrach Picasso seine Arbeit, nahm sie aber Mitte Juni wieder auf. Am 14. Juni entstanden zehn Mädchenköpfe, die alle den Namen Françoise tragen: den seiner jungen, schönen Frau. Die nächste Arbeitssträhne begann am 20. Januar mit den fünf Eulen; sie zauberte die Kentauren hervor, die Tauben, Mädchenköpfe, Blumen, Paare und den großen, dunklen »Ur-Stier«. Ein Kuriosum ist jene Lithographie, die Picasso frei nach Lucas Cranachs Gemälde »David und Bathseba« fertigte. Zwei Jahre lang, von Ende März 1947 bis Mitte April 1949, dauerte die Auseinandersetzung mit dem deutschen Meister an; einen endgültigen Abschluß erreichte sie nie. Zähes, lange währendes Umkreisen derselben Aufgabe ist für Picasso nicht minder bezeichnend als seine stoßartige Produktion.

Im März 1948 hielt er sich in dem südfranzösischen Städtchen Vallauris auf (zwischen Cannes und Antibes gelegen), das inzwischen berühmt geworden ist, weil Picasso dort die einheimische Keramikindustrie, die im argen lag, zu neuem Leben erweckt hat. Zufällig waren, von einem anderen Auftrag her, sieben Zinkplatten und etwas Lithographentinte in Picassos Atelier zurückgeblieben; es führte dazu, daß er an *einem* Tage den »Großen Uhu« und die sechs Faune auf die Platten pinselte. Im Herbst des Jahres warf sich Picasso, nach Paris zurückgekehrt, der Lithographie erneut in die Arme, und dieses Mal hielt seine Schaffenswut sogar acht Monate an – bis zum Mai 1949. Er arbeitete nun nicht mehr in Mourlots Werkstatt, sondern in seinem Atelier; täglich kamen Boten, die Abzüge brachten und neue Vorlagen mitnahmen. Hin und wieder stattete Picasso den Lithographen einen Freundschaftsbesuch ab und dankte dem Drucker, der für ihn arbeitete. Um jene Zeit äußerte Fernand Mourlot: »Picasso liebt die Lithographie, den Geruch der Tinte und die Atmosphäre der Werkstatt. Er wird weiterhin Lithos machen, doch das ›Fieber‹ hat sich jetzt gelegt.«

Gegenüber anderen graphischen Künsten ist die Lithographie ein ausgesprochen reiches und »malerisches« Verfahren, also etwas für impulsive Naturen. Sie erlaubt jede erdenkliche Art des Strichs, von der feinsten Bleistiftlinie bis zur breiten Pinselschrift, sie gibt jeden Übergang wieder, jeden Ton, sogar jede Farbe, sie arbeitet so weich oder so hart, wie man es wünscht. Eigentlich ist es verwunderlich, daß Picasso erst mit 64 Jahren ein Versuchsfeld entdeckte, das förmlich auf ihn wartete, denn mindestens drei französische Künstler, die man zu seinen Lehrmeistern zählen muß, haben im Steindruck Großes geleistet: Ingres, Daumier und vor allem Toulouse-Lautrec. Was Picasso so magisch zur Lithographie hinzog, läßt sich unschwer erraten. Da wäre zunächst das Handschriftliche, Unmittelbare des Verfahrens, seine getreue Wiedergabe dessen, was der Künstler auf den Stein, die Zinkplatte oder aufs Papier gesetzt hat. Sodann: die breite und differenzierte Skala von erreichbaren Wirkungen; Picasso wäre nicht Picasso,

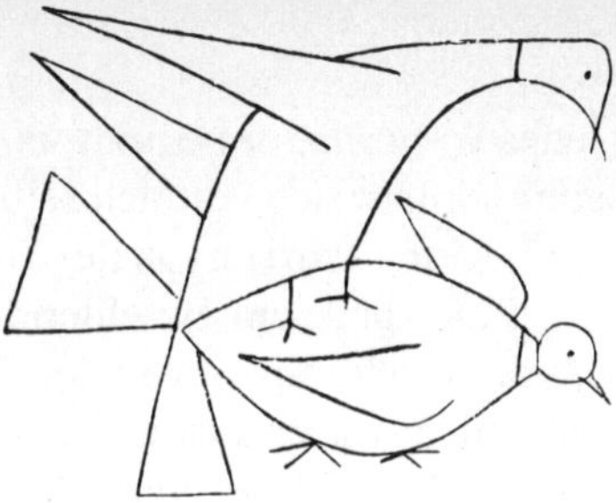

hätte er nicht diese Skala um Möglichkeiten bereichert, die alle Fachleute in Erstaunen setzten. Noch ein anderes kommt hinzu: die Lithographie bringt das schönste, tiefste Schwarz zuwege, jenes samtene Schwarz, das so viele große Koloristen anwandten und das zugleich die Lieblingsfarbe, die Nationalfarbe der Spanier ist. Man durchblättere diesen Band: er ist ein einziger Lobgesang auf das Schwarz *als Farbe*. Und der letzte magnetische Punkt, den die Lithographie zu bieten hatte, mag der sein, daß sie vornehmlich solche Künstler anspricht, die zum plastischen, ja, zum barocken Ausdruck neigen. Hier ist ein Tummelplatz für ihre geschmeidige Kraft.

Lithographierende Künstler pflegen während der Arbeit Probedrucke vorzunehmen, um zu sehen, wie weit sie sich ihrem Ziel schon genähert haben; diese Probedrucke, die den jeweiligen Zustand der Platte wiedergeben, nennt man auch Zustandsdrucke oder einfach »Zustände«. Sie bestimmen nicht nur die weitere Arbeit, sondern auch Retuschen und Änderungen. Bei Picasso gehen diese Änderungen jedoch so weit, daß er, unzufrieden mit dem Zwischenergebnis, den Stein abschleifen läßt und sich dann zu einer ganz anderen Form des Ausdrucks entschließt. Es gibt Lithos von ihm, die zehn, elf oder gar achtzehn Zustände durchlaufen und in ein Resultat einmünden, das sich vom Ausgangspunkt außerordentlich entfernt. Der »Stier« ist das beste Beispiel dafür: er beginnt als naturnahe Studie, verwandelt sich in ein dämonisches Untier, wird fortschreitend flächiger, konstruktiver, linearer und endet als eine einfache Ritzzeichnung, die gleichsam die Quintessenz des Wesens Stier ausdrückt.

Für Picasso ist jedes Werk, das er beginnt, ein Abenteuer mit ungewissem Ausgang; er läßt sich von sich selber überraschen. Sobald er zu formen beginnt, wird er von der Dynamik des Formungsprozesses ergriffen, halb ein Befehlender, halb ein Betörter; die Dinge ändern sich ihm »unter der Hand«. Wenn er sagt: »Das Bild wird nicht im voraus erdacht und festgelegt; während man es macht, folgt es der Veränderlichkeit des Gedankens«, so hat das gewiß keine allgemeine Geltung, denn daneben wird es stets den Typ des planenden Künstlers geben, aber es gilt für ihn und ist darum aufschlußreich. Auf ihn und vielleicht nur auf ihn bezieht sich auch seine folgende Äußerung: »Früher vollendeten sich Gemälde schrittweise; jeder Tag brachte sie ein Stück weiter. Ein Bild war eine Summe von Teilen. Bei mir ist ein Bild eine Summe von Zerstörungen. Ich mache ein Bild, und dann zerstöre ich es. Aber am Ende der Rechnung ist nichts verlorengegangen; das Rot, das ich irgendwo weggenommen habe, findet sich woanders wieder. Man sollte einmal nicht die Etappen eines Bildes, sondern seine Verwandlungen fotografisch festhalten. Dabei würde sich vielleicht herausstellen, welchen Weg ein Gehirn bei der Verwirklichung seines Traumes abschreitet. Wirklich seltsam aber ist die Beobachtung, daß die Vision des Anfangs allem gegenteiligen Anschein zum Trotz fast unversehrt bleibt.«

Dieses ebenso elastische wie schonungslose Abändern und »Zerstören« des einzelnen Werkes ist zugleich das Gesetz, unter dem Picassos Gesamtwerk begriffen werden muß. Sein unablässiger Stilwandel verwirrt und ärgert die Menschen. Kaum wähnen sie, sich in seiner Kiellinie zu befinden, wirft er das Steuer herum und segelt einen ganz anderen Kurs. Der neue Kurs aber gilt demselben Ziel: Picasso kreuzt, er segelt gegen den Wind. Da die Leute das nicht begreifen, legt man ihm – es ist eine tragikomische Situation – seine Redlichkeit als Scharlatanerie aus.

Die Antwort auf die Frage, warum Picassos Entwicklung sich merklich von der langsamen oder raschen, jedenfalls aber kontinuierlichen Entwicklung anderer Künstler unterscheidet, gibt Picasso selbst: »Die verschiedenen Darstellungsweisen, die ich in meiner Kunst angewandt habe, dürfen nicht als Entwicklung angesehen werden oder als Stufen in Richtung auf ein unbekanntes Ziel in der Malerei. Alles, was ich je gemacht habe, ist für die Gegenwart gemacht und in der Hoffnung, daß es immer Gegenwart bleibe... Ich glaube nicht, radikal verschiedene Elemente bei den verschiedenen Darstellungsweisen meiner Kunst angewandt zu haben. Wenn die Motive, die ich ausdrükken wollte, bei mir unterschiedliche Ausdrucksweisen anregten, habe ich nie gezögert, diese aufzugreifen. Ich habe niemals Versuche oder Experimente gemacht. Wenn ich etwas zu sagen hatte, habe ich es immer so getan, wie mein Gefühl mir eingab, daß es gesagt werden müsse.«

Indem Picasso für seine Person den Begriff Entwicklung ablehnt und statt dessen etwas wie eine ewige Gegenwart setzt, entzieht er sich dem Kontinuum der Zeit und der Kausalität; er wird sozusagen unhistorisch. Damit sind seine viel bestaunten und viel gerügten Rückgriffe auf Stilelemente früherer Schaffensperioden auch keine Rückgriffe mehr. So wäre denn Picasso in jedem Augenblick seines Lebens alles, was er in seinem ganzen Leben gewesen ist: ein Mensch, der sich nicht linear entwickelt, sondern beständig sein eigenes Zentrum umkreist. Keine Experimente, sagte er, keine Versuche; und gerade diese Worte liest man in Abhandlungen über Picasso so häufig. Was also betreibt er in seiner schöpferischen Unruhe? Wie soll man die scheinbar so widerspruchsvolle Vielfalt seiner Formungen nennen, und was ist ihr Sinn? Auch diese Fragen finden eine Antwort.

Picasso sucht die Wahrheit. Die Wahrheit aber kann man nur finden, wenn man sich bedingungslos von allen Bindungen frei macht: von der Natur, von der Tradition, von sich selber. Genau das hat Picasso getan. Um eine freie, wahre Kunst aufzubauen, mußte er zertrümmern, was zuvor als Kunst gegolten hatte. Er mußte von Grund auf neu erforschen, was Form, was Aufbau, was Volumen, was Bildraum, was Farbe sei. Er hat es erforscht und auf diesem selbstgemauerten, soliden Fundament den Bau seiner tausend Wunder errichtet. Er hat der Kunst ihr eigentliches Ausdrucksmittel wiedergegeben: eine magische Formenschrift, die in Signaturen die »innere Figur« der Dinge hinschreibt.

Es wäre so bequem für Picasso gewesen, bei der edlen Melancholie seiner Jugendwerke zu verharren und daraus eine lebenslange Spezialität zu machen. Das Publikum hätte ihn geliebt, weil es Künstler liebt, die »ihren Stil« haben und klassifiziert werden können. Diesen Gefallen hat er ihm jedoch nicht getan: er hat sich nie wiederholt. Und das meinte wohl jener französische Kunstkritiker, als er in Anschauung des Phänomens Picasso den Satz niederschrieb. »Künstler, die sich wiederholen, sind nur einmal Künstler gewesen.«

Die Leute, die Picasso hassen, sind völlig im Recht, denn seine Kunst richtet sich gegen sie: gegen das Bequeme, das ungeprüft Übernommene und Geglaubte, gegen leere Form und falschen Respekt, gegen ein laues, flaues, abgelebtes Leben. Es ist erstaunlich, wie dieser Maler, ohne mehr zu tun als eben zu malen, die ganze Welt beunruhigt, wie er die halbe Welt für sich eingenommen und die andere Hälfte der Welt wider sich aufgebracht hat – er ganz allein, ein kleinwüchsiger, wortkarger Mann, ein Kampfstier in der großen Kunstarena, der die Zuschauer in Atem hält und den bisher kein kritischer Matador hat erlegen können, weil sich keiner zu ihm in die Arena traut.

Bildende Kunst und Politik haben wenig gemein, doch widerfährt beiden das gleiche: Leute, die nichts von der Sache verstehen, reden und urteilen munter über sie. Wem fiele es ein, sich ohne geschultes Ohr über Musik, ohne Fachkenntnisse über moderne Physik zu verbreiten? Politik aber gilt für Allgemeingut, weil – scheinbar – jeder sie an sich erfährt, und über Kunst glaubt ein jeder richten zu können, bloß weil er Augen im Kopfe hat. Was aber bedeutet der Akt des Sehens, sobald er nur registriert und das Gesehene nicht verarbeitet? Erst wenn das schauende Auge sich mit Empfindung und Wissen verbindet, wird das angeschaute Kunstwerk im Betrachter vollzogen; es lebt durch ihn.

Die meisten Menchen aber nähern sich der Kunst mit einer

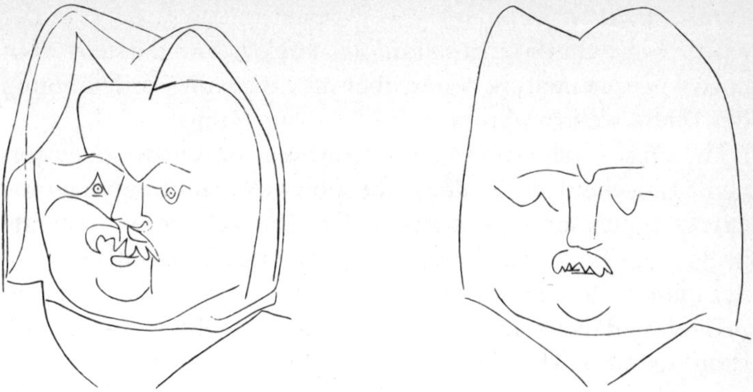

Neugier, die fast ausschließlich dem Inhalt gilt, nicht der Form, und mit einem Schönheitskanon, der längst abgestorben ist. Sie wollen genau wissen, was dargestellt ist, warum es dargestellt ist und was es bedeutet. Anstatt ein Bild still auf sich wirken zu lassen, suchen sie nach Elementen, die allenfalls in der Literatur anzutreffen sind: nach der Fabel, dem Symbol, der Anekdote, kurzum, nach dem erzählbaren Kunstwerk mit tieferer Bedeutung. Ein Kunstwerk aber »bedeutet« nichts – es ist. Es bedeutet genau das, was es ist. Picasso meint dazu: »Jedermann will die Malerei *verstehen*. Warum versucht man nicht, den Gesang der Vögel zu verstehen? Warum liebt man die Nacht, die Blumen, alles, was den Menschen umgibt, ohne zu versuchen, diese Dinge zu verstehen? Wenn die Leute bloß begreifen wollten, daß der Künstler aus innerer Notwendigkeit arbeitet; daß auch er nur ein winziger Teil der Welt ist, dem man nicht mehr Bedeutung beimessen sollte als so vielen anderen Dingen der Natur, die uns entzücken, die wir uns aber nicht zu erklären suchen.«

Es wird heute viel über gegenständliche und ungegenständliche Kunst diskutiert, wobei man die eine gegen die andere ausspielt, als handle es sich um Wahlkandidaten. Auch Künstler haben, leider, sehr einseitige, törichte Parolen verkündet. In

Wirklichkeit ist der ganze Streit gegenstandslos, denn in der Malerei kommt es nicht darauf an, was ein Bild darstellt, sondern wie es gemalt ist. Wenn aber die Form alles bedeutet und der Inhalt wenig: warum solle es da dem Künstler nicht unbenommen sein, sich vom Gegenstand sehr oder ganz zu entfernen? Entscheidend ist doch nur, ob er ein gut komponiertes, gut gemaltes und ausdrucksvolles Stück Malerei zustande bringt: ein Bild. Als Gleichwort für »ungegenständlich« wendet man auch gern den Begriff »abstrakt« an. Beide Bezeichnungen sind nicht allzu glücklich, denn *jeder* künstlerische Vorgang ist eine Abstraktion, und selbst wenn ein Bild keine erkennbaren Gegenstände herweist, sind doch die Formen und Farben, die man auf ihm sieht, sein Gegenstand.

Wie ungenau, wie fließend diese Wörter sind, kann man vorzüglich am Schaffen Picassos beobachten, das sich abwechselnd dem Naturbild nähert oder sich von ihm entfernt, je nachdem, was der Künstler gerade ausdrücken will. Picasso geht *immer* von einem Natureindruck aus (oder von mehreren), selbst wenn er das Gesehene kräftig umformt. Er sagt darüber: »Es gibt keine abstrakte Kunst. Man muß immer mit einem Gegenstand anfangen. Hinterher kann man alle Spuren der Realität tilgen; es besteht dann keine Gefahr mehr, denn die Idee des Gegenstandes hat ihre unauslöschlichen Zeichen hinterlassen. Der Gegenstand ist es, der den Künstler herausgefordert, der seine Ideen erregt, seine Empfindungen aufgerührt hat. Ideen und Gefühle sind endgültig in seinem Werk gefangen; was auch immer sie anstellen, sie können doch nicht aus dem Bild entrinnen; sie gehören ihm an, selbst wenn ihre Gegenwart nicht erkennbar ist.« Wohlgemerkt: auch hier spricht Picasso in eigener Sache, und es wäre unsinnig, ihn etwa als Kronzeugen gegen Maler auszuspielen, die bei ihrer Arbeit nicht vom Gegenstand ausgehen oder die des Glaubens sind, daß sie nicht von ihm ausgehen.

Götz Adriani

Robert Rauschenbergs Illustrationen zur »Göttlichen Komödie« von Dante

Nachdem eine geradezu perfekte Methode zur Verfügung stand, arbeitete Rauschenberg 18 Monate lang, von Ende 1958 bis 1960, zunächst in New York, dann, mit mehr Ruhe, bei St. Petersburg in Florida an seinem zeichnerischen Hauptwerk, den Illustrationen, oder besser Kommentaren, zu den Inferno-Gesängen aus Dantes »Göttlicher Komödie«. Alle seine Anstrengungen konzentrierten sich damals auf die Anwendung des zeichnerischen Mediums. Ja, man könnte sagen, daß erst im Dante-Zyklus die autographische Zeichentechnik in der Vielfalt ihrer Möglichkeiten voll zum Tragen gekommen ist. Dabei existierte kein konkreter Illustrationsauftrag. Die grandiose Bandbreite von Dantes Darstellungskunst bot vielmehr die Chance, der literarischen Disposition, dort wo sie sich der visuellen Beschreibung nicht total entzieht, in epischen Bildreihen nachzugehen, Reales und Visionäres, Politisches und Mythologisches, Persönliches und Allgemeingültiges mannigfach zu durchdringen sowie konventionelle Bilder auf gänzlich unkonventionelle Inhalte zu übertragen. Obwohl Dantes breit angelegtes Universum höllischer Erfindungen gewiß Anlaß zu ausladender Darstellung gegeben hätte, hielt sich der Kommentator respektvoll zurück. Er benutzte für alle 34 Zeichnungen Strathmore-Papier im relativ kleinen, handlich überschaubaren Format von maximal 37 × 29,3 cm. In richtiger Einschätzung des Vorgegebenen vermied er alles, was seine Arbeit in Konkurrenz zum Werk Dantes stellen, was pathetisch oder gar monumental wirken würde.

Rauschenbergs Interpretationen sind Dantes Vorstellungen deshalb in besonderer Weise adäquat, weil auch er sich einer durchaus praktikablen Bildsprache bediente, um die fluktuierende Ereignisfülle sowie die universale Atmosphäre der Höllenlandschaften in den Griff zu bekommen. Er geht wie Dante vor, wenn er, in Ermangelung eines überlieferten Vokabulars, mit dem Heroen und Missetäter erkennbar zu schildern wären, die Klischees einer unmittelbar erlebten Situation sowie politische Sachverhalte der Jetzt-Zeit zur Verbildlichung allegorischer Andeutungen heranzieht. So gewinnt das Unglaubhafte aus dem Bekannten, eine merkwürdig glaubhafte, Vergangenes und Gegenwärtiges gleichsetzende Dimension. Andererseits führt Rauschenbergs Technik dazu, daß die spiegelverkehrt erscheinenden Wirklichkeitshinweise als Ab-bild von Wirklichkeit nicht allzu wörtlich genommen werden müssen.

Was weder die zahlreichen Dante-Illustratoren des 15. Jahrhunderts noch der Manierist Federico Zuccari zu leisten vermochten, was weder William Blake noch Gustave Doré im 19. Jahrhundert, geschweige denn Dali beziehungsweise George Grosz, der sich als Emigrant in den USA an diesem Gegenstand versuchte, im 20. Jahrhundert erreichten – nämlich mehr als eine episodische Betrachtungsweise zu erzielen, die den Ablauf der Gesänge historistisch nachvollzieht –, das gelang Rauschenberg. Er, der seine Gegenwart niemals verleugnete, übersetzte die Imaginationen Dantes in eine aktuelle, kommunikative Inferno-Ikonographie. Ein Übergewicht der literarisch-illlustrativen Komponente ist bei ihm, wegen der überzeugenden Korrespondenz des Handlungsablaufs mit einer gewissermaßen öffentlichen Bildsprache, nicht zu befürchten. Wer glaubt, der ästhetische Rang des am Beginn der Neuzeit stehenden dichterischen Werks werde dadurch gemindert, der sei daran erinnert, daß der Verfasser von »De vulgari eloquentia« (Von der Volkssprache) seine »Commedia« in der Florentiner Umgangssprache geschrieben hat, um mit dieser Sprache dem Stoffe gerecht zu werden. Ja der Erzähler, der sich einerseits in der Rolle des kühlen Beobachters gefällt, scheute sich andererseits nicht, seinen gefühlsmäßigen Reaktionen, seinen keineswegs vorurteilsfreien Überheblichkeiten, seinen Ängsten und Aggressionen freien Lauf zu lassen und bei aller allegorischen Verschleierungstaktik die Dinge auch kraß beim Namen zu nennen. Die aus dem Zeitgenössischen gewonnene Lebendigkeit stellt eine glaubhafte Verbindung her zwischen Rauschenberg, Dante und nicht zuletzt auch Sandro

Botticelli, der im Auftrag eines Medici Anfang der neunziger Jahre des 15. Jahrhunderts ebenfalls einen Zyklus zur »Göttlichen Komödie« gezeichnet hatte, von dem 92 Wiedergaben auf Pergament erhalten blieben. Damals wie heute war die Zeichnung ein für die Auseinandersetzung mit der Wirklichkeit willkommenes Mittel, und beide Zeichner setzten sich angemessen in des Wortes ganzer Bedeutung mit diesem Stoff und der von ihm gebotenen Möglichkeit zur Wirklichkeitsbewältigung auseinander.

Rauschenberg hielt sich ziemlich genau an die von Dante gesetzten Wegmarken. Und wie Dante erreicht er auf zahlreichen Bedeutungsebenen, die er Schicht für Schicht, Schatten um Schatten transparent übereinander legt und in sich verzahnt, eine großartige Darstellungsdichte. Jedem der 34 Gesänge ist eine mehr oder weniger ins Detail gehende, mit den Geschehnissen und räumlichen Situationen von Dantes Wanderung in Übereinstimmung gebrachte Zeichnung gewidmet. Da es nicht immer leicht fiel, ein stark vom Zufall gelenktes Anschauungsvermögen Dantes hierarchisch gegliederten Ordnungssystemen anzupassen und die Reichhaltigkeit der Beschreibung sowie ihre komplizierten Kompositionsbezüge sinnfällig zu organisieren, wählte Rauschenberg eine synoptische Gliederung, die den Betrachter zwingt, dem bildlichen Ablauf kontinuierlich zu folgen. Diese, der Höllenwanderung entsprechend, von links oben nach rechts unten zu lesenden, fast kinematographischen Handlungspassagen, die vielfach von durchgehenden, teilweise auch den Combine-Gemälden eigenen Horizontalen markiert werden, erinnern an die übereinanderstehenden Abfolgen mittelalterlicher Mosaiken und Fresken, aber auch an die Anordnung von Comics; beide Erzählweisen sind darauf bedacht, leicht verständlich zu sein und die Inhalte überzeugend zu skandieren. Was der Künstler über die Gleichwertigkeit der Bildteile seiner Combine-Gemälde sagte, ließe sich uneingeschränkt auch auf die erzählerischen Besonderheiten seiner Dante-Zeichnungen beziehen: *Ich begriff, daß man die Details nicht auf einen Blick erfassen sollte, daß es möglich bleiben mußte, von einer Stelle zur anderen zu schauen, ohne einen grö-*

ßeren bildlichen Zusammenhang zu fühlen. Meine Aufgabe war es, eine Oberfläche zu gestalten, auf die sich der Blick stets neu einstellen muß und die zu einer Untersuchung der Einzelheiten einlud.

Rauschenberg folgt Dante auf dem Fuß, wie dieser seinem Führer Vergil folgte. Unter diesem Gesichtspunkt gerät der Zyklus auch zur Selbstreflexion. Sämtliche neun Höllenkreise, die, konzentrisch gelagert und ständig enger werdend, bis zum Erdmittelpunkt reichen und jeweils immer schwerwiegendere Sünder beherbergen, werden durchschritten. Zur Darstellung Dantes, der als einzige Figur des Dramas von Fleisch und Blut ist, diente ein der Zeitschrift »Sports Illustrated« entnommenes Sujet, das einen lediglich mit einem Badetuch bekleideten Mann vor einer gekachelten Wand zeigt. Diese Hauptfigur erscheint in gleicher Haltung, im selben Habitus, jedoch in verschiedener, der jeweiligen Situation angepaßten Gestalt, eher schüchtern, verletzlich, auf sich verwiesen, als Anonymus dem Geschehen passiv, geradezu vogelfrei ausgeliefert; eine moderne Interpretation des Ecce-Homo-Themas? Auf 16 Zeichnungen ist dieser Möchtegern-Athlet unter den zahlreichen Athletenbildern anfangs nur sporadisch, in der zweiten Zyklushälfte nahezu regelmäßig, teils fragmentiert, teils mehrmals auszumachen. Um seine Mehrdimensionalität anzudeuten, wurde der Jedermann auch durch ein Augenpaar, ein Fragezeichen, durch John F. Kennedy oder eine Fußspur ersetzt. Desgleichen wechselt Vergil, die aktiv treibende Kraft, sein Aussehen; er kann als Raumfahrer oder Froschmann, als der Politiker Adlai Stevenson beziehungsweise nur als wegweisender Arm oder Initiale auftreten. Ausgehend von mittelalterlichen Bildgepflogenheiten, erhalten beide Figuren, meist unabhängig von tatsächlichen perspektivischen und proportionalen Voraussetzungen, innerhalb der Szenen die ihnen zukommende bedeutungsgemäße Größe.

Mir ist gar nicht eingefallen, ihn zu fragen, warum er ausgerechnet Dante illustrieren wollte. Vielleicht weil dieses Vorhaben so lange und so unmittelbar um uns war... Es brachte einen Auf-

enthalt in Florida mit sich und eine Nacht, in der wir hilfesuchend durch Gebiete irrten, die mit Klapperschlangen verseucht waren. Obwohl er auf einer Mole ausrutschte, sich das Schienbein verrenkte, dort festhing, weil sein Fuß eingeklemmt war, rief er doch nicht um Hilfe. (John Cage)

Jean Renoir
Die letzten Bilder Auguste Renoirs

Das Leiden meines Vaters bedrückte uns alle. Uns allen war die Kehle zugeschnürt, der Krankenschwester, der Großen Louise, dem Modell – oft war es Madeleine Bruno, ein junges Mädchen aus dem Ort – und mir selbst. Wir zwangen uns, fröhlich zu sprechen, aber unsere Stimmen klangen falsch.

Man legte das schützende Tuch in Renoirs Hand und hielt ihm den Pinsel hin, den er mit einer Augenbewegung bezeichnete. »Den da ... nein, den anderen ...«

Die Fliegen kreisten um einen Sonnenstrahl. Mir fielen wieder Gabrielles Worte ein: »Seine so hübsch gestreckten Hände!« Jetzt, während ich meine Eindrücke aufschreibe, kann ich es mir nicht versagen, die Schublade zu öffnen und Renoirs hellgraue, sehr kleine Handschuhe zu befühlen. Ich lege sie wieder in ihr Seidenpapier und kehre ins Gartenatelier zurück, zu den verbildeten Händen meines Vaters und den Fliegen. »Oh, diese Fliegen! ...« schimpfte er und verjagte eine, die sich seine Nase als Zielscheibe ausgesucht hatte. »Sie riechen die Leiche!« Wir antworteten nicht. Die Fliege hatte ihn aufgegeben, er kehrte zu seiner Träumerei zurück, hypnotisiert von den Bewegungen eines Schmetterlings oder dem entfernten Geräusch einer Zikade. Die Landschaft war ein Extrakt aus allen Reichtümern der Welt. Augen, Nase, Ohren wurden von gegensätzlichen Eindrücken überflutet. »Das ist berauschend«, wiederholte er. Er streckte den Arm aus und tauchte seinen Pinsel in Terpentin. Diese Bewegung war schmerzhaft. Er wartete ein paar Sekunden, als ob er sich fragte: »Ist es nicht genug gelitten? Warum nicht aufgeben?« Ein Blick auf sein Motiv machte ihm wieder Mut. Mit ein wenig Krapplack malte er ein Zeichen auf seine Leinwand, das nur er allein verstand. »Jean, öffne den gelben Vorhang etwas weiter!« Ein zweiter Tupfer Krapplack. Jetzt fester: »Göttlich ist das!« Wir sahen ihn an. Er lächelte und rief uns augenzwinkernd zum Zeugen für dieses Verschworensein auf, das zwischen dem Gras, den Olivenbäumen, dem Modell und ihm selbst bestand. Einen Augenblick später summte er beim Malen. Für Renoir begann ein glücklicher Tag, ebenso wundervoll wie der vorhergehende es war und der folgende sein würde.

Das Mittagessen war keine Unterbrechung. Sein Geist fuhr fort, die Wunder seines Bildes zu durchforschen. So ging es bis zum Abend, wenn die Sonne zu tief stand und die Schatten keine Leuchtkraft mehr besaßen. Dann nahm der Körper sich seine Rechte. Die Schmerzen stachen, erst vorsichtig, dann aber entfalteten sie ihre volle Qual.

Unter diesen Umständen malte er die »Großen Badenden«. Er betrachtete sie als etwas Endgültiges. Er glaubte, hier die Bemühungen seines ganzen Lebens zusammengefaßt und ein gutes Sprungbrett für die Zukunft geschaffen zu haben. Er hatte dieses Bild ziemlich schnell fertiggestellt. Dabei war ihm die »einfache und vornehme« Art, mit der Andrée posierte, eine große Hilfe. »Rubens wäre damit zufrieden gewesen!« Nach seinem Tode entschlossen meine Brüder und ich uns, dieses Bild dem Louvre zu schenken. Die Verantwortlichen dieses Museums fanden die Farben »schreiend« und lehnten das Bild ab. Der Sammler und Kunstschriftsteller Barnes telegraphierte mir, er möchte das Bild für sein Museum in Philadelphia kaufen. Es wäre dort in guter Gesellschaft gewesen. Dieser große Theoretiker der modernen Kunst hat zum Wohle seiner Schüler die bezeichnendsten Werke zeitgenössischer Meister gesammelt. Die »Badenden« hätten sich neben Cézannes »Kartenspielern« und jener »Familie« wiedergefunden, über die ich im Zusammenhang mit dem Nebelschloß sprach. Da widerrief der Louvre seine Entscheidung und nahm unser Geschenk an. Die Zeiten hatten sich geändert, seit der Staat zwei Drittel der Sammlung Caillebotte abgelehnt und Frankreich dadurch eines unersetzbaren Schatzes beraubt hatte. Die Opposition ging weiter, und sie wird glücklicherweise auch in künftigen Jahrhunderten anhalten. Renoir ist das Leben, und das Leben mißfällt den »Leichen« zutiefst. Aber vor dieser Feindseligkeit vermehrten sich die begeisterten Kundgebungen der Anhänglichkeit, sie griffen auf die Straße über. Heute gehört Renoir nicht nur dem geschlossenen Kreis der Kunstverständigen. In den Museen drängen seine Bewunderer sich vor seinen Werken. Die Reproduktionen seiner Bilder werden immer zahlreicher. Mit seinen gebrechlichen Händen hat er die Kruste durchstoßen, die das Herz der Masse umgab. Mehr noch, er hat die Masse nach dem Bild seines Ideals umgeformt, wie er seine Frau, seine Kinder und seine Modelle nach seinem Bild formte. Heute sind die Straßen unserer Städte voller Renoirs: Mädchen, Kinder mit sanftem Blick, deren Haut das Licht nicht abweist.

Bei seiner letzten Reise nach Paris lud Paul Léon, Direktor der Académie des Beaux-Arts, ihn ein, den Louvre zu besichtigen; »er ist nur für ihn geöffnet«. In seinem Tragstuhl brachte man ihn langsam durch die Säle. Vor der »Hochzeit von Kana« ließ er anhalten und sagte zu Albert André, der ihn begleitete: »Endlich! Ich kann sie an ihrem Ehrenplatz sehen.« Später verglich Albert André diesen feierlichen Besuch mit einer Ehrung für den »Papst der Malerei«.

Es war Renoir gelungen, den Traum seines Lebens zu verwirklichen: »Aus geringen Mitteln Reichtum erzeugen.« Aus seiner aufs äußerste vereinfachten Palette, auf deren Oberfläche ein paar winzige Farbhäufchen verloren lagen, entströmten Gold und Purpur, der Glanz des jungen, von gesundem Blut geschwellten Fleisches, der Zauber des siegreichen Lichts, und über diesen irdischen Elementen die heitere Gelassenheit eines Menschen, der sich der letzten Erkenntnis nähert. Er beherrschte die Natur, die er sein ganzes Leben lang verehrt hatte. Sie hatte ihn ihrerseits gelehrt, über das Äußere hinaus zu gelangen und wie sie eine Welt fast aus dem Nichts zu schaffen. Mit etwas Wasser, ein paar Mineralstoffen und unsichtbaren Strahlen schafft die Natur eine Eiche, einen Wald. Aus einer Umarmung entstehen Menschen. Die Vögel vermehren sich, die Fische steigen die Flüsse hinauf, und die Sonnenstrahlen beleuchten und beleben dieses Gewimmel. »Und es kostet nichts!« Gäbe es den Menschen nicht, dieses »zerstörerische Tier«, so wäre das Gleichgewicht der stets in Bewegung begriffenen Welt gesichert; der Tod hielte dem Leben das Gleichgewicht; die Ausgaben überschritten die Einnahmen nicht; der Kreis der Schöpfung und Zerstörung wäre geschlossen.

Der verschwenderische Reichtum, der aus seiner strengen Palette entstand, ist bestürzend in seinem letzten Bild, das er am Morgen des Tages malte, an dem er sich hinlegte, um nicht wieder aufzustehen. Eine Lungenentzündung hielt ihn im Schlafzimmer fest. Er bat um Malkasten und Pinsel und malte die Anemonen, die Nénette, unser freundliches Hausmädchen, für ihn gepflückt hatte. Mehrere Stunden lang identifizierte er sich mit diesen Blumen und vergaß sein Leiden darüber. Dann gab er ein Zeichen, man möge ihm den Pinsel wieder abnehmen, und sagte: »Ich glaube, allmählich verstehe ich etwas davon.« Diesen Ausspruch hat die Große Louise mir wiedergegeben. Die Krankenschwester glaubte verstanden zu haben: »Heute habe ich etwas gelernt!« Als ich von einer Besorgung aus Nizza zurückkehrte, fand ich meinen Vater liegend und fast ohne Atmung. Die Krankenschwester hatte Prat benachrichtigt, der bald darauf kam. Er teilte uns mit, daß es das Ende sei. Ein geplatztes Gefäß verwandelte sein Röcheln in eine Art Delirium. Er starb in der gleichen Nacht.

Hermann Uhde-Bernays
Die Welt Carl Spitzwegs

Spitzweg lebte in Paris beseligt nur in dem einen Bewußtsein, das Schöne zu erkennen, und er hätte wohl ebenfalls mit der Harmlosigkeit des baßgeigenden »Wandermusikanten«, den er malte, die Frage nach dem Paß falsch aufgefaßt. Er war zu einer glücklichen Zeit nach Paris gekommen. Zudem befand er sich im besten Alter, in welchem sich Aufnahmelust und kritische Unterscheidungsfähigkeit die Waage halten. Der Ruhm der Meister von Fontainebleau, der Rousseau, Corot, Diaz, Daubigny war entschieden, auch Delacroix hatte schon die sichere Gefolgschaft der Anerkennung. Der Umschwung von der klassizistischen Kunst zur malerischen Freiheit, das Aufsuchen und Studium der Natur, die rein sachliche Freude am Objekt, das in seinen wechselseitigen Beziehungen zu der umgebenden Luft, dem Licht, den benachbarten Farben ergriffen wurde – das traf mit den künstlerischen Gedanken Spitzwegs, des Malers, wundervoll zusammen. Er sah sich in der Ausstellung ganz in die Bilder der Delacroix und Diaz ein. So verdankt er jenem die leider nur auf einer kleinen Anzahl vorzüglicher Gemälde ausgesprochene tonige Kraft des Helldunkels und der Farbenkontraste (etwa bei dem Schauspieler, dem Großinquisitor, den »Straßenmusikanten« und »Serenissimi Einzug«), diesem den juwelenhaften Glanz der Farbe, und – was bei der Betrachtung des Landschaftsmalers Spitzweg noch ausführlicher gesagt werden muß – die vielleicht nicht immer ganz natürliche, in ihrer malerischen Wirkung gleichwohl unübertreffliche Stimmung der Waldlandschaft. Der Romantiker Spitzweg, der vom Gegenstand kommt, trifft sich mit zwei Romantikern, deren Romantik aus der Farbe geboren wird. Die Erkenntnis der geistigen Verwandtschaft genügt bei dem Deutschen, um den Wunsch sogleich zu betätigen, sich ihrer würdig zu erweisen. Sein unbewußtes Streben, sein Sehnen, sein Unbefriedigtsein, alles wird angesichts der klaren Aussprache befreit. Die Begrenzung seiner Kunst weise erkennend, in seiner Selbstgenügsamkeit erhaben und zufrieden, blieb Spitzweg jedoch bei der Kleinmeisterlichkeit seines Welttheaterchens und versuchte sich nicht im hohen Pathos der Historienmalerei. Klug und bescheiden zugleich, sah er neidlos den großen Dramatikern zu, an deren Spitze sich Piloty in München stellte.

Dem Getriebe der Menschheit fern, schuf Spitzweg in den achtzehn Jahren zwischen der Pariser Reise 1851 und der großen Münchener Kunstausstellung 1869 seine wichtigsten Werke. Von den Landschaften abgesehen, denen er bei zunehmendem Alter mit wachsender Freude sich widmete, können wir diese Arbeiten in zwei Gruppen teilen, deren Unterscheidung nicht ganz leicht fallen wird. Im Verlaufe der Jahre wendet sich die Richtung fast unmerklich, aber doch deutlich erkennbar, der Steigerung des impressionistischen Charakters zu. Gleichzeitig gelangt die Atmosphäre, der Hauptgewinn der Pariser Fahrt, zu ihrer weichen Durchsichtigkeit. Die letzten Werke scheinen oftmals wie getaucht in ein dünnes Fluidum von Luft und Licht, und nur die etwas preziöse Wolkenbildung, deren Form des echten Spitzweg merkenswertes Charakteristikum ist, erinnert noch daran, daß sie im Atelier gemalt worden sind. Der Freiheit der Malerei gesellt sich die Klarheit des Tones, in dem sich der Meister niemals vergreift, und die Delikatesse seiner Farbenwahl bekundet als die schönste Eigenschaft des reifen Meisters die zur Vollendung gediehene Ausbildung seines malerischen Geschmacks. Die Hand erreicht ein Allegretto der Technik, deren Leichtigkeit in der selbstverständlichen Art des Vortrags die Virtuosität der Könnerschaft vergessen macht. Was Spitzweg für die Beseligung seiner Kunst aus Paris mitbringt, ist ein Hauch Chopinschen Geistes, der sich über der gemütvollen Sinnlichkeit Schubertscher Melodik gefangen hat.

Die Zahl der Bilder angeben zu wollen, die Carl Spitzweg von seinem fünfundvierzigsten Jahre an gemalt hat, wäre ein unmögliches Beginnen. Wer noch Gelegenheit hatte, den Meister kennen zu lernen, berichtet erstaunt von seiner Gewohnheit, die Holzbretter wie Bücher in Reihen nebeneinander auf dem Boden aufzustellen. Nach seinen Notizen hat er in dreißig

Jahren an vierhundert Bilder verkauft. Die Hälfte wird er verschenkt oder getauscht haben, und ebensoviel hat auch der Nachlaß betragen. Wie erwähnt, scheute sich Spitzweg, auf den Münchener Ausstellungen zu erscheinen, und so fehlt auch sein Name im Katalog der »Allgemeinen historischen Ausstellung« in München 1858, die den meisten seiner Genossen die erste Anerkennung gebracht hat. Erst nachdem er 1867 mit einer größeren Zahl von Bildern, unter welchen sich das »Ständchen« befand, in Paris Anerkennung gefunden hatte, beschickte er den Glaspalast von 1869.

Spitzwegs Gesamtwerk dürfen wir mit etwa tausend Bildern und Ölstudien beziffern. Davon befinden sich etwa neun Zehntel in Privatbesitz. Um auch das zu bemerken: die Preise der Spitzwegschen Bilder, die in der letzten Zeit rasch und bis zu Extremen gestiegen sind, so daß von einer Sicherung des Kurses noch nicht gesprochen werden kann, beliefen sich zu Spitzwegs Lebzeiten auf etwa 200 bis 800 Mark, nur selten auf mehr. Für drei Hauptwerke in seiner Galerie zahlte Schack 1300 Gulden, ein viertes erhielt er geschenkt. Das berühmte »Ständchen« der Sammlung Barlow, bisher eines der höchstbezahlten Bilder Spitzwegs, hat 1879 nur 650 Mark gekostet. Der Alte scheute sich, zu fordern, und die Freunde mußten ihn oftmals verhindern, seine Bilder nicht, wie er es am liebsten getan hätte, seinen Besuchern zu schenken. Er spann sich hoch oben im Atelier ein und arbeitete zur eigenen Unterhaltung, dem mittelalterlichen Klausner nicht unähnlich, der im stillen Winkel der Klosterbibliothek beschaulich seine Miniaturen ausmalt. Wie ein geheimniskluger Zauberer schien er den Stab zu besitzen, dessen Berührung zum Leben aufruft. Eine bezeichnende Geschichte erzählt Eduard Grützner. Im Münchener Hoftheater soll von einer gastierenden Truppe ein französisches Drama aufgeführt werden. Grützner begegnet Spitzweg, der sorglich ein Buch in der Hand hält, das sich als der Text dieses Stückes ausweist. Auf die verwunderte Frage, warum er denn nicht ins Theater gehe, sagt Spitzweg: »Ich lese das heute abend zu Hause. Da spielen sie mir's vor.« Aus der kindlichen Treuherzigkeit dieses Ausspruchs schließen wir auf die Stärke der spitzwegschen Phantasie. In ihm lebte jenes Stück E. T. A. Hoffmanns, das die Fee Rosabelverde und den Zauberer Paphnutius nicht zu erfinden brauchte, weil er sie beide leibhaftig vor sich sah, und in den Kobolden der Spitzwegschen Kunst neckt uns der Geist des kleinen Zaches.

Was hat Spitzwegs Phantasie mit ihrer übermütig spöttelnden Junggesellenlaune für kostbare Typen ersonnen! Und wie anspruchslos und selbstverständlich schafft sie sich die kleine Umwelt um diese Menschlein, so daß wir die Drähte nicht sehen, an denen sie vergnüglich zappeln und nur hie und da, ganz oben, einmal einen der bewegenden Finger bemerken. Von den Bildern der Hauptzeit Spitzwegs lassen sich keine längeren Geschichten und Anekdoten mehr ablesen wie früher. Der Augenblick entscheidet in der Komik der Situation, die Pointe steht rebusartig verschlungen vor uns, nicht die Erzählung, damit wir ihr Ende selbst erfinden und uns mit diesem Raten die Zeit vertreiben sollen. Worte sind überflüssig, um den Beifallssturm auszulösen. Das sichere Wahrnehmen der Grenze zwischen natürlichem und übertreibendem Humor, die fast immer zu ungunsten der Glaubhaftigkeit überschritten wird, ist das Geheimnis Spitzwegs gewesen, dessen hoher Ahnherr hier der Schöpfer Malvolios mit den kreuzweis gebundenen Bindebändern war.

In langem Zuge, von zwei Seiten her, kommen die Gestalten der Spitzwegschen Komödie vor unsere Augen: dort treten die Märchenfiguren auf, der Hexenmeister, der den Drachen beschwört, aber den Parasol in den Zauberkreis mitzunehmen vergaß, der Alchimist, der im finstern Turm der Menschen Zukunft erforscht, der Hexenmeister, der von der Höhe der Burg an zuckender Angel das Mägdlein emporzieht, die Kobolde, Gnomen, Elfen und Nymphen. Hier die weitaus größere Anzahl, die freundlichen Menschen aus der guten alten Zeit, da Großvater die Großmutter nahm: Seine Ehren der Herr Bürgermeister im vollen Ornat, und Serenissimus selbst, in vornehmer Kutsche einfahrend, die Trabanten hinten auf der Karosse, der verliebte Apotheker im neuen Frack und der Herr Bureauschreiber im abgetragenen Schniepel, Ratsherren in wichtigem Gespräch auf der Heimkehr von der Kneipe, der Bibliothekar hoch oben auf schwindlichter Leiter, mit Büchern förmlich gespickt. Die bescheidenere Hälfte der Welt, die schon bei den ungleichen Kindern Evä Meister Hans Sachs sorglich unterscheidet, wird nicht vergessen. Hier tritt die persönliche Charakterisierung noch stärker in den Vordergrund als da, wo ein leichter didaktischer Zug der Geißelung menschlicher Schwächen die humoristische Note mitbestimmt. Wäschermädchen kommen, den Stadtsoldaten hinter sich, der ihrem Geplauder Stille gebietet, der alte Briefträger in der Taxischen Uniform prüft sorglich die Adresse, der Bettelmusikant stört unsanft den Nachmittagsschläfer, den Sonntagsjäger necken die Häslein, der Herr Pfarrer wandelt gemächlich einher, Klausner der verschiedensten Arten tasten sich aus ihrer Zelle. Und wie viele andere Themata hat Spitzweg noch erfunden, wie viele Variationen erdacht. Sie bedürfen in der Unerschöpflichkeit ihrer Typen keines Kommentars. Die Langeweile der eingehenden Beschreibung entreißt ihnen den schönsten Besitz, ihre Grazie. Mit großer Vorliebe hat der alte Junggeselle lustige Mädchen dargestellt, wie sie den Ringelreihen tanzen und zum vorbeifliegenden Storch hinaufsingen: »Storch, Storch guter, schenk' mir einen Bruder«, oder Kinder gemalt, die spielen und die Drachen steigen lassen. Ein ganz eigener Platz gebührt den Bewohnern des Orients, nach dem sich Spitzweg immer sehnte, den Türken auf der Straße, im Bazar und im Kaffeehause, die freilich aussehen wie Münchener Spießbürger im Maskengewand.

Benno Reifenberg

Vermeer van Delft

Er hat zart, aber unendlich bestimmt die Sache seiner Nation vorgetragen. Seine Bilder sind die Bilder Hollands.

Lautlos wie die Kähne auf schweigenden Grachten ziehen, wie ihre Borde in bunten Bändern dem Wasser sich dunkler verbinden, so lagern sich die Farben des Malers zu dem kühlen, stolzen Fluß seiner Tafeln. Was er malte, war deutlich wie die weißgefügten Backsteingiebel, war überschaubar wie das aufgeteilte Weideland. Ein Stück des holländischen Himmels, der hoch zum Meer über grünen Wiesen den weiten Bogen beschreibt, ist in jedem Werk des Vermeer eingeschmolzen. Seine Gemälde entstanden, wenn das Licht in breiten Strömen durch die Fenster drang, wenn es in den Kammern hell und geräumig wurde. Sie entstanden im weichen Glanz der Vormittagsstunde.

Wenn diese Kunst einen Teil vom Leben der Nation ausmachte, wenn sie, von dem gleichen Blut durchflossen, mit ihr atmete und verging, so bedeutet das für uns, daß wir sie nie ganz, daß wir sie nie in ihrer Vollkommenheit begreifen werden. Wir, denen die Einheit des Daseins zerbrochen ist, werden uns immer fragen müssen, ob wir überhaupt das Recht nicht verwirkt haben, zu prüfen und vergleichend abzuwägen, wenn es sich um Dinge handelt, die einstmals Teil einer Gemeinschaft und damit selbstverständlich waren. Es sind nichts als Umwege, wenn der Versuch gemacht wird, den Vermeer in die Reihe der niederländischen Meister des 17. Jahrhunderts einzuordnen, oder wenn die Bemühung darum geht, die Qualität seines malerischen Handwerks zu verstehen. Eine Malerei, deren tiefster Sinn darin bestand, ein Stück in der reichgegliederten Existenz der Nation zu sein, und nichts weiter als das, wird durch unsere, der Nachfahren Bewunderung zum Mittelpunkt gemacht und so ihres schönsten Schmuckes, der Bescheidenheit im Sachlichen entkleidet. Es ist möglich, daß der Holländer noch zuzeiten den richtigen Blickpunkt findet, daß er die

Tafeln des Vermeer mit den sachverständigen und teilnehmenden Augen jener Schiffer ansieht, die, ausgedörrt durch Wind und Sonne, vom Ufer den schwindenden Segeln folgen. Es ist möglich, daß mancher Holländer noch zu diesen Bildern gehört. Und doch könnte auch ihm die Wirklichkeit des Landes vor den Bildern verblassen, es könnte ihm das Holland dieser Gemälde, das er in den spiegelnden Fenstern hier, in den blanken Messingbeschlägen da wieder zu finden glaubt, entgleiten. Vor der ungeheuren Mächtigkeit, in der Vermeers Kunst einst identisch war mit dem Leben seiner Epoche, kann das Holland von heute ein Rest werden, seine Eigenart ein Überbleibsel der Vergangenheit, ein Stück Tracht, das sterben wird.

Aber es wird dann unvergessen bleiben, daß es mit der Kunst Vermeers der abendländischen Menschheit ein überwältigendes Beispiel des Klassischen gegeben hat. Das Klassische – das ist die kurze Spanne, wo der Einzelne dem Ganzen antwortet und die Kraft des Einzelnen dem Wunsch der Gesamtheit entspricht. Es ist jener Augenblick, wo die Sonne nach einem stürmischen Tag hinter den Bergen in die klare Unendlichkeit versinkt und in einer einzigen goldenen Linie sich der Erde atemberaubend verbindet. Ein Stück Weges, das während Jahrhunderten die Menschen nur Stunden gehen, von dem jeder Schritt nur in die Tiefe und in das Dunklere führen kann. Es ist kein Zufall, wenn die vielen Maler, die Vermeer begleiteten, die nach ihm kamen, dessen Kunst mit wenigen, unmerklichen Unterschieden in die bürgerlichste Region, in die des Genre, führen mußten. Auf den Tafeln des Delfters rührt uns der hohe Ernst der Leistung, die Meisterschaft des Klassischen an. Lieblich und doch zuchtvoll, wie die Hyazinthen auf den Haarlemer Feldern, reihen sich die Bilder, und ihre Farben schmiegen sich hauchzart und fest zugleich aneinander.

Vermeer malte zur Zeit des Rembrandt.

Die Polarität dieser beiden muß erkannt werden. Der Einsame, der im Amsterdamer Judenviertel ein riesenhaftes Feuer entfachte, das über die sanfte holländische Helligkeit seine Schatten und Gluten jagte, hat unvergeßlich für den Menschen gesprochen. Und wir, die wir das düstere Lied seines Daseins kennen, das Lied vom reichen Leben und vom armen Sterben, werden nur zu leicht die Nation mißbilligen, die über ihren größten Künstler das Verdikt furchtbar gefällt hat, als sie ihn aus ihrer Gemeinschaft ausstieß. Wer aber die Wahrheit liebt, wird sagen müssen, daß diese Gemeinschaft angegriffen war. Zwar lag in der Asche des Rembrandtschen Feuers schließlich ein Stück lauteren Goldes, doch die Mitbürger mußten sehen, daß damit auch ihr Hausrat verbrannt worden war. Wie kostbar der gewesen, dessen ist Vermeers Werk unwiderlegbares Zeugnis.

Wir wissen einiges von Rembrandt, wir wissen nichts von Vermeer. Es ist nichts davon überliefert, wie das Verhältnis der Beiden zu bezeichnen sei. Schwerlich werden sie sich gekannt haben, obschon sich einiges konstruieren ließe, da Vermeer mit Rembrandts Schüler Fabritius in Delft zusammenlebte. Doch diese Spinnwebfäden der Wissenschaft sollten nicht den unüberbrückbaren Gegensatz der großen Maler verschleiern.

In Dresden unweit des frühesten uns bekannten Bildes von Vermeer, der Kupplerin, hängt das Selbstbildnis Rembrandts mit der Saskia. Zwischen diesen beiden Werken (– jedes von einem Vierundzwanzigjährigen gemalt –) spannt sich mehr als der Unterschied einer Generation: sie liegen in verschiedenen Ebenen, sie schneiden sich gar nicht. Die Fröhlichkeit, die bei Rembrandt wie Gelächter einer Kirmes brutal und angriffslustig herausschallen soll, wird unversehens starr und verstummt in krampfhafter Verzerrung. Er redet den Beschauer an. Er dreht sich so scharf um, daß es im Nacken schmerzen muß.

Es ist, als ahne er die Zukunft, als fürchte er für seines Glükkes Bestand. Es ist, als habe er sich mit Barett und Degen nur behängt, als habe er sich hastig angetan mit den schönen Dingen seiner Welt.

Es ist wie eine Flucht vor sich selbst. Das Gemälde Rembrandts läßt sich nicht von seinem Leben trennen. Zwei Schritt davon breitet sich die Welt Vermeers, breitet sich ein Stück Wirklichkeit. Diese lustige Gesellschaft ist festgenagelt, mit ungeheuerlicher Sachlichkeit vorgeführt. Das Mädchen, dieses blühende rotwangige Mädchen verkauft seinen Leib; leidenschaftslos, mit ruhiger Seele. Sie taxiert die Guldensumme und hat für den Handel noch eine sanfte, bescheidene Heiterkeit übrig. Der etwas fatale Kopf des Kuppelweibes schaut schwarz hinein, und der elegante Herr hebt das Glas und trinkt dem Beschauer zu; diskret, mit einem Lächeln, das durch den Sonnenflecken hinter ihm noch zweideutiger wird. Eine Feststellung; kaum eine Erzählung. Nichts entgeht dem Zwanzigjährigen, alles ist ihm gleich wichtig. Der irdene blaue Krug und der dunkle weinrote Umhang über der Balustrade; auch daß der rote Tölpel mit dem selig-blöden Lachen des Trunkenen gerade so schwankend sich zu dem Mädchen neigt, wie sein Schlapphut ihm unsicher in die Stirn gerutscht ist. Kühl und überlegen folgt der junge Maler dieser schweren Hand, die tastend auf der gelben Jacke niedersinkt.

Vermeer, der mit diesem Bilde sich wohl die Mitgliedschaft der Delfter Malerzunft erworben hat, wird sicher von Rembrandt Kenntnis gehabt haben. Von dem Mann der nicht endenden Selbstbildnisse, von dem ruhelosen Zeichner, der damals gerade bankrottierte. Aber er hatte Kenntnis, um ihn abzulehnen. Das war nicht seine Welt. Er wird ungläubig und ein wenig skeptisch den Erzählungen des Fabritius zugehört haben, der im Atelier des Rembrandt gearbeitet hatte. Schließlich: auch Fabritius war fremd in Delft, und es wirkt wie ein unheimlich sinnvoller Zufall, daß er durch ein Unglück jäh fortgenommen wurde.

Der junge Vermeer erscheint mit der Kupplerin in Delft so prompt und fertig, wie die niederländische Malerei überhaupt prompt und fertig mit den van Eycks begann. Ohne jedes Schwanken. Mit Notwendigkeit.

Es ist sicher, daß der Horizont des Malers weit gespannt war. Die Provinzen der abendländischen Kunst werden ihm bekannt gewesen sein. Auch die südlichen. Wie holländisch auf dem Bild von Martha und Maria das Brot im Flechtkorb liegt, es zieht sich durch die Gewänder ein heimliches Rinnen, ein beweglicher Schwung, der von anderswoher stammt. Es gibt

Möglichkeiten, die nach Italien hin weisen. Man weiß nichts; aber es ließe sich ein Lehrer annehmen, der das seicentistische Kunstgut mit nach oben brachte. Caravaggios aufdringliches Licht etwa. Auch Rembrandt kennt diesen Christustyp, der allzu gesalbt, zu schön an Italienisches erinnert: und hatte nicht der seltsame Vorläufer des Rembrandt, jener Elsheimer, in Rom gehaust? Es bleibt einstweilen noch ein kunsthistorisches Legespiel, und will man der Zufälligkeit der Namen entgehen, so möchte der Instinkt am liebsten sagen, daß die Lehrer des Vermeer das Wirken des Poussin in Rom erfuhren. Sicher ist: Vermeer, der mit dem Bild der Kupplerin sich einen Namen gemacht hatte, kannte die Welt. Aber er hat nicht wie der junge Rembrandt die Ferne als Ergänzung seiner selbst gesucht. Dem konnten plötzlich die vertrauten Gehöfte um Amsterdam zu enge werden, und er stürzte davon, tauchte babylonische Türme in Nachtwolken, sprengte und weitete den holländischen Boden zum Gespensterland, über das er fahle, hastig verwehende Goldgluten jagte. Er brauchte die Exotik der ostindischen Kompanie, brauchte den malayischen Kris, mit dem er Simson blendete. Vermeer hat Holland nie verlassen. Und wenn auch die Forschung nocht nicht entschieden hat, ob dieser Satz wortwörtlich zu nehmen ist: im geistigen Betracht ist er eine Tatsache. Italien mag und wird ihm wohl auch begegnet sein; aber im Grunde bedeutet Italien die innere Melodie dieses Menschen, das Tönende seiner Seele. Die Jugendbilder sind ein Saitenstimmen für das große Lied des Vermeerschen Lebens.

Und doch, wie seltsam fängt es an zu klingen, wenn im Mauritshuis Diana mit ihren Gespielinnen auftaucht. Wo kommt dies sanfte Glühen her? Ist das venezianisches Gold? Das tiefe Braun und herbstliche Rot, wie es dunkler ein zweites Mal niederströmt und dem strahlenden orangenen Brio antwortet, das über den weichen Frauenrücken sich schwingt? Es ist, als sei die Haltung dieser Fußwäscherin, mühelos und doch ganz demütig, ganz gebückt, schon einmal gesehen worden. So reines Profil, so viel Sammlung. Sie fängt den Lichtstrom auf, der über dem vergehenden Rücken emporschießt und dann niederrieselt über die Nacken zum Zentrum der Handlung. Die wird heilig in ihrer Einfachheit. Tempeldienst, so wie ihn Corot verstand. Die Frau im Schatten, deren Gesicht, wie je ein Gesicht Vermeers, sich niederbeugt, ruhevoll über einem Stück Leinen, ragt empor mit der machtvollen Schlichtheit eines Säulenschaftes. Wie der Diener auf den Staalmeesters tritt sie bescheiden zurück und bildet wie er gleichwichtigen Bestandteil des Ganzen. Auf diesem Bild, dessen Format immer höher, also barocker ist, als die Erinnerung glaubt, wird mit Menschenleibern musiziert, so bewegt und regungslos zugleich, wie ein Hans von Marées es sich ersehnt haben mag. Die Harmonie hält alles in der gleichen vibrierenden Spannung: den Hund, die Distel vor dem rosagrauen Felsstück und die blanke Schüssel, die mit dem Leintuch das Exzentrische des Handlungskerns nach innen zieht. Die wirklich zusammenfaßt, konzentriert. Es sind Mädchen mit gesenkten Augenlidern; ganz für sich; Gespielinnen, aus deren Beieinanderstehen Vermeer Melodien flicht. Mädchen aus Holland im Grunde, denen er, wie ergriffen vom schönen Sein, die Mondsichel der Göttin ins Haar band.

Ein Stück Landschaft führt dahinter ins Weite. Man könnte sie vergessen, so dicht werden die Frauen nach vorne gerückt und vom Licht umspült. Aber wie ein Sonnenstrahl durch schattende Bäume sich durchschlagen kann und aus Waldesdunkel vom Boden samtenes Grün der Pflanzen, weiße Blumen, die schlanke Neigung eines Farrenkrautes aufleuchten läßt, so wird erst vor dem erregten und erregenden Stück Wald das gelassene lichtwarme Tun der Gesellinnen offenbar. Wie die Hügellinien beharrlich und leise zur Mitte führen, wie der Himmel genau über der Göttin sich öffnet, über der Knienden am meisten lastet: das wird als klärende Begleitmusik vom Gefühl längst empfunden, ehe der Verstand es nachgerechnet hat. Der Himmel steht blau, beinahe hart über den kaltgrünen Buschpartien; der Wald hinter dem Rückenakt hingegen flammt in hellgrünem Gewoge auf; heiß und doch in sich verhalten.

Diese Landschaft kehrt im Werk des Vermeer nicht wieder zurück. Vor der langen Reihe Bilder, die folgen, möchte es fast scheinen, als habe er das Unbestimmte freier Natur mit Absicht gemieden; als habe er die Lust und die Qual der Fernen, des Nichtgreifbaren von sich abgetan. Was wir an Landschaft von ihm kennen, ist eingespannt im Rahmen, wird Bild im Bild. Die Bilder anderer sind das, die er in seine Zimmer hängt und die er mitmalt mit den Wänden, mit den Möbeln. Nach dem Dianabad werden die Gemälde des Vermeer überschaubar. Ausnahmslos; denn auch het Straatje und die Ansicht von Delft müssen Interieurs genannt werden.

Das Zusammenziehen aller Kräfte auf den Innenraum, den begrenzten Raum überhaupt wird nicht einer Resignation, sondern einer Stärke gleichkommen. Vermeer war seiner selbst gewiß; Expansion hätte ihm wahrscheinlich Unsicherheit bedeutet. Die Dresdener Kupplerin ist mit einem ungeheuren Machtanspruch gemalt. Satt und gewichtig wird alles in den vordersten Plan gedrängt. Dicht wie der Steingutkrug, dicht wie der Knüpfteppich in schweren Falten vom Tisch gerückt ist, sitzt die Gesellschaft beieinander, um den Handel auf blanker Platte auszumachen. Nicht umsonst nähert sich das Bild der Quadratform, dem massivsten, kompaktesten Format. Fast brutal schlägt die Hitze der Menschenleiber aus dem Gemälde. Das Licht ist in warme Farben hineingemalt; in die Decke, von schweren roten Streifen geädert, sind große Ockerblumen geflochten; das Kuppelweib ist ganz schwarz, der Umhang des Kavaliers schwingt sich in dunkelstem Weinrot durch den Vordergrund, grünsamten schimmert es am Arm des Trinkers auf, und über alles dröhnt der Kampf von Zitronengelb und schmetterndem Zinnober.

Im Leben des Meisters, von dem wir kaum mehr wissen, als daß er in Delft geboren wurde und dort mit dreiundvierzig Jahren starb, daß er früh heiratete und mit Geldaffären sich herumschlagen mußte – es ist möglich, daß im Leben dieses Mannes die Diana und das Bild der Kupplerin, wahrscheinlich dicht hintereinander gemalt, jenen Kreuzweg darstellen, auf den das Schicksal jeden Helden führen muß. Für uns hat er mit dem klar ausgesprochenen Ziel, die Malerei des Binnenraums zu vollenden, den schwereren Teil gewählt. Hat er aus einer tiefen Tradition heraus entschieden? Wie in einen heiligen Schrein, so schloß Jan van Eyck die Lucca-Madonna in den Bürgerraum seiner Zeit ein, und es scheint notwendige Wiederkehr, wenn gelegentlich bei dem Delfter am Eingang eines Bildes die Trippen stehen wie auf jener Hochzeit des Arnolfini. Gleich wie bei niederländischen Gruppenporträts, diesem wahrhaft demokratischen Bildthema, die einzelnen Menschen nebeneinander gereiht sind, verschieden und doch gleichwertig auf derselben Höhe ruhiger Bedeutung, so ordnet Vermeer vor den kühlen Wänden, zwischen dem Fliesenboden und der Balkendecke seine Welt zum Kosmos, wahrhaft ein Schöpfer seiner Geschöpfe.

In dem Innenraum Vermeers wird die Tiefe, diese eigentliche Zerstörerin jedes Bildes, nicht wegeskamotiert, sondern deutlich und eben deshalb unschädlich gemacht. Es gelingt ihm, das Hier und Dort zu einer unzweifelhaften Einheit zusammenzuschmelzen. Trotz Tischkanten, raumanweisenden Stuhllehnen, trotz den jäh zum Hintergrund sich verkürzenden Wänden bleibt das Ungeduldige des Barocken, was solches Verfahren eigentlich impliziert, in Ruhe gebändigt. Die Tiefenlinien werden aufgefangen, sie machen einen Teil der Fläche aus. Hier liegt genau des Delfters optische Leistung.

Es wäre falsch, zu leugnen, daß man ihm dabei manches vorrechnen kann, etwa die übertriebene Silhouette des Soldaten auf dem Londoner Gemälde, den breiten Vorhang, der in stolzer Diagonale das Atelierbild durchschneidet, den Fensterflügel auf der Braunschweiger lustigen Gesellschaft, oder gar jenes Stück Seide, das mit illusionistischer Absicht bei dem Dresdner Brief angewendet wird. Kurzum seine Vordergrundfreudigkeit. Doch liegt hierin zugleich die Besonderheit im Charakter der Vermeerschen Bilder. Sie rechnen nicht mit dem Beschauer. Der Maler ist selbst in den reinen Zimmern zugegen; sein Auge gibt, wenn schon die Tiefe eine Antwort braucht, die Erwiderung. Ihm selbst lächelten die Mädchen befangen und auch ernsthaft zu, vor ihm, in seiner Gegenwart spielten sich die kleinen Szenen des vertraulich galanten Alltags ab, aus denen andere die Gloriole des Bürgertums, das Genrebild gewannen, denen Vermeer jedoch die Würde gab, weil er die Pointe wie ein überscharfes Gewürz gemieden hat. Die Frauen regen sich leise; aus der sanften Gewohnheit bürgerlicher Ordnung heraus; niedergeschlagenen Auges, ganz bei ihrer Hände Arbeit. Sie reden nicht an. Sie sind für sich; Gewächse, die, auch unbetrachtet, im Licht sich dehnen.

II. IN ME IPSUM
KÜNSTLER ÜBER SICH UND IHR WERK

Ernst Barlach

Ein selbsterzähltes Leben

Ich fange an zu organisieren

Paris entließ mich im Frühling 1896 ein bißchen frisiert. Der Bocksbart, den ich schon in Dresden kultivierte, war gewachsen, wie bei Garbers und so manchem Bildhauer und Maler unseres Kreises. Die Kameradschaft, der ich mich angemengt, hatte mir wohl etwas Landläufiges mitgeteilt – der Thüringer Wald, wohin ich mich zunächst wandte, ebenso wie meine Mutter, staunten nicht über solche Belanglosigkeit, ich war mir übrigens gründlich gleichgeblieben, hatte bitterwenig gelernt und gar nichts vergessen. Ich fuhr, als sollte es nur immer so weiter gehen, fort, am Geisterroman zu schreiben, trieb mich umher, hing wie ein frischer Schinken und räucherte an in der langsam garmachenden Zeit und bewies, da der Knüppel beim Hund lag, eine gleichbleibende Hartnäckigkeit im Beschicken von Redaktionen mit Zeichnungen, denn mein Geld war verbraucht und die Sorge, die ich selbst ernstlich nicht kannte, begann meine Mutter zu beunruhigen. 1897 berief mich Garbers auf vier Monate nach Paris zurück, um eine Figurengruppe mit Faltenwürfen und Hand-, Kopf- und Fußdetails in meiner schlecht überbietbaren Fingerfertigkeit zu versehen. Er entgalt mir die Leistung nach Gebühr, und ich konnte wiederum einige Zeit in Friedrichroda bleiben.

Es begab sich irgendwann bei arglosem Hin- und Hertreiben eine Abkehr vom unbedachten Hinnehmen jeder Zufallsform. Ich fiel – wenigstens gelang das erst einmal, später nochmals und am Ende nicht ganz selten – dem Erlesen zu, sei es einer entschiedenen, starken, grotesken und lieblichen Form oder dem nachspürenden Ahnen eines leisen, humorigen oder wüsten Wertes hinter der Alltagsmaske. Zaghaft genug fing ich an wegzulassen, was zur Stärkung einer unklar gewußten oder gewollten Wirkung nicht beitragen konnte, war nicht mehr schlechthin Dulder und Diener des sichtbaren Seins. Es unterlief mir die Frechheit, es zu organisieren, wobei nun freilich die Weiterfahrt oft genug stockte und ich nichts anderes vermochte, als vom gedachten Organisieren in einen ornamentalen Schwung und Schwall zu verfallen. Zwar hatte ich viel gesehen, aber es war geschehen, ohne Schliff und Politur des Urteils und Gewissens zu fördern.

Wie ich als Schüler mit Düsel durch das Stargarder Tor in Neubrandenburg eingewandert kam und umschauend nicht mehr als einen stumpfen Blick auf den Orgelsturm dieses Architekturgefüges getan hatte, wie ich alte Dome und Kathedralen, alles Edelste, was durch Bau an Majestät zur Welt geboren war, vorwiegend als Rarität, als Brut- und Nistgelegenheit für alle Arten von romantischer Vorstellung oder als Anlaß zu empfindsamer Schwelgerei, als Nährboden jedes Überschwangs ansah, so war das Verhalten des scheidenden und erkennenden Ichs vor der Natur bedauerlich infantil geblieben.

In Friedrichroda noch fiel inmitten des pastoralen Ablaufs der Jahreszeiten Verzweiflung mich an, Marterung aus Unlust an mir selbst und immer neues Gerichthalten und Verworfenwerden, wovon ich gut tue, Einzelheiten zu verschweigen. Pest schlug meine Getrostheit, es gab Bruch mit Behagen, und Vertrauen ins Sein ward ein fragwürdiges Ding, das sich bequemen mußte, zu kuschen.

Auch der allgemeine Barlachsche Familientrost bekam Falten im Gesicht und mußte seine jugendliche Glätte drangeben; meine Brüder schlugen sich in Rußland oder Amerika durchs Leben, Heil und Unheil jagten sie hin und her, die beiden Jüngsten zerbrachen endlich an der Fremde, Hans kämpfte sich hinauf, nur um desto furchtbarer zu stürzen.

Überhaupt kommt mir der fernere Wechsel von Zeit und Ort immer mehr wie das Vorwärtsstürmen in einer heulenden Unfaßlichkeit, wie Not und Drang zu gesolltem Wollen vor, gegliedert durch Atempausen der Stille und des Ruhens in Freiheit, Dürfen und bewegtem Schweigen.

Bis 1900 etwa blieben meine und Garbers' Nöte miteinander verkettet. Ich experimentierte und suchte meinen Weg zwischen den abgesteckten Grenzen seiner Aufträge im Hamburg-Altonaer Felde. Wir gewannen in gemeinsamer Konkurrenz die Anwartschaft auf ein Werk von plastischer Maßlosigkeit. Es handelte sich um die Ausgestaltung des Rathausmarktes in der Umgebung des Schillingschen Kaiserdenkmals, ein Sturm von wasserkantiger Unbändigkeit sollte entfesselt werden. Aber wir waren geschäftsunkundige und undiplomatische »djunge Leute« und wurden mit der Begründung vom Plan der Vorgänge gewiesen, daß man von plastischer Ausgestaltung der Anlage abzusehen durch Beschluß der Kommission übergegangen sei. Als wir dergestalt verblüfft vor der Tür standen, beschloß man drinnen, den Beschluß aufzuheben und übergab Schilling unseren Gesamtplan, welcher Schilling unsern Gesamtplan zur Hand nahm, leerte, verödete und glatt und reif machte. Darüber ward ich fuchswild und verzog von Hamburg nach Berlin. Später fütterte man uns mit einem Trost in einem Auftrag für die Gestalt eines Neptun-Riesen auf dem Gebäude der Hamburg-Amerika-Linie, ein zurechtgehadertes Ding von grotesker Zusammenhanglosigkeit. Diesen letzten besinnungslosen Ausfall will ich nicht ableugnen.

Als ich dann in Wedel niedersaß, einen bequemen Laden in der Kuhstraße als Atelier bezogen, ein paar Grabplatten aus stiller werdendem Gemüt bedächtig gefördert hatte, als ich im Verborgenen ein Drama zu schreiben begann, war wohl endlich ein Anfang zum Lassen des grenzenlosen Beliebens und Gestaltung der überschätzten Absonderlichkeit gemacht.

Karl Scheffler hatte als Kritiker während des kurzen Berliner Aufenthalts einen Blick auf meine Arbeiten getan. Er zuerst setzte sich für die Publikation einiger Zeichnungen und Plastiken ein, die in der »Kunst für Alle« erschien, mit Zusätzen seiner Feder, die mir den ersten Wink einer Hand aus der suchend drängenden Zeit gaben, von der ich nicht wußte, ob ich mit ihr oder weit seitwärts ihres Ganges als zielgerichtetes oder lose in seiner Daseinsschicht hängendes Treibstück hinflutete.

Mein Leben in Wedel ist wesentlich gezeichnet in dem Kapitel der »Wedeler Tage«, meines unfertig gebliebenen Seespeck-Romans. Es war immer noch übervoll von Schwäche, Irren, Maßlosigkeit und Verlorengehen an alles durchsichtig Ungestaltbare, voll Ungegorenheit und doch immer lauterster Hingebung an strömendes Geschehen und schwankende Weile. Auf der breiten Elbe fand ich die weiteste Lust und die beseligendste Selbsttäuschung.

Aber nachdem ich dann ein halbes Jahr als Lehrer an einer rheinischen Fachschule für Keramik zwar tätig gewesen, aber fruchtlos und unlustig, saß ich 1905 wieder in Berlin. Hier gings nun allerdings heillos her; ich wußte, daß ich in einer Hölle saß, und saß darin ringend um die tagtägliche Überwindung des Bewußtwerdens meiner ganzgänzlichen Überflüssigkeit.

Ich stellte eine kleine Bronze aus und ging, sie in der großen Ausstellung zu sehen, doch war sie so gut verborgen, daß ich sie nur schwer ausfindig machte – eine Halbheit, kein voller Ton, nichts von dem, was ich als Mindestes zu sehen erwartete: wenn auch nußgroß, so doch ein Stück unbedingter und wenn nötig unbarmherziger Selbstverständlichkeit. Als ich ihrer gewahr wurde, erlag ich dem schwersten Überdruß an all diesem fruchtlosen Mühen. So saß ich danach im Café Bauer und fand mich im Dunkel des seitlichen Schiffes verborgen, unsichtbar, so recht am gebührenden Platz, keiner Beachtung würdig und ihrer kaum bedürftig. Es langte bei meinem Treiben mit dem abhandengekommenen Mut sooft kaum zum Aufstehen, am liebsten wäre ich um zehn Uhr früh schon wieder ins Bett geflohen, ich wirtschaftete ab, und das Leben ebbte mit so starker Strömung, als wollte es sich wie die Elbe beim Ostorkan entleeren. Und doch hatte sich in diesen dunkelsten Zeiten ein junges Leben auf den Weg gemacht, wie um meine Hand zu fassen und mich in ein ansteigendes Dasein zurückzuleiten.

Es war also keine große Kunst, mich zur Reise nach Rußland

zu bestimmen, als mein Bruder Niko, damals amerikamüde, mir bedeutete, ich hätte bis dann und dann meinen Paß zu beschaffen, sonst ginge er ohne mich. Wir reisten.

Ich finde freie Bahn

Schon als wir durch Warschau zum andern Bahnhof über die Weichsel fuhren, schüttelte mich die Beglücktheit des selig Erwachenden, der noch die Pein des mühsamen Sterbens nicht vergessen hat – ich sah, daß das Feld schnittreif meiner harrte.

Ich dachte: sieh, daß ist außen wie innen, das ist alles ohnemaßen wirklich. – Und trotz Fieber und endlosem Bruderzwist fraß ich wie ein Gezücht und Landplage alle Erscheinung von Stadt und Steppe in einen unersättlichen Hungersack, in der Glut eines andern Fiebers, einer Angestecktheit nicht durchs Klima, sondern aus unheilbarem Verfallensein, für das ich bis zur Wehrlosigkeit zugerichtet war.

Nichts Fremdes oder Bestürzendes – alles war mir wie lang vertraute Kunde, aufgeschlossen, preisgegeben, widerstandslos meinem Gefallen und Belieben erbötig.

Ich finde es überflüssig, mich gegen die Legende zu wenden, daß ich »erst durch Rußland« zum plastischen Ausdruck geführt sei – oder wie man sowas sonst formuliert hat. Die Tatsache besteht, daß die Wirklichkeit für mein Auge plastische Wirklichkeit war und daß ich mein bisher unbefriedigtes Bedürfnis mit mir heranführte, Bereitschaft und Fähigkeit zum Sehen nicht der andern, sondern der plastischen Werte. Rußland gab mir seine Gestalten, aber freilich und vermutlich bin ich nicht ohne Anteil an dem Sosein des endlichen Ausfalls, denn als ich zurückkehrte und die ersten beiden Bettler, diese Bettler, die mir Symbole für die menschliche Situation in ihrer Blöße zwischen Himmel und Erde waren, in Friedenau im alten Stübchen anlegte, drang der alte Zweifel zu: wird das nun auch endlich wirklich Plastik oder wieder Modellierarbeit? Restlich mußte doch nicht schlecht gekämpft werden, und der Dumme mag glauben, daß die in Rußland gewonnene Form aus der reichen Hand beiläufig und trinkgeldmäßig in meine Arme gelegt sei.

Form – bloß Form? – Nein, die unerhörte Erkenntnis ging mir auf, die lautete: du darfst alles Deinige, das Äußerste, das Innerste, Gebärde der Frömmigkeit und Ungebärde der Wut, ohne Scheu wagen, denn für alles, heiße es höllisches Paradies oder paradiesische Hölle, gibt es einen Ausdruck, wie denn wohl in Rußland eines oder beides verwirklicht ist.

Als ich heimkehrte, konnte ich meinen Sohn sehen, und während ich am ersten Tonbilde arbeitete, machte ich mich an das Drama vom »Toten Tag«.

Im Frühjahr 1907 stellte ich zwei von Mutz gebrannte Terrakotten in der Berliner Sezession aus.

Es gab ein Aufatmen in meinem Gemüt und einen hübschen kleinen Tumult in meinem Kopfe, als ich mit zwei solchen Püppchen, wie die feiste Bettlerin und der betend lamentierende Bettler waren, den Beifall eines halben Dutzend Männer fand, deren Urteil ich nur zu gerne als unzweifelhaft verläßlich ansah. Der über alle Maßen selbstlose August Gaul zeigte fast mehr Freude über diesen Anfang als ich selbst haben konnte. Er baute seiner erstaunlichen Produktivität gerade das Heim am Roseneck – ein Mensch, an dem Zeit und Weile vorüberglitten, als sei er ihnen nichts schuldig, immer voll der Muße einer rein unbewußt selbsttätigen unangetriebenen Seele, mit gleichzeitig arbeitenden Händen, waltend bei Telephongeschrei, Kindergeläut und dem Getrappel seiner kommenden oder scheidenden Besucher – Träger des geheimnisvollen Glücks, ohne Qual und Problem vollkommen in seiner Art zu sein. Bei ihm, an einem Sonntagnachmittag, wurde ich mit Paul Cassirer bekannt.

Ich hatte mich mit dem Esel und seinen kindlichen Tyrannen im Hof getummelt und ging hinein, um mich zu verabschieden. Gaul, Tuaillon und Cassirer standen qualmend im Dampf eines jener berühmten Gespräche, die auch damals schon der eine von ihnen begann, entspann, leitete, fortführte, belebte, erweiterte, verwickelte und auch beendete, wenn ein Ende unvermeidlich war. Cassirer kam mit mir ins nächste Zimmer und forderte mich auf, ihm Arbeiten zu senden. Da ich indes keine vorrätig hatte, so unterblieb auch ihre Absendung und es verging ein halbes Jahr, wo mich denn Cassirer zu einem Besuch aufforderte und mir ein Abkommen vorlegte, nach dem ich meine zukünftigen Arbeiten ihm übergeben sollte. Ich schlug zwar ein, und es war reichlich Grund vorhanden, um diese neue Gelegenheit zum Aufatmen in meinem Gemüt willkommen zu heißen, aber es blieb zwischen uns einstweilen bei einem sehr gewissenhaften Beobachten unseres Vertrages.

1909 bezog ich ein Atelier in der Villa Romana in Florenz, wohin ich eine vorbereitete Arbeit überführte, begann und beendete, und wo ich in unerschütterlicher Selbstgerechtigkeit, erst mit der Axt, dann mit dem Meißel in Holz weitere Stücke vorbereitete, begann und beendete.

Eines schönen Tages lag die majestätische, vielpfündige Inkarnation des Däublerschen Sterngeistes hinter den schmierigen Marmortischen des Café Reininghaus, lag da wie ein ausladendes Inkognito eines exotischen Machthabers breit im halbdunkeln Hinterhalt, im Versteck vor Hetze und Qual des Daseins, ein Alleswisser und Nichtsbesitzer, in seiner Höhle voll trauriger Behaglichkeit des Lebens ohne Lebensnotdurft froh. Das zwölfjährige Werden, das Ausstoßen des »Nordlichts« war vollbracht, aber die Zukunft des Nordlichts war dunkel, und Zweifel über das Kommen seines dreibändigen Leibes schüttelten Däubler und nährten seine chronische Panik.

Moeller van den Bruck saß im selben Sommer an denselben Marmortischen, hielt die Fäden der Verhandlung und zeigte in Däublers und eigenen Dingen den noblen Stolz eines Vertrauens, das sein Recht in der Absolutheit einer schaltenden Notwendigkeit erkennt. Noch im gleichen Sommer begann der Druck des Werkes, und es geschah mit wunderbarer Grandezza, daß Däubler dem korrekturlesenden Moeller-Bruck Verskatarakte und Sternstürze aus Weltkernen als unerläßliche Ergänzungen des Ganzen in die Hände schob.

Öfter zogen wir zusammen durchs toskanische Land und »arbeiteten«, wie Däubler das nannte, uns durch die Städte und ihre Offenbarungen. Wohl erkannte ich die Schönheit der italienischen steinernen Strenge, ihre edle Verstaubtheit, die silberne Schwermut der in Türmen kristallisierten Marmorbrüche, die Greifbarkeit des städtischen Behagens in der Fügung von Platz und Straße, das musikalische Formspiel des Raumes – aber an einem düsteren Dezembermorgen desselben Jahres stand ich seltsam ernüchtert wieder auf dem Potsdamer Platz. Es fröstelte mich vor der Unliebsamkeit von Ort und Stunde, aber ich spürte in ihrem Anhauch eine Aufforderung und Verheißung. Solche scheinbaren Abschreckungen mögen bärbeißig heißen und bewirken doch eine heilsame Hinlenkung auf das unverlierbare Eigene – ein frostiger Dezembermorgen kann ein Spiegel sein: wie man sich erkennt, so sei es hingenommen und so muß es durchlebt werden.

Cassirer saß mir an einem Tage des folgenden Jahres in seinem Zimmer gegenüber und befragte mich um den Grund meines zurückhaltenden Betragens. Ich offenbarte ihm den Gemütszustand eines besseren Wilden gegenüber seiner vielfach verknoteten und geschichteten Wesenheit. Darauf öffnete er den Mund und forderte mit natürlich heiterer Feierlichkeit mein Vertrauen, in einer geraden Unverhohlenheit, gegen die ein Widerspruch der letzten Instanz aus der Tiefe in mir nicht erfolgte.

Und wir wurden ein seltsames Freundespaar – nichts von »Paulchen und Gaulchen« wie zwischen ihm und Gaul, keinerlei restlos bequemes Hausen unterm Freundschaftsdach, und doch immer wieder freie Rückkehr zu unbedenklicher Offenheit.

Ich bin gewiß, daß ein Dorn an meinem Wesen in Cassirers Gemüt allzeit geeitert hat, aber der Spieler Cassirer hatte doch wohl ein wenig Bedarf nach der Verstocktheit in Abseitigkeit, Menschenflucht und Ruhe im Herrn der Herrlichkeit, der da preislich und pomadig waltet und seiner Kinder keines verkümmern läßt. Der Spieler Cassirer, der Händler, der Herr über ein Heer von Parolegläubigen, der Strumbock im Gewühl und Austrag der Meinungen, der erfolgreichste Perlenfischer und schlaueste Einfädler und Anstifter bei der Heimführung von

Überschüssen, der Preisgeber und Bewahrer seines Selbst in großem Format, war zugleich der böse Bruder des Künstlers Cassirer und des so leicht zu beglückenden, sich selbst selig preisenden großen Kindes Cassirer, der den bösen Bubenstreichen so arg zugetan war und dionysisch durch die Welt zu brausen begehrte. Sein eigener böser, auftrumpfender und beinstellender Bruder zu sein, war Paul Cassirers tragisches Geschick.

Er baute und er redete in Zungen, zu schreiben, behauptete er, vermöge er nicht. Er sprudelte und schwamm am liebsten im Strom seiner siedenden Rede, und es würde eines dicken Bandes bedürfen, um seine Berliner Späße, seine Kriegsgeschichten, seine Händlerromane, seine erlebten Kostbarkeiten im Verkehr mit Wedekind, Liebermann, Corith und – ein Dutzend der besten Namen müßte folgen – vor dem Vergessenwerden zu behüten.

Zweierlei muß ich noch unterstreichen, einmal, daß er darunter litt, Nutznießer von Künstlern genannt zu werden, denen, die ihm so verwandt waren, mit denen er, wie der Hamburger sagt: aus einer Buttel trank, und weiter, daß er verwegen war wie selten einer. Seine Tapferkeit dürstete nach der Nähe der Gefahr, da, wo er die bestmögliche Unmittelbarkeit der Entscheidung witterte, wo kein Schild deckte, keine Anonymität schäbig schützte, nicht wo im bombensichern Unterstand das grobe und klare Abmachen verschlissen werden konnte, fühlte er sich wohl. Gewiß hat er sein Recht nach eigenem Befund zugerichtet, aber zum Kneifen war er nicht geschaffen, und mit unmäßiger Risikofreudigkeit stellte er sich in den Brennpunkt der Entscheidungen.

Er trieb meine Lämmer auf die Weide, meine erbärmlich frierenden plastischen Erstlinge, und, da er einmal die Hände rührte, so klinkte er zugleich ein Pförtchen für etwas anderes von mir auf. Als er mich aufforderte, ein lithographisches Werk für die Panpresse beizusteuern, erwähnte ich ein »Drama«, das man vielleicht als Gerüst zur Aufreihung von Motiven benutzen könne. Er zuckte weder mit der Wimper, noch zögerte er einen Augenblick mit der Antwort: »Na ja, also zeichnen Sie,«

Ich lithographierte, und die Mappe wurde eine regelrecht

viereckige, normale und einstweilen unverkäufliche Mappe, einschließlich eines Textbandes zum »Toten Tag«. Dieser Band sah aus, als wäre er gefunden und der Finder hätte ihm in der geräumigen Mappe einen vorläufigen Unterschlupf angewiesen. Cassirer, sonder Mitschuld an dem Drama, das er nicht gelesen, begann ein generöses Herumschenken in Stadt und Land, und der Textband, warm geworden im Nest, gab sich drein.

Der lange Schicksalsweg meiner Mutter schien nun abgelaufen. Im Jahre 1900 war sie zu meinem Bruder nach Texas auf die Hungerfarm gegangen, sie hatte sich müde gekämpft und suchte bei Joseph in Seattle vergeblich, was sie nie finden sollte, die leise glimmende Freude im Teilhaben eines am Leben des andern bei gemeinsamer Not und bescheiden bemessenem Glück. Kein noch so erbärmliches bißchen Heil ließ sich ihnen herab – wenn die Zucht ihrer Jahre unterschiedlich geriet, so war sie es gewiß nur im verschiedenen Grade der Dürre, von fetten hat sie nichts zu spüren bekommen; wenn es einen Wechsel gab, so wechselten die schlimmen mit noch schlimmeren. Schicksal teilte mit vollen Händen aus, aber mit keiner Gutes.

Zurückgekehrt, erkrankte sie und lebte lange wie sterbend, zog endlich nach Güstrow und empfing von mir in ihre kraftlosen Hände meinen Sohn zur Erziehung. Sie hatte Kraft, zu wollen, und bekam die Kraft, es zu vollenden.

Max Beckmann
Briefe im Kriege

V., d. 11. 5. 15.

Ich male ein neues »Fresko«, das Personal der Badeanstalt darstellend. Es gibt mir Gelegenheit, mir die Leute, die ich um mich sehe, zu notieren, was teilweise sehr humoristisch ist. Ich zeichne würdige, Habyschnurrbart tragende Unteroffiziere, groteske Belgierinnen, neidische Krankenpfleger usw. Ein heftig spröder Stoff, der leicht zum Anekdotischen verleiten könnte.

Ich habe eine solche Passion für die Malerei! Immer arbeite ich an der Form. Im Zeichnen und im Kopf und im Schlaf. Manchmal denke ich, ich muß verrückt werden, so ermüdet und quält mich diese schmerzliche Wollust. Alles versinkt, Zeit und Raum, und ich denke nur immer, wie malst du den Kopf des Auferstandenen gegen die roten Gestirne am Himmel des Jüngsten Tages. Oder wie bringst du es fertig, den Schnurrbart des Unteroffiziers D. und seine rötliche Nase zu einem lebendigen Ornament zusammenzuschmelzen, oder wie wirst du jetzt Minkchen malen, mit emporgezogenem Knie, auf die Hand den Kopf gestützt, gegen die gelbe Wand mit ihrem Rosa, oder das glitzernde Licht, das sich in dem blendenden Weiß der Fliegergranaten am bleiweißen Sonnenhimmel spiegelt, und die nassen, scharfen, spitzen Schatten der Häuser dazu, oder, oder ich könnte vier Seiten so fortschreiben, wenn ich nicht schlafen müßte, um den hundersten Teil von all diesem wirklich malen zu können.

Es ist mir ganz recht, das Krieg ist. Was ich bis jetzt gemacht habe, war alles noch Lehrjahre, ich lerne immer noch und erweitere mich.

Heute nacht träumte ich, daß Deine Mutter gestorben wäre. Ich habe in meinem Leben niemals solche Schmerzen empfunden. Es erinnert mich daran wie ich mal geträumt hatte, ich müßte irgendwie auf immer von Dir getrennt werden. Da hatte ich ähnliche Empfindungen. Im wirklichen Leben frißt mich die Malerei. Ich armes Schwein kann nur im Traum leben.

V., d. 14.5.15.

– Seitdem ich draußen im Feuer war, erlebe ich jeden Schuß mit und habe die wildesten Visionen. Die Entwürfe für Platten, die ich radieren will, schwellen an wie ein Sieg in Galizien.

V., d. 19.5.15.

Albert Weißgerber ist im Westen gefallen. Es hat mich sehr erschüttert.

Auch daß es mir noch immer so gut geht. R. schrieb sehr traurig.

V., d. 20.5.15.

– Ihre Schwester, die Besitzerin des Lokals, zeichne ich schon andauernd, bin aber mit dem Resultat noch nicht zufrieden. Immer habe ich noch diese einfache Größe und diesen schweren, tragischen Ausdruck nicht erreichen können. Ihr Mann ist in Kairo, schon vier Monate vor Ausbruch des Krieges bei einer belgischen Maschinenfabrik. Seit Kriegsausbruch ist sie ohne Nachricht von ihm. Im Lehnstuhl sitzt ihr alter, so langsam sterbender Vater, der mit der Wassersucht kämpft. Er stöhnt und hat den Kopf mit dem offenen Mund nach hintenüber gelegt. Wundervoll ist der Ausdruck in diesem verlöschenden Gesicht. Ich zeichne ihn immerzu und trinke dazu Kaffee. Ein amüsanter kleiner Junge von reizvoller Häßlichkeit sieht mir immer aufmerksam zu und erinnert mich an Peter.

V., d. 21.5.15.

– Heute habe ich vor ganz infamen Gefühlen mehr Schweiß vergossen, wie bei der heißesten Landpartie. Daß das Nest, in dem wir hielten, bis auf die Knochen kaputtgeschossen war, rührt einen nicht mehr sehr. Es ging auf eine flache, überwachsene Anhöhe los, an einer fingierten Artilleriestellung vorbei. Es war schwül, und Gewitter lag in der Luft. Rechts und links durchsichtige Gehöfte, fein sauber skelettiert.

Ich muß sagen, ich hatte mir eine relativ ruhige Lustpartei vorgestellt, und als man anfing von Schützengraben zu sprechen, wurde meine Stimmung nicht gerade kühler.

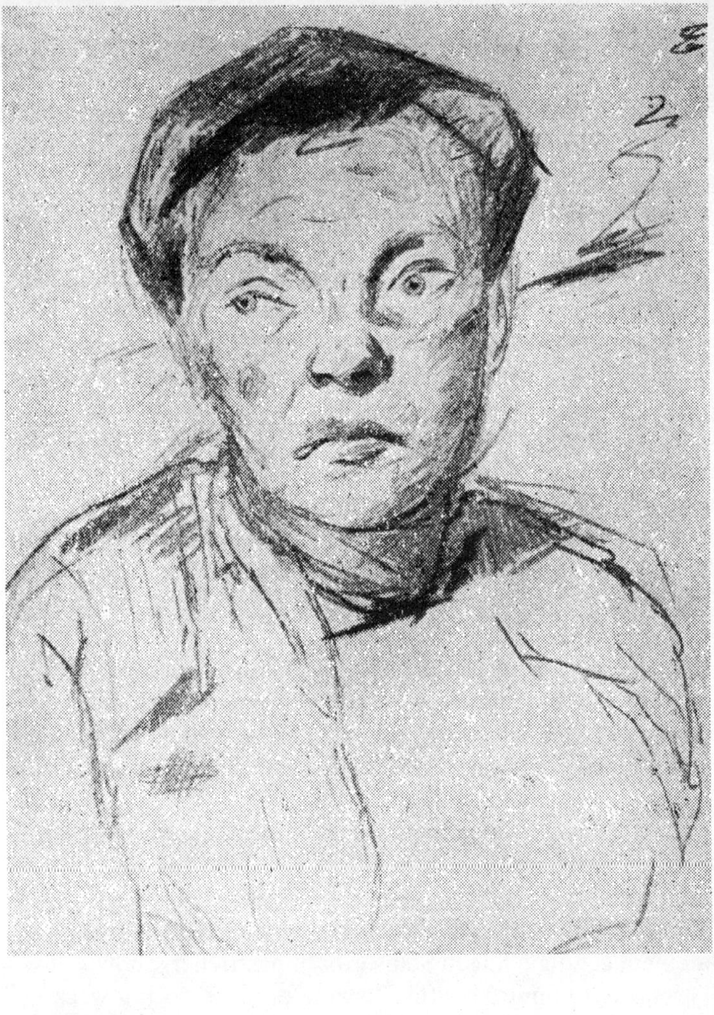

Na, wer A sagt, muß auch B sagen, denn man los! Links und rechts heulten unsre Abschüsse. Oben auf der Höhe zeigte uns der Major die Gegend und die feindlichen Stellungen, von denen aus wir hier – wie er freundlich sagte – eingesehen werden können. Und richtig, mit einem undefinierbaren Geräusch, wie von einer Biene oder einem sehr schnell fliegenden Vogel, sauste etwas vorbei. Ich hatte das Geräusch schon bei meinem Besuch in einem andern Waldschützengraben kennen gelernt und wußte, was es bedeutete.

Es ist schaurig und unangenehm. Alle Fibern meines Körpers spannten sich und sahen und fühlten nach dem, was danach kommen würde.

Sehr amüsant sind die grotesken Bewegungen, die die Menschen machen, wenn der Tod vorbeifliegt. Nur der Major veränderte sich nicht, sondern schritt ruhig weiter, dem 2–300 Meter entfernten Annäherungsgraben zu.

Sie schienen uns wirklich gesehen zu haben, und eine Kugel nach der andern sauste über und neben uns hinweg. Jetzt noch, während ich dies schreibe, fühle ich dieses fatale Geräusch. Es ist von einer unbarmherzigen Schärfe und hat etwas Böses im Klang.

Schließlich gelangten wir in den Graben, aber immer wieder, und jetzt sehr oft sausten ein Meter über uns diese Bienen vorüber.

Nach einem Stück Schlammweg im Graben erweiterte er sich zu einem tiefen Bach. Also mußten wir oben weiter. Der Major stieg ruhig hinauf – es handelte sich um zirka zehn Meter – und ging ungebeugten Hauptes seinen Weg. Ich verwünschte mein Dasein und erwog, ob ich nicht durch den Sumpf waten sollte. Schließlich siegte aber – ich weiß nicht, ob es Eitelkeit oder Reste von Menschenwürde waren. – Na also hup und rauf! Allerdings nicht in gerader Haltung, sondern mit krummen Rücken und eingezogenem Kopf. Natürlich gänzlich sinnlos, dachte ich, aber es war das einzige, womit ich meinem genotzüchtigen Selbsterhaltungstrieb irgendwie etwas vormachen konnte. – Pfui Deiwel! es hatte doch Zweck gehabt, kaum 50 Zentimeter dicht hintereinander ging's über mich weg. Wäre ich gerade gegangen, hätte ich den Sumpf geküßt!

Halb kriechend gelang ich wieder hinunter. Es war merkwürdig, in diesen paar Minuten empfand ich die heftigste Angst und doch den Rhythmus und die wilden, gespannten

Gesichter der Angst und des Entsetzens in den gespannten Muskeln. In mir und in den Menschen vor mir.

Wir kamen nun in die richtigen Schützengräben, wo ein Geschlecht von Menschen haust, das mit dem Leben abgeschlossen hat. Gestern war hier ein Korporal vor seinem Unterstand sitzend von einem Querschläger sofort tot. Mit dieser Mitteilung wurden wir begrüßt von einem famosen Hauptmann, während über uns weiter die Kugeln musizierten.

In Schlangenlinien wanden sich die Gräben, aus dunklen Höhlen sahen weiße Köpfe heraus – manche bauten noch an den Stellungen und überall mitten drin Gräber. An ihren Sitzen, an ihren Höhlen, ja zwischen den Sandsäcken steckten Kreuze. Eingequetschte Leichen. So anekdotisch es klingt – auf einem Grabe neben seiner Höhle briet sich ein Mann Bratkartoffeln.

Hier war die Existenz des Lebens wirklich zum paradoxen Witz geworden.

Was übrigens ja nicht sicher ist, ob es sonst nicht auch einer ist, wenn wir den Flammenkreis bedenken, der um uns rum brät. Ja eigentlich ist nicht einmal das nötig. Als meine Mutter starb, war die Welt für mich auch nicht anders. Überall das Mysterium der Leiche. Der Oberleutnant, von dem ich Dir neulich erzählte, mit den roten Haaren und dem graurosa Teint, ist drei Stunden später gestorben.

Als ich in dem Waldschützengraben war, brachten sie einen, der in unserer Nähe gefallen war und noch lebte. Eine schwer düstere Gruppe um den zuckenden um sich greifenden Menschen.

Wir sind so ungefähr eine Stunde lang in den Gräben gewandelt und gekrochen. Dann mußten wir durch einen Wald zurück, in den doch noch wieder Kugeln kamen, und mit lautem Knall platzten sie gegen die Kiefern.

Lothar-Günther Buchheim

Fernöstlicher See

Heute zeigt sich der See als eine untadelige Fläche, weißhell wie der Himmel. Kein Wind, keine Wellen. Die Sonne blendet mit weißen Blitzen vier Daumensprünge hoch am hellkobaltenen Himmel und blendet zuckend aus dem See heraus. Jetzt landet ein Entenpaar. Die Enten reißen eine Doppelspur aus scharf gleißendem Quecksilber in den Seespiegel. Das Gebirge im Süden schwimmt auf dem Dunst: ein Zackenkamm, nur schwach durch eine Nuance stärkeren Kobalts vom Himmelsgrund abgesetzt, aber nach unten ins Helle verfließend. Die Basis des Gebirges ist genauso hell wie der Himmel, das Gebirge hat kein Gewicht, es könnte aus hauchdünnem Japanpapier gerissen sein. So sollte ich es einmal darstellen: die Zackenkante reißen und dann die ganze Kante in Kobaltblau tunken, die Farbe nach unten verfließen lassen und den Streifen ins Bild kleben. Dann hätte ich die alte Not nicht mehr, daß mir der Zackenkamm auf dem feuchten Papier ausläuft.

Gegen die Sonne ist die Tauwiese glitzerweiß. Die Golfspieler sind noch nicht unterwegs. Ich kann mich ungestört mitten in das Geglitzer auf meine Gemüsesteige hocken und meinen Blick ringsum schweifen lassen. Ich fasse Meter für Meter ins Auge, vollführe einen Schwenk um dreihundertsechzig Grad.

Haubentaucher bilden mit jedem Kopfeintauchen neue Glitzerringe. Futtergierige Schwäne treiben mitten durch die auf dem Wasser blitzende Sonne heran. In ihrem Heckwasser geht sie in Trümmer. Japonaiserie – Chinoiserie. Man müßte das auf Seide malen. Kaum denke ich es, sehe ich auch schon hochformatige Rollenbilder vor der Seelandschaft. Warum nur haben die fernöstlichen Maler so viele Hochformate gewählt? Es muß wohl an der anderen Landschaftsstruktur liegen: ragende Felsen, tiefe Schluchten. Hier ist alles breitgelagert. Ich brauche das Breitformat. Jetzt läßt vom Wasser aufsteigender leichter Nebel die Ferne verschwimmen – ein Anblick, den ich genieße, den ich aber nicht malen mag. Für solche Verweigerung habe ich guten Grund: das Diffuse, mit dem das Aquarell zum Kunstgewerblichen hin lockt, das nicht klar Definierte, nur halb Ausgesprochene, jenes »geheimnisvolle Weben« und Farbfließen ist mein Fall nicht. Ich will klar durchschaubare Mittel einsetzen. Den Blick auf San Francisco habe ich in solcher Nebelstimmung gemalt und dann das Blatt, noch ehe es trocknen konnte, zerrissen und »pfui Teufel!« dabei gesagt.

Also keine Mätzchen, keine unkontrollierten Effekte, kein »zartes« Verfließen, nichts Nebuloses, kein Verschwimmen.

Nolde? – Na ja! Kirchner ist mir, auch wenn er auf Papier arbeitet, lieber als Nolde. Ich habe nun mal die sprichwörtlichen »klaren Verhältnisse« gern und mißtraue Japanpapiereffekten. Da spielt der Zufall zu sehr mit. Man malt im Atelier fünfmal die gleiche Woge – auf einem von den fünf Blättern läuft die Farbe dann schon richtig. Trotzdem – es gibt ein paar Blätter von Nolde, vor denen ich den Atem anhalte. Ich habe mich schon gefragt, ob ich am Ende meine Aversion gegen jene Kunstsammlergemeinde, die Noldes Farbräusche anhimmelt, auf Noldes Blätter übertrage und ihm damit unrecht tue. Braques Verdikt, das ich von ihm als junger Mann erfuhr, Nolde sei überhaupt kein Maler, da fehle alles, was Malerei ausmache, wirkt wohl auch noch nach.

In meiner Jugend Maienblüte habe ich ungeheuer genau gezeichnet. Es ging mir um jeden Riß im Brett, jeden Stich der Schusterahle. Jetzt suche ich nach Kürzeln. Nicht so simplen, wie sie Stenographen gebrauchen – gerade davor gilt es sich zu hüten: keine Stereotypen! Bei Chi Pai Shih habe ich zwar wiederkehrende Kürzel entdeckt – aber sie behielten trotz ihrer Gleichheit Leben. Ein großer Meister, unübertrefflich, wenn er nur Pinsel und Tusche benutzte, also auf Farben verzichtete. Mit bloßen spontanen Tuschlavierungen konnte er alles suggerieren: den Yang-tse-kiang im Morgendunst, einen Wasserfall hinter Kiefern, Karpfen im Schilf, einen Korb voller Krabben...

Langes Wählen gibt es bei mir auch nicht. Mal setze ich mehr Schwarz, mal mehr Farbe. Manchmal will ich den spröden Strich – dann lasse ich das Papier trocken. Wenn ich den weichen Strich will, feuchte ich es an, manchmal nehme ich auch den triefenden Schwamm, um es richtig einzuweichen. Aber all das geschieht eher intuitiv als bewußt.

Obwohl meine Mittel klar zutage liegen, betreibe ich natürlich auch auf meine Weise Augenwischerei. (Alle Malerei ist schließlich Täuschung, weil mit Zweidimensionalem Dreidimensonales vorgespielt wird). Auch ich habe meine Tricks. Einmal bin ich auf einen besonders raffinierten verfallen: Beim stürmischen Malen wollte es mir nicht gelingen, das Gitter der hellen Birken im Moor auszusparen. Jeder Versuch endete in penetranter Kleinlichkeit. Da nahm ich ein neues Blatt und einen Wachskerzenstummel und setzte mit seiner scharfen Kante unsichtbare Birkenstriche (wie ein Geheimdienstler). Als ich dann mit dem breiten Pinsel voll von Grauviolett für das Gebüsch hinter den Birken darüber hinfuhr, nahmen die wachsberührten Stellen die Farbe nicht an, der Papiergrund blieb stehen – meine Birken waren da!

Manchmal spielt die Natur selber aufs reizvollste mit: Auf einem Blatt hat der beginnende Regen seine Signatur hinterlassen. Er hat sich in die Gewitterwand, die ich mit Paynesgrau breitpinselig hingestrichen hatte, hineingefleckt. Die ersten schweren Tropfen sind als hellere Flecken in mein Bild integriert. Oder: Fächerige Eiskristalle, zu denen mein Malwasser zusammenschoß, als der Pinsel kaum die eiskalte Papierfläche befeuchtet hatte – sie malten im warmen Atelier selber weiter. Sie durchdrangen sich – ich hatte mehrere Schichten in verschiedenen Tönungen auflasiert – beim Tauen. Die Farben mischten sich, obwohl ich ja längst zu malen aufgehört hatte. Aber jetzt griff ich noch einmal ein: Ich trug mein Malbrett wieder in die Kälte, unterbrach den Tauvorgang, das Papier konnte wieder saugen, und so gelang mir, das Abbild der Eiskristalle im Himmel über meine Moorlandschaft wie einen Naturselbstdruck (so hieß ein altes Abpreß-Druckverfahren) zu fixieren.

Dschunke – Makau

Hongkong – Blick zurück

Papier, Wasserfarben, Tusche – weiß Gott karge Mittel, die ich mit mir um den Erdball schleppe, um seinen Reichtum einzuheimsen. Auch im Flugzeug trenne ich mich nicht von meinem Werkzeug. Die Mappe mit dem Malbrett und dem Papiervorrat hat die Stewardeß direkt hinter dem Cockpit untergebracht. Aber ich spüre das Gewicht der Mappe noch lange im linken Arm. Ich brauche verschiedene Sorten Papier, weißes und getöntes. Auf kleinem Format mag ich nicht arbeiten. Ich muß genug Vorrat haben, denn wo sollte ich in der Südsee Papier mit dem richtigen Korn auftreiben? Meine Wasserkanne aus Plastik und das Dreibein fürs Malbrett liegen mitsamt dem Stockwagen und der Kameratasche unter dem Sitz verstaut.

Hongkong heißt: duftender Hafen. Als wir anfliegen, macht es seinem anmutigen Namen keine Ehre: Schwarzviolette Gewitterwolken fezten am Kabinenfenster vorbei, Blitze flackern. Es wird dunkel, als wäre es Nacht. Wie soll der Pilot in diesem Turmult die schmale, ins Wasser gebaute Betonpiste finden? Die Maschine rüttelt, empfängt heftige Stöße: Es ist, als stünden wir fest und würden von tosenden Schwällen überdonnert. Aber jetzt kippt die linke Tragfläche weg – mit gedrosselten Düsen kurven wir tiefer in diesen blitzdurchzuckten Aufruhr hinein. Die Nähe der Berge! Der Peak! Plötzlich erkenne ich beim angespannten Hinausstarren in Sekundenbruchteilen gischtendes Meer, und schon spüre ich das Aufbumsen. Sofort danach das rasende, wie schmerzgepeinigte Aufheulen der Düsen. Heftiges Vibrieren der Maschine im Gegenstrom. Wassersträhnen quer übers Bulleye: Der Himmel schüttet sich aus. Bleiche Gesichter. Kaum einer wagt ein verlegenes Grinsen: Wir sind in der Kowloon-Bucht auf dem Kai-Tak-Flugplatz gelandet.

Die Hongkonger Waterfront zieht mich an. Hier brauche ich nicht nach »Motiven« zu suchen, keine Impressionen zu ködern. Die Bilder überfallen mich, immer neue packen mich wie ein immerfort wiederkehrender Wogenanprall. Aber als ich mein Dreibein aufstelle, um das Gewimmel von Dschunken, Sampans und Lastträgern, die Bananen aus Taiwan auf dem Pier stapeln, zu malen, trifft mich die Sonne wie ein Hammer. Die feuchte Hitze ist mörderisch. »Tropisches Monsunklima« heißt das schlicht im Reiseführer. Das ist das Elend: Gegen die Hitze ist der Mensch wehrlos. Gegen Kälte kann man sich wappnen, kann sich vermummen. Da läßt sich gradweise dagegen ankommen. Binsenwahrheit: Weiter als bis auf die Haut kann der Mensch sich nicht ausziehen. Ein Hoch auf unser heimisches Klima! Keine Klage mehr über den Föhn, die Wetterumschwünge! Umschwünge geben Hoffnung. Hier schwingt nichts um: Auch für morgen darf ich getrost mit der gleichen Dampfbadhitze rechnen, die mich heute quält.

Ein paar Stunden später versuche ich es noch einmal. Diesmal habe ich ein Auto. Aber mit der schwarzen Staatskarosse ist im Gewimmel der Lastkarren bald kein Weiterkommen. Wir sind hoffnunglos festgekeilt. Keine Chance, bis an die Piers zu gelangen. So muß ich mich mit meinem sperrigen Malzeug durch Zäune zwängen, groben Bauschutt erklettern, über Kanisterreihen turnen, bis ich einen Hügel aus Erdaushub erklimmen kann: welch ein Blick! Auf lehmgelbem Wasser ein Gewirr von Sampans mit grünen Sonnensegeln, überragt von behäbigen schwarzbraunen Lastdschunken, und im Vordergrund ein bewegtes Spiel bunter Spiegelungen.

Ich versuche Posto zu fassen, schraube in einem Zustand hochgespannter Erregung die Tuschflasche auf. Weg mit dem weißen Papier – das blendet zu sehr. Ich habe zum Glück noch gelbgetöntes Ingres. Wieder die beklemmende Angst vor dem ersten Strich. Ich rede mir zu: »Nu mach schon, los!« Durch ein paar energische Zeichen fixiere ich das Gewimmel im Hintergrund. Unversehens finde ich die rechten stenographischen Kürzel für Sampans und Dschunken, die schweren, wie bei alten Karavellen hoch übers Wasser ragenden Hecks, die merkwürdig nach achtern gerückten Großmasten. Diese herrlichen Dschunken – seetüchtig wie kein anderer Schiffstyp. Möglich, daß Amerika längst vor Kolumbus von Dschunkenkapitänen entdeckt wurde. Ich halte mich nicht auf mit Farbmischen, nehme die Farben, wie sie der Pinsel faßt – ungebrochen. Jetzt heißt's aufpassen! Den Grund stehenlassen, ihn nicht zumalen. Und ja nicht zögern! In Schwung bleiben! Eine Barkasse fährt vorüber, bringt die Sampans durcheinander. Nicht irritieren lassen! Ich habe die großen Formen ja schon. Mein Bildgefüge ist gesichert. Ich darf schon halb aufatmen. Und jetzt lasse ich die farbigen Reflexe auf dem braunen Wasser züngeln ... So braun muß auch der Vater aller Ströme, der Yang-tse-kiang, sein ... Und hier ein Strich und da ein Hieb: schwarze Tusche, Farbflecke. Die Halbwüchsigen, die jetzt neugierig heraufklettern, können mir nichts mehr verderben. Ich löse die Klammern, breite mein nasses Blatt auf den Boden. Die Burschen kapieren schnell. Sie schleppen von allen Seiten Steine herbei, um mein Aquarell ringsum zu beschweren. Ich brauche auf meinem Hügel nur eine Vierteldrehung zu machen, da trifft mich schon ein neuer Anblick: drei Dschunkenbugs hinter einer Mauer aus silbern blinkenden Kanisterkuben und darüber das scharfe Grün der Sonnensegel. Das Malbrett liegt wieder parat.

Die Burschen halten sich in Abstand, sie stören nicht. Sie erkennen wohl, wie ich mich plage: Mein Hemd klitscht schon am Körper. Ein Glück, daß ich meinen großen Reisstrohsombrero auf dem Kopf habe.

Ich bin verdammt gut in Fahrt. Heute läuft es bestens: Wie sich von einem Punkt aus die Plankenlinien der Dschunken schwungvoll auffächern! Und jetzt kommt ein zweites, sonores Grün ins Bild und dazu ein scharfes Orange: Neue Sampans drängen sich heran. Wie sich das fügt: Sie passen in meinen Bildbau, sie bereichern ihn sogar.

Als ich fertig bin, möchte ich mich zu Boden sinken lassen. Statt dessen stolpere ich mehr, als daß ich laufe, dem nächsten Schatten zu, in eine Schattenhöhle hinein. Die Neugierigen sind jetzt meine Diener, die mir Pinsel, Malbrett, Tuschflasche tragen. Das letzte, noch nasse Aquarell trage ich selber. Der schattige Laden gehört einem Gewürzkrämer, der mich höflich auf einen niedrigen Stuhl plaziert. Ich atme aus hundert Düften gemischten Gewürzbrodem. Schon habe ich eine taubeschlagene Colaflasche in der Hand. Nachbarn kommen. Aufgeregtes Tuscheln. Man hält mich offenbar für fieberkrank. Ich schlucke vor Rührung über soviel Besorgnis und stehe auf, damit alle sehen, daß ich mich auf den Beinen halten kann. Ich bin pitschnaß, natürlich – ich habe eben gemalt... hier: zwei Bilder. Ich kann sie nicht richtig zeigen, weil sie nicht trocken sind. Ich muß sie schräg halten, damit die Farben nicht verlaufen. Hier trocknet ja nichts. Jetzt wirft ein Jüngerer sich zum Erklärer auf und zückt den Zeigefinger: »Sampan!« – Alle nicken und staunen mich an wie ein Weltwunder.

Ich widerstehe den Lockrufen der Rikschamänner an der »Star Ferry«. Ich will mich nicht von diesen ausgemergelten alten Kulis durch die Hitze ziehen lassen und komme mir dabei insgeheim edelmütig vor. Abends muß ich mir von meinen englischen Freunden sagen lassen, daß ich mit meiner Weigerung, mich mit Körperkraft transportieren zu lassen, den armen Kerlen Verdienst entzogen hätte, mir also gar nichts einzubilden brauchte. Da habe ich wieder eine Lehre weg.

Paul Gauguin

Aus den Aufzeichnungen Noa Noa

Seit 63 Tagen bin ich unterwegs, und ich brenne darauf, im ersehnten Land anzukommen – Am 8. Juni erblickten wir seltsame, sich im Zickzack bewegende Feuer – Fischer. Vor einem dunklen Himmel erhob sich ein gezackter schwarzer Kegel. Wir fuhren um Moorea herum und entdeckten Tahiti – Einige Stunden später dämmerte es, und wir näherten uns langsam den Riffs von Tahiti, gelangten dort in die Fahrrinne und gingen dann unbeschädigt auf der Reede vor Anker – Für jemanden, der viel gereist ist, hat diese kleine Insel, verglichen mit der Bucht von Rio de Janeiro, nichts Zauberisches an sich – Einige herausragende Spitzen der nach der Sintflut versunkenen Berge, eine Familie hat sich dort hinaufgerettet und hat ein Geschlecht gegründet, auch die Korallen sind geklettert und haben sich rings um die neue Insel ausgebreitet.

Um zehn Uhr vormittags stellte ich mich beim Gouverneur Lacascade vor, der mich als einen bedeutenden Mann empfing, weil er an die künstlerischen Gründe meines Hierseins nicht glaubte, sondern in mir einen von der Regierung beauftragten Spion sah. Ich tat mein Möglichstes, um die versammelten Staatsdiener von dieser Idee abzubringen, es war nutzlos. Man glaubte, daß ich bezahlt worden wäre; ich versicherte ihnen das Gegenteil.

Zu jener Zeit war der König sterbenskrank, und jeden Tag erwartete man eine Katastrophe. In der Stadt ging Eigenartiges vor; in den Straßen lachten und sangen die Europäer, Händler, Beamte, Offiziere und Soldaten, wie immer, während die Eingeborenen in der Nähe des Palastes ernste Mienen trugen und sich mit gedämpfter Stimme unterhielten.

Und auf der Reede ein ungewohntes Treiben von Barken mit orangefarbenen Segeln, über die von den Riffs her oft silbrige Schauer hinweghuschten. Die Einwohner der benachbarten Inseln kamen jeden Tag, um beim Ableben ihres Königs zugegen zu sein. Folge seines Todes würde die definitive Inbesitznahme ihrer Inseln durch die Franzosen sein. Stimmen von oben hatten es ihnen angekündigt – (Wenn ein König stirbt, sagen sie, haben bestimmte Hänge der Berge bei Sonnenuntergang dunkle Flecken) –

Der König starb und wurde in Admiralsuniform vor aller Augen im Palast aufgebahrt.

Dort sah ich die Königin – Marau war ihr Name –, die den königlichen Salon mit Blumen und Stoffen ausschmückte – Als mich der Direktor der öffentlichen Arbeiten wegen der künstlerischen Ausgestaltung des Saales um Rat fragte, wies ich auf die Königin, die mit dem feinen Instinkt der Maori alles mit Anmut zierte, indem sie aus jedem Stück, das sie anfaßt, ein Kunstwerk macht.

Überlassen Sie es ihr, gab ich ihm zur Antwort.

Erst vor kurzer Zeit angekommen, ziemlich enttäuscht von der Realität, die von meinen Sehnsüchten und Vorstellungen so weit entfernt war, angewidert auch von dieser ganzen europäischen Trivialität, war ich wie blind. So sah ich in der alternden Königin nur eine dicke, gewöhnliche Frau mit Spuren früherer Schönheit. An jenem Tag wurde alles von ihrem jüdischen Einschlag überdeckt. Ich täuschte mich gewaltig. Als ich sie später wiedersah, begriff ich ihren maorischen Charme, ihre tahitische Wesensart gewann wieder die Oberhand, die Erinnerung an den großen Häuptling Tati verlieh ihr, ihrem Bruder und der ganzen Familie im allgemeinen etwas wirklich Beeindruckendes – In ihren Augen, wie eine unbestimmte Vorahnung, Leidenschaften, die jeden Augenblick hervorbrechen können – Eine Insel, aus dem Ozean auftauchend, Pflanzen, die beim ersten Sonnenstrahl zu sprießen beginnen.

Zwei Tage lang sangen die Hochzeitschöre. Alle in Schwarz – Totengesänge. Ich glaubte, die Pathétique von Beethoven zu hören.

Beerdigung von Pomaré – sechs Uhr morgens Verlassen des Palastes – Die Truppe, die Behörden, schwarze Kleidung, weiße Helme. Alle Distrikte marschierten auf, und ihre Kommandeure trugen die französische Flagge. Eine große schwarze Masse – so ging es zum Arué-Distrikt – Dort ein unbeschreibliches Monument in Kontrast zu der schönen Natur. Unförmige Haufen mit Zement verbundener Korallenstücke. Rede von Lacascade in bekanntem Klischee, danach vom Dolmetscher übersetzt. Ansprache des protestantischen Pfarrers, anschließend Erwiderung von Tati, dem Bruder der Königin –

Das war alles – Klapprige Wagen, in die sich die Beamten zwängten wie bei der Rückkehr von einem Rennen.

Unterwegs, im bunten Gewühl, gab die Unbekümmertheit der Franzosen den Ton an, und all diese Menschen, die mehrere Tage lang so ernst gewesen waren, fingen wieder an zu lachen, die *vahines* nahmen ihre *tanes* wieder am Arm, sie wakkelten mit dem Hinterteil, während ihre breiten nackten Füße den Staub des Weges festtraten. Beim Fluß Fataua angekommen, zerstreute man sich. An verschiedenen Stellen hockten, verborgen zwischen den Steinen, Frauen im Wasser, sie hatten ihre Röcke bis zum Gürtel hochgezogen, reinigten ihre vom Straßenstaub beschmutzten Schenkel und kühlten die von Marsch und Hitze geplagten Gelenke. Wieder hergerichtet, machten sie sich, mit erhobener Brust – die muschelförmigen Brustspitzen zeichneten sich deutlich unter dem Musselinkleid ab – und mit der Geschmeidigkeit und Anmut eines jungen, gesunden Tieres, erneut auf nach Papeete, rings um sich dieses Gemisch aus animalischen Gerüchen und Düften von Sandel und Gardenie verströmend – *Teine merahi Noa Noa* – jetzt sehr wohlriechend – sagten sie.

Das war alles – alles nahm wieder seinen gewohnten Gang. Es gab einen König weniger, und mit ihm verschwanden die letzten Überreste der Maori-Gebräuche.... Es war wirklich zu Ende – nur noch Zivilisierte.

Ich war traurig, von so weit gekommen zu sein, um.........
....

Würde es mir gelingen, eine Spur dieser so fernen und so geheimnisvollen Vergangenheit wiederzufinden; und die Gegenwart hatte für mich keine Bedeutung. Den einstigen Herd wiederfinden, das Feuer inmitten von all dieser Asche neu entfachen. Und dies ganz allein, ohne irgendeine Hilfe.

Wenn ich auch noch so niedergeschlagen bin, habe ich doch die Gewohnheit, erst aufzugeben, nachdem ich alles versucht habe, das Unmögliche wie das Mögliche. Mein Entschluß war bald gefaßt.

Papeete schnellstens verlassen, mich vom europäischen Zentrum entfernen. Ich hatte das vage Gefühl, daß ich, wenn ich ganz im Busch unter den Eingeborenen von Tahiti leben würde, mit einiger Geduld ihr Mißtrauen besiegen könnte – und daß ich *wissen* würde.

Ein Polizeioffizier bot mir freundlicherweise seinen Wagen und sein Pferd an. Eines Morgens machte ich mich auf den Weg, um eine Hütte zu suchen.

Meine *vahine* (sie hieß Titi) begleitete mich – fast eine Engländerin, aber sie sprach etwas Französisch. An jenem Tag hatte sie ihr schönstes Kleid angezogen, eine Blume hinter das Ohr gesteckt, und der von ihr selbst aus Zuckerrohr geflochtene Hut war über dem Band aus Strohblumen mit orangefarbenen Muscheln verziert. Das schwarze Haar fiel lose über ihre Schultern; so sah sie richtig hübsch aus. Sie war stolz, in einem Wagen zu sein, stolz, elegant zu sein, stolz, die *vahine* eines Mannes zu sein, von dem sie annahm, daß er wichtig und hochbezahlt sei. All dieser Stolz hatte nichts Lächerliches, schon die Form ihres Gesichts strahlte Würde aus. Alte Erinnerungen an die großen Häuptlinge (ein Volk mit einer so reichen Vergangenheit) —

Ich wußte sehr wohl, daß sie genau die Verführungskünste gebrauchte, die nach unseren europäischen Begriffen eine Hure ausmachen. Aber ein guter Beobachter sah mehr. Solche Augen und ein solcher Mund könnten nicht lügen. Allen ist die Liebe so sehr angeboren – ob käuflich oder nicht, es ist immer Liebe.

Dann wollte ich...

Der Weg war im großen und ganzen schnell zurückgelegt, einige belanglose Plaudereien und überall eine üppige, aber wenig abwechslungsreiche Landschaft. Zur Rechten immer das Meer, die Korallenriffe und glatte Flächen von Wasser, das beim allzu heftigen Aufprall auf den Felsen wie Dampf in die Höhe stieg.

Am Mittag erreichten wir den 45. Kilometer, den Distrikt von Mataiea.

Ich besuchte den Ort und fand am Ende eine recht schöne Hütte, die mir der Besitzer zur Miete überließ; er würde sich daneben eine neue bauen, um darin zu wohnen.

Bei unserer Rückkehr am nächsten Abend fragte mich Titi, ob ich sie zu mir nehmen würde –

Später, in ein paar Tagen, wenn ich eingerichtet bin.

Es war mir bewußt, daß diese Halbweiße, abgeschliffen durch ihren Umgang mit vielen Europäern, niemals meine Erwartungen erfüllen könnte. Ich werde Dutzende von ihnen finden, sagte ich mir. Allerdings – auf dem Land ist es ganz anders als in der Stadt.

Und muß man sie immer noch nach Maori-Sitte nehmen *(Mau Saisis)*? Und ich konnte ihre Sprache nicht.

Die wenigen jungen Mädchen von Mataiea, die nicht mit einem *tane* (Mann) zusammenleben, sehen einen so offenherzig, Achtung fordernd und ohne jede Angst an, daß ich ganz eingeschüchtert war. Und von vielen hieß es, sie seien erkrankt – An jener Krankheit, die ihnen die zivilisierten Europäer als Gegenleistung für ihre großzügige Gastfreundschaft mitgebracht hatten. Nach einiger Zeit ließ ich Titi wissen, daß ich glücklich wäre, wenn sie wiederkäme. In Papeete hatte sie allerdings einen sehr üblen Ruf. Im Lauf der Jahre hatte sie mehrere Liebhaber beerdigt.

Landschaftsbeschreibung – Vom Meer aus – Bild des Holzfällers – Vom Land aus – Der an den Berg angelehnte Mangobaum, der den Eingang der eindrucksvollen Höhle versperrt –

Ich ging an diesem Abend an den Sandstrand eine Zigarette rauchen. Die Sonne erreichte rasch den Horizont und ging gerade hinter der Insel Moorea rechts von mir unter. Im Gegenlicht zeichneten sich die Berge vor dem entflammten Himmel kräftig schwarz ab – Gebirgskämme wie zinnenbewehrte alte Burgen – Während diese Länder in der Sintflut versinken, bleibt doch – verschont von den Wogen (Lärm einer riesigen Menschenmenge) –, bleibt doch von dieser für immer verschwundenen feudalen Gesellschaft der schützende Helm – jener, dem Himmel ganz nahe, blickt mit majestätischer Ironie in die tiefen Wasser, vielleicht die Menge bemitleidend, die verschlungen wurde, weil sie den Baum der Erkenntnis berührt und sich am Haupt vergriffen hatte. Sphinx.

Die Nacht brach schnell herein. Dieses Mal schlief Moorea. Ich schlief später in meinem Bett ein. Die Stille einer tahitischen Nacht –

Nur die Schläge meines Herzens waren zu hören. Von meinem Bett aus wirkte das locker gefügte Bambusrohr der Hüttenwände im gefilterten Mondlicht wie ein Musikinstrument. Von unseren Vorfahren wurde es *Pipo* genannt, hier heißt es *Vivo*. Doch still – (es spricht nachts durch Erinnerungen). Zu dieser Musik schlief ich ein. Über mir das große hohe Dach aus Pandanusblättern, in denen die Eidechsen hausten. Im Schlaf konnte ich mir den Raum über mir vorstellen, das Himmelsgewölbe, kein Gefängnis, in dem man erstickt. Meine Hütte, das war der Raum, die Freiheit –

Nahe meiner Hütte stand noch eine andere (*Fare amu* – Haus, in dem man ißt) – Gleich daneben eine Piroge – Während die kranke Kokospalme aussah wie ein mächtiger Papagei, der seinen goldenen Schwanz hängen läßt und in seinen Krallen ein riesiges Bündel Kokosnüsse festhält –

Der fast nackte Mann hob mit beiden Händen eine schwere Axt, oben am silbrigen Himmel hinterließ sie eine blaue Spur und unten ihre Kerbe im toten Baum, der gleich einen flammenden Augenblick lang die in Jahrhunderten Tag für Tag aufgespeicherte Hitze freisetzen würde. Auf der purpurfarbenen Erde lange schlangenförmige Blätter von metallischem Gelb, ein ganzes orientalisches Vokabular. Buchstaben (wie es mir schien) einer unbekannten, geheimnisvollen Sprache. Ich glaubte, das

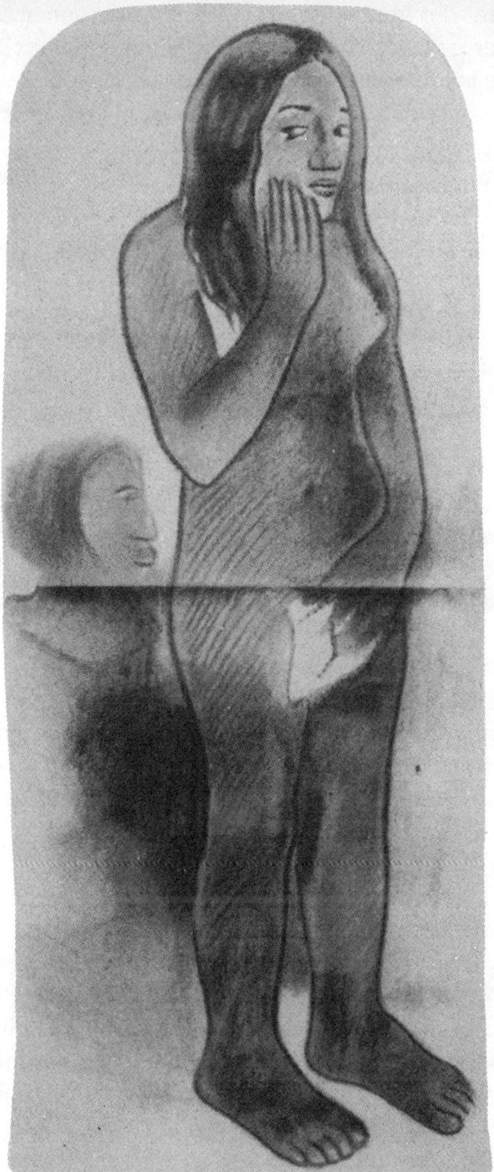

aus Ozeanien stammende Wort *Atua* zu erkennen. Gott – als *Taäta* oder *Takata* gelangte er nach Indien und findet sich überall oder in allem wieder – (die Religion von Buddha) – In *Tathagatas* Augen ist die vollkommenste Pracht der Könige und ihrer Minister nichts als Auswurf und Staub.

In seinen Augen sind Reinheit und Unreinheit wie der Tanz der sechs *nagas*. In seinen Augen gleicht die Suche nach dem Weg des Buddha den Blumen, die vor unseren Augen wachsen.

Eine Frau verstaute in der Piroge einige Netze, und der Horizont des blauen Meeres wurde immer wieder vom Grün der Wellenkämme auf den Korallenriffen durchbrochen —

Ich war ganz allein hier, wir beobachteten uns gegenseitig. Am übernächsten Tag waren meine Vorräte aufgebraucht, ich hatte mir eingebildet, daß ich mit Geld alles notwendige Essen bekommen würde. Gewiß, Nahrung gibt es überall – auf den Bäumen, den Berghängen, im Meer, aber man muß auf einen hohen Baum klettern können, in die Berge gehen und mit schweren Lasten beladen zurückkehren, wissen, wie man Fische fängt, wie man taucht und auf dem Meeresgrund die fest haftenden Muscheln von den Steinen reißt. Da war ich nun, ich, der zivilisierte Mensch, einen Augenblick lang dem Wilden klar unterlegen, und wie ich mit leerem Magen traurig meine Lage überdachte, machte ein Eingeborener mir Zeichen und rief mir in seiner Sprache zu: Komm essen. Ich verstand. Aber ich schämte mich und lehnte durch Kopfschütteln ab. Einige Minuten später legte ein Kind wortlos einige Sachen zum Essen, sauber umhüllt mit frisch gepflückten Blättern, auf meine Türschwelle und zog sich gleich wieder zurück. Ich hatte Hunger, ebenfalls wortlos nahm ich sie an. Kurz darauf ging der Mann vorbei, und ohne stehenzubleiben, sagte er mit liebenswürdigem Ausdruck ein einziges Wort zu mir: *Paia*. Ungefähr verstand ich – Bist du zufrieden?

Auf der Erde unter Büscheln breiter Kürbisblätter entdeckte ich einen kleinen braunen Kopf mit ruhig blickenden Augen.

Ein kleines Kind betrachtete mich aufmerksam und lief ängstlich davon, als mein Blick dem seinen begegnete –

Diese schwarzen Geschöpfe, diese Kannibalenzähne brachten das Wort »Wilde« auf meine Lippen.

Aber für sie war ich der Wilde. Mit gutem Grund vielleicht. Zähmung auf beiden Seiten.

Ich fing an zu arbeiten, Notizen und Skizzen jeglicher Art. Alles in der Landschaft blendete, begeisterte mich. Von Europa kommend, war ich stets unsicher in der Wahl einer Farbe, es kostete mich Stunden, dabei war es so einfach, ganz natürlich ein Rot und ein Blau auf meine Leinwand zu setzen. Goldene Formen in den Bächen entzückten mich. Weshalb zögerte ich, dieses Gold, die ganze Fröhlichkeit der Sonne auf meine Leinwand fließen zu lassen? Vermutlich alte Gewohnheiten aus Europa, diese Befangenheit im Ausdruck unserer degenerierten Rassen —

Um mich mit dem Charakter eines tahitischen Gesichts, dem ganzen Charme eines Maori-Lächelns vertraut zu machen, wünschte ich seit langem, eine Nachbarin rein tahitischer Herkunft zu porträtieren. Als sie eines Tages den Mut aufbrachte, in meine Hütte zu kommen, um sich Photographien von Gemälden anzusehen, sprach ich sie darauf an.

Sie betrachtete mit besonderem Interesse die Photographie der Olympia von Manet. Mit den wenigen Wörtern, die ich in ihrer Sprache bereits gelernt hatte (seit 2 Monaten sprach ich kein Wort Französisch), fragte ich sie aus. Sie sagte, daß diese Olympia sehr schön sei; ich lächelte über diese Äußerung, und sie rührte mich. Sie hatte Sinn für das Schöne (die Ecole des Beaux Arts findet das Bild schrecklich). Die Schweigsamkeit unterbrechend, die einem Gedanken vorausgeht, fügte sie plötzlich hinzu – Das ist deine Frau –

Ja – log ich – Ich, der *tane* der Olympia –!

Ich bat sie um die Erlaubnis, ihr Porträt zu malen. *Aita* (nein), sagte sie in beinahe zornigem Ton, und sie lief weg.

Diese Absage betrübte mich sehr –

Eine Stunde später kam sie in einem schönen Kleid zurück – Laune, Verlangen nach der verbotenen Frucht? Sie duftete gut – sie hatte sich herausgeputzt, und ich arbeitete hastig, denn ich zweifelte nicht daran, daß diese Bereitschaft nicht von Dauer war –

Porträt einer Frau – *vahine no te tiare* –

Während sie mit großem Interesse mehrere religiöse Bilder der frühen Italiener anschaute, versuchte ich, einige ihrer Züge zu skizzieren, vor allem ihr so rätselhaftes Lächeln. Sie verzog schmollend den Mund, ging hinaus – und kam wieder. War es ein innerer Kampf oder eine Laune (typisch für den Maori-Charakter), oder ein Anflug von Koketterie, sich nicht widerstandslos zu ergeben? Mir war klar, daß mein prüfender Malerblick eine Art stillschweigende Forderung ausdrückte, sich hinzugeben, sich für immer hinzugeben, ohne Möglichkeit der Umkehr, eine scharfsinnige Erforschung dessen, was sich da drinnen tat. Nach europäischem Maßstab war sie eigentlich nicht sehr hübsch: Und doch schön – alle ihre Züge und Kurven hatten eine raffaelische Harmonie, der Mund, von einem Bildhauer modelliert, spricht alle Sprachen, die der Rede und des Kusses, der Freude und des Leidens; diese Melancholie der Bitterkeit, mit der Freude sich mischt, der Passivität, die dem Herrschen innewohnt. Eine Urangst vor dem Unbekannten.

Ich arbeitete schnell, mit Leidenschaft. Es wurde ein Bildnis, das dem nahekam, was meine Augen, verschleiert durch mein Herz, wahrgenommen hatten. Vor allem glaube ich, daß es ihr Wesen erfaßte. Dieses starke Feuer einer gezügelten Kraft. Sie hatte eine Blume hinter dem Ohr, das ihrem Duft lauschte. Und ihre majestätische sehr hohe Stirn rief jenen Satz von Poe ins Gedächtnis: Es gibt keine vollkommene Schönheit ohne eine gewisse [Eigenwilligkeit in den Proportionen].

Eine Zeitlang gearbeitet – Allein. Ich sah viele junge Frauen mit ruhig blickenden Augen; ich erriet, daß sie ohne ein Wort genommen werden wollten, brutale Eroberung. Ein gewisses Verlangen nach Vergewaltigung. Die Alten sagten über eine von ihnen: *Mau tera*, nimm die da. In meiner Schüchternheit wagte ich nicht, diese Anstrengung auf mich zu nehmen –

Ich sagte Titi, sie solle kommen. Sie kam. Aber sie war schon zivilisiert, an den Luxus der Beamten gewöhnt, und gefiel mir nicht lange. Ich trennte mich von ihr.

Wieder allein... Der Wilde in mir wurde von Tag zu Tag stärker, meine Nachbarn waren fast meine Freunde – angezogen wie sie, ernährte ich mich wie sie. Abends ging ich in das Haus, in dem die Eingeborenen aus der Umgebung zusammenkamen. Nach einem Gebet, mit Hingabe von einem alten Mann gesprochen mit Refrain für alle, hoben die Gesänge an. Seltsame Musik, ohne Instrumente. Dazwischen Geschichten zum Lachen oder kluge Ratschläge. Einer davon überraschte mich. Der Alte sagte: In unserem Dorf sieht man hier und da Häuser, die zerfallen – verfaulte, teils offene Dächer, wo das Wasser eindringt, wenn es zufällig einmal regnet. Weshalb? Jedermann hat das Recht, ein Dach über dem Kopf zu haben. An Holz und Laub für das Dach mangelt es nicht. Ich verlange, daß sie durch geräumige neue Häuser ersetzt werden – jeder wird dabei nacheinander Hand anlegen (Einigkeit macht stark). Und alle, ohne Ausnahme, klatschten Beifall –

Das ist gut – einstimmig angenommen.

Voller Bewunderung für dieses kluge Volk ging ich an jenem Abend schlafen, und am nächsten Tag wollte ich sehen, wie der Vorschlag in die Tat umgesetzt, die Arbeit an diesen Häusern aufgenommen wurde. Niemand dachte mehr daran. Ich fragte einige Leute. Keine Antwort, außer einem vielsagenden Lächeln auf ihren breiten, träumerischen Gesichtern –

Es ist weit vom Kelch bis zu den Lippen – Und wozu diese Arbeit? Sorgen nicht die Götter jeden Tag für unseren Lebensunterhalt, jeden Tag geht hell die Sonne auf – Morgen – Vielleicht – Kenne ich nicht – Ist das Leichtsinn, Sorglosigkeit... oder, wenn man darüber nachdenkt, Philosophie? – Gewöhne dich nicht an den Luxus etc...... Ich werde mich zurückziehen. Pangloss – Alles steht zum Besten in der besten aller Welten –

Tagtäglich geht es mir besser, allmählich verstehe ich die Sprache recht gut, und meine Nachbarn – drei von nebenan, die andern von weiter weg – betrachten mich fast als einen der Ihren. Meine nackten Füße haben sich durch das tägliche Laufen auf Kieselsteinen an den Boden gewöhnt, mein Körper, der fast immer nackt ist, fürchtet die Sonne nicht mehr; die Zivilisation fällt nach und nach von mir ab, und ich fange an, einfach zu denken, nur noch wenig Haß auf meinen Nächsten zu empfinden, und ich lebe animalisch und frei – in der Gewißheit, daß das Morgen ebenso ist wie das Heute, jeden Morgen geht die Sonne am wolkenlosen Himmel für mich wie für alle anderen auf, ich werde sorglos, ruhig und liebevoll. Ich habe einen Eingeborenen zum Freund, der jeden Tag vorbeikommt, ganz natürlich und ohne eigennützige Absichten. Meine farbigen Bilder, meine Arbeiten in Holz haben ihn überrascht, und meine Antworten auf seine Fragen haben ihn einiges gelehrt. Es gibt keinen Arbeitstag, an dem er nicht käme, um mir zuzusehen – Eines Tages, als ich ihm meine Werkzeuge anvertraute und ihn aufforderte, es mit einer Skulptur zu versuchen, blickte er mich baß erstaunt an und sagte einfach und voller Aufrichtigkeit, daß ich nicht wie die andern Männer sei, und wahrscheinlich als erster Mensch überhaupt erklärte er, ich sei für andere nützlich. Kind..... muß man sein, um zu denken, ein Künstler sei etwas Nützliches.

Dieser junge Mann war von vollendeter Schönheit, und wir wurden gute Freunde. An manchen Abenden, wenn ich mich von meinem Tagewerk ausruhte, stellte er mir Fragen – die eines jungen Wilden, der viele Dinge wissen will über die Liebe in Europa, Fragen, die mich oft verlegen machten —

Eines Tages wollte ich für eine Skulptur einen Baum aus Rosenholz haben, einen von beachtlicher Größe und nicht hohl. Dafür, sagte er, muß man in die Berge, an einer bestimmten Stelle kenne ich mehrere schöne Bäume, die dir zusagen könnten. Wenn du willst, führe ich dich hin, und wir tragen ihn dann gemeinsam hierher.

Am frühen Morgen machten wir uns auf den Weg.

Die Indianerpfade in Tahiti sind für einen Europäer recht beschwerlich: Zwischen zwei Bergen, die man nicht erklimmen könnte, liegt eine Schlucht, in der sich das klare Wasser durch losgelöste, heruntergerollte und liegengebliebene Felsbrocken schlängelt, die eines Tages, wenn der Bach zum reißenden Fluß wird, mitgenommen und bis hin zum Meer gewälzt werden. Auf beiden Seiten des Wildbachs so etwas wie ein Pfad, Bäume aller Art, riesengroße Farne, die ganze Vegetation wird immer wilder und undurchdringlicher, je höher man zur Inselmitte aufsteigt.

Wir gingen beide nackt, nur mit einem Lendentuch bekleidet und die Axt in der Hand, und durchquerten mehrmals den Fluß, um ein Stück des schattigen und kaum sichtbaren Pfads wiederaufzunehmen, den mein Gefährte, wie es schien, am Geruch erkannte – Vollkommene Stille, nur das Geräusch des Wassers, das auf dem Felsen seufzte, monoton wie die Stille. Wir also zu zweit, zwei Freunde, er ein ganz junger Mann und ich an Leib und Seele fast schon ein Greis, behaftet mit

1 Das Androgyne am Wilden, der geringe Geschlechtsunterschied bei den Tieren –

2 Die Reinheit beim Anblick des Nackten und der ungezwungene Umgang der Geschlechter untereinander.

Die Unkenntnis des Lasters bei den Wilden –
der Wunsch, einen Augenblick lang schwach, Frau zu sein...

Lastern der Zivilisation: verlorenen Illusionen. – Sein geschmeidiger, animalischer Körper war anmutig in seinen Formen, geschlechtslos schritt er vor mir her......

Diese Jugend, diese vollkommene Harmonie mit der uns umgebenden Natur strahlten eine Schönheit und einen Wohlgeruch *(Noa Noa)* aus, die meine Künstlerseele verzauberten. Unsere Freundschaft, die sich durch die Anziehungskraft zwischen dem Einfachen und dem Komplexen noch vertieft hatte, verwandelte sich in mir plötzlich in Liebe –

Und wir waren nur... wir beide –

Mich beschlich die Vorahnung eines Verbrechens, ich verspürte das Verlangen nach Unbekanntem, das Erwachen des Bösen – Hinzu kam der Überdruß an der Rolle als Mann, der immer der starke Beschützer sein soll; Schultern, die schwer beladen sind. Für eine Minute das schwache Geschöpf sein, das liebt und gehorcht.

Ich näherte mich ihm, ohne Angst vor Gesetzen, mit pochenden Schläfen.

Der Pfad war zu Ende, wir mußten den Fluß durchqueren; in diesem Moment drehte mein Gefährte sich um und wandte mir seine Brust zu. Das Zwitterhafte war verschwunden, es war ein wirklicher junger Mann, seine unschuldigen Augen hatten die Durchsichtigkeit klaren Wassers. Sogleich kehrte die Ruhe in meine Seele zurück, und dieses Mal kostete ich die Frische des Bachs, indem ich genußvoll hineintauchte – *Toe Toe*, sagte er zu mir (es ist kalt) – O nein, antwortete ich, und diese Verneinung, sozusagen eine Erwiderung auf meinen vorangegangenen Wunsch, schlug wie ein Echo in die Berge ein. Ungestüm stürzte ich mich in das zunehmend wilder gewordene Dickicht; der Junge setzte seinen Weg unbeirrt fort. Er hatte nichts gemerkt. Ich allein trug schwer an der Last eines bösen Gedankens, eine ganze Zivilisation war mir als schlechtes Beispiel vorausgegangen und hatte mich geprägt.

Wir gelangten ans Ziel – an dieser Stelle traten auf beiden Seiten die Bergwände zurück, und hinter einem Vorhang ineinander verflochtener Bäume lag eine Art Hochebene, die zwar verborgen, aber nicht unbekannt war. Mehrere Bäume (Rosenholz) breiteten hier ihre gewaltigen Äste aus. Wir beiden Wilden hieben mit der Axt auf einen herrlichen Baum ein, der gefällt werden mußte, damit man einen Ast bekam, der meinen Wünschen entsprach. Wütend schlug ich zu, und mit blutverschmierten Händen hackte ich mit der Lust, in der sich Brutalität und Zerstörungswut Luft machen –

Im Rhythmus der Axtschläge sang ich –

> Rode den Urwald (der Begierden)
> Brich in dir die Eigenliebe, so wie die Hand im Herbst
> die Lotosblüte bricht.

In der Tat, der letzte Rest des Zivilisierten in mir war vollständig vernichtet. Ich kehrte in Frieden zurück und fühlte mich von da an als anderer Mensch – als Maori – Fröhlich trugen wir zwei unsere schwere Last, und ich konnte wieder vor mir die anmutigen Körperformen meines jungen Freundes bewundern, und zwar ganz ruhig – Formen, die kräftig waren wie der Baum, den wir trugen. Der Baum roch nach Rose, *Noa Noa*. Müde kehrten wir am Nachmittag zurück. Er sagte zu mir: Du bist zufrieden – Ja – und innerlich wiederholte ich: Ja –

Fortan war ich endgültig im Frieden mit mir —

Ich machte keinen Stich mit dem Meißel in dieses Stück Holz ohne Erinnerungen an eine süße Seelenruhe, einen Sieg und eine Verjüngung.

Vincent van Gogh

Das gelbe Haus und die Sonnenblumen

[Arles, August 1888]

Ich bin mit dem Eifer beim Malen, mit dem ein Marseiller die Bouillabaisse ißt. Das wird Dich nicht verwundern, denn es handelt sich um große Sonnenblumen.

So arbeite ich an drei Stücken:

1. drei große Blumen in einer grünen Vase, heller Hintergrund, Leinwand zu 15,
2. drei Blumen, ein Ableger, eine abgeblätterte, eine Knospe, auf königsblauem Hintergrund, Leinwand zu 25,
3. 12 Blumen und Knospen in einer gelben Vase, Leinwand zu 30. Das letzte Stück ist hell auf hell und wird, wie ich hoffe, das beste sein. Aber ich werde mich damit nicht lange aufhalten.

Da ich hoffe, mit Gauguin in einem Atelier zu leben, will ich das Atelier dekorieren, mit nichts als großen Sonnenblumen. –

Wenn ich diesen Plan ausführe, gibt es wohl ein Dutzend Stücke. Das Ganze wird also eine Sinfonie in Blau und Gelb sein. Ich arbeite jeden Morgen bei Sonnenaufgang, denn die Blumen welken rasch, und es handelt sich darum, das Ganze auf einen Zug zu machen. –

Ich suche, eine immer einfachere Technik zu finden, die vielleicht nicht impressionistisch ist. Ich möchte so malen, daß alle Welt, die Augen hat, ganz klar sieht.

[August 1888]

Jetzt bin ich beim vierten Bild mit den Sonnenblumen.

Das vierte ist ein Strauß von 14 Blumen auf gelben Grund wie ein Stilleben von Quitten und Zitronen, das ich dieser Tage machte. Allerdings wirkt dies, weil es größer ist, besonders, und ich glaube, daß ich dies mit größerer Einfachheit malte als die Quitten und Zitronen. –

Wie schade, daß die Malerei so viel kostet. Diese Woche war ich weniger eingeschränkt als die andern. Ich ließ mich darum gehen, und werde in einer einzigen Woche den 100 Francs-Schein ausgegeben haben, aber am Ende dieser Woche habe ich dann auch meine vier Bilder. Und selbst, wenn ich noch die Kosten der Farben zuzählte, wäre die Woche nicht verloren. Ich stand alle Tage früh auf. Ich aß gut zu Mittag und zu Abend und konnte hintereinander arbeiten, ohne mich müde zu fühlen.

[August 1888]

Mit meinen Kleidern, die allerdings in der letzten Zeit anfingen, schadhaft zu werden, ist es nicht sehr eilig, zumal ich die letzte Woche ein ziemlich gutes schwarzes Samtjackett für 20 Francs kaufte und einen neuen Hut.

Ich sprach mit diesem Postmeister, den ich malte, der oft von Ort zu Ort zog, seine kleine Wirtschaft einrichtete und sie dann wieder mitnahm, über den annähernden Preis der nötigsten Möbel. Er sagte mir, man müsse für ein gutes dauerhaftes Bett wenigtens 150 Francs anlegen, wenn man wirklich solide Ware haben will.

Jedenfalls stört das die Rechnung nicht, denn wir sparen das Geld für das Nachtquartier, und am Ende eines Jahres besitzen wir eigene Möbel, ohne mehr ausgegeben zu haben. Sobald ich kann, werde ich es gleich machen.

Wenn wir uns nicht so einrichten, dann werden wir, Gauguin und ich, uns Jahr um Jahr in den kleinen Herbergen herumtreiben müssen, damit kommt man sicher auf den Hund. Ich bin es wirklich schon einigermaßen, denn bei mir dauert es ja schon recht lange. Ich spüre das schon nicht mehr besonders, vielleicht werde ich mich sogar anfangs gar nicht in der eigenen Wohnung zu Hause fühlen.

[Ende August 1888]

Am 1. September muß ich meine Wohnung bezahlen. Wenn Du mir diese Woche am gleichen Tage, wo Du selbst Dein Monatsgehalt erhältst, Geld schicktest, dann zahlte ich am gleichen Tage meine Wohnung. Diese Ausgabe gleiche ich dann innerhalb zwei Wochen aus. Wenn Du mir irgendwie das Geld Montag schicken kannst, mit Deinem Briefe oder durch eine telegraphische Anweisung, so wäre mir dies nicht gleichgültig, weil ich damit einen Tag gewinne.

Ich habe diese Woche zwei neue Modelle: eine Arlesierin und einen alten Bauern. Diesmal stelle ich einen lebhaften orangenen Hintergrund. Wenn der auch nicht einen Sonnenuntergang vortäuschen will, so gibt er vielleicht trotzdem die Suggestion des Gefühls eines solchen. –

Ich habe eine Menge Ideen für meine Arbeit. Ich finde vielleicht etwas Neues, wenn ich ganz angestrengt das Figurenbild verfolge. Aber mitunter fühle ich mich zu schwach gegenüber allen Schwierigkeiten, man müßte weiser, reicher und jünger sein, um sie zu besiegen.

Glücklicherweise will ich gar nicht mehr siegen, und ich suche in der Malerei nur ein Mittel, mich durch das Leben durchzuschlagen. –

Wir hatten hier zwei oder drei wundervolle Tage, ganz heiß, vollkommen windstill. Der Wein fängt jetzt an, reif zu werden, aber man sagt, er würde diesmal nicht gut. Ich muß heute noch arbeiten, aber wegen der Modelle fürchte ich die letzten Tage der Woche.

Ich verhandelte noch mit anderen Leuten wegen Modellsitzung, irgend etwas drängt mich, so oft wie möglich weitere Figurstudien zu machen.

[Arles, September 1888]

Gestern verbrachte ich den Tag mit dem Belgier [E. Boch]. Er hat eine Schwester bei den »Vingtisten«. Der Tag war nicht schön, aber gerade recht, um zu plaudern. Wir gingen spazieren und sahen recht schöne Dinge; einen Stierkampf draußen vor der Stadt. Wir sprachen ernstlich von dem Plan, daß er, wenn ich meinen Aufenthalt im Süden behalte, im Norden in der Borinage Station machen müsse. Arbeitet man an einem Bilde, das die Reise rechtfertigt, könne er, oder ich oder G. den Ort wechseln. Wir können dann im Norden sein oder im Süden, immer sei man in einem Land, das man kenne, wo man einen Freund habe. –

Er liebt Delacroix. Wir sprachen gerade gestern viel von Delacroix; er kannte den leidenschaftlichen Entwurf für die ›Christusbarke‹. Dank ihm habe ich jetzt einen ersten Entwurf für ein Bild, das ich schon lange träume, den ›Dichter‹. Er stand mir Modell. Sein feiner Kopf mit den grünen Augen hebt sich in meinem Porträt von einem tief ultramarinen, gestirnten Himmel ab. Er hat einen kurzen gelben Rock an, einen Kragen von grober Leinwand und eine bunte Krawatte. Er gab mir an einem Tage zwei Sitzungen.

Gestern bekam ich einen Brief von der Schwester, die viele Dinge gesehen hat. Ach, wenn sie einen Künstler heiraten könnte, das wäre nicht schlecht. Man muß sie immer aufmuntern, mehr ihre Persönlichkeit herauszuschälen als künstlerische Fähigkeiten.

Ich habe den ›Unsterblichen‹ von Daudet zu Ende gelesen. Das Wort des Bildhauers Védrine liebe ich, er sagt: Eines Tages zu Ruhm kommen, das ist, wie wenn man beim Rauchen einer Zigarre das brennende Ende in den Mund steckt. –

Da man körperlich um das Schaffen betrogen ist, sucht man Gedanken, anstatt Kinder zu zeugen, und steht trotzdem mitten im Menschlichen. Und im Gemälde möchte ich etwas sagen, das tröstlich ist wie Musik. Ich möchte Männer oder Frauen malen mit dieser Ewigkeit, deren Zeichen einst der himmlische Schein war und die wir in dem Strahlen suchen, in dem Beben unserer Farben. – Das stimmt hier mit dem überein, was Eugen Delacroix in seinem Tasso im Gefängnis und anderen Bildern darzustellen suchte und fand: die Darstellung eines *wahren* Menschen. Das Porträt mit dem Gedanken und mit der Seele des Modells, das muß kommen. –

Ich schwanke fortwährend zwischen zwei Gedanken. Der erste, diese materiellen Schwierigkeiten, dies Sichherumwinden, um nur zu existieren, dann das Studium der Farbe. Ich hoffe immer, darin etwas zu finden. Man muß die Liebe zweier Liebenden durch die Vermählung zweier Komplementärfarben, durch ihre Mischung und durch ihre Ergänzung ausdrücken, die geheimnisvolle Vibration der verwandten Töne. Den Gedanken einer Stirn durch das Ausstrahlen eines hellen Tons auf einer dunklen Stirn. Die Hoffnung durch irgendeinen Stern ausdrücken. Die Glut eines Wesens durch die Strahlen der untergehenden Sonne. Das ist sicher keine realistische Augentäuscherei, aber ist es nicht das Wesentlichere?

[8. September 1888]

Ich schrieb an den besagten Wirt, der aber nach allem kein schlechter Mensch ist, und sagte ihm, daß ich mich dafür, daß ich ihm unnützerweise soviel Geld bezahlte, rächen werde. Ich malte seine schmutzige Bude, um die Ausgaben einzuholen, und zur großen Freude des Wirtes, des Postboten, den ich schon gemalt habe, der Nachtbummler, und zu meinem eigenen Vergnügen wachte ich drei Nächte, um zu malen, und schlief immer am Tage. Oft scheint es mir, daß die Nacht lebendiger und farbiger als der Tag ist. Allerdings gebe ich es auf, das Geld, das ich dem Wirt bezahlte, durch Malerei wieder einzustecken, denn das Bild ist eines der häßlichsten, das ich je machte. Es ist, obwohl verschieden, in der Art der ›Kartoffelesser‹.

Ich versuchte, mit dem Rot und dem Grün die schreckliche Leidenschaft der Menschen auszudrücken.

Das Zimmer ist blutrot und dunkelgelb, in der Mitte ein grünes Billard und vier zitronengelbe Lampen, die orange und gelb leuchten. Das gibt immer einen Gegensatz von verschiedenem Grün und Rot mit den Gestalten der kleinen, schlafenden Gauner im leeren und traurigen Saal. Und immer das Gegenspiel von Violett und Blau. So ist das Blutrot und das Gelbgrün des Billard zum Beispiel dem zarten Louis-XV-Grün der Theke entgegengesetzt, auf der ein rosa Strauß steht. Die weißen Kleider des Wirtes, der in einem Ofenwinkel wacht, werden zitronenfarben, bleichgrün und leuchtend. –

Das ›Nachtcafé‹ setzt den ›Säer‹ fort, ebenso der Kopf des Bauern und des Dichters, wenn ich soweit komme, das letzte Bild zu vollenden.

Das ist dann eine Farbe, nicht wörtlich wahr vom Standpunkt

des Realismus, der Augentäuscher und anderer, aber eine suggestive Farbe, welche irgendeine Bewegung des glühenden Gefühls ausdrückt.

[Arles, September 1888]

Gestern war ich damit beschäftigt, das Haus einzurichten, die beiden Betten werden, wie der Dienstmann und seine Frau gesagt haben, wenn man etwas Dauerhaftes haben will, pro Stück 150 Francs kosten. Ich fand ihre Preisangaben bestätigt. Man muß darum unter der Hand kaufen, und das habe ich so gemacht. Ich kaufte das eine Bett aus Nußbaumholz und das andere aus weißem Holz, dies wird das meine sein, und ich werde es später bemalen.

Dann versah ich die beiden Betten mit Strohsäcken.

Wenn dann Gauguin oder ein anderer käme, so wäre das eine Bett in einer Minute aufgeschlagen. Von Anfang an wollte ich das Haus nicht für mich allein einrichten.

Natürlich fraß mir das den größten Teil meines Geldes weg. Mit dem Rest kaufte ich 12 Stühle, einen Spiegel und andere unerläßliche Kleinigkeiten, so kann ich nächstens schon darin wohnen.

Das schönste Zimmer oben, das Gastzimmer, werde ich so ausstatten, daß es wirklich wie ein Damenboudoir aussieht.

Dann bleibt noch mein Schlafzimmer, das soll ganz einfach werden, das Bett, die Kommode, die Stühle, alles aus weißem Holz.

Unten sind dann noch zwei Zimmer für Ateliers und zu gleicher Zeit für die Küche. –

Ich will wirklich ein Künstlerhaus machen, aber kein anspruchvolles, im Gegenteil, ganz unpreziös, aber alles, vom Stuhl bis zum Tisch, soll Charakter haben. –

In meinen Caféhausbild versuchte ich auszudrücken, daß das Café ein Ort ist, wo man verrückt werden und Verbrechen begehen kann. Ich versuchte es durch die Gegensätze von zartem Rosa, Blutrot und dunkelroter Weinfarbe, durch ein süßes Grün à la Louis XV. und Veroneser Grün, das mit Gelbgrün und hartem Blaugrün kontrastiert. Dies alles zeigt eine Atmosphäre von glühender Unterwelt an, ein bleiches Leiden. Dies alles drückt die Finsternis aus, die über einen Schlummernden Gewalt hat.

Dies alles unter einem Schein japanischer Heiterkeit, in der Gutmütigkeit eines Tartarin. Was würde zu diesen Bildern Herr T. sagen, der schon von einem Sisley sagt, der der diskreteste und zarteste der Impressionisten ist: »Dieses kann mich nicht an dem Gedanken hindern, daß der Künstler, der dies gemalt hat, etwas beschwipst war.«

Vor meinem Bild würde er sagen: »Das ist richtiger Säuferwahnsinn.«

[Arles, 10. September 1888]

Die Gedanken zu meiner Arbeit kommen mir im Überfluß; so habe ich in meiner Einsamkeit nicht Zeit, zu denken oder zu fühlen, ich renne wie eine Lokomotive zur Malerei.

Ich glaube, das wird nie stille stehen. – Meine Idee ist: Ein Atelier findet man nicht ganz fertig, sondern durch Arbeit und Geduld, und wenn man am selben Ort bleibt, bildet es sich von Tag zu Tag. –

Der Gedanke an den ›Säer‹ hält mich immer fest. Diese übertriebenen Studien wie der ›Säer‹ oder wie jetzt das ›Nachtcafé‹ scheinen mir gräßlich häßlich und auf die Dauer schlecht, aber wenn ich durch eine Sache erschüttert bin, wie jetzt durch diesen kleinen Aufsatz Dostojewskis, so scheinen sie mir die einzigen, die wirklich Bedeutung haben. Ich habe jetzt eine dritte Landschaft mit einer Fabrik und einer ungeheueren Sonne auf rotem Himmel über roten Dächern. Die Natur scheint da über einen niederträchtigen Mistraltag in Wut zu sein.

Das Haus beschäftigt mich immerzu, es wird wohnlich werden.

Ob meine Arbeiten schlechter werden, weil ich am gleichen Platz bleibe und immer die Jahreszeiten kommen und gehen sehe mit den gleichen Motiven? Ich sehe im Frühling die gleichen Gärten wieder, im Sommer die gleichen Weizenfelder, ganz unfreiwillig sehe ich immer meine Arbeit vor mir.

[17. September 1888]

Ich rechne damit, morgen das Haus zu beziehen. Ich habe so vieles kaufen müssen, muß noch einiges zufügen – ich spreche nur vom Allernötigsten – drum mußt Du anstatt 50 Francs 100 Francs schicken.

Wenn ich für mich auf 50 Francs für die vergangene Woche rechne, auch diese selbstverständlich von den geschickten 300 Francs abziehe, so bliebe mir mit einem Zuschlag von 50 Francs nur der genaue Preis der beiden Betten. Und wenn ich schon außer den Betten mit Bettzeug noch andere Dinge kaufte, habe ich dazu zum größten Teile die 50 Francs der Woche gebraucht und zum andern Teil etwas erspart, weil ich eines der Betten etwas billiger nahm. Wir taten gut daran, jetzt das Atelier zu möblieren.

Ich fühle mich schon freier zur Arbeit und weniger durch den Ärger, den ich vorher unnötigerweise hatte, aufgerieben.

Ich hoffe, mehr auf Stil und die Qualität meiner Arbeit sehen zu können, das wird ein wenig langsamer gehen, und es wird nötig sein, daß ich die Bilder etwas länger bei mir behalte.

Außerdem sind Gemälde dabei, die ich um keinen Preis schicken will, bevor sie knochentrocken sind.

Zu diesen gehört eine fertige Leinwand zu 30, die eine Gartenecke mit einer Trauerweide darstellt mit Büschen von Kugelzedern und einem Busch von Kirschlorbeer. –

Es ist das erste Bild dieser Woche. Das zweite stellt ein Café von der Straße gesehen dar, mit einer Terrasse, die mit einer großen Gaslaterne erleuchtet ist, in der blauen Nacht mit einem Stück blauem, gestirntem Himmel.

Das dritte Bild dieser Woche ist ein Selbstporträt, das beinahe farblos ist, mit aschigen Tönen auf bleichem veroneser-grünem Grund. Um mich malen zu können, wenn es mir an Modellen mangelt, kaufte ich mir einen ziemlich guten Spiegel; denn wenn es mir gelingt, die Färbung meines eigenen Kopfes zu treffen, was allerdings nicht leicht ist, so könnte ich auch die Köpfe von anderen Männern und Frauen malen.

Nächtliche Szenen oder die Wirkungen der Nacht auf großen Plätzen zu malen und die Nacht selbst, interessiert mich ungeheuer. Diese Woche tat ich absolut nichts anderes als malen, schlafen und meine Mahlzeiten einnehmen. Ich hatte Sitzungen von 12 Stunden, von 6 Stunden, und dann schlief ich auch 12 Stunden in einem Zug.

Ich las im literarischen Teil des ›Figaro‹ vom Sonnabend (15. September) die Beschreibung eines Impressionistenhauses. Das Haus war aus Flaschenboden gebaut, die gewölbten Gläser waren übereinander geschichtet, das Glas war violett. Die Sonne spiegelte sich darin, die gelben Reflexe brachen sich, und das machte einen ungeheueren Effekt.

Um diese Glasmauern in Form von violetten Eiern zu halten, hatte man schwarze und vergoldete Träger erfunden, die seltsame Weinreben und andere Kletterpflanzen darstellten. Dieses Haus stand in einem schönen Garten, dessen Wege mit ganz gelbem Sand bestreut waren. Die dekorativen Blumenbeete waren natürlich von ganz außerordentlichen Farben.

Dieses Haus muß, wenn ich mich recht erinnere, in Auteuil stehen. Ohne irgend etwas, weder jetzt noch später, am Haus hier zu ändern, möchte ich es durch Wandschmuck zu einem richtigen Künstlerhause machen. Es wird kommen.

[Arles, September 1888]

Diese Nacht schlief ich im Hause, und obwohl es da noch einiges zu tun gibt, fühle ich mich recht wohl. Ich fühle, daß ich eine bleibende Sache mache, die einem anderen gleicherweise nutzen kann. Jetzt wird das Geld, das man ausgibt, nicht mehr auf die Straße geworfen sein; das ist der Unterschied, und ich glaube, Du wirst den recht wohl einsehen. –

Ich schrieb Dir gestern, daß, wenn die beiden Betten 300 Francs kosten, man davon keinen Pfennig abziehen kann. Da ich schon mehr kaufte, verwandte ich die Hälfte meines Geldes für die letzte Woche; dazu mußte ich gestern noch 10 Francs dem Wirt und 30 Francs für einen Stohsack bezahlen. Jetzt habe ich gerade 5 Francs in der Tasche. Darum bitte ich Dich, wenn Du kannst, mir umgehend 20 Francs für die Woche, oder, wenn es Dir möglich ist, 50 Francs zu schicken. –

Wenn man jung ist, tut es sicher nichts, weder Ofen noch ein Zimmer zu haben und in den Cafés herumzusitzen; jetzt aber würde mir das unerträglich sein, und besonders paßte dies nicht zu meiner wohlüberlegten Arbeit. Mein Plan ist vollkommen gemacht, ich werde mit meinem Monatsgeld Malerei zu machen suchen, außerdem will ich das Haus dekorieren. Die Ausmalung des Hauses soll Dir die Vorausgaben ersetzen. Ich bleibe in der Tat darin etwas Kaufmann, daß ich zeigen will, daß ich meine Schulden bezahle, und ich weiß ganz gut, was ich mit der Kaufware will, die dieses miserable Handwerk einen armen Maler zu machen zwingt.

Ich fühle es fast mit Gewißheit, daß mir die Dekoration gelingt, die einmal 10000 Francs wert sein kann. –

Mein Plan ist, wir sollten der Nachwelt, wenn unsere Rechnung aus ist, ein Atelier hinterlassen, wo ein Nachfolger leben könnte. –

Wenn ich also ein ganz abgelegenes Atelier im Süden gründen werde, so ist das nicht dumm. Dann können wir auch heiter arbeiten, auch wenn die anderen sagen, das ist von Paris zu weit usw.; laß die Leute machen, um so schlimmer für sie. Warum trieb es den großen Koloristen Eugen Delacroix, in den Süden und bis nach Afrika zu gehen? Offenkundig, weil man nicht nur in Afrika, sondern auch in Arles die schönen Gegensätze von Rot und Grün, von Blau und Orange, von Schwefelgelb und Lila sehen kann. Alle wahren Koloristen müßten hierher kommen, um zu sehen, daß es noch eine andere Farbenskala als die des Nordens gibt. Ich zweifle nicht, käme Gauguin, er liebte dieses Land. Allerdings, er hat schon noch farbenreichere Länder gesehen, und darum gehört er immer zu unseren Freunden und stimmt im Prinzip mit uns überein.

[September 1888]

...Niemals hatte ich je eine solche Chance. Die Natur war ganz außerordentlich schön. Das Himmelsgewölbe ist von einem bewundernswerten Blau; die Sonne strahlt ein bleiches Gelb aus. Das ist sanft und zauberhaft wie die Verteilung von dem Himmelblau und Gelb in dem Vermeer. So etwas Schönes kann ich nicht malen, aber das reißt mich dermaßen fort, daß ich mich gehen lasse, ohne an eine Regel zu denken.

Jetzt habe ich drei Bilder von den Gärten vor meinem Hause, ferner die beiden Cafés, die Sonnenblumen, das Porträt von Bock und mir, außerdem die rote Sonne über der Fabrik, die Sandlöscher und die alte Mühle. Wenn ich die anderen Studien beiseite lasse, so siehst Du doch, daß ich etwas fertiggebracht habe; aber meine Farben, meine Leinwand und meine Börse sind erschöpft. Das letzte Bild ist mit den letzten Tuben auf die letzte Leinwand gearbeitet! Ein Garten, natürlich grün, aber er ist eigentlich ohne Grün gemalt, nichts als Preußischblau und Chromgelb.

Ich fühle mich jetzt als einen ganz anderen Menshen wie damals, als ich hierher kam. Ich zweifle nicht mehr, ich zögere nicht mehr, eine Sache anzupacken, und das könnte sich noch steigern. Aber welch eine Natur! Ich arbeite in einem Stadtgarten nahe der Straße der guten kleinen Frauenzimmer. Mouriér betrat sie niemals, obwohl wir fast täglich in diesem Garten spazierengingen, aber an der anderen Seite (es gibt deren drei). –

Ob ich wohl dahin komme, ein Ganzes, das bleibt, zu schaffen? Das suche ich. –

Ich kann es Dir nicht genug sagen, daß ich bezaubert, bezaubert, bezaubert bin von alldem, was ich sehe.

Es gibt einem Pläne für den Herbst, eine Begeisterung, daß man nicht spürt, wie die Zeit vorübergeht.

Aber wehe vor der Reaktion, vor den Stürmen im Winter!

Olaf Gulbransson und Reinhard Piper
Briefwechsel

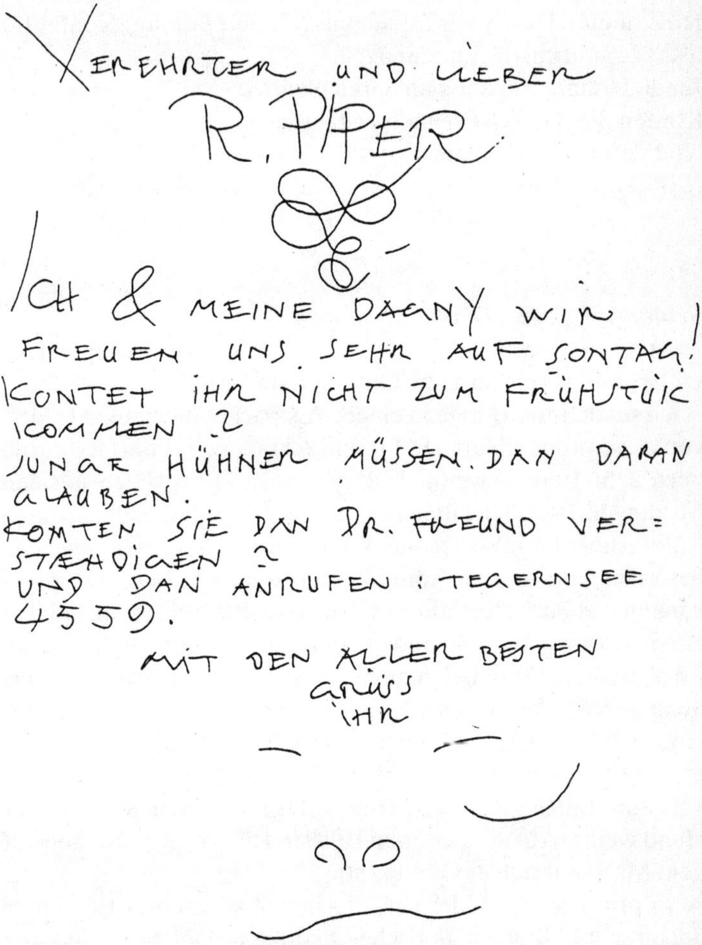
VEREHRTER UND LIEBER
R. PIPER

ICH & MEINE DAGNY WIR
FREUEN UNS SEHR AUF SONTAG!
KONTET IHR NICHT ZUM FRÜHSTÜK
KOMMEN?
JUNGE HÜHNER MÜSSEN DAN DARAN
GLAUBEN.
KOMTEN SIE DAN DR. FREUND VER=
STÄNDIGEN?
UND DAN ANRUFEN: TEGERNSEE
4559.
MIT DEN ALLER BESTEN
GRÜSS
IHR

Olaf Gulbransson an Reinhard Piper [Winter 1930/31]

Olaf Gulbransson an Reinhard Piper

[Winter 1930/31]

Verehrter und lieber
R. Piper
Ich & meine Dagny wir freuen uns sehr auf Sontag! Kontet Ihr nicht zum Frühstük kommen?
Junge Hühner müssen dan daran glauben.
Konten Sie dan Dr. Freund verstaendigen?
Und dan anrufen: Tegernsee 4559.

Mit den allerbesten Gruss
Ihr

Reinhard Piper an Olaf Gulbransson

8. VI. 31.

Lieber und verehrter Herr Gulbransson,

ich sende Ihnen heute in einem Postpacket die beiden Bilder, von denen Ihnen Herr Dr. Freund schon erzählt hat. Es würde mich sehr freuen, wenn sie Ihnen etwas Vergnügen machen würden und wenn Sie ihnen einen Platz in dem wunderschönen Schererhof einräumen wollten. Ich meine, die Bilder passen da besonders gut hin. Sie könnten schon seit 200 Jahren dort gehangen haben. Ich stelle mir vor, dass die Bilder von einem alten Tiroler Maler stammen und vielleicht um 1730 gemalt worden sind. Offenbar handelt es sich dabei um die Anwerbung von Soldaten, in den Tiroler Bergen. Das Bild mit dem Haus ist das erste. Auf der Freitreppe oben steht ein Offizier mit einer Fahne. Unten werden die angeworbenen durch Trinken und Tanzen animiert. Eine Frau mit einem Kind an der Hand weint. Auf dem zweiten Bild sind die Angeworbenen auf dem Marsch durch ein Felsental.

So primitiv die Bilder sind, so haben sie meines Erachtens doch recht hübsche malerische Qualitäten. Der Maler hat sich viel von der Malkultur seiner Zeit angeeignet. Leider sind die Bilder etwas dunkel geworden. Ich habe sie nach Möglichkeit etwas auffrischen lassen, natürlich ohne dass etwas hineingemalt worden wäre.

Bitte nehmen Sie die Bilder als ein kleines Zeichen des Dankes für die schönen Stunden auf dem Schererhofe an.

Mit besten Grüssen, auch an Ihre verehrte Gattin und den Olemann

Ihr
[Reinhard Piper]

Olaf Gulbransson an Reinhard Piper

[1931]

Lieber Piper & Freund!
Ich muss mich rein auf den Boden waerfen. Mich so wass Schönes zu schenken. Es ist zu viel.
Vergelts Euch Gott!

Euer Beides
Beide

Lieber Piper & Freund! Ich muss
mich rein auf den Boden waerfen
Mich so wass Schönes zu schenken
Es ist zu viel.
Vergelts Euch Gott!

Euer Beides
Beide

Olaf Gulbransson an Reinhard Piper

[Herbst 1933]

Lieber Piper!

Ihr wolt mich doch nicht köpfen wen ich am 31 Maerz nicht fertig werde? Ich werde thuen wass ich kann.

Naturlich!!!!

Aber wenn ich nun trotz allen wilden Wehen – nichts herausbring? Na – ja – ja – dan müssen wir wohl alle mit einander »es« haben.

Herzlichst
Ihr

Reinhard Piper an Olaf Gulbransson

9. Okt. 33.

Lieber Herr Gulbransson,

Sie möchten sich vergewissern, dass wir Sie nicht köpfen, wenn Sie mit dem Manuskript am 31. März noch nicht fertig sind. Nun, eine solche Zusage können wir Ihnen auf keinen Fall geben. Das Köpfen müssen wir uns schon vorbehalten. Ausserdem heisst es ja nicht im Vertrag, dass Sie bis zum 31. März fertig werden sollen, sondern dass Sie bis *spätestens* 31. März fertig sein müssen.

Das Geköpftwerden können Sie aber auch wirklich auf die einfachste Art von der Welt vermeiden. Nämlich dadurch, dass Sie sich jeden Morgen beim Aufstehen sagen: »Jetzt werde ich mich einmal gleich nach dem Kaffee an meine Lebensgeschichte setzen und recht fleissig dabeibleiben!« Dann werden Sie nicht zum 31. März fertig sein, sondern zum 31. Dezember und dann werden wir alle an Sylvester ganz besonders vergnügt sein und Sie selbst am allervergnügtesten, und Sie werden selbst gerührt sein über ihren geradezu beispiellosen Fleiss. Und Sie werden sich freuen, dass Sie nun die Sache hinter sich haben und sich beim Kaffeetrinken viel länger Zeit lassen können.

Dann kann das Buch auch schon im März erscheinen und im Frühjahr werden gewiss viel mehr Leute das Buch kaufen, als wenn es erst im Juni herauskommt, wo die Menschen schon ihr bisschen Geld zusammenhalten für eine Ferienreise. Im März ist es noch schlechtes Wetter, da sind noch die Abende lang, da sitzt man gern gemütlich zu Hause und wärmt sich an Olafs Humor. Vielleicht trinkt man auch ein Glas Punsch dazu, was man eben im Juni auch nicht mehr so gut kann.

Und ausserdem haben Sie noch den Spass, nicht geköpft worden zu sein.

Nein wirklich, ganz im Ernst gesprochen; Sie sollten sich jetzt für die einzelnen Kapitel Ihrer Lebensgeschichte den Inhalt aufschreiben und jetzt in den nächsten Tagen einmal genau feststellen, was in dem Buche noch vorkommen soll. Diese Inhaltsangabe sollten Sie Schwarz auf Weiss vor sich hinlegen, sodass Sie dann Stück für Stück nach einem festen Plan zeichnen und fertigmachen können. Ein fester Plan wird Ihnen die Arbeit ausserordentlich erleichtern. Dann müssen Sie sich nicht jeden Morgen fragen: »Wie mache ich heute an der Sache weiter?« Den Stoff müssten Sie vorher zurechtlegen, damit Sie sich dann in Gedanken nur noch mit der künstlerischen Ausarbeitung beschäftigen brauchen. Sonst kostet es Sie stets von Neuem einen Entschluss, nun einmal nachzudenken, was Sie als nächste Geschichte bringen wollen. Das Zurechtlegen des Stoffes und die künstlerische Ausarbeitung sind ja ganz verschiedene Funktionen, die sich miteinander stören. Dann dürften Sie auch auf keinen Fall längere Unterbrechungen eintreten lassen. Ich meine, Sie sollten möglichst nicht die Sache einmal eine ganze Woche oder gar zwei völlig liegen lassen, weil Sie dann viel schwerer wieder hineinkommen.

Es muss ja nicht unbedingt der 31. Dezember sein. Das ist vielleicht ein wenig allzu optimistisch von mir gedacht, aber am 31. Januar können Sie wirklich fertig sein. Vor allem dürften Sie nicht denken, dass bis zum 31. Januar noch endlos lange hin ist und dass es also jetzt noch gar keine Eile hat mit dem Anfangen. Dies wäre ganz verkehrt. Leider denken viele Autoren so. Die wenigsten Autoren können sich z. B. vorstellen, dass, wenn die Bäume noch grün sind, doch schon in wenigen Wochen Weihnachten ist, wie dies z. B. jetzt der Fall ist.

Infolgedessen werden fast alle Bücher erst im letzten Moment vor Weihnachten fertig, sehr zum Schaden des Autors und seines Verlegers. So ist es auch im Frühjahr. Fast alle Bücher, die eigentlich im Frühjahr erscheinen sollten, werden erst zum Hochsommer fertig, wenn alle Leute unterwegs sind und keine Bücher kaufen. Auch dies ist zum Schaden des Autors.

Bei Ihnen wollen wir dies also nicht erleben und Sie werden uns selbst dankbar sein, wenn wir da unerbittlich sind. Um so früher rauscht ja dann auch der Abrechnungssegen auf Sie herab.

Also schreiben Sie sich auf einen schönen weissen Pappendeckel

NULLA · DIES · SINE · LINEA!

und hängen Sie sich diesen über den Kaffeetisch.

Nun habe ich Ihnen doch wirklich nett zugeredet, nicht wahr? Es muss doch nun für Sie ein Vergnügen sein, sich kopfüber in die Arbeit zu stürzen.

Mit vielen herzlichen Grüssen
an Sie und Ihre verehrte Gattin
Ihr ergebener
[Reinhard Piper]

Olaf Gulbransson an Reinhard Piper

[Dezember 1934]

Lieber Herr Piper

Ja – meine Frau hat es doch mit Ihnen ausgemacht: »Man müsste vorher Gerhart Hauptmann fragen«. Jetzt kann ich allein die Suppe aufessen.

Ich muss mich jetzt bei Hauptmann entschuldigen.

Glauben Sie – ich thue das gern?

Und wenn man nun die zwei grossen Herren citieren – schreibt mann doch wie sie schreiben.

Es hat wenig Sinn – die kurtzen Sätze von Hamsun – zu korrigieren.

Ich habe doch kein »amusantes« oder »herzaufquickendes« Buch zu Weihnachten geschrieben. Das interresiert mich nicht, und stimt garnicht. Mit dem Sinn von dem was die Beiden geschrieben haben.

Mit besten Gruss
Ihr
Olaf Gulbransson

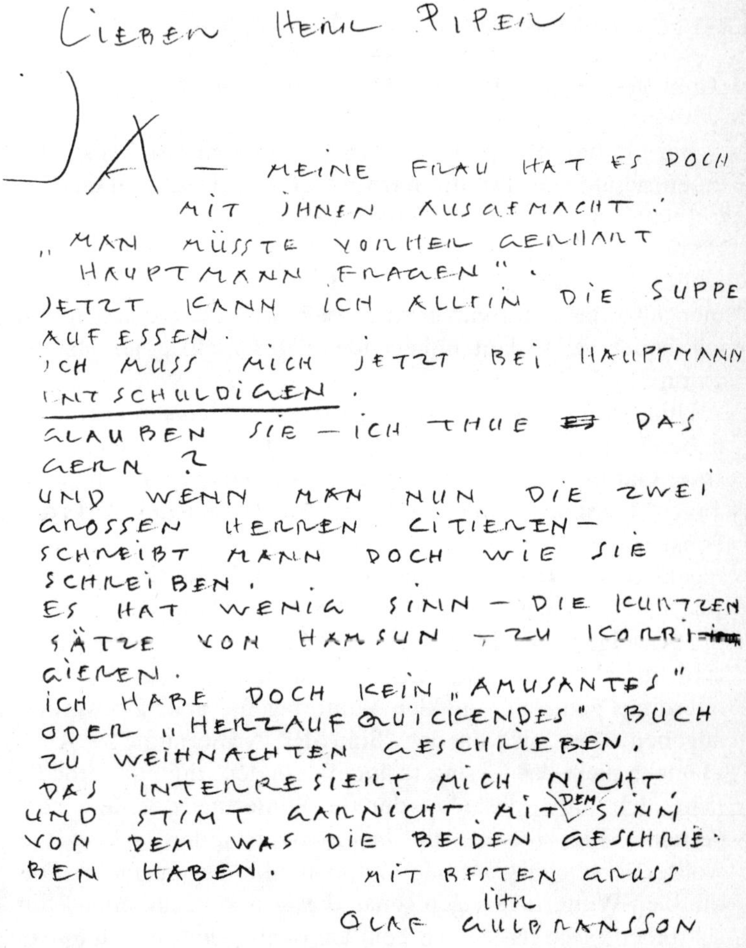
LIEBEN HERRN PIPER

JA – MEINE FRAU HAT ES DOCH
MIT IHNEN AUSGEMACHT:
„MAN MÜSSTE VORHER GERHART
HAUPTMANN FRAGEN".
JETZT KANN ICH ALLEIN DIE SUPPE
AUFESSEN.
ICH MUSS MICH JETZT BEI HAUPTMANN
ENTSCHULDIGEN.
GLAUBEN SIE – ICH THUE DAS
GERN ?
UND WENN MAN NUN DIE ZWEI
GROSSEN HERREN CITIEREN –
SCHREIBT MANN DOCH WIE SIE
SCHREIBEN.
ES HAT WENIG SINN – DIE KURTZEN
SÄTZE VON HAMSUN – ZU KORRI-
GIEREN.
ICH HABE DOCH KEIN „AMUSANTES"
ODER „HERZAUFQUICKENDES" BUCH
ZU WEIHNACHTEN GESCHRIEBEN.
DAS INTERRESIERT MICH NICHT.
UND STIMT GARNICHT. MIT DEM SINN
VON DEM WAS DIE BEIDEN GESCHRIE-
BEN HABEN.

MIT BESTEN GRUSS
IHR
OLAF GULBRANSSON

Reinhard Piper an Olaf Gulbransson

10. Dez. 34.

Lieber Herr Gulbransson,

so kann der Mensch sich irren! Als ich Ihren Brief heute morgen vorfand, dachte ich, er enthalte eine kleine Anerkennung für das Ihnen übersandte Börsenblattinserat oder gar eine Gratulation zu dem dreissigjährigen Bestehen des Verlags, worüber ja eben in den M.N.N. ein Artikel erschien.

Statt dessen erhalte ich einen Anschnauzer. Doch ich hoffe, Ihren Zorn zu besänftigen. Er geht tatsächlich von falschen Voraussetzungen aus.

Bei Gerhart Hauptmann brauchen Sie sich durchaus nicht zu entschuldigen. Das Inserat wendet sich ja nicht an das Publikum, sondern nur an den Sortimentsbuchhandel, den ich durch dies Zitat noch besonders auf Ihr Buch hinweisen wollte. Gerhart Hauptmann selbst und das Publikum bekommen also das Zitat gar nicht zu sehen. Ausserdem schreibe ich heute selbst laut anliegendem Durchschlag an Hauptmann.

Und dann soll ich die kurzen Sätze von Hamsun korrigiert haben? Die Äusserung von Hamsun lautet in der Übersetzung Ihrer Gattin: »Ein herzhaft amüsantes Buch in diesen dunklen Tagen! Lasst uns es hinnehmen, als das grosse Kunstwerk, das es ist, in Erzählung wie in seinen Zeichnungen.« Ich habe nichts korrigiert, sondern nur den zweiten Satz weggelassen. Bei allen Anzeigen ist nämlich Kürze die Hauptsache, wenn die Anzeige wirken soll. Der zweite lange Satz hätte den ersten nur abgeschwächt. Aus den »dunklen Tagen« habe ich allerdings gemacht »dunklen Wintertagen«, aber Sie werden zugeben, dass dies an dem Sinn der Äusserung von Knut Hamsun nicht das Geringste ändert, sondern ihn nur verdeutlicht. Ich habe deshalb »dunkle Wintertage« gesagt statt »dunkle Tage«, weil ich das Missverständnis verhindern wollte, als seien irgendwie politisch dunkle Tage gemeint. Die dunklen Wintertage sagen genau das, was Hamsun meint. Sie schreiben: »Ich habe doch kein amüsantes oder herzaufquikkendes Buch zu Weihnachten geschrieben. Das interessiert mich nicht und stimmt gar nicht mit dem Sinn von dem, was die beiden geschrieben haben.«

Da verstehe ich Sie nicht recht. Hamsun hat von einem »herzhaft amüsanten Buch« geschrieben. Wenn Sie selbst nicht Ihr Buch als herzhaft amüsantes Buch bezeichnet haben wollten, dann durften Sie mir doch nicht die Äusserung von Hamsun zur Verwertung in der Propaganda durch Ihre Gattin zugehen lassen. Aber wie soll das nun nicht stimmen mit dem Sinn von dem, was die beiden geschrieben haben? Hamsun hat es doch wörtlich so geschrieben, resp. Ihre Gattin hat es wörtlich so übersetzt.

Was die Äusserung von Hauptmann anbelangt, so gebe ich gern zu, dass ich korrekter Weise Hauptmann hätte vorher fragen sollen. Aber da das Inserat vor Weihnachten noch wirken sollte, so blieb dazu keine Zeit und da das Inserat nur dem Buchhändler, nicht aber dem Publikum zu Gesicht kam, wie es bei einem Zeitungsinserat oder bei einem Prospekt der Fall gewesen wäre, so glaubte ich, das Zitat verantworten zu können ohne vorherige Anfrage. Bei einem Zeitungsinserat oder einem Prospekt wäre dies etwas anderes gewesen.

Bei dem Briefe von Hauptmann habe ich nun auch nur ganz wörtlich zitiert »Eine unvergängliche Quelle der Heiterkeit! Ein Zauberbuch!« Den ganzen Brief konnte ich ja nicht abdrucken, er wäre viel zu lang gewesen und das hätte ich auch wirklich ohne vorherige Erlaubnis von Hauptmann im Buchhändlerbörsenblatt nicht tun können. Aber ich sehe auch hier nicht, inwiefern ich irgendwie den Sinn geändert haben könnte, da das Zitat ganz wörtlich ist.

Dass Ihr Buch nicht allein herzhaft amüsant und nicht allein eine Quelle der Heiterkeit ist, wie Hamsun und Hauptmann schreiben, sondern dass es auch sehr ernste und ergreifende Seiten enthält, weiss ich selbstverständlich ganz genau. Aber ich kann schliesslich nichts dafür, dass diese beiden grossen Dichter gerade die amüsante und die heitere Seite herausheben.

Ich hoffe, Sie werden die Sache nun ein wenig anders ansehen und mir nicht mehr bös sein.

Nochmal: bei Hauptmann brauchen Sie sich durchaus nicht zu entschuldigen.

Und nun wollen wir bis Weihnachten noch recht viel von Ihrem Buch verkaufen!

Mit besten Grüssen
Ihr
R. Piper & Co., G.m.b.H.
[Reinhard Piper]

Olaf Gulbransson an Reinhard Piper

[1935?]

Lieber Piper!
Ich habe kein einziges Buch mehr, kein »Es war einmal« hab ich. Rein nichts zum Laesen hab ich. Ich kann doch ohne dieses Buch nicht leben.

Also sinn Sie – so ein Engel – und schick mir welche.

Ewiglich
Ihr alter
Olavvs Gvlbranus

Olaf Gulbransson an Reinhard Piper

[Eingangsstempel: 28. Feb. 1939]

PIPER ist ein Engel!
Ich hab alle Bücher schon durchgeblättert – und überal »Denkzettel«. Am liebsten thäte ich alles lings und rechts liegen lassen – und gleich anfangen. Ich werde auch anfangen. Aber Gott steh mir bei – wen ich einmahl – – die Bücher zurück tragen muss.

Ich bin sehr gespant auf die Probedrukke.

Kanters Verlag hab ich dazu gebracht ein Jahr mit das kleine Buch zu warten.

Herzlichsts
Ihr

Probedruck – Probedruck – –Probedruck!!!

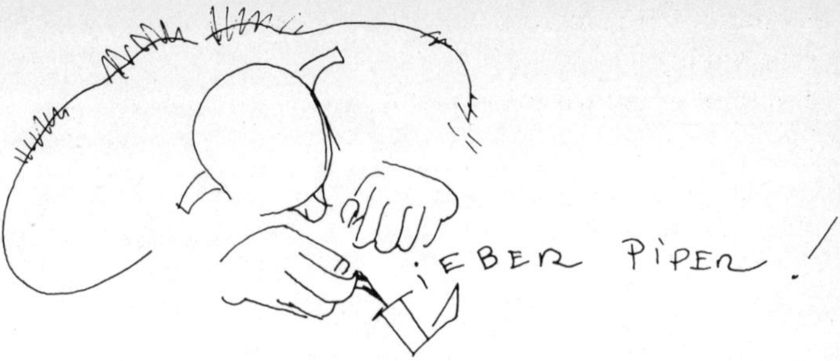

ICH HABE KEIN EINZIGES BÜCH MEHR,
KEIN „ES WAR EINMAHL" HAB ICH.
REIN NICHTS ZUM LÆSEN HAB ICH.
ICH KANN DOCH OHNE DIESES BUCH
NICHT LEBEN.
ALSO SINN SIE – SO EIN ENGEL –
UND SCHICK MIR WELCHE.

EWIGLICH
IHR ALTER
OLAVUS GULBRANUS

Reinhard Piper an Olaf Gulbransson

23. März 1939

Lieber Herr Gulbransson!
Ich habe mir über das farbige Offset-Buch immer wieder den Kopf zerbrochen und hin und her gerechnet. Eine wirklich befriedigende Herstellung wird so teuer, dass wir, um die kostspieligen Farbplatten entsprechend auszunutzen, 10000 Exemplare drucken müssen, wenn wir auf einen Preis von 9.50 kommen wollen.

Ich kann nun leider, so gern ich dies möchte, nicht glauben,

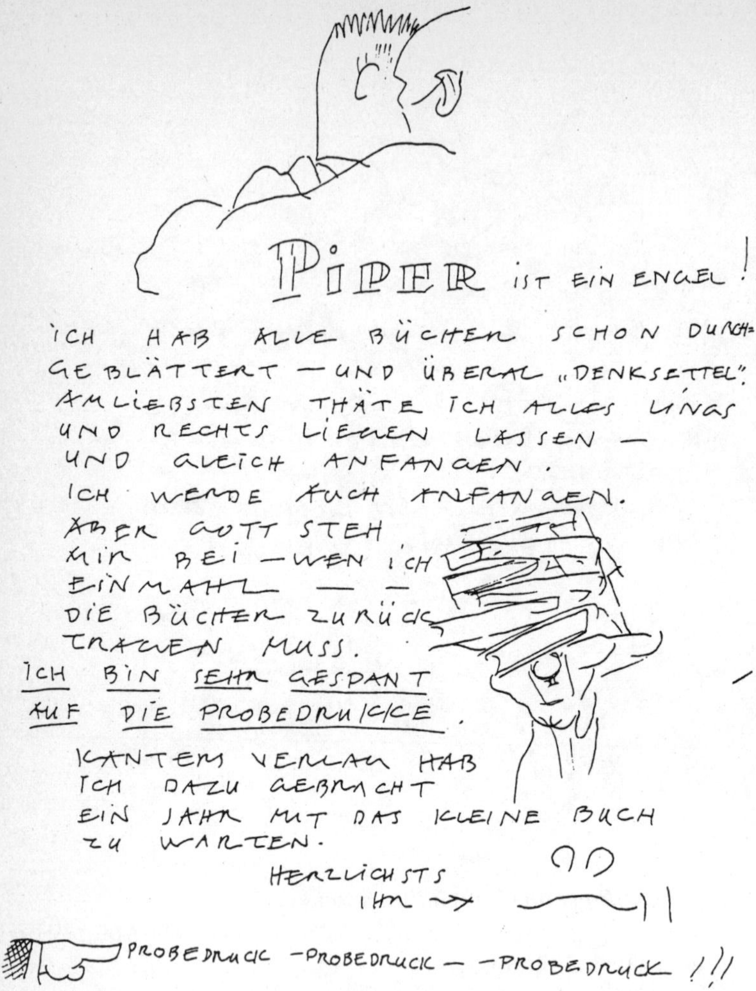

PIPER IST EIN ENGEL!

ICH HAB ALLE BÜCHER SCHON DURCH-
GEBLÄTTERT — UND ÜBERAL „DENKSETTEL".
AMLIEBSTEN THÄTE ICH ALLES LINGS
UND RECHTS LIEGEN LASSEN —
UND GLEICH ANFANGEN.
ICH WERDE AUCH ANFANGEN.
ABER GOTT STEH
MIR BEI — WEN ICH
EINMAHL — —
DIE BÜCHER ZURÜCK
TRAGEN MUSS.
ICH BIN SEHR GESPANT
AUF DIE PROBEDRUCKCE.
KANTERS VERLAG HAB
ICH DAZU GEBRACHT
EIN JAHR MIT DAS KLEINE BUCH
ZU WARTEN.
HERZLICHSTS
IHR

PROBEDRUCK — PROBEDRUCK — — PROBEDRUCK !!!

Olaf Gulbransson an Reinhard Piper [Eingangsstempel 28. Februar 1939] dass eine solche Auflage auch nur annähernd zu verkaufen ist.

Ich war jetzt einige Wochen in Berlin und habe dort mit künstlerisch interessierten Buchhändlern gesprochen. Immer wieder hörte ich sagen: »Ja, wenn das Buch Portraits von Furtwängler, Richard Strauss oder Paula Wessely brächte, dann würde sich unser Publikum dafür interessieren. Aber ein so teures Buch mit Bildnissen meist unbekannter Persönlichkeiten, dafür werden wir nur wenig Absatz haben.«

Würde es nun an sich dem Verlag schon nicht ganz leicht fallen, so viel Geld auf *eine* Karte zu setzen, so kann er dies umso weniger wagen, wenn der Sortimenter nicht mitmacht. Das Publikum, das solche Bildnisse rein künstlerisch genießt, ist doch sehr dünn gesät. Es ist das kein Thema für eine große Auflage.

Eher wäre die Sache vielleicht möglich als ein *teures Mappenwerk* in kleinerer Auflage in der Art wie die Mappe »Von Schongauer bis Holbein« die der Verlag Ihnen früher einmal dediziert hat. Aber auch für ein teures Mappenwerk ist gegenwärtig noch nicht wieder die Zeit da.

Dies alles konnte uns erst jetzt, nach Einholung genauer Kostenanschläge, klar werden. So sehe ich leider keine Möglichkeit, mit dem Plan durchzukommen, weder mit einem teuren noch mit einem 9.50-Bande. Es tut mir selbst sehr leid, dass ich zu keinem anderen Resultat kommen kann. Ich habe ja selbst schon viel Arbeit und Überlegung in die Sache gesteckt und würde also lieber zu einem positiven Ergebnis kommen.

Etwas ganz anderes ist es mit den von Ihnen in Federzeichnung geplanten Köpfen. Hier ist das Reproduktionsverfahren dasselbe wie bei »Es war einmal« und es könnte ein wirklich billiges Buch hergestellt werden und die dargestellten Persönlichkeiten wären auch von allgemeinem Interesse.

Hoffentlich können wir uns über dies Thema bald einmal näher unterhalten.

Die drei Originale werden wir Ihnen in diesen Tagen in die Akademie zurückgeben.

Wenn Sie noch Lust haben, mit dem Königsberger Verlag ein billiges kleines Heft zu machen, so steht dem also nichts im Wege. Der Königsberger Verlag seinerseits würde ja gewiss sehr froh sein, wenn Sie ihm doch noch die Erlaubnis geben.

Mit besten Grüßen und Wünschen
Ihr
[Reinhard Piper]

Olaf Gulbransson an Reinhard Piper

[März/April 1939]

Lieber Herr Piper.
Ja – – ja – natürlich! Aber besser wäre doch ein Rundfragen bei *allen* Händlern. Die gesammelte Meinung aller dieser Händler –

gut geschüttelt –

wäre dann sicher ein gutes Geschäft. Denn aus dieser Gesinnung ist doch jede grosse bildende oder schreibende Kunst entstanden.

Bloss wäre es anständiger wenn Sie mich nicht so über ein Jahr hingehalten hätten, denn – 65 werde ich nicht jedes Jahr.

Zuerst bringen Sie mich dazu, wegen Ihnen, alles mit einem andern Verläger abzubrechen, um dann nachher abzusagen.

Mit den allerbesten Grus

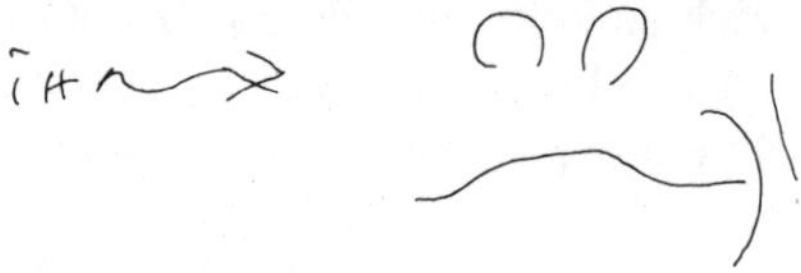

Olaf Gulbransson an Reinhard Piper

[17.10.1940]

Lieber Herr Piper,
ich kann leider Gottes an keine Sitzung teilnehmen. Mein Sönicken ist ein Peckvogel. Ich war so froh wie er heil aus Frankreich endlich auf Urlaub kam. Damals brachte er mit eine eitrige Angina. Wie er transportfähig war kam er in eine Militärlazarett in München. *Endlich* solte er wieder hierher auf 14 Tag

Urlaub kommen. Es war wieder *ein* Freudenfesttag, denn er brachte mit eine schwere Grippe. Ich Rindsbraten wurde naturlich angesteckt. Äkelhaft, aber Olemansen bekam Lungenentzündung. Das Ärgste was sein abgerackertes Hertz bekommen konte. Gottseidank komt unser hiesiger Artz jeden Tag hinauf ihn zu spritzen, ohne diese Spritzen hätte er es nicht geschaft. Ja – ja – ich liege also hier unten und höre seine Lunge huste durch die Nacht. Also ich kan nicht kommen. Aber ich war so lange ich lebe – bei eine »Sitzung« nie eine »wigtige« Person. Das kont ihr ohne mich. Das Wigtigste ist das Format. Es sind etliche Zeichnungen darunter die durch Verkleinerungen nicht kaputgemacht werden kann. Also haltet Ihr ruhig die Sitzung. Ich kan ja dan sehen wie Euer Bedingungen sind. Bitte unserm lieben Dr. Blaich alles erzählen. Ich kan nicht schreiben, der Teufel solte jeden Bettschreiber holen.

Mit den allerbesten Gruss
Ihr

Olaf Gulbransson an Reinhard Piper

[1941]

Lieber Herr Piper
Vielen herzlichen Dank für die *schönen* Bücher – und auch für das Korrekturbuch von »Idyllen und Katastrofen« Finden Sie nicht auch das auf dem *Deckel* – die Buckstaben von Umslag verwendet werden soll. Stat die gedruckten. Warum hab ich mich sonst mit diese Buckstaben geplagt. Übrigens finde ich genau wie Hamsun: Warum der Deckel so stiefmütterlich behandeln? Der Umslag werfen viele weg. Der Deckel bleibt meistens.

Warum den Umslagszeichnung amwenigstens nicht schwarz auf dem Deckel zu drücken.

Mit den allerbesten Grüss
Ihr

Olaf Gulbransson an Reinhard Piper

[April/Mai 1942]

Lieber Herr Piper senior
Sie sollten als alter Geschäftsmann nicht so deutlich zeigen – wen Sie lieben – und wen Sie nicht leiden können.

Dr. Owlglas hat zeit Ewigkeiten seine 40 Exm. gehabt.

Mich speisen Sie mit 15 Ex ab – und – bis jetzt weiter keine. Aber man lernt ja nie aus, ich hätte es ja deutlich wissen können – wie Sie sich damals verhalten haben – mein grosses Buch gegenüber – mit die Köpfe.

Dieses Buch – das grosse – und das kleine ist jetzt vergiffen. Und so viel ich weis bin ich Ihren Verlag nie irgend wie zu Last gelegen.

Vergessen haben Sie auch – mein Umschlagszeichnung zu »Idyllen u.s.w.« zu schicken. Meine Frau erzählt mich grade – Sie haben auf Ihre Mahnbriefe wegen meine andre Umschlagszeichnungen – *nie geantwortet*. Das wuste ich nicht.

Ich bitte Sie jetzt darum: Alle meine Umschlagszeichnungen zurückzuschicken. Aus der Juniorecke Ihres Verlags – weht ein viel freundlichere Wind. Den werde ich aber wahrscheinlich nie erleben.

Mit den besten Grusse
Ihr
Olaf Gulbransson

Reinhard Piper an Olaf Gulbransson

12. Mai 1942

Lieber Herr Gulbransson!
Immer, wenn ein Brief von Ihnen kommt, sagt man sich: »Ah, wie reizend, ein Brief von Olaf!« Und wenn man ihn dann aufmacht, bekommt man die schwersten und unerwartetsten Vorwürfe. Sie schreiben an mich:

»Sie sollten als alter Geschäftsmann nicht so deutlich zeigen – wen Sie lieben – und wen Sie nicht leiden können. Dr. Owlglass hat seit Ewigkeiten seine 40 Ex. – und mich speisen Sie mit 15 Ex. ab – und bis jetzt weiter keine. Aber man lernt ja nie aus.«

Als ich dies las, sagte ich mir als Verleger auch: »Ja, man lernt nie aus!« Sie sind gewiss ein großer Künstler, dabei aber ein sehr schlechter Psychologe. Wie konnten Sie auf die Idee kommen, dass ich Sie nicht leiden könnte und Ihnen deshalb weniger Exemplare schicke. Wie schlecht müssen Sie mich kennen!

Die Übersendung der Freiexemplare an Sie hat mit meiner Person nicht das geringste zu tun. Der Angestellte, der die Frei-Exemplare für die Autoren versandte, hat im Vertrag nachgesehen und dort gelesen, dass Sie bei Erscheinen 20 Freiexemplare zu erhalten haben und diese haben wir Ihnen geschickt. Dr. Owlglass hatte gebeten, ihm sogleich 40 Exemplare zu schicken und der Verlag hat ihm diesen Gefallen getan.

Am 10. April haben auch Sie darum gebeten, noch 20 weitere Exemplare zu erhalten. Da der Verlag keine mehr im Hause hatte, wurde unser Kommissionär F. Volckmar in Leipzig beauftragt, diese von seinem Lager an Sie zu schicken, d. h. Sie erhielten davon 19 Stück, 1 weiteres wurde in Ihrem Auftrag nach Norwegen geschickt. Auch Volckmar konnte die Exemplare nicht sofort expedieren, da er auf weitere Ablieferungen vom Buchbinder warten musste. Die Exemplare sind aber am 24. April an Sie abgegangen und müssen nun längst in Ihren Händen sein.

Mit dieser ganzen Versendung habe ich persönlich, wie gesagt, nicht das geringste zu tun gehabt. Ich habe erst jetzt auf Grund Ihres Briefes mir die einzelnen Daten angeben lassen.

Sie waren also mit Ihrer Psychologie auf völlig falscher Fährte.

Nach der vorher zitierten Stelle fahren Sie in Ihrem Briefe fort:

»Ich hätte es ja deutlich wissen können – wie Sie sich damals verhalten haben – meinem grossen Buch gegenüber – mit die Köpfe. Dieses Buch – das grosse und das kleine – ist jetzt vergriffen. Und so viel ich weiss, bin ich Ihrem Verlag nie irgendwie zur Last gefallen.«

Sie kommen damit noch einmal auf die Angelegenheit des Buches mit den Köpfen zurück. Da möchte ich Sie daran erinnern, dass wir seinerzeit nur über eine teure Faksimile-Ausgabe in zum Teil mehrfarbigen Lichtdrucken gesprochen haben. Dieses teure, schwierig herzustellende Buch schien uns in der damals wirtschaftlich etwas ungünstigen Zeit zu riskant.

Nachher erschien in dem Königsberger Verlag ein wesentlich billigeres Buch mit Autotypien. Von einem solchen war aber zwischen uns niemals die Rede gewesen.

Es freut mich, dass beide Bücher jetzt vergriffen sind. Doch muss ich dazu bemerken, dass bei uns sämtliche Verlagswerke vergriffen wären, wenn wir die vorliegenden Bestellungen alle ausführen wollten, sodass wir alsdann vor einem leeren Lager stünden. Wir erhalten täglich Berge von Bestellungen und es kostet sehr viel Zeit, diese Bestellungen in gerechter Weise zu verteilen.

Gewiss sind Sie meinem Verlag niemals zur Last gefallen, im Gegenteil. Ich habe Sie jahrelang immer wieder bestürmt, doch die »Begegnungen« fertigzumachen, die als zweiter Teil von »Es war einmal« gedacht sind, und ich hoffe auch immer noch, dass dieser Wunsch von mir und von Tausenden von Freunden Ihrer Kunst von Ihnen doch noch einmal erfüllt wird. So sehr mag ich Sie leiden!

Für die Köpfe berühmter Persönlichkeiten, die Sie zeichnen wollten, sandte ich Ihnen ein sehr umfangreiches Material, das sich seitdem bei Ihnen befindet.

Am Schluss Ihres Briefes verlangen Sie alle Ihre Umschlag-Zeichnungen zurück. Es ist uns bisher noch bei keinem Zeichner vorgekommen, dass er uns Umschlag-Zeichnungen nur *leihweise* überlassen hat. Die Zeichnungen, die ja vereinbarungsgemäß honoriert wurden, sind immer in den Besitz des Verlages übergegangen. Da Sie aber offenbar absolut darauf bestehen, werde ich diese Originale in den nächsten Tagen zusammensuchen lassen und Ihnen mit einer Liste übersenden.

Mit besten Grüßen
Ihr
[Reinhard Piper]

Olaf Gulbransson an Klaus Piper

[November 1944]

Lieber Klaus Piper! Ich bin 5 Wochen gelegen wegen eine Blutvergiftung am Knie. Und ganz unschuldich. Eine Satans Bremse – die auf As gesessen sein muss – ist schuld dran.

Die ganze Zeit hab ich nicht arbeiten können. Deswegen auch nicht gratuliert. Aber so ist es auch Fäterchen gegangen zum 65sichsten.

LIEBER KLAUS PIPER! ICH BIN 5 WOCHEN
GELEGEN WEGEN EINE BLUTVERGIF=
TUNG AM KNIE. UND GANZ UNSCHUL=
DICH. EINE SATANS BREMSE — DIE AUF
AS GESESSEN SEIN MUSS — IST SCHULD DRAN.
DIE GANZE ZEIT HAB ICH NICHT ARBEI=
TEN KÖNNEN. DESWEGEN AUCH NICHT
GRATULIERT. ABER SO IST ES AUCH FÄTERCHEN
GEGANGEN ZUM 65SICHSTEN.
WOLLEN SIE SO LIEB SEIN — UND „PAPA"
DIESE „HEILIGE OLAFS HIMMELFART" ZUM
65SICHSTEN ZU FÜSSEN LEGEN.
MIT DIE SO ARG VERSPÄTETEN HERZLICH=
STEN GRATULATIONEN.
IHR ALTEN
OLAF GULBRANSSON

Wollen Sie so lieb sein – und »Papa« diese »Heilige Olafs Himmelfart« zum 65sichsten zu Füssen legen.

Mit die so arg verspäteten herzlichsten Gratulationen.

Ihr alter
Olaf Gulbransson

Reinhard Piper an Olaf Gulbransson

24. November 1944

Lieber und verehrter Meister Gulbransson!
Ich danke Ihnen herzlich für Ihre guten Wünsche zu meinem Geburtstag. Ganz besonders herzlich danke ich Ihnen aber für die kostbare Radierung, deren feines phantasievolles und geistreiches Linienspiel ich in jeder Kurve ausgekostet habe und noch oft auskosten werde.

Sie haben damit meine Gulbransson-Sammlung aufs schönste bereichert und meiner graphischen Sammlung, die von 1480–1944 reicht, ein Hauptstück zugefügt.

Möchten Sie Ihre Himmelfahrt aber noch lange Jahrzehnte aufschieben, trotz der infamen Fliege, die Ihnen mit ihrem Stich so hart zugesetzt hat. Gefällt es Ihnen doch sicherlich noch recht gut auf dieser Welt und auf Ihrem schönen Schererhof insbesondere. Sollte es aber einmal zur Himmelfahrt kommen, so möge sie sich in so freundlichen Formen abspielen, wie Sie sie auf Ihrer Zeichnung vorausahnen.

Die wertvolle Rolle lasse ich Ihnen gleichzeitig wieder zugehen. Um sie doch nicht ganz leer zu schicken, habe ich ein paar graphische Blätter von Beckmann, Unold, Großmann etc. hineingesteckt, die Ihnen vielleicht etwas Vergnügen machen, wenn dies Vergnügen auch nicht entfernt so groß sein kann wie dasjenige, das Sie mir bereitet haben.

Mir selbst wünsche ich für das neue Lebensjahr, dass Sie nun mit den »Begegnungen« ernst machen und zehntausenden von geplagten Menschen damit eine unauslöschliche Freude bereiten. Sie selbst setzen sich damit ja auch das schönste Denkmal! Vor Jahren dachten Sie einmal an eine Sammlung »Köpfe« und ich sandte Ihnen dafür ein fünfbändiges großes Werk: »Das 19. Jahrhundert in Bildnissen« und auch noch andere Bilder-

Werke. Diese befinden sich noch heute auf dem Schererhof und sicherlich in guter Hut. Die Begegnungen sind ja zweifellos noch wichtiger als die Köpfe.

Mit nochmaligem allerherzlichsten Dank und mit den besten Wünschen für Sie und Ihre verehrte Gattin, in alter Verbundenheit

Ihr
[Reinhard Piper]

Franz Marc
Briefe aus dem Feld

28. III 15. Palmsonntag!

Heut über Nacht ist plötzlich hoher Schnee gefallen, ganz unerwartet. Ich war noch gestern u. vorgestern mit meinem Wagen in der Stellung vorn: gestern Nachm. u. Nacht kamen wir in strömenden Regen und heute morgen ½ mt Schnee! Die armen Störche frieren und sehen sehr bekümmert drein. Es wird ja wohl nicht lange dauern. Die kriegerischen Operationen hier zeigen dasselbe Bild wie überall in den Vogesen: ein auf und ab wie wir es seit 7 Monaten gewöhnt sind. Ihr lest es ja aus den amtlichen Berichten. An ein Hinausdrücken des Feindes ist zunächst und wohl für lange nicht zu denken. Ich muß dabei oft an die Aufgaben der Österreicher in den Karpathen u. Serbien denken; vielleicht thun wir ihnen doch auch etwas Unrecht mit unsrer geringschätzenden Ungeduld. Was Kämpfe in starkgebirgigem Gelände bedeuten, das wissen nur die, die es erlebt haben.

Eine Beobachtung verfolgt mich stark in meinem ganzen Kriegsleben: die ewige Wiederkehr des Gleichen, nämlich der gleichen Menschentypen! Es ist mir oft, als gäbe es nur eine bestimmte begrenzte Anzahl von menschlichen Existenzeinheiten resp. Verschiedenheiten; Schnür dient bei mir in meinem Zug (ein sehr ordentlicher Mensch), Werefkin ist hier Kellnerin, Kubin, Kandinsky Klee, – alle sind soundsooft im Krieg vertreten. Desgleichen wiederholen sich in unglaublichem Maße »Situationen«, wenn man ein etwas sonambules Gefühl dafür hat u. sie »sieht«. Die Tiere gehören selbstverständlich auch in diesen ewigen Typenkreislauf. Die uralte Lehre von der Reinkarnation u. Nietzsches ewige Wiederkehr des Gleichen hat für mich einen ganz neuen Sinn bekommen, den ich früher nie erfaßt hatte. Es ist durchaus kein müßiger Gedanke; denn er greift tief in das Geheimnis der künstlerischen Gestaltung hinein; vielleicht ist er überhaupt seine Erklärung. Wirkliche Kunstformen sind wahrscheinlich nichts als dieses sonambule Sehen des Typischen, das Sehen zwingender (u. daher richtiger) Spannungsverhältnisse. Das Richtige war immer schon richtig, immer schon einmal da. Ich weiß nicht, ob es verständlich ist, wie ich mich ausdrücke. Es ist so stark halb- d. h. unterbewußtes Erlebnis, keine Klügelei u. man müßte erst die ganz richtigen Worte dafür finden; vielleicht gibt es sie auch nicht; denn es ist gar nicht notwendig möglich, alles mit unsrer unvollkommenen menschl. Sprache auszudrücken. Der Gedanke ist deswegen doch da. Der Sternenhimmel, den ich in diesem Winter außerordentlich viel beobachtet habe, ist für mich gewissermaßen ein Leitfaden, die Logarithmentafel dieses Gedankens: Die Spannungsverhältnisse der einzelnen Sterne u. Sternbilder zueinander sind wie die Typenformeln, für den Sehenden wie ein aufgeschlagenes Buch des Lebens, der »möglichen Situationen«. Ich verstehe jetzt auch die vielverspotteten Astrologen. Ihre Gedanken sind nicht etwa Aberglaube oder Irrtümer sondern nur die frühere, mittelalterliche Formung von Gedanken, die uns auch heute wieder bewegen; wir formen sie künstlerisch, die Alten zogen logische Schlüsse aus ihnen, aber der Grundgedanke u. Ursprung dieses mythischen Sehens ist gewiß derselbe.

In 8 Tagen ist Ostern, – verleb es friedlich u. glücklich. Hoffentlich ist das Frühlingswetter bis dahin wieder da. Ich werde in diesen Tagen mit meinen Gedanken lebhaft und sehnsüchtig in Ried, bei Dir u. allem was zu unserem Leben gehört sein. Mit liebem Osterkuß Dein Fz.

29. III 15.

Liebste, heut kam endlich Dein großer u. kluger Brief über die Aphorismen. Ich kann unmöglich schnell und ausführlich antworten u. schreibe diese kurze Karte nur um Dir zu sagen, daß ich mit keinem Gedanken traurig über Deinen Widerspruch bin, sondern nur dankbar. Über Kunst kann man nicht »reden«, höchstens über die Mittel. Es wird gewiß mein Fehler in den Aphorismen sein, daß sie durch sehr viel mißverständliche Worte und Unklarheiten den Anschein erwecken, als wollte ich die Kunst definiren, während ich nie mehr als eben die Mittel definiren kann (wie es Delacroix u. van Gogh z. B. gethan haben). Wenn ich sie je überarbeite u. herausgebe, müßte ich dies in voller Klarheit herausstellen. Aber daß die »Form« von selber kommt, wenn man nur wirklich etwas zu sagen hat, das scheint mir nicht wahr. Beständige Meditation über die Form, beständigen Willen zur Form, den man immer wieder korrigirt, verwirft, neu ansetzt, mit allen Hebeln der Welt und Erfahrung, – ohne das geht's nicht. Blos leben, das Leben fühlen bis zum Kern u. auf die Form warten wie die Blumen auf den Frühling, das war u. ist nie produktive Kunst; das Werk freilich muß den dornenvollen Weg ganz vergessen machen. Der Beschauer soll u. kann nur das reine Werk sehen, unsre Nöte gehen ihn nichts an, auch unsre »Mittel« nicht. Ich schrieb Dir schon einmal, daß ich die Aphorismen eigentlich nur für mich geschrieben habe, u. Du errätst richtig, daß ich sie eigentlich geschrieben habe, um mich von meiner »Romantik«, die mir schon so viel Qual verursacht hat, da ich sie als unrein empfinde, zu befreien. Ich bin sehr neugierig auf Tolstoi. So weit ich ihn kenne, ist gerade T. derjenige, der immer Zweck in der Kunst sieht! (z. B. »Einigung der Menschen«, – was ich als Phrase empfinde); aber ich will ihn lesen, ehe ich urteile u. will Dir noch viel über alles schreiben: Schreib mir einmal: ist K[aminski] produktiv? Schafft er wirklich oder lebt er nur rein? Ist er ein mehr passiver od. aktiver Geist?

Osterkuß!
Dein Frz.

30. III 15

Liebste, nun liegen Deine 3 langen Briefe über die Aphorismen vor mir und machen mich sehr glücklich. Ich sag dies gleich und bitte Dich, Dich immer an diesen Satz zu erinnern, auch wenn Du vielleicht im folgenden u. später oft vieles zu lesen meinst, dem Du widersprechen willst und mußt und das Dir Angst macht, daß ich Dich vielleicht gar nicht verstanden hätte. Ich verstehe Dich u. was Du willst u. die Wahrheit dessen, was Du forderst, vollkommen und werde immer wieder auf diesen Kern u. Urgrund dringen, auch wenn ich auf Umwegen gehe.

Die Umwege sind bei produktiven Naturen sicherlich oft die einzig mögliche Verbindung mit dem Ziel; einer der nur lebt, und in Reinheit wie ein Eremit im Leben steht, lebt vertrauter mit dem Gott u. Urgrund des Seins (z. B. auch Ihr Frauen u. Mütter) als ein produzirender [(]d. h. »sich quälender«) Geist. Deswegen will ich doch zur Reinheit u. bin mir bewußt, daß viel Unreines in meinem ganzen bisherigen Werk u. z. B. auch in den Aphorismen ist. In den letzteren vor allem. In einem thust Du mir Unrecht, wenn ich auch überzeugt bin, daß ich direkt Anlaß dazu gegeben habe: daß Du denkst, ich rede von Kunst; ich habe bei meinem Reden nur die Form, d. h. die Mittel der Kunst im Auge; ob es nun eine »Sünde wider den heiligen Geist« ist, über die Form nachzudenken, – das ist so schwer mit ja oder nein zu beantworten. So ohne weiteres wird mich niemand überzeugen, daß z. B. Mantegna oder Bellini (erinnere Dich an seine Londoner Bilder!), Meister Bertram od. der Erbauer des Straßburger Doms od. Delacroix nicht stündlich in ihrem Leben um die Form gebangt und gerungen haben. Daß sie Künstler waren u. von Kunst wußten, war ihre Seligkeit u. ist auch die meine; aber die Form war ihr tägliches Studium und ihre Qual. Die schenkt der liebe Gott uns nicht. Musikalische Schöpfungen will ich nicht hereinbeziehen; sie bleiben mir in ihren reinen Gebilden (wie Bach od. die 3 letzten Symphonien Beethovens od. die katholischen Hymnen der frühen Italiener) ein Mysterium, über dessen formales Entstehen ich mir keine Gedanken zu machen getraue (ich will es auch gar nicht), – während mir sentimentale od. äußerliche (d. h. formal allzu durchsichtige) Musik oder auch reine Musik sentimental gespielt gar keine Freude macht, schon aus dem Grunde, weil ich hier vom Formalen gar nichts verstehe und mir daher gewiße Freuden u. Befriedigungen versagt sind, die z. B. ein Klee doch noch mit Recht aufnimmt. Was K[aminski] über Beethoven sagt, ist ja wörtlich das was ich in den letzten Jahren so oft gesagt habe; erinnerst Du Dich noch, wie ich einmal dringend nach Mozart verlangt habe, (Du weintest damals darüber, August war dabei), weil Mozart sich reiner, unpersönlicher ausdrückt. Das thut er, soweit ich ihn kenne, freilich nicht immer;

vieles an ihm ist spielerisches Rokoko u. zwar gerade deswegen unrein, weil es so unglaublich kunstvoll u. geistreich ist u. nicht naiv wie manchmal Rameau, der einem eben stille Freude macht wie ein Rokokozierat, sehr reines Kunstgewerbe. Das gibt es freilich heute nicht außer vielleicht in Picasso u. manchen Légers, überh. den Franzosen! Heute steht jede Kunstäußerung vor dem entweder – oder. Und darum hast Du so recht mit Deiner Sehnsucht u. Forderung, zum zeitlosen Urklang zurückzusteigen. Kam[inski] sagt: wenn ich Chinese bin, sage ich es Chinesisch, wenn ich 1915 lebe, – 1915. Das ist so wahr aber leichter gesagt als gethan, nämlich das »1915 leben«! Dazu muß man vielleicht die Aphorismen u. noch bessere, gründlichere durchdenken und geistig viel umfassen; sonst lebt man irgendwann u. wo u. hängt in der Luft. Man darf das heilig anvertraute biblische Pfund nicht nur wie ein frohes Evangelium in der Tasche tragen (wie es momentan Du u. vielleicht K[aminski] thut u. mit Euch viele reine Künstlerseelen, die nie zum Schaffen kommen, weil sie vielleicht zu rein u. keusch sind), sondern mit dem Pfund handeln nach der Bibel. Um ein's bet ich freilich: daß der »Betrieb« meine Seele nie mehr einfängt. Nur das nicht mehr; und ich bin so froh, daß Du mir dabei helfen willst. Der Gedanke an ihn ist mir gräßlich.

Ich freu mich sehr auf den Verkehr mit K[aminski]. Wie schmerzlich, auch für Dich, daß er jetzt fort muß. Schick ihm öfters was; er wird es sicher sehr gut brauchen können, mehr als ich. Auch wenn es ein bissel was kostet; das macht nichts.

Seine Idee, daß die Nächstenliebe die einzige geheime Religion von heute ist, – das ist das Einzige, was von Deinen und seinen Worten nicht in meine Seele eingeht; außer man faßt den Begriff der Hingabe u. Selbstverleugnung so weit, daß es schließlich ein Streit um Worte wird. Gerade reine Kunst denkt sowenig an die »andern«, hat sowenig den »Zweck, die Menschen zu einigen«, wie Tolstoi sagt, verfolgt überhaupt keine Zwecke sondern ist einfach sinnbildlicher Schöpfungsakt, stolz und ganz »für sich«! Ich schrieb Dir glaub ich schon einmal darüber; verlier Dich nicht ganz in das Riesenmeer Tolstoischer Gedanken; ich verachte sie gar nicht, ich freu mich sie jetzt bald zu lesen, nach jahrelanger Pause; aber lies Du jetzt einmal – Nietzsche. Jenseits von Bös u. Gut Genealogie d. Moral; der Antichrist u. Morgenröte (bei Paul). Ich will Dich ja nicht quälen; Du kannst es auch später einmal thun, wenn Du jetzt nicht in Stimmung bist. Dieser kurze Brief soll auch keine erschöpfende Antwort sein auf Deine langen Briefe sondern zunächst u. vor allem meine freudige Zustimmung zu dem künftigen Leben sein, das Du Dir für uns beide u. mein Schaffen erträumst; Deine Briefe waren wirklich wie ein Weckruf; u. dann kurze verstreute Gedanken, die mir zunächst beim Lesen gekommen sind. Nächstens mehr, mein liebes tapferes Weib.

Dein Fz.

Henry Moore
Die menschliche Gestalt

Meine ersten Monate im College heilten mich von der romantischen Ansicht, daß Kunstschulen wertlos seien, und ich begann eifrig, nach dem Leben zu zeichnen. Ein Bildhauer muß imstande sein, dreidimensionale Form korrekt zu verstehen und zu sehen, und das läßt sich nur mit viel Mühe und Erfahrung erreichen. Die menschliche Gestalt stellt als Thema die höchsten Anforderungen, und sie ist zugleich das, was man am besten kennt. Der Körperbau – die ungeheure Vielfalt der Proportionen, der Maße oder Rhythmen – macht es viel schwieriger, einen Menschen richtig zu zeichnen als irgend etwas anderes.

Es ist nicht nur eine Frage des Trainings – man kann es nicht begreifen, ohne emotional beteiligt zu sein. Daher ist es nicht bloß Sache der akademischen Übung: In Wirklichkeit ist es ein tiefes, starkes, elementares Ringen, um sowohl sich selbst wie auch das zu begreifen, was man zeichnet.

Ich hatte also ein doppeltes Ziel oder eine doppelte Beschäftigung: Während des Schuljahrs und tagsüber zeichnete und modellierte ich nach dem Leben, und in der übrigen Zeit versuchte ich im rein Bildhauerischen weiterzukommen – und das war für mich damals etwas ganz anderes als die Renaissancetradition.

Meiner Auffassung nach besteht die notwendige Grundlage für den Bildhauer im fortgesetzten gründlichen Studium der menschlichen Gestalt. Sie ist in Form und Bau überaus kompliziert, subtil und schwierig zu erfassen, daher stellt sie als Form für das Studium und Verständnis die größten Anforderungen. Bei einer Landschaft oder einem Baum wird eine nur mäßige Geschicklichkeit im Zeichnen geduldet werden, bei der menschlichen Figur jedoch ist sogar das ungeübte Auge kritischer – denn da handelt es sich um uns selbst.

Für mich beruht die Bildhauerei auf der menschlichen Gestalt und bleibt mit ihr eng verbunden. Das hat gewisse Konsequenzen. Wir schaffen diese Art von Skulpturen, weil wir eben selbst diese Gestalt und diese Proportionen haben und deshalb auf Form und Gestalt auf eine bestimmte Weise reagieren. Hätten wir die Gestalt von Kühen, gingen wir auf vier Beinen, so wäre die Grundlage der Plastik eine völlig andere. Wenn es sich nur darum handelte, eine vergnügliche Beziehung zwischen Formen zu schaffen, würde die Bildhauerei für mich ihre grundlegende Bedeutung verlieren. Sie wäre zu mühelos.

Ich bin verschiedentlich gefragt worden, warum ich die Köpfe so klein mache. Dabei ist für mich der Kopf der wichtigste Teil einer Skulptur. Er verleiht all dem Übrigen einen Maßstab, gibt ihm eine gewisse menschliche Ausgeglichenheit und Bedeutung, und eben weil ich den Kopf für so wichtig halte, verringere ich seine Größe oft, um das Übrige monumentaler erscheinen zu lassen. Das geschah übrigens bereits früher. Die Köpfe von Michelangelos Figuren machen manchmal ein Zwölftel ihrer Körperlänge aus statt eines Sechstels bis Siebentels, was der Durchschnitt ist. Das ist eine bekannte Tatsache.

Kein Bildhauer, kein Künstler überhaupt kann umhin, auf seine Umgebung und vor allem auf die menschliche Gestalt zu reagieren. Das heißt natürlich nicht, daß der Künstler sich auf figurative Werke beschränken soll. Bei manchen Plastiken beschäftigen mich fast ausschließlich Probleme formaler Natur, während ich mich bei anderen bemühe, meinen Arbeiten einen menschlichen Sinn zu verleihen. Eine Skulptur kann ja mehr als nur eine einzige Bedeutung haben. Der Künstler wird manchmal mit einer Skizze oder vielleicht einem Stück Ton beginnen, und im Lauf der Ausarbeitung seines ursprünglichen Einfalls, des ersten Impulses, werden ihm klarere Ideen kommen, so daß schließlich die aus einem Holzblock geschnitzten Formen Interpretationen zulassen – etwa »Mutter, die ihr Kind beschützt« oder »Embryo«. Der Künstler braucht kein literarisches Thema, um seine Verbundenheit mit den Mitmenschen auszudrücken; er kann die Liebe zu seinen Mitmenschen zeigen, indem er einfach, wie ich es bei meiner *Liegenden Figur* aus Ulmenholz von 1945/1946 versucht habe, das Schlagen eines Herzens andeutet.

Was ich meine, ist folgendes: Man braucht ihre Gesichtszüge nicht darzustellen, um die Eigenschaften einer bestimmten Person anzudeuten. Ich ging nicht darauf aus, die Vielfalt des Gesichtsausdrucks festzuhalten, sondern zum Beispiel das genaue Verhältnis von Kopf zu Schultern wiederzugeben, denn der Umriß der ganzen Gestalt, der dreidimensionale Charakter des Körpers, vermag den Sinn des behandelten Themas zu vermitteln. Wenn man einen Freund in der Ferne sieht, erkennt man ihn nicht an der Augenfarbe (die man ja nicht sieht), sondern am Gesamteindruck, an den allgemeinen Formverhältnissen. Man betrachte zum Beispiel eine Rötelzeichnung von Watteau, einer jener zarten kleinen Skizzen, in denen er die Haltung von Nacken und Kopf festgehalten hat. Wir können allein aus der Art, wie das Modell sich hält, seinen Charakter und sein Gesicht ablesen.

III. AUS DEM ALMANACH »DER BLAUE REITER«

D. Burljuk

Die »Wilden« Rußlands

Japanisch

Der Realismus verändert sich in Impressionismus. In der Kunst rein realistisch zu bleiben, ist undenkbar. Alles in der Kunst ist mehr oder weniger realistisch. Es ist aber unmöglich, auf diesem »mehr oder weniger« Prinzipien einer Schule zu bauen. »Mehr oder weniger« ist keine Ästhetik. Der Realismus ist nur eine Spezies des Impressionismus. Der Impressionismus aber, d. h. das Leben durch das Prisma eines Erlebnisses, ist schon ein schöpferisches Leben des Lebens. Mein Erlebnis ist eine Umgestaltung der Welt. Das Vertiefen in ein Erlebnis bringt mich zur schöpferischen Vertiefung. Das Schöpfen ist gleichzeitig das Schöpfen der Erlebnisse und das Schöpfen der Gestaltungen. Die Schöpfungsgesetze sind die einzige Ästhetik des Impressionismus. Und dies ist zur selben Zeit die Ästhetik des Symbolismus. »Der Impressionismus ist ein oberflächlicher Symbolismus« (Andrej Bjely*).

»Vielleicht geht aus den Werken Raffaels und Tizians ein vollerer Kreis der Regeln hervor, als das bei Monet und Renoir der Fall ist, und trotzdem ziehe ich die geringeren Werke dieser

* Einer der bekanntesten modernen »jungen« Dichter. Red.

Künstler denen vor, die sich mit einer Darstellung der ›Venus mit einem Hündchen‹ oder eines ›Mädchens mit einem Stieglitz‹ begnügten. Diese Bilder können uns nichts Neues sagen, da wir zu unserer Zeit gehören und ihre Meinungen und Gefühle teilen« (Henri Matisse).

»Eine Renaissance wird hauptsächlich nicht durch vollkommene Werke hervorgerufen, sondern durch die Kraft und durch die Einheitlichkeit des Ideals bei einer lebensvollen Generation« (Maurice Denis).

Der für Dezember geplante Kongreß der russischen Künstler soll in erster Linie versuchen, ein Milieu zu schaffen, welches für diese Einheitlichkeit nötig ist. Dieses Ziel wird auch in diesem Falle die jungen Kräfte vereinigen, d. h. die Künstler, die sich nicht an Selbstzufriedenheit ergötzen, sondern neue Wege in der Kunst suchen und den nationalen und den Brotkorbinteressen die idealen Ziele der internationalen Kunst vorziehen.

Es ist eine eigene Sache mit der Kunst. Wenn irgendein Kongreß im Interesse irgendeines technischen Gebietes – Luftschiffahrt, Seeschiffahrt, Automobilsport u. dgl. – versammeln würde, so würden ganz bestimmt alle Kongreßmitglieder einstimmig zugeben, daß »wir hinter den anderen Nationen stehen«, daß »Rußland im Vergleich mit Westeuropa weit hinten geblieben ist«. Und es würde festgestellt, daß die westeuropäische Kultur auch noch heute geradeso wie zu Zeiten Peters des Großen für uns ein anstrebenswertes Ideal sein soll.

Anders steht es aber auf jedem geistigen Gebiete, d. h. auch in der Malerei. Hier fehlen die fühlbaren Beweise eines fliegenden Aeroplans. Die Kunst ist eben keine Kruppsche Kanone, welche die Beweisfähigkeit im großen Maße besitzt. Jede theoretische Selbstüberschätzung wird hier zum Schweigen gebracht. Und leider ist die Selbstüberschätzung einer der charakteristischen russischen Charakterzüge – je weniger Kultur, je größer dieser Wahn.

Dieser Wahn ist selbstredend sehr bequem: er beseitigt das unruhige Suchen, das unruhige Schaffen, welche die größten Feinde des »Oblomofftums« sind. Schon der Kunstschriftsteller Alexander Benois * hat richtig bemerkt, daß »die russischen Künstler sich durch eine schreckenerfüllende Faulheit auszeichnen – ja! die russischen Künstler sind am Oblomofftum krank – und in diesem Falle sind sie wirklich national!«

Aber auch außer dieser sind noch andere traurige Seiten der russischen Malerei von heute festzustellen. Die früheren Führer – die Künstler der »Kunstwelt« ** – sind allmählich zur Todesruhe des »Bundes« angelangt, welcher schließlich bis zum Niveau der »Wanderer« sank. (Es ist bekannt, daß »Wanderer« heute als Schimpfwort gebraucht wird.) In den 90er Jahren mokierte sich Rjepin sogar über Puvis de Chavanne und Degas, die uns heute zuckersüß erscheinen. In diesem Punkte war die »Kunstwelt« noch vollkommen liberal und reproduzierte eifrig die französischen Impressionisten, die ich Intimisten nennen möchte und welche Vertreter der süßen prinzipienlosen Kunst sind, der Kunst, welche ziemlich den Boden verlor und nicht weiter als zum Begriff des äußerlich Schönen und der Harmonie der Flecken kam. Diese Schwärmerei vor der französischen Kunst bekam aber ein plötzliches Ende, nachdem auch in Rußland eine der neuen französischen Malerei parallele Richtung entstand, d. h. in den feineren, reineren, talentvolleren Seelen

---

* Einer der bedeutenden russischen »Sezessionisten«. Red.

** Die Blütezeit der zweiten russischen Sezession waren die 80–90er Jahre des 19. Jahrhundert. Um die Zeitschrift »Die Kunstwelt« gruperten sich die radikalen Künstler der genannten Zeit, welche »Dekadente« genannt wurden. Die in Deutschland bekannteren Künstler dieser Generation sind Somoff und Sjeroff. Der frühere Redakteur der »Kunstwelt«, Djagileff, veranstaltete 1906 im Pariser Salon d'automne eine große russische Ausstellung, wo als Hauptvertreter die Künstler der erwähnten Richtung fungierten. Auf der Rückreise hat diese Ausstellung in Berlin Station gemacht, wobei den größten Eindruck Somoff hinterließ. Als die Zeitschrift endete, entstand der »Bund russischer Künstler«, welcher dem »Deutschen Künstler-Bund« im allgemeinen sehr ähnlich ist. Die erste russische Sezession fing in den 70er Jahren an. Es war die Blütezeit des russischen Realismus. Die große Vereinigung veranstaltete jedes Jahre eine große Wanderausstellung, wonach auch diese Künstler »Die Wanderer« genannt wurden. Einer der Hauptvertreter dieser Richtung ist Ilja Rjepin. Red.

eine göttliche Lebensflamme emporstieg und eine mehr bewußte Beziehung zur Kunst. Da entstand um dieses Licht herum ein unglaublicher Spektakel – die reinste Walpurgisnacht! Hier vereinigten sich mit den »Akademikern« auch die Elemente, die früher der Akademie wenigstens äußerlich eine Opposition bildeten*. Dieser Spektakel war bestimmt hier und da ein Lärm, welcher manche unbequeme Fragen (bei den dünnhäutigen) übertönte: »Habe ich denn auch recht? Soll man denn so dem ›Apollo‹ dienen, wie ich es tue? Ist es wirklich in Ordnung, wenn ich von Jahr zu Jahr immer dieselben Bilder male und nur ihre Namen ändere?« Jetzt wird das Spiel offen gespielt...

Die Sache ist so weit gekommen, so weit hinten ist die russische Kunst geblieben, daß z. B. Muther von dieser Kunst überhaupt keine Notiz genommen hat (was Benois wieder »gutmachte«**). Sogar Maurice Denis trotz seinem Takt und trotz

---

* Der akademische Kanon: »Werte«, Koloristik, der Glauben an die »reale«, »richtige« Zeichnung, an den »harmonischen« Ton (diese Teile des Gesetzes verwerfen manche, die aber das Weitere doch als heilig betrachten), Konstruktion, Proportion, Symmetrie, Perspektive, Anatomie (das Verwerfen dieser Prinzipien ist das allerwesentlichste, das allererste, das allerbezeichnendste – nicht umsont haben sogar Cézanne und van Gogh, wenn auch nur einen entfernten Wink, auf die Notwendigkeit der Befreiung von diesem Sklaventum gemacht!).

** Der russischen Ausgabe der Mutherschen Kunstgeschichte wurde ein von Benois geschriebener Extraband beigegeben, welcher die russische Kunst behandelt, wobei der Kreis der »Kunstwelt« den Hauptplatz erhält. Red.

seinen mehr als bescheidenen Forderungen lächelte ziemlich schief, als ihm die russischen Kunstprodukte gezeigt wurden.

Die Anhänger der akademischen »Kunst«, für welche das freie Suchen nach dem Schönen nichts wie »Fratzenschneiden« ist, für welche das patriotische Gedeihen der »echten« russischen Kunst natürlich die beste Gelegenheit bieten würde, mit ihren talentlosen »Werken« Handel zu treiben – diese Elemente bilden den richtigen Alpdruck der Kunst, ihren Tod. Ein Teil dieser Elemente, welcher ganz offen die Zähne zeigt und mit Würde sein Fell trägt, ist nicht der gefährlichste. Wirklich schlimm ist der andere Teil – die mit Schaffellen maskierten Wölfe. O diese falschen Schäfchen! Sie sind die echte Gefahr, und es heißt – Obacht geben!

Das sind die wirklichen Feinde der neuen Kunst, welche glücklicherweise in Rußland existiert und welcher andere Prinzipien zugrunde liegen.

Ihre Vertreter Larionoff, P. Kuznezoff, Sarjan, Denissow, Kantschalowsky, Maschkoff, Frau Gontscharow, von Wisen, W. und D. Burljuk, Knabe, Jakulow und die im Auslande lebenden Scherebzowa (Paris), Kandinsky, Werefkina, Jawlensky (München) haben gleich den großen französischen Meistern (z. B. Cézanne, van Gogh, Picasso, Derain, Le Fauconnier, teilweise Matisse und Rousseau) *neue Prinzipien des Schönen*, eine neue Schönheitsdefinition in ihren Werken offenbart.

Die Feinde dieser Kunst sollen sich nur vor Lachen krümmen. Es sollen auch die verkleideten Schäfchen uns ihr Wohlwollen aussprechen, welches sie ebenso gern einem »Kunstweltler« schenken.

Es bleibt ihnen nichts mehr übrig!

Um die Werke der genannten Künstler zu verstehen, muß man gründlich den akademischen Kram über Bord werfen. Das Gefühl muß gesäubert werden, was den Menschen, welche in allerhand schönen »Kenntnissen« stecken, nicht so leicht ist.

Immer dasselbe alte Lied! Auch die größten Zeichner des 19. Jahrhunderts – Cézanne, van Gogh – mußten dieses Lied hören. Unsere »sezessionistischen« Maler sind ja bis heute überzeugt, daß Cézanne kein übler Künstler war, welchem es aber hauptsächlich an der Zeichnung mangelte.

Das neuentdeckte Gesetz aller der obengenannten Künstler ist aber nur eine aufrechtgestellte Tradition, deren Ursprung wir in den Werken der »barbarischen« Kunst sehen: der Ägypter, Assyrier, Skythen usw. Diese wiedergefundene Tradition ist das Schwert, welches die Ketten des konventionellen Akademismus zerschlug und die Kunst freigab, so daß sie in der Farbe und in der Zeichnung (Form) aus der Dunkelheit des Sklaventums sich auf den Weg des hellen Frühjahrs und der Freiheit stellen konnte.

Das was erst bei Cézanne, dem »Schwerfälligen«, und dem krampfhaften van Gogh für die »Handschrift« dieser Künstler gehalten wurde, ist eben etwas Größeres: es ist die Offenbarung der neuen Wahrheiten und Wege.

Und diese sind:

1. Die Verhältnisse des Bildes zu den graphischen Elementen desselben, die Verhältnisse des Dargestellten zu den Elementen der Fläche (was wir als einen Wink schon in der ägyptischen »Profilmalerei« sehen).
2. Das Gesetz der verschobenen Konstruktion – die neue Welt der Zeichnungskonstruktion! Das damit verbundene
3. Gesetz der freien Zeichnung – (Hauptvertreter – Kandinsky, auch in den besten Werken von Denissow und besonders klar in den »Soldaten« von Larionoff zu sehen).
4. Die Anwendung mehrerer Standpunkte (was in der Architektur als ein mechanisches Gesetz längst bekannt war), das Vereinbaren der perspektivischen Darstellung mit der Grundfläche, d. h. Verwendung mehrerer Flächen (Jakulow – »Café chantant«).
5. Die Behandlung der Flächen und ihre Überschneidungen (Picasso, Braque, in Rußland – W. Burljuk).
6. Das spektative Gleichgewicht, welches die mechanische Komposition ersetzt.
7. Das Gesetz der farbigen Dissonanz (Maschkow, Kantschalowsky).

Diese Prinzipien bieten unerschöpfliche Quellen der ewigen

Schönheit. Hier kann jeder schöpfen, wer Augen bekam, die den versteckten Sinn der Linien, der Farben sehen können. Das ruft, lockt und zieht den Menschen an!

So wurde definitiv das Band zerrissen, welches die Kunst durch allerhand Regeln an die Akademie fesselte: Konstruktion, Symmetrie (Anatomie) der Proportionen, Perspektive usw. – die Regeln, welche jeder Talentlose schließlich leicht beherrscht –, die malerische Küche der Kunst!

Alle unsere Fach- und Gelegenheitskritiker sollten die ersten sein, welche verstehen sollten, daß es höchste Zeit ist, den dunklen Vorhang zurückzuschlagen und das Fenster der echten Kunst zu öffnen!

E. v. Busse

Die Kompositionsmittel bei Robert Delaunay

Delaunays Bilder erscheinen demjenigen, der sie unvorbereitet sieht, vielleicht bizarr oder mindestens rätselhaft. Daß an diesem Eindruck jedoch nicht die Bilder, sondern die Voreingenommenheit oder ein auf anderes Kunsterkennen gerichteter Sinn des Beschauers schuld ist, wird hier nachzuweisen versucht, indem die Bilder nicht »kritisch« besprochen, sondern die Absichten des Künstlers, die Ideen, die er in seinen Schöpfungen zum Ausdruck bringt, analysiert werden. Es wird hier der Versuch gemacht, die Arbeit der Ideengestaltung, die der Künstler durch *sein* Ausdrucksmittel, die Malerei, geleistet hat, mit Hilfe der Umgangssprache zu wiederholen, um durch dieses dem Publikum geläufigere Mittel eine Art »Interpretation« zu geben. Delaunay selbst gibt uns diese Interpretation nicht. Er ist Maler und in seiner Tätigkeit so konzentriert, daß diese sein ganzes Ausdrucksvermögen absorbiert und ihm keine Möglichkeit läßt, sich auf andere Weise auszudrücken. Was auf den ersten Blick eine Beschränkung scheint, wird hier zur Kraft, und so finden seine Ideen in der Malerei ihre natürlichste und zugleich vollkommenste Realisierung.

Delaunay war nicht von jeher abstrakter Künstler. Seine erste Tätigkeit beschränkte sich auf einfache Wiedergabe der äußeren Natur. Er schuf sich damit einen gewissen Fonds, der ihn gegen spätere technische Schwierigkeiten festigte. Seine eigentliche künstlerische Entwicklung setzt erst ein, als er fähig geworden, sein von der Natur gegebenes Talent zu disziplinieren und es in den Dienst seines Ausdruckswillens zu stellen. Die der farbigen Organisation nicht gleichwertige lineare Behandlung seiner ersten Bilder, die trotz der farbigen Effekte flach und leblos wirken, brachten ihn auf perspektivische und Raumprobleme. Gleichzeitig vertiefte sich sein Empfindungsleben, und er erkannte seine künstlerische Mission in der Darstellung dessen, was er aus der sich ihm darbietenden Natur heraus*fühlt*, d. h. in dessen Sichtbarmachung in einer auch den anderen Menschen faßbaren Form. Sein Ziel ist nicht mehr die Nachahmung und Wiedergabe der gegenständlichen Natur, sondern die Verkörperung der ihm bei der Naturbetrachtung gekommenen Idee.

Diese Gestaltung ist Neuschöpfung und bedingt als solche das Schaffen einer neuen, die Idee charakterisierenden *Art* des Ausdrucksmittels. Das Suchen nach der Art, seine Ideen sinngemäß und bis ins kleinste Detail der Maltechnik konsequent auszudrücken, ist das Leitmotiv durch den Entwicklungsgang des Künstlers. Das Formale tritt damit zunächst in den Vordergrund. Das Sujet spielt eine absolut untergeordnete Rolle, aber es steht zu der in ihm zum Ausdruck gebrachten Idee in engem Bezug, da der Künstler immerhin das wählt, was die Idee am einfachsten zu geben imstande ist.

Das erste Stadium dieses Entwicklungsganges kennzeichnet das Bild: »St. Séverin«. Die Absicht des Künstlers ist es, den Blick des Beschauers auf den Bildmittelpunkt zu konzentrieren. Er erreicht es nicht durch inhaltliche oder gegenständliche Mittel (nach dem betreffenden Punkte hinstrebende bewegte Körper), sondern durch eine entsprechende Raumdynamik, die durch sinngemäße Verteilung und Korrespondenz von Farben sowie der Bewegungstendenz entsprechende Kurven gegeben ist. Delaunay geht auf Delacroix' Gemälde: »Die Eroberung Konstantinopels durch die Kreuzfahrer« oder genauer auf die viel freier aufgefaßte Skizze hierzu zurück, in der die Raumdynamik auch durch die latente Bewegung der Massen, nicht durch die in Bewegungsposen fixierten Körper gegeben ist und in der sämtliche Linien – z. B. auch die Straßen der im Hintergrund sichtbaren Stadt – auf diese Bewegung eingestellt sind. Während aber Delacroix durch die Betonung des gegenständlichen Inhalts dieses Bildes gezwungen war, Konzessionen an historische wie dekorative, also außerkünstlerische Anforderungen zu machen, bleibt Delaunay in der radikalen Durchführung seines Bewegungsmotives konsequent. Eine Inkonsequenz in dem Bilde aber liegt darin, daß er neben diesen nur der Gestaltung seiner Idee dienenden Faktoren noch die Natur teilweise in einfacher Imitation wiedergibt, also gleichzeitig ein Abbild des physischen Eindrucks der Kirche darstellt. Der so dem Beschauer noch deutlich erkennbare, das Äußere der Naturerscheinung ohne Abstraktion wiedergebende Inhalt, das »Sujet« des Bildes, dient nicht der Idee, sondern stört sie, verwirrt den Beschauer und hält ihn von der reinen Erfassung der Darstellung dieser Idee ab. Das Bild wird daher der Mehrzahl der Beschauer nur als ein verzerrtes Naturabbild erscheinen.

Um diese störende Ablenkung von der Hauptidee zu beheben, erscheint als logische Fortsetzung des begonnenen Gestaltungsganges die Vermeidung der imitativen Wiedergabe der äußeren Natur und deren Ersatz durch Faktoren, die nur das latente Gesetz der Natur wiedergeben. Die Gestaltung dieses Gesetzes soll – analog etwa zu dem in der Umgangssprache angewandten »entlehnten Begriff« – im Beschauer ein dem Natureindruck korrespondierendes Gefühl erwecken. In seinem »Eiffelturm« versucht der Künstler dieses Problem zu lösen. Er zerstört zu diesem Zwecke das optische Bild des Natürlichen, zerlegt es in kleine Teile, deren Größe, Farbe und Anordnung wieder in den Dienst der bereits angewandten Raumdynamik treten. Der Künstler ist jedoch auch auf dieser Entwicklungsstufe noch insofern inkonsequent, als er in den einzelnen Teilchen des zerlegten Naturbildes noch Fragmente des optischen Naturbildes gibt, die jedes für sich eine Imitation der Natur darstellen. Er wagt noch nicht, die letzten Konsequenzen zu ziehen. Es kommt darauf an, diese Teilchen so zu gestalten, daß sie technisch durch andere Mittel dargestellt werden.

In seinem die nächste Entwicklungsstufe charakterisierenden Bilde: »Die Stadt«, erscheint dieses neue Mittel in Gestalt des geometrischen Kubus. In diese Form werden alle äußerlich bestehenden aufgelöst, d. h. übertragen. Nicht gelöst ist hier das Problem der Raumdynamik. Der Rhythmus der latenten Bewegung begreift noch nicht alle Bewegungs*richtungen* in sich. Auch beeinträchtigt die dominierende Höhenbewegung die Ausgeglichenheit sämtlicher Bewegungen. Es fehlt noch ein völliges Äquilibrieren aller Faktoren.

Die Lösung dieses Problems gelingt in der Wiederholung der »Stadt«. Unter Beibehaltung des technischen Mittels der

Kuben erfolgt hier die Weiterentwicklung durch Ausgleichen sämtlicher Bewegungsrichtungen. Der Tiefen- und Höhenbewegung wird eine entsprechende Breitenbewegung sowie eine kreisende und schließlich eine konzentrische entgegengesetzt. Durch die konzentrische Bewegung erhält das Bild den Wert eines abgeschlossenen, allein für sich bestehenden Ganzen – im Gegensatz zu dem ohne sie nur vorhandenen fragmentarischen Ausschnitt aus dem Raume, der über den Bildrahmen hinaus beliebig erweitert werden könnte. Die konzentrische Bewegung ist erreicht durch stärkere Brechung sämtlicher Linien, je mehr sie sich dem Bildmittelpunkt nähern, also durch Verkleinerung der Kuben. Die farbige Behandlung unterstützt die durch die lineare Konstruktion gegebene Raumdynamik dadurch, daß die Anordnung der Farbtöne dem Beschauer die Bewegungen ebenfalls suggeriert.

Mit der zweiten »Stadt« dürfte Delaunays *formale* Entwicklung eine Stufe erreicht haben, auf der er zunächst haltmachen kann. Er wird die erworbenen Erfahrungen auch für andere Aufgaben der Malerei nutzbar machen können. Hat ihm bisher die »Landschaft«, oder sogar nur ein bestimmter Teil derselben zur Veranschaulichung seiner Ideen gedient, so ist er nun bestrebt, diese Ideen: die innere Gesetzmäßigkeit alles Bestehenden und deren ebenso subjektive Erfassung wie Wiedergabe auf alles das auszudehnen, was das Auge und der Sinn zu erfassen vermag.

Wassily Kandinsky

Über die Formfrage

Zur bestimmten Zeit werden die Notwendigkeiten reif. D. h. der schaffende *Geist* (welchen man als den abstrakten Geist bezeichnen kann) findet einen Zugang zur Seele, später zu den Seelen und verursacht eine Sehnsucht, einen innerlichen Drang.

Wenn die zum Reifen einer präzisen Form notwendigen Bedingungen erfüllt sind, so bekommt die Sehnsucht, der innere Drang, die Kraft, im menschlichen Geist einen neuen Wert zu schaffen, welcher bewußt oder unbewußt im Menschen zu leben anfängt.

Bewußt oder unbewußt sucht der Mensch von diesem Augenblick an dem in geistiger Form in ihm lebenden neuen Wert eine materielle Form zu finden.

Das ist das Suchen des geistigen Wertes nach Materialisation. Die Materie ist hier eine Vorratskammer, aus welcher der Geist das ihm in diesem Falle *Nötige* wählt, wie es der Koch tut.

Das ist das Positive, das Schaffende. Das ist das Gute. *Der weiße befruchtende Strahl.*

Dieser weiße Strahl führt zur Evolution, zur Erhöhung. So ist hinter der Materie, in der Materie der schaffende Geist verborgen.

Das Verhüllen des Geistes in der Materie ist oft so dicht, daß es im allgemeinen wenig Menschen gibt, die den Geist hindurchsehen können. Es gibt sogar viele Menschen, die in einer geistigen Form den Geist nicht sehen können. So sehen gerade heute viele den Geist in der Religion, in der Kunst nicht. Es gibt ganze Epochen, die den Geist ableugnen, da die Augen der Menschen im allgemeinen zu solchen Zeiten den Geist nicht sehen können. So war es im 19. Jahrhundert, und so ist es im großen und ganzen noch heute.

Die Menschen werden verblendet.

Eine schwarze Hand legt sich auf ihre Augen. Die schwarze Hand gehört dem Hassenden. Der Hassende versucht durch alle Mittel die Evolution, die Erhöhung zu bremsen.

Das ist das Negative, das Zerstörende. Das ist das Böse. *Die schwarze todbringende Hand.*

Die Evolution, die Bewegung nach vor- und aufwärts, ist nur dann möglich, wenn die Bahn frei ist, d. h. wenn keine Schranken im Wege stehen. Das ist die *äußere Bedinung*.

Die Kraft, die auf der freien Bahn den menschlichen Geist nach vor- und aufwärts bewegt, ist der abstrakte Geist. Er muß natürlich herausklingen und gehört werden können. Der Ruf muß möglich sein. *Das ist die innere Bedingung.*

Diese beiden Bedingungen zu vernichten, ist das Mittel der schwarzen Hand gegen die Evolution.

Die Werkzeuge dazu sind: die Angst vor der freien Bahn, vor der Freiheit (Banausentum) und die Taubheit gegen den Geist (stumpfer Materialismus).

Deshalb wird jeder neue Wert von den Menschen feindlich betrachtet. Man sucht ihn zu bekämpfen durch Spott und Verleumdung. Der den Wert bringende Mensch wird als lächerlich und unehrlich dargestellt. Es wird über den neuen Wert gelacht und geschimpft.

Das ist der Schreck des Lebens.

Die Freude des Lebens ist der unaufhaltsame, ständige Sieg des neuen Wertes.

Dieser Sieg geht langsam vor sich. Der neue Wert erobert ganz allmählich die Menschen. Und wenn er in vielen Augen unzweifelhaft wird, so wird aus diesem Wert, der heute unumgänglich nötig war, eine Mauer gebildet, die gegen Morgen gerichtet ist.

Das Verwandeln des neuen Wertes (der Frucht der Freiheit) in eine versteinerte Form (Mauer gegen Freiheit) ist das Werk der schwarzen Hand.

Die ganze Evolution, d. h. das innere Entwickeln und die äußere Kultur, ist also ein Verschieben der Schranken.

Die Schranken vernichten die Freiheit, und durch dieses Vernichten verhindern sie das Hören der neuen Offenbarung des Geistes.

Die Schranken werden ständig aus neuen Werten geschaffen, die die alten Schranken umgestoßen haben.

So sieht man, daß im Grunde nicht der neue Wert das wichtigste ist, sondern der Geist, welcher sich in diesem Werte offenbart hat. Und weiter die für die Offenbarungen notwendige Freiheit.

So sieht man, daß das Absolute nicht in der Form (Materialismus) zu suchen ist.

Die Form ist immer zeitlich, d. h. relativ, da sie nichts mehr ist als das heute notwendige Mittel, in welchem die heutige Offenbarung sich kundgibt, klingt.

Der Klang ist also die Seele der Form, die nur durch den Klang lebendig werden kann und von innen nach außen *wirkt*.

Die Form ist der äußere Ausdruck des inneren Inhaltes.

Deshalb sollte man sich aus der Form keine Gottheit machen. Und man sollte nicht länger um die Form kämpfen, als sie zum Ausdrucksmittel des inneren Klanges dienen kann. Deshalb sollte man nicht in *einer* Form das Heil suchen.

Diese Behauptung muß richtig verstanden werden. Für jeden Künstler (d. h. produktiven Künstler und nicht »Nachempfinder«) ist sein Ausdrucksmittel (= Form) das beste, da es am besten das verkörpert, was er zu verkünden verpflichtet ist. Daraus wird aber oft fälschlich die Folge gezogen, daß dieses Ausdrucksmittel auch für die andern Künstler das beste ist oder sein sollte.

Da die Form nur ein Ausdruck des Inhalts ist und der Inhalt bei verschiedenen Künstlern verschieden ist, so ist es klar, daß es *zu derselben Zeit viel verschiedene Formen* geben kann, die *gleich gut* sind.

Die Notwendigkeit schafft die Form. In großen Tiefen lebende Fische haben keine Augen. Der Elefant hat einen Rüssel. Das Chamäleon verändert seine Farbe usw. usw.

So spiegelt sich in der Form der Geist des einzelnen Künstlers. Die Form trägt den Stempel der *Persönlichkeit*.

Die Persönlichkeit kann aber natürlich nicht als etwas außer Zeit und Raum Stehendes aufgefaßt werden. Sondern sie unterliegt in gewissem Maße der Zeit (Epoche), dem Raum (Volk).

Ebenso wie jeder einzelne Künstler sein Wort zu verkünden hat, so auch jedes Volk, und also auch das Volk, zu welchem dieser Künstler gehört. Dieser Zusammenhang spiegelt sich in der Form und wird durch das *Nationale* im Werk bezeichnet.

Und endlich hat auch jede Zeit eine ihr speziell gegebene Aufgabe, die durch sie mögliche Offenbarung. Die Abspiegelung dieses Zeitlichen wird als *Stil* im Werke erkannt.

Alle diese drei Elemente des Stempels auf einem Werke sind unvermeidlich. Es ist nicht nur überflüssig, für ihr Vorhandensein zu sorgen, sondern auch schädlich, da das Gewaltsame auch hier nichts als eine Vortäuschung, einen zeitlichen Betrug erzielen kann.

Und andererseits wird es von selbst klar, daß es überflüssig und schädlich ist, nur eins der drei Elemente besonders geltend machen zu wollen. So wie heute viele sich um das Nationale und andere wieder um den Stil bemühen, so hat man vor kurzem besonders dem Kultus der Persönlichkeit (des Individuellen) gehuldigt.

Wie im Anfang gesagt wurde, bemächtigt sich der abstrakte Geist erst eines einzelnen menschlichen Geistes, später beherrscht er eine immer größer werdende Anzahl der Menschen. In diesem Augenblick unterliegen einzelne Künstler dem Zeitgeist, welcher sie zu einzelnen Formen zwingt, die einander verwandt sind und dadurch auch eine äußerliche Ähnlichkeit besitzen.

Diesen Moment nennt man eine *Bewegung*.

Sie ist vollkommen berechtigt und (ebenso wie die einzelne Form für einen Künstler) einer Gruppe von Künstlern unentbehrlich.

Und so wie kein Heil in einer Form eines einzelnen Künstlers zu suchen ist, so auch nicht in dieser Gruppenform. Für jede Gruppe ist ihre Form die beste, da sie am besten das verkörpert, was sie zu verkünden verpflichtet ist. Man sollte aber nicht daraus schließen, daß diese Form für alle die beste ist oder sein sollte. Auch hier soll volle Freiheit herrschen, und man soll jede Form gelten lassen, man soll jede Form für richtig (= künstlerisch) halten, die ein äußerer Ausdruck des inneren Inhalts ist. Wenn man sich anders verhält, so dient man nicht mehr dem freien Geiste (weißer Strahl), sondern der versteinerten Schranke (schwarze Hand).

Also auch hier kommt man zu demselben Resultat, welches oben festgestellt wurde: nicht die Form (Materie) im allgemeinen ist das wichtigste, sondern der Inhalt (Geist).

Also die Form kann angenehm, unangenehm wirken, schön, unschön, harmonisch, disharmonisch, geschickt, ungeschickt, fein, grob usw. usw. erscheinen, und doch muß sie weder wegen den für positiv gehaltenen Eigenschaften noch als negativ empfundenen Qualitäten angenommen oder verworfen werden. Alle diese Begriffe sind vollkommen relativ, was man in der unendlichen Wechselreihe der schon dagewesenen Formen auf den ersten Blick beobachtet.

Und ebenso relativ ist also die Form selbst. So ist die Form auch zu schätzen und aufzufassen. Man muß sich so zu einem Werk stellen, daß auf die Seele die Form wirkt. Und durch die Form der Inhalt (Geist, innerer Klang). Sonst erhebt man das Relative zum Absoluten.

Im praktischen Leben wird man kaum einen Menschen finden, welcher, wenn er nach Berlin fahren will, den Zug in Regensburg verläßt. Im geistigen Leben ist das Aussteigen in Regensburg eine ziemlich gewöhnliche Sache. Manchmal will sogar der Lokomotivführer nicht weiter fahren, und die sämtlichen Reisenden steigen in Regensburg aus. Wie viele, die Gott suchten, blieben schließlich bei einer geschnitzten Figur stehen! Wie viele, die Kunst suchten, blieben an einer Form hängen, die ein Künstler für seine Zwecke gebraucht hat, sei es Giotto, Raffael, Dürer oder van Gogh!

Und also als letzter Schluß muß festgestellt werden: nicht das ist das wichtigste, ob die Form persönlich, national, stilvoll ist, ob sie der Hauptbewegung der Zeitgenossen entspricht oder nicht, ob sie mit vielen oder wenigen anderen Formen verwandt ist oder nicht, ob sie ganz einzeln dasteht oder nicht usw. usw., sondern *das wichtigste in der Formfrage ist das, ob die Form aus der inneren Notwendigkeit gewachsen ist oder nicht**.

* D. h. man darf nicht aus einer Form eine Uniform machen. Kunstwerke sind keine Soldaten. Eine und dieselbe Form kann also weiter auch bei demselben Künstler einmal die beste, ein anderes Mal die schlechteste sein. Im ersten Fall ist sie auf dem Boden der inneren Notwendigkeit gewachsen, im zweiten – auf dem Boden der äußeren Notwendigkeit: aus dem Ehrgeiz und der Habsucht.

August Macke
Die Masken

Ein sonniger Tag, ein trüber Tag, ein Perserspeer, ein Weihgefäß, ein Heidenidol und ein Immortellenkranz, eine gotische Kirche und eine chinesische Dschunke, der Bug eines Piratenschiffs, das Wort Pirat und das Wort heilig, Dunkelheit, Nacht, Frühling, die Zimbeln und ihr Klang und das Schießen der Panzerschiffe, die ägyptische Sphinx und das Schönheitspflaster auf dem Bäckchen der Pariser Kokotte.

Das Lampenlicht bei Ibsen und Maeterlink, die Dorfstraßen- und Ruinenmalerei, die Mysterienspiele im Mittelalter und das Bangemachen bei Kindern, eine Landschaft von van Gogh und ein Stilleben von Cézanne, das Surren der Propeller und das Wiehern der Pferde, das Hurrageschrei eines Reiterangriffs und der Kriegsschmuck der Indianer, das Cello und die Glocke, die schrille Pfeife der Lokomotive und das Domartige des Buchenwaldes, Masken und Bühnen bei Japanern und Hellenen und das geheimnisvolle, dumpfe Trommeln des indischen Fakirs.

Gilt nicht das Leben mehr denn die Speise, und der Leib mehr denn die Kleidung.

Unfaßbare Ideen äußern sich in faßbaren Formen. Faßbar durch unsere Sinne als Stern, Donner, Blume, als Form.

Die Form ist uns Geheimnis, weil sie der Ausdruck von geheimnisvollen Kräften ist. Nur durch sie ahnen wir die geheimen Kräfte, den »unsichtbaren Gott«.

Die Sinne sind uns die Brücke vom Unfaßbaren zum Faßbaren.

Schauen der Pflanzen und Tiere ist: Ihr Geheimnis fühlen.

Hören des Donners ist: sein Geheimnis fühlen. Die Sprache der Formen verstehen heißt: dem Geheimnis näher sein, leben.

Schaffen von Formen heißt: leben. Sind nicht Kinder Schaffende, die direkt aus dem Geheimnis ihrer Empfindung schöpfen, mehr als der Nachahmer griechischer Form? Sind nicht die Wilden Künstler, die ihre eigene Form haben, stark wie die Form des Donners?

Der Donner äußert sich, die Blume, jede Kraft äußert sich als Form. Auch der Mensch. Ein Etwas treibt auch ihn, Worte zu finden für Begriffe, Klares aus Unklarem, Bewußtes aus Unbewußtem. Das ist sein Leben, sein Schaffen.

Wie der Mensch, so wandeln sich auch seine Formen.

Das Verhältnis der vielen Formen untereinander läßt uns die einzelne Form erkennen. Blau wird erst sichtbar durch Rot, die Größe des Baumes durch die Kleinheit des Schmetterlings, die Jugend des Kindes durch das Alter des Greises. Eins und zwei ist drei. Das Formlose, das Unendliche, die Null bleibt unfaßbar. Gott bleibt unfaßbar.

Der Mensch äußert sein Leben in Formen. Jede Kunstform ist Äußerung seines inneren Lebens. Das Äußere der Kunstform ist ihr Inneres.

Jede echte Kunstform entsteht aus einem lebendigen Wechselverhältnis des Menschen zu dem Tatsachenmaterial der Natur-

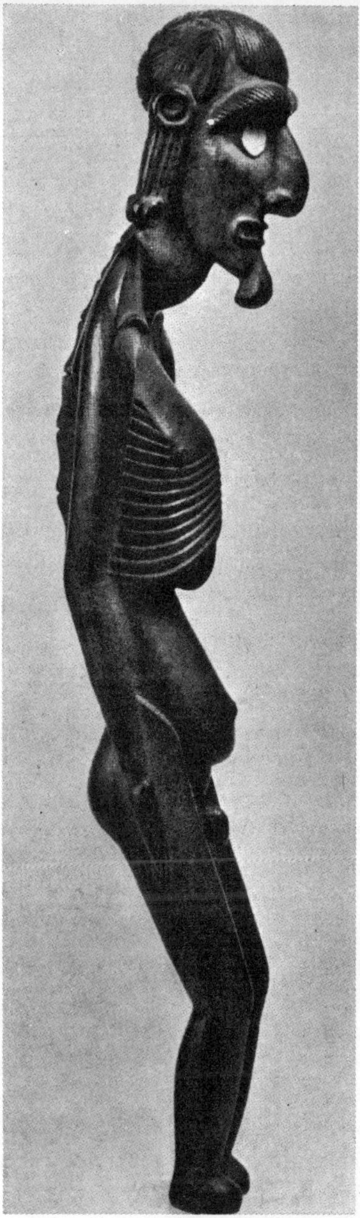

Osterinseln

formen, der Kunstformen. Der Duft der Blume, das freudige Springen des Hundes, der Tänzerin, das Anlegen von Schmuck, der Tempel, das Bild, der Stil, das Leben eines Volkes, einer Zeit.

Die Blume öffnet sich beim Dämmern des Lichtes. Der Panther duckt sich beim Anblick der Beute, und seine Kräfte wachsen als Folge ihres Anblicks. Und die Spannung seiner Kraft ergibt die Weite seines Sprunges. Die Kunstform, der Stil entsteht aus einer Spannung.

Auch Stile können an Inzucht zugrunde gehen. Die Kreuzung zweier Stile ergibt einen dritten, neuen Stil. Die Renaissance der Antike, der Schongauer- und Mantegnaschüler Dürer. Europa und der Orient.

In unserer Zeit fanden die Impressionisten den direkten Anschluß an die Naturerscheinungen. Die organische Naturform im Licht, in der Atmosphäre darzustellen, wurde ihre Parole. Sie wandelte sich unter ihren Händen.

Kunstformen der Bauern, der primitiven Italiener, der Holländer, Japaner und Tahitianer wurden ebenso zu Anregern wie die Naturformen selbst. Renoir, Signac, Toulouse-Lautrec, Beardsley, Cézanne, van Gogh, Gauguin. Sie alle sind so wenig Naturalisten wie Greco oder Giotto. Ihre Werke sind der Ausdruck ihres inneren Lebens, sie sind die Form dieser Künstlerseelen im Material der Malerei. Das braucht nicht auf das Vorhandensein einer Kultur zu deuten, einer Kultur, die für uns das wäre, was für das Mittelalter die Gotik war, einer Kultur, in der alles Form hat, Form, aus unserem Leben geboren, nur aus unserem Leben. Selbstverständlich und stark wie der Duft einer Blume.

Wir haben in unserer komplizierten und verworrenen Zeit Formen, die jeden unbedingt ebenso erfassen wie der Feuertanz den Neger oder das geheimnisvolle Trommeln der Fakire den Inder. Der Privatgelehrte steht als Soldat neben dem Bauernsohn. Beiden fährt der Parademarsch gleichmäßig durch die Glieder, ob sie wollen oder nicht. Im Kinematograph staunt der Professor neben dem Dienstmädchen. Im Varieté bezaubert die schmetterlingfarbene Tänzerin die verliebtesten

Paare ebenso stark, wie im gotischen Dom der Feierton der Orgel den Gläubigen und Ungläubigen ergreift.

Formen sind starke Äußerungen starken Lebens. Der Unterschied dieser Äußerungen untereinander besteht im Material, Wort, Farbe, Klang, Stein, Holz, Metall. Jede Form braucht man nicht zu verstehen. Man braucht auch nicht jede Sprache zu lesen.

Die geringschätzige Handbewegung, mit der bis dato Kunstkenner und Künstler alle Kunstformen primitiver Völker ins Gebiet des Ethnologischen oder Kunstgewerblichen verweisen, ist zum mindesten erstaunlich.

Was wir als Bild an die Wand hängen, ist im Prinzip Ähnliches wie die geschnitzten und bemalten Pfeiler in einer Negerhütte. Für den Neger ist ein Idol die faßbare Form für eine unfaßbare Idee, die Personifikation eines abstrakten Begriffs. Für uns ist das Bild die faßbare Form für die unklare, unfaßbare Vorstellung von einem Verstorbenen, von einem Tier, einer Pflanze, von dem ganzen Zauber der Natur, vom Rhythmischen.

Stammt das Porträt des Dr. Gachet von van Gogh nicht aus einem ähnlichen geistigen Leben wie die im Holzdruck geformte, erstaunte Fratze des japanischen Gauklers. Die Maske des Krankheitsdämons aus Ceylon ist die Schreckensgeste eines Naturvolkes, mit der seine Priester Krankes beschwören. Für die grotesken Zierate der Maske finden wir Analogien in den Baudenkmälern der Gotik, in den fast unbekannten Bauten und Inschriften im Urwald von Mexiko. Was fur das Porträt des europäischen Arztes die welken Blumen sind, das sind für die Maske des Krankheitsbeschwörers die welken Leichen. Die Bronzegüsse der Neger von Benin in Westafrika (im Jahre 1889 entdeckt), die Idole von den Osterinseln aus dem äußersten Stillen Ozean, der Häuptlingskragen aus Alaska und die Holzmaske aus Neukaledonien reden dieselbe starke Sprache wie die Schimären von Notre-Dame und der Grabstein im Frankfurter Dom.

Wie zum Hohn europäischer Ästhetik reden überall Formen erhabene Sprache. Schon im Spiel der Kinder, im Hut der Kokotte, in der Freude über einen sonnigen Tag materialisieren sich leise unsichtbare Ideen.

Die Freuden, die Leiden des Menschen, der Völker stehen hinter den Inschriften, den Bildern, den Tempeln, den Domen und Masken, hinter den musikalischen Werken, den Schaustücken und Tänzen. Wo sie nicht dahinter stehen, wo Formen leer, grundlos gemacht werden, da ist auch nicht Kunst.

IV. STATIONEN DER EUROPÄISCHEN KUNSTGESCHICHTE

Hans Belting

Julius Meier-Graefe und seine Entwicklungsgeschichte der modernen Kunst

Es geht hier nicht darum, eine bewegte Biographie nachzuerzählen, sondern nur darum, Lebensumstände zu beleuchten, in denen der Autor zu seinen Motiven und Urteilen fand.[1] Meier-Graefe (1867–1935) wuchs in einer Unternehmer-Familie auf, die ihn zunächst zum Ingenieur bestimmte. In Berlin lernte der Student seit 1890 Literaten und bildende Künstler kennen, die er als die geistige Elite seiner Zeit erlebte. Eine erste Konversion ist die Folge, die die Laufbahn des künftigen Kunstschriftstellers prägte. Seine früheste Arbeit über bildende Kunst ist Edvard Munch gewidmet. Später rückt er von ihr, und den hinter ihr stehenden Idealen der neuromantischen Schule, verärgert ab und mißtraut nichts so sehr wie Nachdichtungen von Malerei und in der Malerei nichts so sehr wie Gedankenmalerei mit literarischem Einschlag, für die er beim deutschen Publikum ohnehin eine fatale Neigung vermutete. Auch der Jugendstil, der ihn bald darauf enttäuschte, erschien ihm zunächst als hoffnungsvoller Weg, um die saturierte und kulturlose Gesellschaft der Gründerzeit, wie er sie sah, zu erneuern und die Kräfte des besseren Deutschland zu sammeln.

Früh zeigte sich das Organisationstalent, als er 1895 die Zeitschrift »Pan« mit begründete. Aber die Ernüchterung ist bald da. Als er aus Paris eine Lithographie von Toulouse-Lautrec sendet, ist der Konflikt mit den Mitherausgebern nicht mehr zu vermeiden. So übersiedelt Meier-Graefe nach Paris und läßt sich einige Jahre lang auch auf eine Galerie ein. In Paris findet seine zweite Konversion statt. Er bemerkt, daß er nur hier einen Begriff von moderner Kunst, ja von Kunst überhaupt, gewinnen kann. In der Heimat erscheint ihm alles verstaubt. Man wirft ihm dort schon rasch vor, nur mehr auf Ausländisches zu schwören und mit jüdischen Kreisen zu verkehren, in denen deutsche Kunst unterdrückt werde. Dabei bemühte er sich doch gerade darum, die ›bessere Tradition‹ deutscher Kunst im Publikumsgeschmack zu festigen.

Der größte Erfolg auf diesem Weg war die Jahrhundertausstellung deutscher Kunst, die 1906 in der Nationalgalerie in Berlin eröffnet wurde. Offiziell firmierte zwar deren Direktor Hugo von Tschudi, der sich bald in Berlin nicht mehr halten konnte. Aber die zweitausend Werke, oft aus Privatsammlungen und Provinzmuseen, waren auf unzähligen Reisen von Meier-Graefe, der bei der Eröffnung versteckt werden mußte, zusammengetragen und im Katalog beschrieben worden. Caspar David Friedrich trat hier zum ersten Mal in das Bewußtsein einer breiten Öffentlichkeit, und es formte sich ein Bild deutscher Kunst im 19. Jahrhundert, das allen Besuchern unvertraut war und sich in der Folgezeit ohne größere Korrekturen bewähren sollte. Das Jugendwerk Menzels, mit seinen Eroberungen neuer Bezirke des Malerischen, wurde gegen den Illustrator und Realisten Menzel in den Zeugenstand gerufen, der Maler gegen den Erzähler propagiert.

Ein Jahr zuvor, 1905, war die Kampfschrift »Der Fall Böcklin und die Lehre von den Einheiten« erschienen.[2] Sie diente ähnlichen Zwecken und rief den gewünschten Skandal hervor. Dem Publikumsliebling Böcklin warf sie den »Irrtum« des Theatralischen und den Verrat des autonom Malerischen vor. Der effektvolle »Anthropomorphismus« zeige den falschen Propheten. So hatte Nietzsche in seiner antiromantischen Schrift »Der Fall Wagner« (1888) eine andere Kultfigur der Deutschen gebrandmarkt, die Meier-Graefe denn auch als den Böcklin der Musik verstand. »Böcklin vereint in einer Person alle Sünden der Deutschen gegen die Logik der Kunst.«[3] So fördert er die »Gedankenträgheit und Empfindungstoleranz« ebenso wie die »Willkür« in der wilhelminischen Gesellschaft. »Der Fall Böcklin ist der Fall Deutschland.«[4] Trotz allen Widerstands wurde das Unternehmen ein Erfolg und Böcklins Sockel wurde frei für Helden eines neuen Kunstideals. In der deutschen Tradition empfahl der Autor den Deutschrömer Hans von Marées, den »einzigen, der den Titel Künstler in vollem Umfang trägt... Er steht auf demselben Niveau mit Delacroix«. Anders als dieser, konnte er aber keine »künstlerische Form seiner Nation« finden, weil dies hier nicht angelegt war. Im dreibändigen Monumentalwerk über Marées (1909–10) wird dessen Klassizismus zum humanistischen Ideal. In einer Art rückwärts gewandter Utopie gerät dessen zäher Kampf um die reine Form, getragen von einer deutschen Empfindung, doch noch zum Heldenstück, das Meier-Graefe sonst peinlichst vermeidet.

Noch im Ersten Weltkrieg gründete Meier-Graefe die Marées-Gesellschaft, um in einer Zeit, die dem Kunstkritiker neue Ängste bereitete, den guten Geschmack verbreiten zu helfen.[5] Graphikmappen vereinten Faksimiles alter Blätter mit Eigendrucken zeitgenössischer Künstler. Die Zusammenschau von alter und moderner Kunst sollte Maßstäbe des wahrhaft Künsterlischen liefern. Auch Monographien über van Gogh, Renoir, Manet und Cézanne, um nur einige zu nennen, unterstützen wie die »Entwicklungsgeschichte« den Werbefeldzug der Aufklärung in Sachen Kunst.

1914 hatte sich der Kosmopolit in der Mission des Roten Kreuzes an die Front begeben. 1915 war er neun Monate Gefangener in Sibirien. Die publizistische Tätigkeit wurde 1917 wieder aufgenommen. 1921 nahm Meier-Graefe wieder Wohnung in Berlin. Ab 1930 lebte er überwiegend in Frankreich. Ein Jahr vor seinem Tod beantragte er 1934 die französische Staatsbürgerschaft. Sein Pessimismus war in schlimmster Weise bestätigt worden.

Meier-Graefe fand unter seinen Zeitgenossen viele Bewunderer, aber keinen Biographen. Die amerikanische Dissertation von Kenworth Moffett, in Deutschland als Buch erschienen und dem New Yorker Kritiker Clement Greenberg gewidmet, ist die einzige Buchveröffentlichung. Unter den scharfsichtigen Porträts, die Freunde und Gegner hinterließen, stehen die Passagen in Karl Schefflers Autobiographie an erster Stelle.[6] Scheffler wurde von ihm früh angeregt und arbeitete mit ihm eine Zeitlang für die Zeitschrift »Dekorative Kunst«. Er schildert den schnellebigen und schnell schreibenden Anreger, der sich »durch Wust und ungefähr zum Richtigen durch«

schrieb. »Seine persönliche Romantik trieb etwas renommistische Blüten auf dem Boden des Hochkapitalismus. Keiner hatte so sehr die Fehler seiner Vorzüge, keiner so sichtbar die Vorzüger seiner Fehler«. In einer frühen Rezension wird ihm von E. Schäffer bescheinigt, er habe »seine Zeit in den Fingerspitzen« und denke »wie eine starke Minorität..., die zwischen Pathos und Blague hin und her schwankte, an eine herrliche Zukunft der Kunst glaubte und doch über den eigenen Glauben spöttelte«.[7]

Meier-Graefe war ein Mensch des 19. Jahrhunderts, der seine Auftritte im 20. Jahrhundert hatte und dennoch auch dann immer noch zu modern war. Er wurde zunächst nur akzeptiert von dem fortschrittlichen Großbürgertum, mit dem er verkehrte, und von einigen Nutznießern, die ungeduldig auf die Moderne warteten. Dabei war er oft so sehr Bannerträger der Tradition, daß die Angriffe auf den radikalen Außenseiter mehr über seine Gegner als über ihn selbst aussagen: die »überzeugungslosen Gegner«, wie er einmal jene verspottete, mit denen er nicht gegen Wagner und Böcklin gemeinsam auftreten wollte. Die Anfeindungen gegen den angeblich so blinden Anhänger des »nihilistischen« Impressionismus übersahen, daß er sich selbst höchst kritisch zu dieser »Sekte« geäußert hat, die Mittel und Zweck verwechselte. Der Impressionismus war für ihn keine »Weltanschauung«, sondern ein »Verfahren« und erfüllte deshalb nicht sein Kunstideal, wenn es ihm auch lächerlich schien, an der historischen Bedeutung dieser Malerei zu zweifeln. Vollends den Neo-Impressionisten, die wieder einmal »Künstler mit Büchern unter dem Arm« waren, verübelte er, daß sie Rezepte hatten und zuließen, daß »Der Rationalismus unserer Zeit (die erste große Bresche) in die Kunst schlug«. Bei Monet, der ihm unverständlich bleibt, vermißt er »Erlebnis« und »Empfindung«. Das klingt sehr nach einem deutschen Urteil. Es steckt darin die Sehnsucht nach einer Kunst, in der die Vision einer harmonischen Welt und einer idealen Gemeinschaft gelungen war. Man wußte allerdings, daß diese Zeiten vorbei waren und legte deshalb wenigstens strenge Maßstäbe an das Formale an. Doch gibt man etwas verschämt zu, daß man in einem Bild Renoirs, bei dem man sich zu Hause fühlt, »nicht nur ein Haus auf dem Land, sondern Arkadien« findet.

Wo Meier-Graefe sich aus seiner Zeit wegsehnt, ist er ganz Kind seiner Zeit. Er ist es auch dort, wo er alles wahrnimmt, was wahrzunehmen ist, aber es nicht mehr auf eine gemeinsame Formel bringen kann und wenigstens noch in den Widersprüchen, in die er sich verrennt, alles das benennt, was sich nicht mehr widerspruchslos zusammenfügen will. So erkennt er die »tatsächliche Bedeutungslosigkeit« der Kunst seiner Zeit an, die nur mehr ein »Feudalabzeichen des strebsamen Bürgertums« ist, und wendet dagegen ein, daß Heroismus nur mehr in der Kunst möglich sei. So bedauert er den Verlust der großen Gemeinschaft, in welcher der Künstler einst beheimatet gewesen war, und begrüßt doch auch wieder das Drama des genialen Individuums, in dessen Schöpfung allein noch Ordnung bestand, wo sonst überall Chaos herrschte. Nur Kunst kann noch das »Bild einer höheren Gemeinschaft malen«. Die Künstler »machen sich aus ihrer Fiktion eine Heimat zurecht«.

Moderne Künstler wie Delacroix und Cézanne stehen zwar in ihrer formalen Meisterschaft oft über den Alten, über den Klassikern. Aber sie haben keine Aufgaben mehr, an denen sich ihre Kunst bewähren könnte. Ingres schafft »für eine Welt, die nicht da ist«. Cézanne kann alles besser als Rembrandt. Aber wozu? »Wollen, und nicht wissen, was«, denn es gibt kein Stück mehr, das gespielt werden könnte. Das sind Widersprüche, die in der Sache liegen. Aber sie werden auch zu Widersprüchen der Interpretation oder, besser gesagt, der Haltung zur Moderne, die der Autor liebt und zugleich bedauert. Nichts ist bezeichnender für den leidenschaftlichen Entdecker, der nicht bei seinen Prinzipien bleibt, sondern sich von Eindrücken hinreißen läßt, als die Spanienreise, über die er 1910 ein Buch veröffentlicht.[8] Er war hingegangen, um Velazquez zu studieren und damit ein Vorbild aus der Tradition kennenzulernen, das seinen Liebling Manet, den Erwecker dieser Tradition, fasziniert hatte. Aber er entdeckte nicht Velazquez, sondern El Greco, und also nicht die Tradition in der Moderne, sondern, was er als einen modernen Maler mißverstand, in der Tradition. Das Publikum folgte ihm willig, und Velazquez war für Meier-Graefe, der immer in Gegensätzen dachte, abgewertet.

Endlich auch die kritische Haltung zum Kunstbetrieb, der ihn doch auf der anderen Seite trug und förderte. Die Kunst, die früher über ein »soziales Ideal« verfügte, existierte nur mehr für den Zirkel der »Kaviar-Kultur«. In der Einleitung zur ›Entwicklungsgeschichte‹, die noch aus Jugendzeiten stammte, fährt der Autor fort: »Wenn etwas zum Anarchismus reizen kann«, so ist es der Kontrast zwischen der Welt der Künstler und der Sammler. Da die Kunst, als »Organ der Menschheit, ein wesentlicher Maßstab für die Kultur« einer Zeit ist, muß dem Mißstand abgeholfen werden. Er hofft dabei auf das Museum, das »vielleicht in geradezu idealer Form« die früheren Kunstträger ersetzt. Auch darin ist er ein Kind des 19. Jahrhunderts und er übersieht, daß der Staat, dem er im Instrument des Museums die ästhetische und ethische Bildung der Öffentlichkeit anvertrauen will, nicht abgelöst von der Gesellschaft existiert, die er regiert. Aber es bleibt noch, wenn das Museum versagt, die schriftstellerische Kampagne, und hier setzt die Mission der ›Entwicklungsgeschichte‹ ein.

Die »Entwicklungsgeschichte« und ihr Konzept

In der Kampfschrift »Der Fall Böcklin« (Frühjahr 1905), die um das Kunstverständnis des deutschen Publikums stritt, findet sich auf dem Deckblatt am Schluß ein Hinweis auf das andere Werk, das die Dinge in das richtige Licht rückt. Es heißt da: »Die Ideen Meier-Graefes finden sich, auf die gesamte Kunstgeschichte übertragen, in der vor kurzem erschienenen dreibändigen, illustrierten Entwicklungsgeschichte der modernen Kunst«. So erklärt sich auch der Untertitel, den diese erhalten hat, »ein Beitrag zur modernen Ästhetik«. Also ist diese Geschichtsdarstellung der modernen Kunst keine historische Unterhaltung, sondern angewandte Ästhetik, ästhetische Erziehung am historischen Gegenstand. Es gibt nur gute und schlechte, wichtige und unwichtige Kunstwerke. Um gut und schlecht zu unterscheiden, muß man sehen können, denn wie es im Vorwort heißt, wir Deutschen leiden »an dem Irrtum, Kunst zu denken statt zu betrachten«. Um wichtig und unwichtig zu unterscheiden, muß man die »Entwicklung« kennen, in der ein Werk steht.

Auch der Glaube an die Evolution war eine Passion des 19. Jahrhunderts. In Meier-Graefes Zeit florierten allenthalben die »Entwicklungsgeschichten«. So bot Karl Voll 1914 eine »Entwicklungsgeschichte der Malerei in Einzeldarstellungen« an. Man liebte es, Gesetzmäßigkeiten zu kontemplieren, in der Natur wie in der Geschichte. Die »Entwicklung« bot dazu den idealen Rahmen, denn sie zeigte naturhafte Gesetzmäßigkeiten in einem historischen Ablauf, Natur und Geschichte in der großen Synthese.

Meier-Graefe bediente sich eines beliebten Schemas, als er seine Darstellung in der Form einer Entwicklungsgeschichte faßte. Die List bestand nur darin, durch eine einheitliche Entwicklung zwei Gegenstände zu verbinden, von denen man argwöhnte, daß der Faden zwischen ihnen gerissen wäre. Die moderne Kunst bot sich dann nicht mehr als Verrat an der Tradition, sondern als ihre gesetzmäßige Fortsetzung und Weiterentwicklung dar. Deshalb holt der Autor weit aus und führt den Leser tief in die Geschichte der alten Kunst zurück, um sich dort schon anbahnen zu lassen, was sich jetzt erst erfüllte. Wenn man die alte Kunst mit den Augen betrachtete, die durch Erfahrungen mit der modernen trainiert waren, so wurde der Rückblick zur wirklichen Offenbarung. Es muß dem damaligen Leser eine freudige oder, je nach Gusto, schreckliche Überraschung bereitet haben, die geliebte bzw. gehaßte moderne Kunst als legitime Erbin der alten akzeptieren zu können bzw. zu müssen. Und das noch angesichts der Überredungsgabe Meier-Graefes!

Die Entwicklung liegt nicht nur im einzelnen Œuvre, sondern in der Kunst selbst, aber auch in der Realität, mit der sich die Künstler auseinandersetzen. Sie ist für Cézanne nicht die gleiche wie für die Meister vor ihm. Daß er neuer ist als diese,

»beweist nichts. Wäre es allein entscheidend, so könnte man einen Futuristen über Michelangelo stellen«. Vielmehr nähert sich Cézanne dem »Ideal« unter den Bedingungen seiner Zeit. Er »übernimmt es in dem Augenblick, wo es genommen werden muß, um nicht verloren zu gehen. Dadurch rückt der Outsider auf einmal an einen vorher bestimmten Platz der Entwicklungsgeschichte. Sein Beitrag fügt ihn der großen Kette ein, die bei den Venezianern begann und in ununterbrochener Folge über Greco, Rubens, Poussin, Watteau, Delacroix zu ihm und über ihn hinaus reicht«.

Aber die historische Kette der Maler und Probleme allein erklärt Cézanne noch nicht. »Das kunsthistorische Faktum erschöpft nicht seine Bedeutung.« Man darf ihn nicht im Sinne des Historismus relativieren, denn er erfüllt ein objektives »Ideal« der Malerei, das in alter und moderner, ja in Kunst immer gilt. Die Kunst »beruht auf der Entdeckung gesetzmäßiger Möglichkeiten«.[9] Sie können gleichzeitig als Alternativen gewählt werden von Künstlern, die gegensätzliche Ziele verfolgen. Aber sie sind nicht auf allen Stufen der Entwicklung in gleicher Weise zugänglich. Nun sieht man, daß der Autor eine doppelte Strategie verfolgt. Er spricht von Normen der Kunst, die er am geschichtlichen Beispiel illustriert, und zugleich von geschichtlichen Abläufen, in welche sich die Beispiele gesetzmäßig einordnen – was sie wiederum in ihrer Eigenart erklärt. Der moderne Schiedsrichter, der den idealen Wettstreit der Alten und Neuen prämiert, hat den Vorteil, alles zu überschauen, was die Kunst vermag, aber muß sich damit abfinden, daß vieles inzwischen verloren ging, was sie einst groß machte. Da es dem Autor letztlich um die Kunst geht, und nicht um historische Prozesse, nimmt er sich die Freiheit heraus, alte und moderne Meister höchst unbefangen zu vergleichen, als säßen sie an einem Tisch. »Greco hilft Cézanne, und ihm wird von Cézanne geholfen«, weil man nun Greco besser versteht. In der »unendlichen Handlung« scheinen die Barrieren historischer Distanz zu verschwinden. In dem Panorama tritt alles zugleich in den Blick, und die moderne Kunst nimmt gleichberechtigt an dem Stück teil. Was dabei heraus kommt, ist »die Kunst, zu deren Preis die Meister aller Zeiten schufen«, und sie erscheint dem Autor als der letzte Bereich des Humanen.

Es kennzeichnet den damaligen Stand der Dinge, daß es nur darum ging, den Glauben an die Kunst aufrechtzuerhalten oder, besser, den Glauben an ihre Gegenwart und Zukunft. Denn an ihre große Vergangenheit glaubte ohnehin jedermann. Man sah zwar, daß noch Kunst entstand, aber man wußte auch, daß jene Kunst, auf die es noch ankam, keine Altarbilder mehr malte und keine Festräume mehr freskierte. Das Öffentliche und Monumentale war vorbei, es sei denn, daß es im Zerrbild gefälliger Dekoration überlebte. Also war es gut, nicht so sehr über Funktionen und Inhalte zu sprechen, in denen das Trennende offenkundig war, als vielmehr über Stil und bildnerische Gesetze, denn die galten zu allen Zeiten, und also auch heute, gleich viel. So nimmt sich der Autor vor, »auch die tiefsinnigste Historie als Stilleben zu betrachten«.[10] Wenn aber Meier-Graefes Biograph, Kenworth Moffett, meint, diese frühen Kritiker hätten auf Gemälde so detachiert wie die Impressionisten auf die Natur geschaut[11], die nur noch ein Gegenstand optischer Wahrnehmungen blieb, so trifft er nur einen Teil der Wahrheit. Er vergißt darüber, daß sie nach einem einheitlichen Erzählschema, der Entwicklung der künstlerischen Form, suchten, um gerade daran die Einheit von alter und moderner Kunst zu erweisen. Denn, so sollte der Leser denken, Kunst bleibt sich immer gleich. Deshalb gibt es auch keine verschiedenen, sondern nur dieselben Maßstäbe, und dagegen sollte die Geschichte keine Macht haben.

Wenn die Dinge so lagen, wie sollte dann die ›Entwicklung‹ geschrieben werden? Rudolf Alexander Schröder rühmt sie als das »große Epos« der Kunst.[12] Aber wie sieht es damit aus? Meier-Graefe war eigentlich der geborene Erzähler und also ein guter Biograph. Aber er warf seinem Berliner Lehrer Hermann Grimm mit Entrüstung vor, daß sich dessen Kunstgeschichte auf die große Biographie reduzierte. Mit der fesselnden Biographie ließ sich unter Umständen auch der miserable Künstler noch in den Himmel heben. Die Heldenverehrung für Böcklin hatte ihm dafür die Augen geöffnet. Vor allem mußte man mit einer Serie von Biographien die Ausbildung einer »modernen Ästhetik« verfehlen. Wenn möglich, sollte, um dieses Ziel zu erreichen, eine Biographie nicht der Künstler, sondern der Kunst zustande kommen. Aber auch dies war mißlich, denn man konnte nicht immer nur von Flächen und Farben reden, sondern hatte es mit Leuten zu tun, die sich aus Gründen, über die sich biographisch berichten ließ, so oder so entschieden. Also mußte das Ideal darin bestehen, die »Entwicklung« der Kunst in Künstlerbiographien zu erzählen, in denen sie zum Zug gekommen war.

Im Böcklin-Buch, das ein Jahr nach der »Entwicklungsgeschichte« erschien, räsoniert Meier-Graefe über die doppelte Strategie, die er sich vorgenommen hat.[13] »Der Begriff des Persönlichen ist an sich reinste Willkür, kann etwas Gültiges sagen, sobald er unbedingt an Stelle ästhetischer Nennung tritt, kann das dümmste Zeug ausdrücken, sobald er die Kunst außer acht läßt.« So teilt er den Künstler »einmal als Menschen« ein und einmal als »Schöpfer. Wohl verlaufen beide Existenzen gleichzeitig und wirken logischerweise aufeinander ein, aber sie haben einen sehr wesentlichen Grad von Selbständigkeit«. Und er dekretiert am Schluß: »Das Kunstwerk ist das letzte Resultat einer gesetzmäßigen Wirkung besonderer Einheiten, um eine Erscheinung bildlich darzustellen«, und die Wahl der Einheit folgt »aus der Persönlichkeit des Künstlers«. Deshalb ist der »Ersatz des Werkes durch den Künstler« sinnlos. »Der Autor stirbt, das Werk bleibt.«

Jeder, der einmal eine Künstlerbiographie geschrieben hat, kennt das Problem. Die historische Persönlichkeit des Malers ist in dessen Zeit und Gesellschaft verstrickt. Das Werk, das aus dieser Konstellation hervorgeht, ist nicht nur Resultat solcher Bedingungen, sondern wirkt selbständig auf uns. Die historischen Fragen setzen erst ein, wenn es uns aus ästhetischen oder kunstgeschichtlichen Gründen zuerst gefesselt hat. Aber Meier-Graefe sah das Problem aus seiner Sicht, also anders. Er erzählt im Grunde nur, was die Künstler für die Kunst leisteten und wie sie dazu kamen. Die Biographie geht fast unmerklich in die Werkbiographie oder Entwicklungstat über, und die

Künstler setzen sich mehr mit ihren eigenen Ahnen als mit zeitgenössischen Freunden oder Politikern auseinander – was ja wiederum nicht so abwegig ist. Die Zeitgeschichte hat bei unserem Autor bloß dort ihr Recht, wo er davon spricht, was den Künstlern versagt blieb oder warum die Aufträge ausblieben. Nur sein Temperament und die Eleganz seiner Diktion verbürgen, daß das kunstgeschichtliche Argument manchmal im Erzählstil des Biographischen gelingt. Aber die Brüche bleiben, und der Autor ist sich des Problems bewußt. In einem Fall sagt er entschuldigend: »Es ist nicht leicht, von dem Werk Gauguins die Geschichte des Menschen fernzuhalten«, was auch wieder zutrifft. Aber die Versuchung ist groß, das allgemeine Geschehen zu dramatisieren und zu personalisieren. So heißt es einmal: Renoir vollzog den Verzicht auf das Fresko »zu derselben Zeit, als Marées in Rom starb, ein Doppelschlag für die Welt, der kaum tragischer gedacht werden kann«. Das klingt komisch, aber ist ein durchsichtiges Verfahren, um den großen Roman der Kunst aufzuziehen, um die sich die Welt dreht.

Ein anderes Mittel ist der Kontrast. Eben hat man noch einen Künstler schätzen gelernt, da begegnet man ihm im nächsten Abschnitt wieder als einer inzwischen negativen Figur, von der sich der neue Held um so leuchtender abhebt. Deshalb ist es auch abwegig, den Autor in ein System bringen zu wollen. »Am besten war Meier-Graefe, wenn er in sein Objekt verliebt war. Dieses war er freilich fast immer, er war ein amouröser Geist.«[14] Gerade im temperamentvollen Plädoyer lag seine Wirkung. Aber es gab natürlich seine Lieblinge und auch solche, die seine Opfer wurden. Im 19. Jahrhundert konnte in seinen Augen nur Manet neben der Tradition bestehen, aber Delacroix überragte ihn, und alle, weil er die Malerei »als geistiges Resultat verstand«. Schaute man auf die Moderne, worunter im engeren Sinne das spätere 19. Jahrhundert zu verstehen war, so waren Renoir und Cézanne »die beiden größten modernen Maler Frankreichs«. Die Biographie Cézannes gehört zum Besten, was dem Autor gelang. Aber Renoir leistet er sich für das Gemüt und auch zur Anwärmung gegen die Kälte der sonstigen Kunstprobleme. Mit dem späteren Monet weiß er wenig anzufangen, und die »Rezepte« der Neoimpressionisten sind glücklicherweise bei Seurat, von dem er ein Gemälde besitzt, nicht pedantisch zur Anwendung gekommen.

Van Gogh und Gauguin sind die letzten, deren Persönlichkeit ihm von Bedeutung erscheint. Aber schon bei van Gogh gibt »der Zweifel an der Unfehlbarkeit des Individuums ... den Wendepunkt in der Geschichte der modernen Kunst«. Das läßt aufhorchen, weil hier ein weiteres Leitmotiv des Epos der Kunst sichtbar wird. Es ist das tragische Individuum, das, nachdem die große Gemeinschaft in die Brüche ging, das Schicksal der Kunst bestimmt. Folglich kann sein innerer Weg auch zum Modell der Darstellung werden. »Nach van Gogh und Gauguin kommt auch in Paris die Zeit, da das Glück und Unglück des Einzelnen kein Drama mehr füllt und nur Mosaik des Schicksals einer Epoche wird.« Hier trauert der Großbürger dem Ende der Ära eines glorreichen Individualismus nach. »Man schlägt keine Schlachten mehr. Gegen wen, für was soll man kämpfen?« Und dann hebt er in seiner üblichen Weise die Aussage wieder ins Zwielicht und fährt fort: »Matisse und Picasso sind letzte Akteure der großen Tragikomödie, die mit dem Eintritt des persönlichen Menschen in die Kunst begann.« Das sind allerdings späte Äußerungen des Kulturkritikers, über die noch zu reden ist. Aber das Muster paßt auf das ganze Werk. Das Biographische ist auch deswegen möglich, weil es Visionen großer Individuen waren, von denen zu berichten war. Zwar wollte der Autor Heldenverehrung vermeiden, aber andererseits das Individuum als Träger einer ihm charakteristischen Kunstauffassung nicht missen. So heißt es von Cézanne, daß sich nie »der Geist eines Individuums in einer Kunst reiner kristallisiert habe« als bei ihm.

Der Erfolg der »Entwicklungsgeschichte« ist verbürgt. Sie »wirkte entscheidend auf die Zeitgenossen. Auf den Dichter Dehmel machte sie so starken Eindruck, daß er Teile davon auswendig hersagen konnte.«[15] Der Rezensent Grautoff erkennt sie 1906 »stilistisch als ein bedeutendes Buch« an und stellt fest, daß sein Mittel die Verblüffung sei. Vor allem wird allen offenkundig, daß es eine solche, aus dem Künstlerischen entwickelte Argumentation bis dato noch nicht gab. Richard Muther, Cornelius Gurlitt und Karl Lamprecht erschienen mit ihren Büchern auf einen Schlag als veraltet. Rudolf Alexander Schröder erinnert sich, daß das Werk »in Goetheschem Sinn Epoche gemacht hat«. Es »zwang den Leser, fast auf jeder Seite neu zu lernen«.[16] In Heidelberg entschloß sich Professor Henry Thode im Frühjahr 1905, erstmals eine Vorlesung über moderne Kunst zu halten, nachdem Böcklin und Thoma bei Meier-Graefe so schlecht weggekommen waren. Die Veröffentlichung in Buchform geriet fast zur Gegendarstellung, über die noch zu berichten ist. Thode sah sich »hierzu bewogen« durch die Veröffentlichung der »Entwicklungsgeschichte«. Da solche Bücher »die Parole einer großen, immer mächtiger werdenden Partei, welche ihren Hauptsitz in Berlin hat, ausgeben«, müsse er der »Gefahr dieser Meinungen« öffentlich begegnen und »gegen jene einseitige, das Fremde proklamierende Kunstauffassung« protestieren. Und dann, fast 20 Jahre später, kommt der Protest aus der entgegengesetzten Ecke. Carl Einstein (1885–1940), der seine eigene »Kunst des 20. Jahrhunderts« dagegen setzt, rügt in seiner Buchbesprechung 1923 die antimoderne Haltung des Autors und besonders dessen Unverständnis gegenüber dem Kubismus.[17] »Das Sehen rennt zu rasch in die Tinte.« Inzwischen ist das Urteil des »praeceptor Germanorum in allen Fragen der Kunst«, wie Schröder ihn nennt,[18] gefährlich geworden, gerade dort, wo die jüngste Avantgarde zur Debatte steht. Von den Expressionisten ist bei Meier-Graefe nicht mehr die Rede, weil der Autor sich listig hinter den ersten Plan des Werkes (1904) verschanzt. Beckmann und Hofer werden im dritten Band (1924) eher lustlos abgehandelt, und auf Kokoschka fällt ein Streiflicht.

1 Zur Biographie vgl. Moffett, 1973, passim, aber auch Jedlicka, 1960, 247 ff., Reifenberg, 1963, 735 ff. und andere der in der Bibliogr. genannten Autoren
2 M. G., Böcklin, 1905, passim
3 Ebd., 197
4 Ebd., 270
5 Die Gesellschaft, die eine solche von »Kunstliebhabern« sein sollte, wurde schon 1917 gegründet. Sie war auf internat. Basis geplant. Die Graphikmappen erschienen im Piper Verlag und wurden seit 1921 in M. G.s eigener Graphischer Anstalt Ganymed gedruckt. Die Rembrandt-Mappe war eine Einladung an junge Künstler, sich mit dem Meister auseinanderzusetzen. 1919 entstand der Verein der Freunde der Marées-Gesellschaft, eine Gruppe von Förderern. Im gleichen Jahr erschien das Magazin Ganymed, benannt nach dem gleichnamigen Bild Marées. Zum Thema Moffett, 1973, 121 ff.
6 Scheffler, 1946, 18 ff. und 197 ff.
7 Schäffer, 1906, 273
8 M. G., Span. Reise, 1910; vgl. auch M. G., Span. Tagebuch, 1909, 52 ff.
9 M. G., Böcklin, 1905, 168
10 Ausgabe der ›Entwicklungsgeschichte‹ von 1904, Bd. II, 501
11 Moffett, 1973, 99
12 s. Reifenberg in seinem Beitrag zur Edition von 1966
13 M. G., Böcklin, 1905, 50, 74 ff.
14 So Scheffler, 1946, 198
15 Ebd.
16 Schröder, 1954, 178 f.
17 Henry Thode, Böcklin und Thoma. Acht Vorträge über neudeutsche Malerei (Heidelberg 1905)
18 Schröder, 1954, 178 f.

Max Dvořák

Voraussetzungen für die italienische Renaissance

Am Anfang des XIV. Jahrhunderts, wahrscheinlich um das Jahr 1306, hat ein florentinischer Maler, Giotto di Bondone, im Auftrag des reichen Paduaner Bürgers Enrici Scrovegni die kleine Kirche Sta. Maria dell' Arena in Padua mit Wandgemälden geschmückt. Wir können unsere Betrachtung mit diesen Gemälden beginnen, denn wenn sie auch nicht das älteste Denkmal der neuen, zur Renaissance hinüberleitenden italienischen Kunst waren, so stehen sie doch am Anfang unter den erhaltenen Werken, in denen die neuen Bestrebungen ihre entscheidende Form erhalten haben.

Mit den Malereien in Padua kann auch die Darstellung der Kunst Giottos begonnen werden, denn die angeblich älteren Werke in S. Francesco zu Assisi, die ihm von Vasari zugeschrieben wurden, sind – daran kann man heute nicht mehr zweifeln – nicht von ihm, und was sich uns von seinen Jugendwerken in Rom erhalten hat, ist so fragmentarisch, daß es kaum in Betracht gezogen werden kann. In der Arenakapelle tritt uns aber seine Kunst voll ausgebildet, in glänzenden und relativ gut erhaltenen Schöpfungen, in wundererbarer Klarheit entgegen, der Beginn einer neuen Epoche in der Auffassung der künstlerischen Probleme bei den europäischen Völkern.

Was zunächst ins Auge fällt, wenn wir die Kapelle betreten, ist die große Einfachheit des Baues und des Raumes. Wir sind in einer Periode, die einen Höhepunkt in der Entwicklung des gotischen Stils bedeutet, und mit einem gleichzeitigen Bau nördlich der Alpen verglichen könnte uns diese Kapelle geradezu ärmlich erscheinen. Im Norden hätte man zweifellos versucht, durch komplizierten Grundriß und Aufriß zu glänzen. Hier sehen wir eine schlichte Halle mit einer Chornische, wie sie in Italien überliefert war, höchst einfach mit einem Tonnengewölbe bedeckt. Plastischer Schmuck, der im Norden eine so eminente Rolle spielt, ist fast gar nicht vorhanden. Die Hauptzier des Baues sollten die Wandgemälde bilden.

Diese Gemälde gehören zum Merkwürdigsten, was sich uns an ähnlichen Werken aus der ganzen nachantiken Entwicklung erhalten hat. Sie erzählen biblische und zum Teil legendenhafte Themen, das Leben Mariä und des Heilands in mehreren Zonen übereinandergereiht. Dazu kommt auf der Innenseite der Fassadenwand eine große Darstellung des Jüngsten Gerichts. Es waren dies Themen, die nichts Neues in der spätmittelalterlichen Kunst bedeuteten, und auch in den ikonographischen Schemen der einzelnen Gemälde finden wir kaum etwas wirklich Neues; sie gehen fast durchaus vom Überlieferten aus. Ihrer Wirkung können wir erst auf Grund einer genaueren Analyse näherkommen.

Wir wissen, welchen Eindruck die Gemälde in ihrer Zeit machten. Die ältesten Nachrichten, die sich uns erhalten haben und die einen Reflex dieses Eindrucks bilden, rühmen in erster Linie die Natürlichkeit der Darstellung. Dies ist ein dehnbarer Begriff: jedes Jahrhundert hat darunter etwas anderes verstanden. Gewiß beruht diese Natürlichkeit bei Giotto nicht auf jenen Anschauungen von Naturtreue, die uns heute geläufig sind, auf treuer Wiedergabe der individuellen Wirklichkeit; davon kann uns jedes beliebige Beispiel überzeugen. Die Gemälde bedeuten zwar auch in dieser Richtung manchen Fortschritt. Mit genialer Sicherheit wußte Giotto natürliche Gliederung darzustellen, zuweilen auch Dinge in ihrer charakteristischen Erscheinung festzuhalten. Solche charakteristische Gestalten, wie die aus dem Leben gegriffene Genrefigur des Kellermeisters, der den Wein kostet, in der »Hochzeit zu Kana«, oder das Stilleben der Speisen und Geräte, das sich auf der Hochzeitstafel ausbreitet, finden wir überall bei ihm (Tafel 1). Dennoch ist es klar, daß nicht in diesen Errungenschaften der individuellen Beobachtung und naturtreuen Darstellung das Wesentlichste des neuen Stils liegt. Wir können Ähnliches zuweilen in hochentwickeltem Maße auch bei den Vorgängern Giottos finden, zum Beispiel bei Giovanni Pisano, oder in der gleichzeitigen französischen Kunst, wo uns diese Züge noch zahlreicher und frappanter entgegentreten. Anderseits setzt sich Giotto, wie die ganze gleichzeitige Kunst, ohne Bedenken über die Erfordernisse dieser individualisierenden Naturtreue hinweg, wo andere Rücksichten gelten. Ist schon der Saal, in welchem die Hochzeitstafel abgehalten wird, im Verhältnis zu den Figuren disproportioniert und in merkwürdigem Querschnitt dargestellt, so finden wir noch Auffallenderes in anderen Bildern: Berge und Bäume, wie Kinderspielzeug gemalt, Hirtenhütten, die in ihrer Kleinheit ganz ungeeignet zum Wohnen sind, oder die ganze Handlung auf eine architektonische Bühne verlegt, bei der sich Außen- und Innenansicht willkürlich verbinden und die durch Form und Konstruktion der Wirklichkeit gegenüber wie ein freies Spiel erscheint. Unschwer ist auch bei den einzelnen Gestalten das Typische, Nichtindividuelle in der Gewandung oder in der Darstellung der Köpfe zu beobachten. Solche Eigentümlichkeiten und die ihnen zugrunde liegende Zwiespältigkeit der Auffassung teilt Giotto mit der ganzen gleichzeitigen gotischen Kunst, und schon deshalb kann in dem Plus an getreuer Wiedergabe sinnlicher Wahrnehmungen nicht der Kernpunkt seiner Erneuerung der Malerei gesucht werden.

Vom Gesichtspunkt der mittelalterlichen Kunst ist die größte Neuerung das kompositionelle Prinzip, welches Giotto jeder seiner Darstellungen zugrunde legt. Es wird uns klar, wenn wir eines seiner Bilder mit älteren ähnlichen Darstellungen vergleichen.

Auch Giovanni Pisano hat unter den Reliefs der Domkanzel zu Pisa die Verspottung Christi dargestellt: in einer prächtigen, dramatisch belebten Gruppe, die wir allerdings aus dem unübersichtlichen Gewirr der Figuren erst mühsam heraussuchen müssen (Tafel 2). Es sind nämlich auf dem Relief verschiedene Formen der Passion Christi dargestellt, und zwar dicht nebeneinander und übereinander zusammengedrängt, so daß der ganze Hintergrund mit gegenseitig sich behindernden Figuren bedeckt ist, die Gestalten der oberen Reihe gleichsam auf den Köpfen der unteren stehen und die Einheit der natürlichen räumlichen Verbindung ebensowenig eine Rolle spielt, wie das natürliche sich in die Tiefe Erstrecken der Szene. Es waltet hier eben trotz aller Errungenschaften der Beobachtung und der plastischen Verlebendigung immer noch das mittelalterliche System der kompositionellen Addition, das die Figuren, zwar nicht willkürlich, wie man einst angenommen hat, wohl aber nach anderen künstlerischen Gesichtspunkten verbindet, als nach jenen, die den natürlichen Zusammenhang der Dinge im Raum fordern und in dessen einheitlicher Beobachtung beschlossen sind.

Giotto dagegen ersetzt diesen verwirrenden Reichtum durch eine isolierte Handlung, die er so darstellt, als ob sie sich vor seinen Augen auf einer Bühne abspielen würde (Tafel 3). Aus der konsequenten Durchführung dieses Prinzips folgen aber große und umwälzende Neuerungen:

1. Einmal eine gewisse Objektivierung des Verhältnisses zwischen dem darstellenden Künstler (oder dem die Darstellung in sich aufnehmenden Subjekt) und dem dargestellten Gegenstand. Der mittelalterliche Künstler konnte die Elemente der Darstellung unabhängig von einem einheitlichen, wirklichen oder supponierten, Beobachtungspunkt nach inhaltlichen Momenten oder nach abstrakten Ideen, mit denen die Darstellung in Verbindung gebracht wurde, frei kombinieren: Giotto hat diese Verbindung von einer Gegenüberstellung des Beobachters und der dargestellten Szene abhängig gemacht und dadurch geradezu den Angelpunkt der ganzen folgenden Entwicklung der Malerei geschaffen.

2. Eine zweite fundamentale Neuerung beruht in der Stellung der Figuren im Raum. Seit dem frühen Mittelalter waren die Figuren in malerischen Darstellungen stets mehr oder weniger vom Boden losgelöst. Auch dort, wo sie auf festem Boden oder auf einem Postament stehen, erheben sie sich auf den Fußspitzen, stehen »in punto dei piedi«, andere schweben frei in dem unbegrenzten Raum und wiederum andere schreiten oder stehen, ohne zu lasten, auf schmalen Bodenstreifen oder auf den scharfen Einrahmungen der Bilder. Diese Art der Erfindung entspringt aus dem Bestreben, die Figuren übermateriell, vom Irdischen losgelöst wirken zu lassen, und hat lange nachgewirkt; noch bei Giovanni Pisano beschränkt sich die Basis auf schmale Terrainstreifen. Giotto aber legt seiner bildlichen

1 Giotto, Hochzeit zu Kana, Padua, Arenakapelle

Erfindung die horizontale Fläche einer in die Tiefe sich erstrekkenen Ebene zugrunde. Zum erstenmal seit der Antike stehen da die Figuren konsequent in allen Darstellungen natürlicher Situationen fest auf dem Boden, wodurch ihre freiräumliche dreidimensionale Wirkung die Bedeutung eines zentralen und fundamentalen künstlerischen Problems gewann, und zugleich enger, als es bis dahin der Fall war, an konstante Voraussetzungen des natürlichen Lastens gebunden wurde. Man findet zwar in dieser Beziehung noch manche Befangenheiten, doch das Prinzip ist da, und das ist das Entscheidende.

3. In folgerichtigem Weiterschreiten auf diesem Wege wird von Giotto nicht nur die natürliche räumliche Basis, sondern der ganze Raumausschnitt, in dem sich die Figuren befinden, das heißt ein natürlicher Raumzusammenhang zur unerläßlichen Norm jeder malerischen Komposition erhoben. Es war

eine Erfindung der Griechen, der malerischen Darstellung der Außenwelt als grundsätzliche Norm den natürlichen Zusammenhang der Dinge zugrunde zu legen, wodurch die Malerei eigentlich ebenso begründet wurde und den in Zukunft wichtigsten Inhalt gewann, wie durch die griechische Philosophie die Naturwissenschaften. Von dieser griechischen Auffassung der Malerei, die das ganze klassische Altertum beherrscht, hat sich die mittelalterliche Kunst abgewendet, indem sie den natürlichen Zusammenhang der Dinge durch einen ideellen, auf übernatürlichen Beziehungen und Gesetzen beruhenden, ersetzt hat. Und so zerfallen die Formen der antiken in sich zusammenhängenden malerischen Raumrekonstruktion in ihre Bestandteile: Ein Innenraum, eine Landschaft werden zumeist nur dort dargestellt, wo sie der Erzählungsinhalt, der zu illustrierende Text unbedingt erfordert, und da beschränkt sich ihre Darstellung gewöhnlich auf zusammenhanglose oder vollkommen schematisierte Andeutungen, die nur als eine Art Kommentar zu der in einem Idealraum sich abspielenden Handlung dienen sollen. Von Giotto aber gibt es kein Bild, in welchem die Handlung nicht als integrierender Teil eines zusammenhängenden Raumausschnittes dargestellt würde. Bei Szenen, die sich im Freien abspielen, finden wir stets eine Landschaft als Bühne der dargestellten Begebenheit, bei Szenen in geschlossenen Räumen einen als kompositionellen Faktor den Figuren koordinierten Innenraum.

Es ist klar, daß diese Auffassung auch auf andere Darstellungsmomente einen großen Einfluß ausüben mußte. So sind, um nur das Wichtigste zu nennen, die Probleme der perspektivischen Raumkonstruktion, die im Mittelalter keine Rolle spielten, wieder aktuell geworden und haben eine neue Entwicklung hervorgerufen, ebenso die Aufgaben einer auf die ganze Bildeinheit sich erstreckenden gleichmäßigen Modellierung und Farbenwiedergabe: in nuce alle Konsequenzen, die sich aus der Darstellung eines Raumausschnittes als körperlicher und optischer Einheit ergeben.

So sind der Malerei Voraussetzungen und Ziele bildlicher Erfindung erschlossen worden, die sie einst den Griechen ver-

2 *Giovanni Pisano, Passionsszenen, von der abgebrochenen Kanzel des Domes zu Pisa*

dankte und die nun den Ausgangspunkt ihrer weiteren Geschichte bilden sollten. Burckhardts geistvolles Wort, daß ohne Giotto Jan Steen anders und wahrscheinlich geringer wäre, könnte man auf die ganze moderne Malerei ausdehnen.

Wir müssen nun die Frage stellen, wie Giotto zu diesen Neuerungen gelangte.

Es ist nicht schwer, ihre Quellen festzustellen. Niemand wird glauben, daß so wichtige Erfindungen spontan und unabhängig voneinander zweimal in der Geschichte gemacht wurden. Dies ist unwahrscheinlich, auch deshalb, weil es Giotto nicht an Gelegenheiten fehlte, Vorbilder des antiken Raumzusammenhanges kennenzulernen. Altchristliche Bilderzyklen, auch solche, die heute nicht mehr existieren und in denen, wie wir wissen, die antiken Normen der bildlichen Erfindung noch in Geltung waren, zum Beispiel die großen Bilderreihen in den

Hauptkirchen der abendländischen Christenheit, in der alten Peterskirche und in der Basilika des heiligen Paulus in Rom, waren in Giottos Zeiten noch unversehrt. Außerdem hat sich die antike Kompositionsweise, zum mindesten in verkümmerter Form, in einem mittelalterlichen Kunstkreis in fortwährender Ausübung bis ins XIV. Jahrhundert erhalten: in der Kunst des griechischen Ostens, deren Einfluß auf die des Abendlandes zweifellos schon im XIII. Jahrhundert auch Entlehnung bestimmter Schemen in der Darstellung der Landschaften und Innenräume zur Folge hatte.

Diese Vorbilder haben jedoch auch früher existiert, so daß abermals gefragt werden muß, warum sie gerade zu Beginn des XIV. Jahrhunderts und in Italien einen so maßgebenden Einfluß auf die Darstellung des Raumzusammenhanges gewonnen haben. Damit gelangen wir aber zu weiteren Besonderheiten der Kunst Giottos.

Sie werden uns klar, wenn wir das Verhältnis seiner Gemälde zur Wirklichkeit und zur künstlerischen Abstraktion untersuchen. Zwei Eigentümlichkeiten treten uns da entgegen. Das Auffallendste ist eine neue künstlerische Gesetzmäßigkeit, die vor allem in der abgewogenen Gesamtkomposition deutlich zum Ausdruck gelangt. In der Verteilung der Figuren im Bildausschnitt drückt sich eine bestimmte künstlerische Absicht aus, und zwar darin, daß alle Figuren auf das Ganze bezogen werden und darin eine bestimmte Funktion haben. Wählen wir ein möglichst einfaches Beispiel, welches zugleich zu den schönsten gehört: die »Begegnung an der Goldenen Pforte« (Tafel 4). Nach der Legende wurde Joachim, weil kinderlos, vom Hohenpriester aus dem Tempel vertrieben. Verzweifelt ging er zu seinen Hirten und betete und fastete vierzig Tage. Da erschien ihm der Engel Gottes, um ihm zu verkünden, daß Gott seinen Kummer von ihm nehmen werde: er möge zurückkehren, denn seine Frau werde einem Kinde das Leben schenken. Hocherfreut eilte er in die Stadt zurück. Anna, ebenfalls von einem Engel benachrichtigt, geht ihm entgegen und an der Goldenen Pforte von Jerusalem treffen sich die Eheleute und begrüßen einander in inniger Ergriffenheit. Diese Geschichte hat Giotto als Einleitung zum

Leben Christi und Mariä in fünf Bildern illustriert und die Reihe mit der Begegnung an der Goldenen Pforte abgeschlossen. Mit der größten Kunst sind da alle formalen Momente darauf angelegt, das Wesentliche und menschlich Ergreifende des Vorgangs dem Beschauer zum Bewußtsein zu bringen: die Begegnung selbst und die freudevolle Begrüßung nach der langen Trennung. Drei Elemente sind dabei bestimmend für die Komposition. Einmal das Moment der Ruhe, des statischen Beharrens: das wuchtige breite Tor und die merkwürdige Gestalt in schwarzem Umhang unter dem Torbogen, die man als Annas alte Amme zu bezeichnen pflegt, und die jedenfalls als unbeteiligte Zuschauerin erscheint. Im Gegensatz zu diesen ruhigen Gliedern der Komposition vollzieht sich das Ereignis selbst in doppelter Bewegung. Aus dem Tore kommen die Frauen in bewegtem Schreiten, an der stehenden Gestalt vorbeidrängend, und dieser Bewegung setzt sich die des herankommenden Joachim und seines Begleiters entgegen. Sie wird gesteigert durch die Verbeugung des Alten und durch die vom Rahmen überschnittene Figur des Hirten, wie auch durch die Zäsur, die zwischen ihm und Joachim klafft, wie ja die zentrale Bedeutung der Ehepaargruppe auch rechts durch den Abstand zwischen Anna und der hinter ihr stehenden jungen Frau betont wird. So steht hier alles in durchgeistigter Beziehung zueinander und zu dem Mittelpunkt der erzählten Handlung, die durch ein solches fein abgewogenes Gefüge auf das wirkungsvollste und anschaulichste künstlerisch interpretiert wird.

Doch nicht nur im Verhältnis zur geschilderten Begebenheit, sondern auch im Verhältnis zu der rein formalen Disposition und ihren Beziehungen zu Form und Fläche können wir dieses Prinzip der inneren künstlerischen Ordnung beobachten. Wie wundervoll wird durch das Tor und die Gestalten die Bildfläche so ausgefüllt, daß nirgends eine tote nichtssagende Leere entsteht! Ebensowenig hat aber die Klarheit und Ausdruckskraft irgendeines Teiles der Darstellung durch gedrängte oder verwirrende Massen zu leiden. Alles erscheint, so wie es ist, innerlich notwendig, dabei durch einen wunderbaren Rhythmus der Flächen und Formen, Linien und Bewegungen verkettet und zugleich künstlerisch durchdrungen, belebt und monumentalisiert – wie, könnte man sagen, durch die poetische Versform die hohen Gedanken im epischen Gefüge der Divina Commedia.

Es ist also eine hoch entwickelte künstlerische Gesetzmäßigkeit, die Giottos bildliche Erfindungen charakterisiert, und zwar eine Gesetzmäßigkeit anderer Natur als jene, welche die gotische Kunst beherrschte. Die Gestaltungskraft der gotischen Kunst floß aus zwei Quellen. Einmal beruhen ihre bildlichen Schöpfungen auf einer Idealwelt, deren reinster Ausdruck die großen Kathedralen mit ihrem architektonischen, plastischen und malerischen Schmuck waren. Da sind in der Erscheinung der Form Kräfte wirksam, deren gestaltende Macht über jedes einzelne, irdisch bedingte Ereignis hinausgeht, von den Statuen, die die Gewände des Portals schmükken, bis zur letzten Fiale, bis zur geringsten Linie waltet und jede irdische Bedingtheit grundsätzlich überwindet. Die Figuren und Formen sind nicht nur Naturnachbildungen, sondern zugleich und in gleichem Maße Exempla einer zeitlosen unbegrenzten Begrifflichkeit, von magischen Kräften dirigiert und dem Irdischen entrückt; sie schließen sich zu einer rauschend zum Himmel emporsteigenden Symphonie zusammen. In einem solchen Idealbau, der Übernatürliches mit Weltlichem vereinigt, konnte auch die irdische Wirklichkeit als Zeugnis der göttlichen Macht und Güte Platz finden, so daß neben dem allgemeinen Idealstil sich ein individualisierender Naturalismus entwickelt hat. Beide Momente waren also subjektiv. Demgegenüber beruht die Gesetzmäßigkeit, die Giotto seinen Kompositionen zugrunde legt, nicht auf einem jenseits der bildlichen Vorstellung liegenden ideellen System, nicht auf einer theologisch-transzendenten Welterklärung, sondern auf der natürlichen Verbindung der Dinge, oder, mit anderen Worten, auf der natürlichen objektiven Gesetzmäßigkeit, wie sie die weltliche Erfahrung und sinnliche Anschauung erkennen läßt. Was er erzählt, soll in der höchsten Kraft dieser sinnlichen Anschauung vor uns treten. Dieses Ziel sucht er jedoch nicht durch naturwissenschaftlich exakte Wiedergabe der Wirklichkeit zu erreichen, sondern durch deren Verarbeitung zur typi-

3 Giotto, Verspottung Christi, Padua, Arenakapelle

schen, normativen Wahrheit, die uns nicht das Einmalige, Zufällige, sondern das allgemein Gültige, überall Wirksame zur künstlerischen Gesetzmäßigkeit erhoben vor Augen führt.

Giottos Stil war, mit anderen Worten, ein Idealstil. Dieser Idealstil war aber nicht der Ausfluß einer irrationellen Übernatürlichkeit, wie in der Gotik, sondern eine künstlerische Paraphrase und Verklärung, eine Monumentalisierung der sinnlichen Wirklichkeit, wie sie in der antiken Kunst angestrebt worden ist. So liegt die Bedeutung der Kunst Giottos darin, daß er grundsätzlich zu diesem antiken Verhältnis zur Umwelt zurückkehrt. Und doch ist seine Auffassung auch von der klassischen grundverschieden. In der Antike entwickelten sich die bildlichen Vorstellungen und die formalen Errungenschaften der Kunst in einer unlösbaren Verbindung mit dem Mythos, der personifizierten und heroisierten Natur, so daß die

4 Giotto, Begegnung an der Goldenen Pforte, Padua, Arenakapelle

Weiterbildung der Kunst zugleich die Weiterbildung ihres künstlerisch objektivierten religiösen Inhalts und der in ihm enthaltenen Naturauffassung war. Mit dem Übergewicht des geistigen Inhalts in der christlichen Kunst verschob sich dieses Verhältnis, und eine weitere Veränderung erfolgte jetzt in Italien, wo die Kunst sowohl der Natur als auch der Religion gegenüber als ein selbständiges Drittes, als eine Welt für sich, in der die Phantasie ihre eigenen Werte schafft, ihre formalen Aufgaben zu konstituieren anfing.

Dies begann schon vor Giotto. An dem gewaltigen Bau der mittelalterlichen transzendenten Erklärung und Organisation der Welt, an der Entwicklung der mittelalterlichen Theologie und Erkenntnislehre und der ganzen damit verbundenen Lebensauffassung nahm Italien nur einen geringen Anteil, und ebenso auch an der Ausbildung der gotischen Kunst, weshalb uns vom Gesichtspunkte jener und im Zeitalter ihres gewaltigen Werdens vom XI. bis zum XIV. Jahrhundert die italienische Kunst als verkümmert und rückständig erscheinen mag. Dafür bewahrten aber die Italiener, ähnlich wie die semitischen Völker vom sachlichen Wissen des Altertums, starke Überreste einer, von den im Norden alles durchdringenden metaphysischen Idealen unabhängigen, formalen Kultur, deren Einfluß wir in dem wenn auch sehr kümmerlichen Fortleben einer profanen Bildung, der die letzte Ausstrahlung des vom Christentum unberührten spätantiken rhetorischen Bildungsideals zugrunde lag, in der Bedeutung der alten Rechtsbegriffe und in der Bevorzugung der Rechtsstudien überhaupt, in dem wirtschaftlich nüchternen praktischen Sinn, der so weit entfernt war von dem inneren Überschwang des mittelalterlichen Menschen im Norden, und nicht zuletzt in der italienischen Kunst beobachten können. Sie erscheint in einem anderen Licht, wenn man sie nicht nach dem Maßstab der nordischen Gotik beurteilt, sondern mit ihrem eigenen zu messen versucht.

Bereits im XII. und XIII. Jahrhundert gewann in der italienischen Kunst die architektonische, plastische und malerische Form ein gewisses Eigenleben, das auf künstlerisch autonomen Interessen beruhte. Die Bauten der sogenannten florentinischen Protorenaissance, die Reliefs Niccolò Pisanos, die Gemälde Pietro Cavallinis geben Zeugnis davon. Im Gegensatz zu den nordischen Bauwerken erscheint in den toskanischen Architekturen des XII. und XIII. Jahrhunderts nicht der schrankenlose Höhendrang einer Formenwelt, die nicht den natürlichen Voraussetzungen der Materie, sondern über ihr stehenden Gewalten folgt. Die Säule mit dem Gebälk in der klassischen Funktion als Ausdruck des Ausgleiches zwischen Last und Stütze, ein Gleichgewicht der Verhältnisse, Wohllaut der Flächen, den natürlichen Funktionen entsprechende Erfindung und Wirkung der Formen und ein Streben nach gesteigerter Ausprägung ihrer plastischen Gestalt und Bestimmung – all dies wurde da klassischen Vorbildern nicht bloß nachgeahmt (was auch früher schon zuweilen geschehen war), sondern zugleich als ein Problem der Kunst, ein künstlerischer Wert, der seiner selbst wegen anzustreben ist, entdeckt und entwickelt.

Nicht anders war es mit den Aufgaben der plastischen Kunst bei Niccolò Pisano, wohl dem ersten, der seit der Antike die Bedeutung der in sich begrenzten plastischen Form und der Reliefkomposition, wie den künstlerischen Sinn der antiken Gewandung und Typenbildung und das klassische Pathos einigermaßen verstanden hat. Und ähnlich hat der große römische Maler Pietro Cavallini deutlich und bewußt regelmäßige, rhythmisch gegliederte Komposition anzustreben und einheitlicher als bisher wirkende landschaftliche Hintergründe oder Innenräume zu malen begonnen. In den Köpfen nähert sich Cavallini dem antiken Schönheitsideal, und seine Monumentalfiguren könnten als die Urahnen der Gestalten der Stanza della Segnatura aufgefaßt werden.

So haben in Italien gleichsam im Winkel die Rudimente der alten klassischen Auffassung der objektiven, auf sich selbst beruhenden Schönheit und der natürlichen Überzeugungskraft der Formen in dem Maße an Bedeutung gewonnen, wie sich das ganze geistige Leben – das ist eine allgemeine europäische Erscheinung des XII. und XIII. Jahrhunderts – von der Negation der alten und neuen weltlichen Werte zu ihrer teilweisen Anerkennung gewendet hat. Diese Wendung war aber im XIII. Jahrhundert noch vielfach begrenzt, auf einzelne Erscheinungsmomente beschränkt, nicht zum klaren Bewußtsein entwickelt und noch mannigfach mit heterogenen Elementen unorganisch verbunden. Giottos geniale Tat bestand nun darin, aus diesen Anfängen ein allgemein gültiges, zur vollen Klarheit der Voraussetzungen, Ziele und Mittel entwickeltes künstlerisches Prinzip geschaffen zu haben. Er wendete sich dabei sowohl von den mittelalterlich-naturalistischen als auch von den mittelalterlich-idealistischen Gesichtspunkten ab und schuf auf diese Weise Werke, die grundverschieden sind von allem, was die frühere Kunst hervorgebracht hat. Jedes seiner Gemälde ist eine Welt für sich, in der das Walten übernatürlicher Mächte in den geschilderten Vorgängen zwar zum Ausdruck kommt, die aber in der künstlerischen Rekonstruktion dieser Vorgänge ihren eigenen Gesetzen folgt, durch welche die Bedeutung der Figuren, ihre Erfindung, Anordnung, räumliche Stellung und

Verbindung bestimmt werden. Durch diese Gesetzmäßigkeit gewinnt alles eine neue, mit der Wirklichkeit nur lose zusammenhängende Tatsächlichkeit und Überzeugungskraft. Wie ein Zauberspiel mußte es den Zeitgenossen erscheinen, als der große Künstler an Hand der alten heiligen Erzählungen vor ihren Augen ein Sein oder Geschehen entrollte, in dem aus dem Rohstoff der sinnlichen Erfahrung Formen und Zusammenhänge geschaffen wurden, die den Zufälligkeiten der alltäglichen Wirklichkeit gegenüber als die Offenbarung ungeahnter typischer Wahrheiten und Beziehungen, die der sinnlichen Anschauung zugrunde liegen, erscheinen mußten und die es ermöglichten, die Erzählung in die Sphäre einer eindringlicheren und klareren Wiedergabe der in der Natur waltenden formalen Kräfte und ihrer ursächlichen Verbindungsnormen zu übertragen.

Die Kunst gewann dadurch eine neue Bedeutung fürs geistige Leben: sie war nicht mehr die Interpretin einer theologischen Welterklärung, sondern die künstlerische Form an sich wurde ein kostbares geistiges Gut des Menschenlebens. Dieser neue Eigenwert der Form tritt uns in der Literatur vielleicht noch deutlicher entgegen als in der Kunst. In ihr spielt Petrarca eine ähnliche Rolle wie in der bildenden Kunst Giotto. Er hat die künstlerische Form, die im Mittelalter der allgemein geistigen oder konkret gegenständlichen Bedeutsamkeit gegenüber, deren Korrelat sie war, keine selbständige Aufgabe und Wichtigkeit hatte und deshalb stets mehr oder weniger typisch war, in einer zunächst wohl recht äußerlichen, aber dessenungeachtet entschiedenen Weise zum eigentlichen Zweck und Sinn der künstlerischen Schöpfung erhoben. Die Stellung des Künstlers wurde dadurch verändert: aus dem Bänkelsänger wurde der Dichter zum Vates, aus dem Handwerker der Künstler zum Heros und Führer seiner Nation. Auch das Kunstwerk bekam eine neue Rolle. Es war nicht mehr ein Spiegelbild von transzendenten Voraussetzungen, sondern hatte im sinnlichen Erleben seine Quelle und bewirkte in diesem Rahmen im Beschauer den Eindruck einer klaren befreienden und erhebenden Lösung und geistigen Bewältigung der Umwelt. Zu den zwei Welten, die das menschliche Wollen, Fühlen und Denken im Mittelalter beherrschten, zu der Welt des begrenzten Diesseits und des ewigen Jenseits, gesellte sich eine dritte: die der künstlerischen Konzeption, welche ihren eigenen Gesetzen folgte und ihre Aufgaben, Ziele und Maßstäbe in sich selbst trug. Das ist der Anfang der Renaissance: in diesem Bewußtsein und offenen Eingeständnis des autonomen Phantasiespieles als der eigentlichen selbständigen Aufgabe der Kunst lag jene Wandlung, die den ihre Folgen miterlebenden Schriftstellern des XV. und XVI. Jahrhunderts als die Erneuerung der Kunst und als die Rückkehr zu der wahren Doktrin, zu den im Mittelalter verlorenen Regeln erscheinen mußte. »Comminciò l'Arte della pictura a sormontare in Etruria in una villa allato alla città di Firenze«, – schrieb Ghiberti klar und entschieden, wie man nur über unzweifelhafte Tatsachen schreibt, was in Anbetracht der zahlreichen, Ghiberti gewiß nicht unbekannten älteren Denkmäler unverständlich wäre, wenn es sich nicht eben um einen neuen Begriff der Malerei gehandelt hätte.

In diesem Sinne handelt es sich schon bei Giotto um eine Wiedergeburt der Kunst, um eine Renaissance, die dazu führt, daß gewisse generelle klassische Errungenschaften als Normen der bildlichen Erfindung in die Kunst wieder aufgenommen werden. Nicht nur die Objektivierung des Verhältnisses zwischen dem Beschauer und der Darstellung, die Verbindung der Figuren mit der Bodenebene, der Raumzusammenschluß und die abgewogene Komposition, auch noch andere Momente sind von Bedeutung.

Paul Fechter
Der Expressionismus

Die Anfänge des Protestes gegen den impressionistischen Naturalismus hatten insofern an einem richtigen Punkte eingesetzt, als sie sich gegen die Betonung der Natur als der alleinigen künstlerischen Richtschnur wendeten. Der Ruf: »Los von der Natur!« war an sich vollkommen berechtigt, nur daß seine Ergänzung durch den anderen: »Zurück zum Bild!« beruflich infiziert war und darum zu den Schiefheiten des Dekorativen führen mußte. Einen wirklichen Sinn erhalten konnte die Abkehrung vom Darstellen äußerer Dinge erst, wenn die darin sich andeutende Änderung der Lebensrichtung bis in ihre letzte Konsequenz durchgeführt wurde. Das »Los von der Natur!« unter Betonung von Bildrücksichten mußte beim dekorativen Stilisieren ankommen; wieder zur Kunst führen konnte es erst, als ihm das »Zurück zum Gefühl!« die Richtung gab. So berechtigt manches schon in den frühen Gegenbewegungen war: sinnvoll im eigentlichen künstlerischen Sinne wurde das Unternehmen erst, als die Einsicht möglich wurde, daß Kunst nicht nur von Können herkommt (denn »Wenn man's kann, ist's keine Kunst mehr«), sondern daß sie auf einer bestimmten seelischen Disposition, einem Wollen oder vielmehr einem Müssen und einer Notwendigkeit beruht, daß ihr wesentlicher Sinn immer wieder der ist, einem Gefühl, das die menschliche Existenz in der Welt auslöst, konzentrierten, unbegrifflich direkten und nur auf diesem Wege möglichen Ausdruck zu geben.

In dieser Erkenntnis liegt die Bedeutung des Expressionismus. Er hat sich logisch sinnvoll aus den frühen Gegenbewegungen ergeben – über die Einischt, daß die dort geforderte Synthese sich nicht nur auf die Zusammenfassung der vom Impressionismus zerlegten Farbe in große, bildgerecht gegeneinander abgewogene Flächen beziehen durfte, sondern daß sie einen Sinn nur haben konnte als konzentrierter, zusammengefaßter Ausdruck eines Gefühls. Das Dekorative mußte nebensächlich werden, das gesteigerte Menschliche und Seelische das Wesentliche, dem alles zu dienen hatte, Bildbau und Komposition in Form und Farbe sowohl wie die Realität, die sichtbare Erscheinung des Objekts.

Im Grunde ist dieses scheinbar Neue, das man, um den Gegensatz gegen den Impressionismus zu bezeichnen, mit dem zugleich guten und schlechten Kennwort Expressionismus belegte, nichts als ein Sichbesinnen auf den alten Sinn und die seelische Bedeutung der künstlerischen Produktion überhaupt. Unter dem Einfluß von Momentphotographie und Kino erkannte man den Irrtum, der in dem Glauben lag, der Sinn der Kunst könne irgendwie in einer Darstellung der Erscheinung liegen; man besann sich wieder auf den eigentlichen Quellpunkt des produktiven Triebes, der seinen Sinn nur in einer Gefühlslösung, in einer Selbstgewinnung oder Selbstbefreiung haben konnte – und in einem ordnenden Verfestigen oder besser Realisieren einer gefühlten Vorstellung. Der Geist Hans von Marées', der über der ganzen modernen Entwicklung schwebt, wird hier deutlich sichtbar, die Erkenntnis, daß die Kunst erst jenseits der Darstellungen jedes wie auch immer variierten Naturalismus beginnt. Nicht die Wiedergabe der Erscheinung, in der rein technische Vorrichtungen weit Stärkeres zu leisten in der Lage sind, ist die Aufgabe des Künstlers, sondern die Entwicklung seiner Vorstellung von den Dingen, die nur in einer irgendwie anschaulichen Verfestigung möglich ist, die Darstellung der Form, in der sich das anschauliche Weltbild in seiner Seele entwickelt. Bei Marées setzt hier ein sehr starker Trieb zum Abstrakten ein, der Wille, das Seelische zugleich mit der Allgemeinverbindlichkeit des rein Geistigen zu geben; der Expressionismus legt den Akzent im wesentlichen auf das Gefühlserlebnis und seine möglichst intensiv konzentrierte Gestaltung. Die spielerische Freude an der Übereinstimmung von Bild und »Wirklichkeit« wird ausgeschaltet, die Erscheinung wird dem Ausdruckswillen untergeordnet, der mehr oder weniger souverän mit ihr zu schalten nicht nur berechtigt, sondern verpflichtet ist. Die Natur tritt ihre bisherige Herrscherrolle wieder an den Künstler, an die menschliche Seele ab. Die Farbe wird nicht mehr nach wissenschaftlich geläuterten Theoremen zerlegt und die Zusammenfassung dem Auge des Betrachters überlassen – weil man erkannt hat, daß der Glaube, ihn auf diesem Wege selbst zu künstlerischer Mitarbeit zu zwingen, ein sehr großer Irrtum war. Die Mitarbeit war vielmehr rein physiologisch, die Aufgabe verschoben: es handelte sich ja nicht darum, selbst in Hingebung an das künstlerische Resultat die Gefühlsabsicht des Künstlers zu ergreifen und damit ein Stück der eigenen Seele, das aus eigener Kraft nicht zur Produktion dieser ordnenden Kräfte fähig war, sich durch Aktivierung, durch Aufühlen zu erwerben und den Kreis des Lebens und seiner seelischen Aufgaben zu erweitern. Es galt ja im wesentlichen nur, eine visuelle, schopenhauerisch ausgedrückt, eine Verstandesaufgabe zu lösen, aus den Anweisungen des Künstlers nicht sein Weltgefühl abzulesen und mitzufühlen, sondern sie zu einer Realitätswiedergabe zusammenzufassen. Was das Bild vom Betrachter verlangte, war im wesentlichen eine visuell richtige Auffassung; seine Arbeit war ebenso reinlich auf das Auge beschränkt, von allen übrigen Kräften der Seele vollkommen abgesondert wie die des Malers. Man soll die Erziehung und Steigerung des sinnlichen Rezeptionsapparates, die in solchem Training liegt, nicht verkennen; auf der anderen Seite blieben aber die Schichten der Seele, in denen die ganze künstlerische Arbeit überhaupt erst ihren Sinn und ihre Daseinsberechtigung erhält, von der Betätigung ausgeschlossen, lagen brach.

Diesem Intellektualismus hat der Expressionismus bewußt ein Ende gemacht. Die Aufgabe ist nicht mehr, abzulesen, was ein Bild »darstellt«, aus der farbigen Analyse der Wirklichkeit sich im Auge das Urbild in der Realität zu rekonstruieren; sie ist vielmehr die geworden, auf dem Umwege über das, was das Bild gibt, in das Gefühl hineinzugelangen, aus dem in dem Maler das Werk erwuchs. Es gilt nicht mehr, zu erkennen, sondern zu fühlen, in die Regionen der Seele zu steigen, wo das schläft, was der Produktionskraft, der das Werk entsprang, entspricht; wo es schläft und darauf wartet, aus dem bloßen unbewußten Sein zu einem lebendigen Faktor im Geschick der Seele erweckt zu werden. Der Expressionismus stellt eine zehnmal schwerere Aufgabe als der Impressionismus. Er gibt dem Betrachter nicht mehr den Halt an der Welt, an den Dingen, sondern, stellt ihn rücksichtslos auf sich selbst; er begnügt sich nicht damit, vor ihm die Zusammensetzung seiner Farbtupfen zu Objekten zu verlangen, sondern erledigt die malerische Synthese ganz allein, setzt seine Flächen schon von sich aus geschlossen hin und nimmt die Erscheinung weder als Erscheinung, noch als irgendwie begrifflich deutbaren Symbolwert, sondern als reines Ausdrucksmittel für sich selbst in Anspruch. Die Dinge werden Wachs in seinen Händen – weil er ihnen das entlocken will, was sie als Kraft des Ausdrucks für ihn besitzen. Er stilisiert sie nicht etwa aus dekorativen Rücksichten, was nur intellektueller Mißbrauch mit der Kunst wie mit der Welt ist und eine Sünde wider den Heiligen Geist; auch die Erkenntnis der kompositionellen Werte eines Werkes, seiner Gleichgewichtsmomente und Farbenwerte bedeutet noch nichts für die Einsicht in die eigentlich künstlerischen Werte. Zu denen dringt nur vor, wer die Arbeit auf sich nimmt, sich in den seelischen Rhythmus, den der Maler mit den Dingen, mit Form und Farbe, Ton und Linie fühlend ausgedrückt hat, so weit hineinzufühlen, daß er, Verwandtes in sich selbst verlebendigend, gewissermaßen in die gleichen Schwingungen gerät wie der Künstler in der Arbeit und nun das Werk in allen seinen Faktoren sozusagen passiv nachschöpfend reproduziert.

So etwa stellen sich die Grundlinien dessen dar, was man als Expressionismus im eigentlichen Sinne umschreiben könnte (wenn man einmal davon absieht, daß zuletzt die ganzen Gegenwartsströmungen expressionistisch sind). Innerhalb dieser Gesamttendenz lassen sich unschwer zwei Strömungen unterscheiden; man könnte sie als intensiven und extensiven Expressionismus kennzeichnen oder, wenn man statt der allgemeinen eine persönliche Charakteristik will, durch die Namen Kandinsky und Pechstein. Sie ergeben sich wie von selbst aus den beiden Richtungen, in denen der Wille zum Ausdruck des Gefühls sich betätigen kann. Kandinsky, dessen Arbeit man als intensiven Expressionismus charakterisieren könnte, nimmt zum Ziel nichts als den Ausdruck seiner selbst. Was er geben will, ist die menschliche Gefühlsexistenz, isoliert von der Umwelt, von allen Beziehungen zur Natur und ihren Formen abgelöst. Er findet das künstlerisch Verwertbare, Unmittelbare rein nur in sich, in der Versenkung in die Tiefe der eigenen Seele, in die weder Vorstellung, noch Begriff einen Zugang haben, in der das farbige Chaos herrscht und das Erlebte noch ungeformt, gestaltlos, ferne jedem vorstellenden Verstand, jedem Eingehen in das Netz der kausalen Projektion, rein als seelisches Material zu finden ist. Eine vielleicht hauptsächlich musikalisch empfindende Seele läßt sich in ihre eigenen Abgründe jenseits aller Einordnung sinken, in die Regionen, wo das unmittelbare Erleben noch frei von jeder Dinglichkeit webt, sucht den Grenzen des Transzendenten durch Ausschalten alles Äußeren so nahe wie möglich zu kommen und das dort Gefühlte ohne den Umweg über die Symbolisierung am Gegenständlich-Bedeutsamen, rein in Form und Farbe zum Ausdruck zu bringen. Seelenlandschaften ohne Landschaftliches entstehen so, musikalische Zustände, in Farben und Linien umgesetzt; der Weg zwischen Gefühl und Ausdruck wird auch hier auf das nur irgend erreichbare Minimum verkürzt. Was van Gogh in rasender Selbstentäußerung erlebte, vollzieht sich hier innerhalb eines Menschen; die Sehrichtung ist von außen nach innen umgestellt, die Umwelt vollkommen aufgehoben. Die Folgerichtigkeit, mit der der Prozeß durchgeführt wird, spricht gegen das Vorhandensein einer starken Beziehung zur Sichtbarkeit; die Anschauung und das unmittelbare Verhältnis zu den Erscheinungen ist nicht das Primäre, wofür auch die frühen impressionistisch-dekorativen Arbeiten Kandinskys sprechen. Dadurch aber, daß er eine Fortbildungsmöglichkeit des malerischen Selbstausdrucks in ihre letzten Konsequenzen verfolgt, wird seinem Unternehmen, selbst wenn es unfruchtbar bleiben muß, eine Bedeutung, die über die nur persönlichen Werte ins allgemein Bedeutsame hinüberführt.

Der reinste Typus und der stärkste Vertreter des extensiven Expressionismus ist Max Pechstein. Er behält im Gegensatz zu Kandinsky die Beziehung zur Welt nicht nur bei, sondern steigert sie auf das höchste, ihm nur irgend erreichbare Maß. Er erlebt sich selbst nicht in der Isolierung, in der Versenkung in die eigene Tiefe, sondern in der Hingebung an das Erlebnis der Welt in sich. Er nimmt die Umwelt in sich hinein und schafft ihr in seinem Gefühl ein neues, höheres Leben, das so stark wie möglich zu gestalten sein Ziel wird. Er drückt so sein Leben an diesem gefühlten Dasein der Dinge aus und gibt damit zugleich deren tiefstes Wesen; er schließt den Ring der Berührung mit der Transzendenz am entgegengesetzten Pole wie Kandinsky, macht sozusagen den weiteren Weg, indem er erst über die Welt in sich hineingeht, während jener es direkt zu tun versucht. Kandinsky erlebt die wesentliche Wirklichkeit nur in der Beschränkung auf sich, Pechstein in der Ausdehnung auf das Ganze; er erfaßt das Leben überall da, wo es sich als reines Gefühl unvermittelt zwischen Erde und Himmel ausströmt und ihm zum Sinnbild und Schlüssel des eigenen Fühlens und Wollens wird.

Auch Pechstein hat seinen Ausgang vom Dekorativen genommen; indessen nicht aus einem theoretisch begrifflich begründeten Protest gegen den Impressionismus, sondern aus einer sehr nahen Beziehung zu allem lebendigen Sein und Handeln. Der Impressionismus bedeutet, sobald er nicht mehr, wie in seinen Anfängen, persönliche Form, sondern Prinzip ist, letzten Endes eine Vergewaltigung: er zwingt den Malenden zum Zurücktreten hinter das Objekt, zum Malen gegen sich. Für Pechstein ist Malen sowie jede andere Art menschlicher Betätigung stärkstes Leben, und die Ergebnisse dieser Tätigkeiten haben nur einen Sinn für ihn, wenn sie ebenfalls dieses Leben stärken und schmücken. So ergab sich das dekorative Moment von selbst, nicht aus einer literarischen, sondern aus einer menschlichen Voraussetzung; das Ziel war nicht das Schmuckresultat, das Kunstgewerbe, sondern die Lebenssteigerung in der Arbeit und der Trieb nach Ausdruck eines Daseinsgefühls, das sich unendlich eng und fest in das ganze Leben dieser Erde und aller Erscheinungen auf ihr eingefügt und ihnen verbunden empfindet. Pechsteins Gefühlsverhältnis zum Wesen der Welt, wie es sich in ihrer Sichtbarkeit ausdrückt, ist viel zu stark, als daß er imstande wäre, den Ausdruck dafür wie Kandinsky ohne Zusammenhang mit der Erscheinung zu geben. Kandinsky sucht den einen Faktor des Lebens, das Nicht-Ich, soweit als möglich überhaupt auszuschalten; Pechstein besitzt Gefühlskraft genug, auch dieses Draußen einfühlend zu durchdringen und in sein Leben hineinzureißen. In ihm liegen die seelisch geistigen Energien, Wille, Gefühl, Intellekt so nahe beisammen, und das gefühlte Können bleibt in einer so engen Verbindung mit ihnen, daß vielleicht bei keinem zweiten heute soviel im besten Sinne menschliche Harmonie zu finden ist. Er ist sich und der Welt gleich nahe; so vermag er den reinen Ausdruck seiner selbst und der Dinge zu gleicher Zeit zu geben. Die Umwelt wird bei ihm nicht negiert und zerstört, ebensowenig aber »wiedergegeben«. Die Darstellung der Außenwelt wird der Photographie und dem Kino überlassen; an ihre Stelle tritt die gefühlerfüllte Vorstellung des Künstlers, die nach aktiver Selbstdarstellung drängt. Der Sinn der künstlerischen Produktion ist nicht, wie Conrad Fiedler meinte, die möglichst klare Entwicklung der Vorstellung überhaupt, mit der sich die Malerei, indem sie unseren Besitz an Anschauung eigentlich erst schafft und organisiert, gleichwertig neben die Wissenschaft stellt, die das gleiche im Intellektuellen mit dem Begriff vornimmt. Das eigentlich Sinnvolle des Schaffens liegt vielmehr in dem Verfestigen des Gefühls, nicht in der Reproduktion des die Empfindung auslösenden Gesichtsfeldausschnittes, sondern in der möglichst ausdrucksstarken Entwicklung der Vorstellung als Gefühlsträger. Die Erscheinung wird nur Ausdrucksmittel, das nicht der begrifflichen oder visuellen Richtigkeit, sondern den Notwendigkeiten des Ausdruckswillens untersteht. Pechsteins Arbeit ist rein intuitiv: die Bewußtheit ebnet vielleicht den Weg, aber sie bestimmt nicht literarisch begrifflich das Ziel. Das liegt allein in der konzentrierten Darstellung des Gefühlserlebnisses, dem alle Mittel der Farbe, der Fläche, der Linie, des Bildbaus dienstbar gemacht werden. Der dekorative Wert des Resultats ergibt sich sozusagen beiläufig – letzten Endes ist das Wesentliche ja mehr der Entstehungsprozeß, die empfundene Arbeit, als das Werk. Und der Weg Pechsteins geht von dem handwerklich Dekorativen immer weiter zur Konzentration des Menschlichen überhaupt, zur Formulierung heutiger Bejahung der Welt und des Lebens und darüber hinaus langsam ansteigend aus dem Seelisch-Sensuellen in ein allgemein geistiges Weltgefühl, aus dem vielleicht noch einmal eine im heutigen Sinne des Wortes religiöse Malerei erwachsen kann. Das hier Gesagte gilt im ganzen von den Zielen des Expressionismus überhaupt: Pechstein ist nur der stärkste Repräsentant all dieser Tendenzen, die, ohne die Verbindung mit der Natur völlig aufzugeben, neuen Zielen zutreiben. Er war nicht umsonst der Führer der »Brücke« in Dresden, das den Ruhm für sich in Anspruch nehmen darf, die Vaterstadt des Expressionismus zu sein: Erich Heckel und E. L. Kirchner, Schmidt-Rottluff, die damals mit ihm gingen, bringen im Grunde mit leisen persönlichen Varianten das gleiche. Eigenere Wege geht Franz Marc in seinen Versuchen, von der ungetrübten animalischen Existenz des Tieres aus neue Möglichkeiten des Gefühlsausdrucks zu finden. Er ist unter den Münchnern der reinste Maler, trotz seiner jüngsten Versuche zu konstruktiver Ordnung des Geschauten, ohne dabei dekorativ oder kunstgewerblich zu werden. Und Oskar Kokoschka, der zu der farbigen die lineare und tonige Ausdruckssteigerung stellt, betont bewußt die Beziehungen zu den Malern der Vergangenheit, in der diese Generation die eigentlichen Vorväter der deutschen Kunst sieht, nämlich zu den Gotikern und den Meistern des ausgehenden 15. Jahrhunderts, vor allem zu Grünewald.

Denn der Wille, der innerhalb der eben umschriebenen Bestrebungen am Werke ist, ist im Grunde genommen gar nichts Neues, sondern der gleiche Trieb wie der, der in der germanischen Welt von je wirksam gewesen ist. Es ist die alte gotische Seele, die trotz Renaissance und Naturalismus noch immer fortlebt, die im deutschen Barock allerorts wieder durchbricht, die manche noch im Rokoko zu spüren glauben, und die unverwüstlich trotz allem Rationalismus und Materialismus immer wieder ihr Haupt erhebt. Dem uralten metaphysischen Bedürfnis der Deutschen, das selbst den Kritizismus Kants in guter

E. L. Kirchner: Marcella

Gesundheit verwunden und, wie in leiser Ironie, mit Fichte, Schelling, Hegel und Schopenhauer beantwortet hat, hat auch der naturwissenschaftliche Aberglaube des Jahrhunderts nichts anhaben können: die ganze junge Bewegung in der bildenden

Kunst beweist das so gut wie die neuen Versuche auf rein geistigem Gebiet. Die Gotik ist nicht umsonst wieder Mode geworden, nachdem sie zuerst versteckt im Jugendstil, in den dekorativen Versuchen der ausgehenden neunziger Jahre sichtbar wurde. Der Expressionismus in all seinen verschiedenen Erscheinungsformen ist im Grunde nur das Freiwerden der eigentlich seelisch geistigen Energien von den Klammern eines einseitig primitiven Intellektualismus, der, zu schwach, sich bis zu wirklicher Vergeistigung und Abstraktion zu steigern, seine Opfer ins Literarische und Akademische verschleppte und die wirklich produktiven ausdruckstüchtigen Kräfte, weil sie begrifflich nicht Formulierbares und Vermitteltes gaben, lahmlegte. Der Expressionismus ist nicht eigentlich Sache eines Wollens, sondern ein Schicksal: das innere Gleichgewicht der heutigen Seele brauchte diesen Ausgleich. So wenig die Leistung des Einzelnen und er selbst als Wert zu bieten haben mag: das Faktum des Vorhandenseins ist bedeutsamer als der Kunstwert des Werkes, der Strom wichtiger als die einzelne Welle. Vielleicht ist sogar die Verwandheit zwischen den Werken der einzelnen beteiligten Künstler nicht nur Folge eines Schulzusammenhanges und einer Zielgemeinsamkeit; vielleicht liegt darin ein tieferer Sinn insofern, als die Kunst hier wirklich wieder aus gemeinsamen seelischen Situationen zu steigen beginnt, als das Persönliche zurücktritt zugunsten der großen Anonymität des Allgemeinen. Wir können darüber heute noch nichts aussagen, sondern müssen uns in Geduld fassen und die Klärung nicht durch dialektische Konstruktion von Möglichkeiten, sondern durch vorsichtiges Nachzeichnen des bereits Abgelaufenen versuchen.

Rosel Gollek

Der Blaue Reiter in München

»Die Kunst ist in vielem der Religion ähnlich. Ihre Entwicklung besteht nicht aus neuen Entdeckungen, die die alten Wahrheiten streichen und zu Verirrungen stempeln (wie es scheinbar in der Wissenschaft ist). Ihre Entwicklung besteht aus plötzlichem Aufleuchten, das dem Blitz ähnlich ist, aus Explosionen, die wie die Feuerwerkkugel am Himmel platzen, um ein ganzes ›Bukett‹ verschieden leuchtender Sterne um sich zu streuen. Dieses Aufleuchten zeigt mit blendendem Licht neue Perspektiven, neue Wahrheiten, die im Grunde nichts anderes sind, als die organische Entwicklung, das organische Weiterwachsen der früheren Weisheit, die durch diese letzte nicht annulliert wird, sondern als Weisheit und Wahrheit weiter lebt und erzeugt.«

So äußert sich Wassily Kandinsky in seinem autobiographischen Text *Rückblicke* 1913. Er entwarf damit ein Bild, von dem er nicht ahnen konnte, wie genau es die Situation zeichnete, die für sein eigenes künstlerisches Werk und das seiner Freunde, die unter dem Namen »Der Blaue Reiter« kurz vor dem Ersten Weltkrieg in München mit ihren Bildern das Publikum irritierten, Wirklichkeit werden sollte. Denn über ein halbes Jahrhundert dauerte es, bis diese heute als »klassische Moderne« bekannten Werke überhaupt von einer breiten Öffentlichkeit wahrgenommen werden konnten. Sie fielen, um in Kandinskys Bild zu bleiben, zunächst wieder ins Dunkel zurück. Der Kriegsausbruch setzte den eben begonnenen Aktivitäten ein Ende, in der Nachkriegszeit standen andere Probleme der Lebensbewältigung im Vordergrund, und im Dritten Reich wurde die Verfolgung dieser Kunst zum Programm erhoben.

Erst nach dem Zweiten Weltkrieg, 1949, war es möglich, im Haus der Kunst in München eine erste Ausstellung mit dem Titel »Der Blaue Reiter. München und die Kunst des 20. Jahrhunderts. Der Weg von 1908–1914« zu zeigen.

Mitglied des Ehrenausschusses dieser Ausstellung war die

über siebzigjährige Gabriele Münter, aus deren Besitz viele der ausgestellten Werke stammten. Aber es bedurfte noch einer Reihe von Jahren, bis diese epochemachende junge Kunst aus den Anfängen des Jahrhunderts auf Dauer für die Öffentlichkeit zugänglich wurde. Mit einer Stiftung überwältigenden Ausmaßes von Werken Kandinskys, ihrer eigenen Hand und vieler Künstlerfreunde im Jahr 1957 anläßlich ihres achtzigsten Geburtstages an die Stadt München bleibt dies das außerordentliche Verdienst Gabriele Münters. Einige Jahre später, 1965, gelangte als Bernhard Koehler-Stiftung die zweite große Schenkung, vornehmlich mit Werken von Franz Marc und August Macke, nach München, wiederum infolge der Initiative des damaligen Direktors des Lenbachhauses, Hans Konrad Roethel. Und so bewirkte der Geist der Zeit in langsamem Wachstumsprozeß ein eigenartiges Phänomen: Ausgerechnet der Ort, an dem wie an kaum einem anderen gegen Ende des 19. Jahrhunderts die Pflege der Tradition zum Maßstab erhoben wurde, die Villa Franz von Lenbachs, errichtet von einem den Stil seiner Zeit bestimmenden, gefeierten Malerfürsten, der jede künstlerische Äußerung vehement bekämpfte, die nicht auf Kenntnis und Wertschätzung der klassischen Antike und der italienischen Renaissance beruhte – ausgerechnet dieser Ort wurde nun zum Museum des »Blauen Reiter«.

Man kann auch hierzu Kandinsky zitieren: »Diese Bewegung der Wahrheit ist sehr kompliziert: Unwahres wird wahr, Wahres unwahr, manche Teile fallen ab wie die Schale von der Nuß, die Zeit hobelt diese Schale ab, manche halten deshalb die Schale für die Nuß...« Oder Marc: »Die Natur wird den Völkern nicht ohne große Absichten Religion und Kunst mutwillig gemordet haben...«

Die ersten Kandinsky und dem »Blauen Reiter« gewidmeten Veröffentlichungen der Nachkriegszeit erschienen etwa gleichzeitig mit der Übergabe der Gabriele Münter-Stiftung. Seitdem nimmt das allgemeine Interesse immer mehr zu, die Wissenschaft befaßt sich in einer Fülle von Einzeluntersuchungen seit langem mit den verschiedenen Phänomenen dieser

Malerei, in zahllosen Ausstellungen wurde sie weltweit publik gemacht, und die Museen melden Besucherrekorde.

Dies könnte zu der Annahme verleiten, daß der geistige Gehalt, den die Künstler des »Blauen Reiter«, insbesondere Kandinsky und Marc, in ihren Werken zum Ausdruck zu bringen suchten, inzwischen von einem breiten Publikum wahrgenommen würde. Aber selbst wenn dies nicht in vollem Umfang der Fall ist, so beweist das wachsende Interesse dennoch eine Faszination durch diese Kunst, die im einzelnen kaum erklärt werden kann. Es scheint, als erführe der im materiellen Überfluß unserer Zeit lebende Mensch von diesen Bildern eine – wenn auch nur unklar vernommene – Botschaft, die ihn an vergessene, dem rationalen Denken unzugängliche Bereiche seines eigenen Empfindens erinnert.

Eine chronologische Darstellung der künstlerischen und menschlichen Bedingungen, unter denen die Werke des »Blauen Reiter« entstanden, soll dazu dienen, ihre auch heute noch schwer deutbaren Bildinhalte transparenter erscheinen zu lassen.

Vielleicht war es einer dieser gläsernen Tage, an denen im Murnauer Moos im bayerischen Alpenvorland nördlich von Garmisch-Partenkirchen die Silhouetten der Berge überdeutlich hervortreten, die Farben in großen Flächen tief und klar die Landschaft bestimmen und große Stille herrscht, als Wassily Kandinsky und Gabriele Münter auf einem Ausflug Murnau entdeckten. Der kleine Marktflecken mit seinen farbigen Häuserfronten entlang der Hauptstraße und einladenden Gasthöfen inmitten dieser eindrucksvollen Landschaft begeisterte beide so, daß sie den befreundeten Malern Alexej von Jawlensky und Marianne von Werefkin davon erzählten; die fuhren hin, quartierten sich im »Griesbräu« ein und schlugen offenbar sofort per Post Kandinsky und Münter vor, doch auch zu kommen. So berichtet jedenfalls Gabriele Münter in ihrem unveröffentlichten Tagebuch.

Damit begann ein erster gemeinsamer Studienaufenthalt in Murnau, dem viele folgen sollten und von dem wohl niemand ahnte, daß er als Beginn einer neuen Epoche der bildenden Kunst in Deutschland in die Geschichte eingehen würde.

Es war im Herbst 1908. Die beiden Malerpaare, außer Gabriele Münter alle russischer Herkunft, waren keineswegs blutjung. Schon vor 1900 – als München, Kunstzentrum von internationalem Rang wie Paris, von überall her künstlerische Kräfte anzog, gleichzeitig allerdings auch wieder vertrieb – kam Kandinsky, der in Moskau Jura und Nationalökonomie studiert hatte, nach München, um Maler zu werden. Jawlensky hatte ebenfalls eine Laufbahn hinter sich: Als Hauptmann von der russischen Armee verabschiedet, studierte er an der Petersburger Kunstakademie und traf dort bei seinem Lehrer Ilja Repin dessen begabte und hochgebildete Privatschülerin Marianne von Werefkin, Tochter des kommandierenden Generals der Peter-Pauls-Festung. 1896 entschlossen sie sich, zusammen mit zwei anderen russischen Malern nach Deutschland zu gehen, und ließen sich in München nieder. Ihr Salon in der Giselastraße 33 entwickelte sich zu einem anregenden Treffpunkt für Künstler und Aristokraten. In der hauptsächlich von Russen und Jugoslawen besuchten Malschule von Anton Ažbè begegneten sie Kandinsky, ohne daß ein näherer Kontakt entstanden wäre. Gabriele Münter schließlich besaß die Erfahrung eines zweijährigen Aufenthalts in Nordamerika; sie kam 1901 nach München und lernte Kandinsky als ihren Lehrer an der dem Ausstellungsinstitut »Phalanx« angeschlossenen privaten Malschule kennen. Mit einunddreißig Jahren war sie gegenüber den Männern von annähernd Mitte Vierzig die jüngste der Gruppe, während die Werefkin mit fast fünfzig zwar die älteste, durch ihr sprühendes Temperament und ihr anspruchsvolles intellektuelles wie künstlerisches Engagement aber sicher die anregendste war.

Bisher hatten sich alle Beteiligten, wie seinerzeit üblich, mit der Malerei des französischen Impressionismus auseinandergesetzt. Kandinsky malte vornehmlich vor der Natur kleinformatige Ölstudien in Spachteltechnik. Auf vielen Reisen und Wanderungen mit Gabriele Münter fertigte er sie an. Aber anders als bei impressionistischer Malweise fehlt ihnen jede Art der

Luftperspektive. Seine Spachtelführung der frühen Ölstudien oder der pastosere Farbauftrag der Arbeiten der Pariser Zeit ergeben eine Art ornamentaler Struktur, die alle Farbwerte in der Fläche beläßt und damit eine atmosphärische Illusion vermeidet. Statt dessen stellt sich zuweilen eine beinahe übernatürliche Klarheit ein, indem hinter der optischen Erscheinung der Natur andere Gesetzmäßigkeiten spürbar, wenn auch nicht greifbar werden.

Neben diesen Landschaftsstudien entstanden gleichrangig frei aus der Phantasie seine märchenhaft anmutenden poetischen Arbeiten auf dunklem Tonpapier, die er »dekorative Zeichnungen« nannte und die oft an russische Volksszenen erinnern. Auf geschwärzter Leinwand malte er in dieser Manier in Paris das berühmte *Reitende Paar* und *Das bunte Leben*. Arbeiten dieser Art konnte Kandinsky bereits 1905 im »Salon d'Automne« in Paris ausstellen, in dem auch Jawlensky mit Bildern aus demselben Jahr erstes Ansehen erwarb. Es war der berühmte Ort, an dem zur gleichen Zeit die »Fauves« mit ihrer damals als wild empfundenen, plakativ eingesetzten Farbigkeit ihr Debüt gaben.

Allseits lagen also eine intime Kenntnis der aktuellen internationalen künstlerischen Bestrebungen vor, die allerdings zunächst in der Arbeit von Kandinsky und Gabriele Münter keinerlei Resonanz fand. Kandinsky durchlebte eine gesundheitlich belastete Phase und zog sich nach der Rückkehr aus Paris zur Erholung nach Bad Reichenhall zurück. Er scheint längere Zeit kaum, zuweilen überhaupt nicht gemalt zu haben. Erhaltene Werke zeugen von irritierender Unsicherheit, die ihn im Frühjahr 1908 nochmals zu rein impressionistischer Malweise zurückfinden ließ. Eine kleine Ölstudie aus Südtirol, *Baumblüte in Lana*, zeigt einen ähnlich taufrischen Zauber von strahlendem Weiß mit einem Hauch von Rosa wie das Bild Gabriele Münters mit gleichem Titel im Münchner Lenbachhaus.

Vielleicht erklärt sich aus dieser vorübergehenden Orientierungslosigkeit der überraschend spontane Neubeginn, nach dem in Murnau in wenigen Monaten Werke von faszinierender Kraft und Intensität entstanden. Das kleine Format der bisherigen Ölstudien auf Leinwandkarton wird aufgegeben und braune Strohpappe im Format von etwa 33 × 44 Zentimetern als Malgrund genutzt. In rascher Folge schuf Kandinsky Studien vor der Natur, die durch kurze, breite, parallel oder schräg gegeneinandergesetzte Pinselzüge in kontrastierenden Farben eine unverwechselbare Struktur aufweisen.

Wie in der Malerei stabilisierte sich auch im Persönlichen die Lebenssituation. Kandinsky und Gabriele Münter bezogen nach vier nahezu ausschließlich auf Reisen verbrachten Jahren gemeinsam Wohnung in der Ainmillerstraße 36 in München, in unmittelbarer Nähe von Paul Klee, den sie allerdings erst im Oktober 1911 näher kennenlernten. Jeder Studienaufenthalt in Murnau brachte neue Impulse für die Malerei. Um was es hierbei ging, hat Gabriele Münter in einer oft zitierten Tagebuchaufzeichnung zum Ausdruck gebracht:

»Ich habe da nach einer kurzen Zeit der Qual einen großen Sprung gemacht – vom Naturabmalen – mehr oder weniger impressionistisch – zum Fühlen eines Inhaltes – zum Abstrahieren zum Geben eines Extraktes.

Es war eine schöne, interessante, freudige Arbeitszeit mit viel Gesprächen über Kunst mit den begeisterten ›Giselisten‹. Ich zeigte Jawlensky besonders gern meine Arbeiten – einerseits lobte er gern... viel... andererseits erklärte er mir auch manches – gab mir von seinem Erleben und Erworbenen und sprach von ›Synthès‹. Er ist ein netter College. Wir alle 4 strebten sehr und jeder einzelne entwickelte sich. Ich machte eine Masse Studien. Es gab Tage, wo ich 5 Studien malte [...] und viele, wo es 3 wurden und wenige, wo ich garnicht malte. Wir waren alle fleißig.«

Dieses intensive Arbeiten läßt sich im Werk aller in einer schrittweise nachvollziehbaren Entwicklung verfolgen, wobei zunächst eine kraftvollere Farbigkeit auffällt. Allmählich werden die kontrastreich gegeneinandergesetzten Farbflächen größer. Charakteristisch für die Landschaftsdarstellung wird die dunkle Konturierung der einzelnen Bildkomponenten in der Fläche, was eindeutig auf Gestaltungselemente von Henri Matisse und der Schule von Pont-Aven verweist, die über

Jawlensky vermittelt wurden. Er ist zu dieser Zeit derjenige gewesen, der die praktische malerische Anregung gab, was Kandinsky noch in einem Brief an Jawlensky aus dem Jahr 1934 bestätigt: »Ich habe damals viel von Ihnen gelernt und werde Ihnen dafür immer tief dankbar sein«, oder in einem anderen Brief: »Ich erzählte über unsere wundervollen Zeiten in München, wo Sie mich lehrten.«

Die Rolle Marianne von Werefkins dürfte eher darin gelegen haben, geistige Anregungen zu geben. Ihre schöpferischen Kräfte in den Dienst anderer zu stellen entsprach ihrer Natur und einem Jahre zuvor gefällten Entschluß. So muß sie, beseelt von ihrer Aufgabe, unwiderstehlich fordernd auf andere gewirkt haben, immer wieder anspornend zu noch höherem Anspruch. »Jedes echte Kunstwerk muß seinen Ursprung in der Beobachtung des Lebens haben. Es ist das verwandelte Leben, die Erinnerung eines Eindrucks, der den Elan gibt. Dann kommen die Wahrheiten der Kunst selbst, die alle relativ sind. Sie geben der wirklichen Wahrheit das Kleid, machen sie zum Kunstwerk, geben ihr das Recht zum ewigen Leben«, heißt es 1903 in ihren Tagebüchern. Oder: »Aufrichtig muß das Kunstwerk sein, manchmal von einer naiven Aufrichtigkeit, meistens aber von einer gewollten und bewußten Aufrichtigkeit. Diese Aufrichtigkeit ist es, die uns die Waffen gegen die Tradition der Schule ergreifen läßt. Sie ist es, die den Künstler so streng in der Wahl seiner Ausdrucksmittel werden läßt. Die Wahrheit in der Kunst steht nur in Verbindung mit dem Eindruck und seinem Ausdruck. Die Wahrheit der Kunst erstreckt sich also auf den empfangenen Eindruck und die erfundene Form« – Gedanken, die durchaus denjenigen Kandinskys entsprachen und eine Ahnung engagierter Dialoge zwischen beiden in Murnau und Müchen vermitteln.

Nirgends wird die Atmosphäre im Münchner Salon der Marianne von Werefkin so anschaulich geschildert wie in den Erinnerungen des Direktors der Hamburger Kunsthalle, Gustav Pauli:

»Neben der bekannten Kunstwelt, die sich in ihren Erfolgen

sonnte, blühte im Schatten die Opposition der Jugend etwa so wie eine kommunistische Verschwörung inmitten einer bürgerlichen Gesellschaft. Hier riß man Witze über die Helden des Tages und erschöpfte sich in der Erörterung schwieriger Grundprobleme alles Gestaltens oder plante Manifestationen, d. h. Ausstellungen, die allerdings im Hinblick auf ihre Finanzierbarkeit Schwierigkeiten bereiteten. In dieser Welt, der übrigens so wertvolle Künstler wie der im ersten Kriegsjahr gefallene Franz Marc angehörten, bildete der Salon der Werefkin einen Mittelpunkt. Sie war die international erzogene Tochter eines russischen Generals, weltgewandt, gescheit und kritisch beredt. Um ihren Teetisch sammelte sich täglich das Grüpplein der Getreuen, meist russische Künstler, u. a. auch der Tänzer Sacharoff, und ihre Münchner Freunde, eine ziemlich bunte Gesellschaft, in der sich die bayerische Aristokratie mit dem fahrenden Volk der internationalen Bohème begegnete. Für Hugo von Habermann waren es allesamt ›Schlawiner‹. Durch einen neuen Freund, den russisch deutschen Maler Alexander Salzmann aus Odessa, war ich eingeführt worden [...] Nie wieder habe ich eine Gesellschaft kennengelernt, die mit solchen Spannungen geladen war. Das Zentrum, gewissermaßen die Sendestelle der fast physisch spürbaren Kräftewellen, war die Baronin. Die zierlich gebaute Frau mit den großen dunklen Augen, den vollen roten Lippen und der infolge eines Jagdunfalls verkrüppelten rechten Hand, beherrschte nicht nur die Unterhaltung, sondern ihre ganze Umgebung. Von Politik war am wenigsten die Rede. Daß die Zustände im kaiserlichen Rußland trübe waren, wurde als selbstverständlich hingenommen, ohne daß man sich weiter darum bekümmerte. Über alle Fragen der Kunst und Literatur, der alten und neuen, wurde dagegen mit unerhörtem Eifer und ebensoviel Geist debattiert – endlos, denn solche Gespräche, in denen sich die Zungen wetzten und die Köpfe erhitzten, während jeder nur an die Verfechtung der eigenen Meinung denkt, kommen nie zum Schluß.«

In diesem Salon wurde Anfang des Jahres 1909 nach den ersten Wochen gemeinsamer Arbeit in Murnau die »Neue Künstlervereinigung München« ins Leben gerufen, als deren erster

Vorsitzender Kandinsky zeichnete. Zu den Gründungsmitgliedern gehörten Alexej von Jawlensky, Gabriele Münter, Adolf Erbslöh, Alexander Kanoldt, Alfred Kubin, Marianne von Werefkin und die Kunsthistoriker Heinrich Schnabel und Oskar Wittenstein. Das Gründungszirkular, mit dem man sich an die Öffentlichkeit wandte, hatte folgenden Wortlaut:

»Ew. Hochwohlgeboren!

Wir erlauben uns, Ihre Aufmerksamkeit auf eine Künstlervereinigung zu lenken, die im Januar 1909 ins Leben getreten ist und die Hoffnung hegt, durch Ausstellung ernster Kunstwerke nach ihren Kräften an der Förderung künstlerischer Kultur mitzuarbeiten. Wir gehen aus von dem Gedanken, daß der Künstler außer den Eindrücken, die er von der äußeren Welt, der Natur, erhält, fortwährend in einer inneren Welt Erlebnisse sammelt; und das Suchen nach künstlerischen Formen, welche die gegenseitige Durchdringung dieser sämtlichen Erlebnisse zum Ausdruck bringen sollen – nach Formen, die von allem Nebensächlichen befreit sein müssen, um nur das Notwendige stark zum Ausdruck zu bringen –, kurz – das Streben nach künstlerischer Synthese, dies scheint uns eine Losung, die gegenwärtig wieder immer mehr Künstler geistig vereinigt. Durch die Gründung unserer Vereinigung hoffen wir diesen geistigen Beziehungen unter Künstlern eine materielle Form zu geben, die Gelegenheit schaffen wird, mit vereinten Kräften zur Öffentlichkeit zu sprechen.

Hochachtungsvollst Neue Künstlervereinigung München.«

Obwohl die Idee zur Formierung der »Neuen Künstlervereinigung« nicht direkt von Kandinsky ausging, entsprach sie ganz seinen 1901 mit dem Ausstellungsinstitut »Phalanx« propagierten Vorstellungen, Kunstwerke der internationalen Avantgarde in München zu zeigen – zu jener Zeit ein höchst revolutionäres Unterfangen. Schon damals entwarf er das Ausstellungsplakat, und 1909 zeigt die Mitgliedskarte der »Neuen Künstlervereinigung« seinen vom Bruckmann-Verlag München gedruckten Holzschnitt *Felsen* aus dem Jahr 1908, in dem sich die lyrisch-poetische Thematik der Frühzeit mit einer neuen formalen Sprödigkeit verbindet. In den Satzungen der

Vereinigung lassen sich seine juristischen Kenntnisse wiedererkennen, und auch das Gründungszirkular trägt seine Handschrift. Die Vereinigung veranstaltete drei Ausstellungen, die erste vom 1. bis zum 15. Dezember 1909, die zweite vom 1. bis zum 14. September 1910 und die dritte, neben der bereits die »Erste Ausstellung der Redaktion ›Der Blaue Reiter‹« gezeigt wurde, vom 18. Dezember 1911 bis zum 1. Januar 1912. Alle drei fanden in der Modernen Galerie Heinrich Thannhauser im Arco-Palais in der Münchner Theatinerstraße 7 statt.

Doch zunächst bleibt das Zentrum gemeinsamen Arbeitens Murnau. Gabriele Münter notiert in ihrem Tagebuch: »Frühjahr 1909 mieteten uns die Giselisten die Wohnung neben ihnen im Volks Bazar bei Echter bis Juni (mit einer Unterbrechung).« Die künstlerische Entwicklung aller Beteiligten vollzog sich nun mit einer Dynamik, der sich kaum folgen läßt. Kandinsky durchmaß sehr rasch verschiedene Stadien, wobei anfangs noch ein Anklang an Französisches, an Pierre Bonnard, spürbar bleibt; sie werden jedoch schnell wieder aufgegeben, um neue Formen der Gestaltung zu finden. Seine Naturstudien scheinen nicht mehr den Eindruck einer bestimmten Landschaft vermitteln zu wollen – jedenfalls nicht ausschließlich –, sie wirken vielmehr wie der Versuch, den Gesetzmäßigkeiten von Farbe und Formstrukturen nachzugehen, wie sie in der Natur vorkommen. Gleichzeitig entstehen aus der Phantasie geborene Bilder mit einer angedeuteten, aber weitgehend verschlüsselten Thematik, unter denen schon jetzt erste »Improvisationen«, wie er sie nennt, zu finden sind. Das Verbergen einer eindeutigen Bildaussage entsprach einem Wesenszug Kandinskys, den er einmal Gabriele Münter gegenüber brieflich ausgesprochen hatte: »... so komisch, daß die Leute in meinen Zeichnungen nur ›dekoratives‹ sehen und nichts vom Inhalt merken ... den Inhalt, das Innere muß man spüren. Für mich ist aufdringlicher Inhalt unschön, unecht, unfein. Es muß beinahe immer gleich schöne Form da sein (freilich ›schön‹ künstlerisch verstanden, das ist für den Uneingeweihten auch unschön vielleicht) ... je mehr Möglichkeiten für Phantasie und Interpretation desto besser.«

Jawlensky dagegen blieb im Anschaulichen, das er mit erstaunlicher Intensität wiederzugeben verstand. Für ihn scheint das Vermächtnis Paul Gauguins, »Kunst ist vor allem ein Mittel des Ausdrucks«, immer wieder »Steigerung« bedeutet zu haben. Seine Darstellung der Murnauer Landschaft beschränkt sich auf äußerst einfache Formen, die dem Charakter dieser Landschaft entsprechen. Wenn Jawlensky auch das Verfahren der Schule von Pont-Aven, die Farbfläche in Konturen zu spannen, gelernt hatte, so fand er doch erst hier in Murnau zu neuer, großzügiger Flächenordnung, die – obwohl theoretisch vorgewußt – durch die Eigenart der Murnauer Landschaft wirklich als Naturerlebnis erfahren werden konnte.

Die im Sommer 1909 entstandene *Murnauer Landschaft* bringt eine enorme formale Verfestigung in die Bildfläche, die Natur wird gleichsam geometrisch gesehen. Ohnehin intensive Farben gewinnen nochmals an Ausdruck dadurch, daß sie sich weiter von der »Lokalfarbe« entfernen. Es entsteht ein großartiger Eindruck: Wie ein Fanfarenstoß wirkt das Bild. Violette Bäume, schräge Schatten, gelber Himmel und ein Weg in kräftigem Rosa dröhnen geradezu »hörbar« wie ein Akkord, der zur Auflösung drängt in einem Finale.

Auch in Kandinskys und Münters Bildern ist diese geometrische Phase vorhanden. Gabriele Münter allerdings wird von diesem Stadium in Jawlenskys Malerei offenbar erst etwas später fasziniert. Ihre Bilder sind immer Einzelleistungen. Festhalten an einem bestimmten »Stil« liegt ihr fern. Je nach Anlaß greift sie eine bestimmte Anregung auf, die ihr dientlich scheint, verarbeitet sie, läßt sie wieder fallen und ist offen für Neues. Diese gleichsam spielerische, vielleicht weibliche Art irritierte Kandinsky, der ihr Talent bewunderte. »Wieder dachte ich an Deine Bilder und ärgerte mich und bedauerte schmerzlich, daß Du nicht viel energischer arbeitest«, schrieb er ihr einmal.

Von besonderer Bedeutung erwies sich in dieser Zeit ein Erlebnis, das für alle Beteiligten ganz entscheidende Impulse brachte: die Entdeckung der oberbayerischen Volkskunst, vor allem der Hinterglasmalerei. Gabriele Münter erinnert sich

1933, daß sie mit Kandinsky schon in Südtirol gemalte Marterln gesehen habe, alte Volkskunst, und daß es in Murnau Jawlensky gewesen sei, der als erster auf Heinrich Rambold, den damals noch tätigen Hinterglasmaler, und die Sammlung Johann Krötz mit über tausend Hinterglasbildern aufmerksam machte. Man darf sich nicht verleiten lassen, diese Schilderungen vom heutigen Standpunkt aus als belanglos zu werten. Tatsächlich wurden hier keine Antiquitäten entdeckt, sondern der echte, naive Ausdruck einer vergessenen Kunst, die in der christlichen Religion wurzelt und eine ganz direkte Funktion der Mitteilung erfüllte. Genau dies entsprach der eigenen – noch nicht ganz klar erkannten – Intention.

Die in der Folgezeit von Kandinsky und Gabriele Münter selbst gemalten Hinterglasbilder sind nicht nur als reizvolle Gelegenheitsarbeiten aufzufassen. Sicherlich überwiegt der spielerische Aspekt – zuweilen scheint sich das Medium zu mehr oder weniger verschlüsselten Botschaften an den Partner angeboten zu haben –, bei Kandinsky liegen jedenfalls in diesen anspruchslos wirkenden Glasbildern oft erste Ideen zu im Anschluß daran entwickelten wichtigen Kompositionen. Bereits lange zuvor, als Kandinsky 1889 im Gouvernement Wologda Ursprünge russischen Bauernrechts aufspüren wollte, beeindruckte ihn Volkskunst. In den *Rückblicken* heißt es:

»Ich weiß noch, wie ich zum erstenmal in die Stube trat und vor dem unerwarteten Bilde an der Stelle stehenblieb. Der Tisch, die Bänke, der im russischen Bauernhause wichtige große Ofen, die Schränke und jeder Gegenstand waren mit bunten, großzügigen Ornamenten bemalt. Auf den Wänden Volksbilder: ein Held in symbolischer Darstellung, eine Schlacht, ein gemaltes Volkslied. Die ›rote‹ Ecke (›rot‹ ist altrussisch gleich ›schön‹) dicht und ganz mit gemalten und gedruckten Heiligenbildern bedeckt, davor eine kleine rotbrennende Hängelampe, die wie ein wissender, diskret-leise sprechender, bescheidener für und in sich lebender und stolzer Stern glühte und blühte.«

Inzwischen war man in Murnau beinahe heimisch geworden, und der Wunsch nach ständiger Bleibe tauchte auf. Kandinsky regte den Kauf der außerhalb des Ortes in einem bunten Blumengarten grade erbauten Streidl-Villa an, in die er mit Gabriele Münter im Juli einzog und die sie im August 1909 käuflich erwarb. Mit großen, schmerzlichen Unterbrechungen, die das Leben später brachte, lebte sie hier bis zu ihrem Tod im Jahr 1962.

Man begann mit der Einrichtung. Kandinsky bemalte mit Hilfe einer noch heute erhaltenen Pappschablone die Treppenwange des Hauses in der Manier von Bauernmalerei mit einem Fries galoppierender Reiter zwischen ornamentalen Rispen und bunten Kreisen, ein Toilettenschränkchen für Gabriele Münter mit einem reitenden Paar auf zwei Pferden in gestrecktem Galopp und locker getupften Motiven auf weißem Grund und einen roh aus Fichtenholz gezimmerten, rot gestrichenen kleinen Schreibtisch mit Stuhl dekorativ mit farbigen Tupfen.

Lange Wanderungen wurden unternommen, Photos bezeugen Gartenarbeit – vor allem aber sah man sich jetzt künstlerisch in der Lage, an die Öffentlichkeit zu treten. Die »Neue Künstlervereinigung« konnte mehrere neue Mitglieder verzeichnen: Paul Baum, Wladimir Bechtejew, Erma Bossi, Karl Hofer, Moissei Kogan und den Tänzer Alexander Sacharoff, den Jawlensky verschiedentlich porträtierte. Vorbereitungen für die erste Ausstellung in der Galerie Thannhauser fanden statt, die Eröffnung erfolgte am 1. Dezember 1909. Der Katalog verzeichnet Werke von sechzehn Malern. Als Vorwort ist ein Teil des Gründungszirkulars abgedruckt. Anschließend wurde die Ausstellung in mehreren deutschen Städten gezeigt. Wie bereits in München nahm man sie mit Empörung zur Kenntnis.

Kurt Kusenberg
Was ist ein Bild?

Wäre dies Buch ein Lexikon: es würde die Frage mit einer Definition beantworten, die nur ein Kompromiß zwischen vielen bisher versuchten Definitionen sein könnte. Denn die Frage: Was ist ein Bild? weist auf die Frage: Was ist ein Kunstwerk? – und diese wiederum auf die Frage: Was ist Kunst? Darauf hat aber noch niemand eine Antwort gewußt.

Die erste Entscheidung des Malers, der ein Bild malen will, ist das Format: welche Höhe, welche Breite? Man könnte sich denken, daß schon allein das hochragende oder breit hingelagerte Rechteck den Maler fasziniert und anregt, noch *bevor* er den Bildgegenstand dazu gefunden hat – so wie es etwa einen Dichter gelüstet, schlechthin ein Sonett zu machen oder eine kleine Erzählung, deren Ende sich in den Anfang zurückrundet. Mit der Entscheidung übers Format ist das Feld abgesteckt, auf dem die Komposition sich tummeln wird: jenes Kräftefeld aus Formen und Farben, das ein Drama sein kann oder ein Stück Harmonie – oder ein Tapetenmuster.

Künstler, die, wie Rubens, vom Riesenbild bis zur kleinen Landschaft alle Formate beherrschen, sind ziemlich selten. Für gewöhnlich legt sich der Maler im Laufe der Jahre ein paar Lieblingsformate zurecht; wählt er richtig, so sind sie seiner Kunst gleichsam auf den Leib gepaßt. Bilder, die bei kleinem Format innere Größe haben, stehen unendlich hoch über Bildern, die zwar sehr groß, dafür aber leer und kleinlich sind. Wenn man die »Mona Lisa« wiedersieht, ist man jedesmal erstaunt über ihre bescheidenen Ausmaße, und sobald man sich von ihr wegwendet, beginnt sie in unserer Vorstellung erneut zu wachsen; sie ist eben ein *großes* Bild. Zu-Klein, das gibt es kaum, Zu-Groß sehr oft; die Museen hängen voll davon. Als Degas im Pariser Salon ein Kolossalgemälde von Rochegrosse erblickte, rief er aus: »Gott – wie klein!« Vor kleinen Bildern von Giotto, Masaccio, Elsheimer, Chardin und Goya hätte er zweifellos das Gegenteil gesagt.

Die Historienmalerei des 19. Jahrhunderts hat sich besonders arg im Format übernommen. Da sie ihre künstlerischen Grenzen nicht kannte, griff sie bedenkenlos zu übergroßen Formaten, in der Meinung, groß sei monumental; sie pustete sich auf wie ein Ochsenfrosch, der mehr scheinen will, als er ist.

Sogar Doré, der treffliche Graphiker, ist diesem Irrtum erlegen. In der Literatur kennt man ähnliche Fälle. Die Romane des Novellisten Maupassant sind nicht gut, weil das Epische ihm nicht liegt. Brentano, Tieck, E. T. A. Hoffmann, Kleist, Hebel haben wohlweislich keine Romane geschrieben. Allerdings ist bei Schriftstellern auch das Umgekehrte möglich: Stendhal beherrschte das große Format besser als das kleine, seine kürzesten Novellen sind die schwächsten.

Der Sinn eines Wortes erschließt sich, sobald man die Sprache selbst befragt. Ursprünglich bedeutete das Wort Bild: Wunderkraft, Wunderzeichen, Wesen, Gestaltetes; erst später bezeichnet es: Gleichnis, Abbildung, Nachbildung. Mit dem Zeitwort »bilden« verhält es sich ebenso. Anfangs meint es: »einer Sache Gestalt und Wesen geben«, und danach: »eine vorgebildete Gestalt nachbilden«.

Treffender als das etymologische Wörterbuch es in aller Unschuld tut, kann man den Sachverhalt gar nicht umreißen. Da sind sie – die Tiefen und die Untiefen der europäischen Kunst: das Bild als Wunderzeichen und das Bild als bloße Nachbildung.

Das Bild spricht zu uns in einer Bilderschrift, die sich durch Zeichen ausdrückt. Diese Zeichen sind zugleich Formen, sind Menschen, Häuser, Tiere, Bäume, Wolken, Engel oder abstrakte Gebilde – sie sind keineswegs Abbilder der dargestellten Dinge, sondern bedienen sich ihrer nur, um eine Empfindung auszudrücken. Je deutlicher die Formzeichen sich ins Bild fügen, je reiner und zwingender sie dastehen, desto stärker ist ihre Wunderkraft. Das meint wohl Preetorius, wenn er sagt, jedes Bild sei ein Symbol seiner selbst. Versteht man nun, warum Giotto, Piero della Francesca und Bruegel größere Künstler sind als Andrea del Sarto, van Dyck und Murillo?

Und müssen wir es aussprechen, daß die moderne Kunst wieder Wunderzeichen hervorbringt?

Das Bild ist ein Einblick in eine imaginäre Welt, die manchmal der Naturwelt ähnelt und manchmal nicht. Es täuscht Raum vor, und dieser Scheinraum, den wir Bildraum nennen wollen, hat seine eigenen Gesetze. Er kann flach oder tief, klar oder dunstig sein, aber er muß *in sich* stimmen. Er mag durch perspektivische Mittel zustande kommen, wie bei Mantegna, oder durch die Lichtführung, wie bei Rembrandt, oder durch wunderbar genaue Farbwerte, wie bei Vermeer und Chardin – das ist gleich.

Nicht das angewandte Kunstmittel, sondern die Formkraft des Malers erschafft den Bildraum und macht ihn zu einer organisch geordneten Kleinwelt. Die Perspektive ist das billigste Mittel, eine Raumillusion zu erzeugen; sie wird kaum noch verwendet, man ist sie leid geworden. Der Bildraum eines guten Gemäldes teilt sich dem betrachtenden Auge durch feine Tastwerte mit, die nicht so sehr eine Raumvorstellung als vielmehr ein Raum-*Empfinden* hervorrufen, denn es handelt sich um einen »poetischen« Raum.

Dennoch ist dieser Raum nicht ungenau. Die Impressionisten hatten aus ihm etwas Fließendes, Flimmerndes gemacht; sie waren ja Lichtanbeter und Formauflöser. Cézanne aber festigte den Bildraum wieder – fast möchte man sagen: wie nie zuvor. »Ich will *das Bild* machen«, pflegte er zu sagen. Er legte sich die Bausteine zurecht, indem er alle Dinge auf ihre planimetrischen Grundformen zurückführte, auf den Zylinder, die Kugel und den Kegel. Dann formte er Bildräume von herrlicher Klarheit. Jede Form (und das hieß bei ihm auch: jede Farbe) wurde auf eine andere Form bezogen und mit ihr verspannt, es entstand ein gleichsam elektrischer, von gezügelter Energie gefüllter Raum. Die Kubisten setzten dieses baumeisterliche Verfahren extrem fort; sie lösten die Verbindung mit dem Naturraum, die Cézanne beibehalten hatte. Sie schufen sich ihre eigenen Gegenstände und gaben dem Bild seinen eigenen Raum. Die gegenstandslose Kunst schließlich verzichtete auf alle Formen, die an Dinge dieser Welt erinnern. Ihr Bildraum, ein reiner Empfindungsraum, wird ausschließlich von Farben und Formen bestimmt.

Daß ein Bild nichts bedeutet, sondern einfach *ist* und durch sein bloßes Dasein wirkt, sagten wir schon in der Einleitung. Geben wir doch Matisse das Wort: »In einem Bilde darf nichts vorhanden sein, was in Worten beschrieben werden kann oder was bereits in unserem Gedächtnis existiert. Ein Bild ist ein eigener Organismus, oder es ist nichts. Wenn ich ein Bild sehe, vergesse ich, was es darstellt; wichtig sind nur Linien, Formen und Farben.«

Ein eigener Organismus: also etwas Lebendiges, in sich Bewegtes, das fähig ist, uns zu bewegen. Es gibt jedoch – vor allem in unseren Tagen – Bilder, die bloß geschmackvolle Arrangements darstellen. Sie lehnen sich mit Vorliebe an Braque an oder an Klee, sie haben meist einen hübschen, harmonischen Aufbau, angenehme Farben und schmeicheln sich ins Auge. Aber es sind tote Gebilde, die mit Kunst nichts zu tun haben. Dekoration ist immer etwas Steriles, während Kunst Potenz ausstrahlt. Da manche Leute das nicht so genau unterscheiden können, gelangen solche dekorativen Bilder oft in Ausstellungen, in den Handel, geben sich für Kunst aus und werden für Kunst genommen. Sie werden sogar gern gekauft, weil sie friedliche Hausgenossen sind – »modern und doch gefällig«.

Soviel Künstler, soviel Kunst-Arten, die alle Kunst sind. Piero della Francesca wünscht Harmonie: still, gelassen ruhen seine großen Farbformen in der Fläche. Greco malt die Ekstase: ein steiles Emporlodern von Körpern in irrealen Räumen. Picasso will das »Drama« auf der Leinwand. Matisse strebt eine Kunst an, die »ein geistiges Beruhigungsmittel ist, etwas ähnliches wie ein guter Lehnstuhl«. Rembrandt und Goya erfüllen ihre Gemälde mit einem geheimnisvollen Fluidum, aus dem die Gestalten wie zögernd hervortreten. Auf den Bildern van Goghs stürzen alle Formen uns heftig entgegen, während die Bilder von Munch einen gespenstischen Sog ausüben, der uns in sie hineinzieht. Stets bestimmt das, was ausgedrückt werden soll, die Ausdrucksmittel.

Die Frage umkreisend, was denn ein Bild sei, haben wir im

einzelnen gefunden: daß das äußere Format des Bildes mit seinem inneren Format übereinstimmen muß; daß es Gestaltung sein soll und keine Nachbildung; daß es mit Hilfe von Farben und Formen Empfindungen ausdrückt; daß es nichts bedeutet, sondern ist; daß es sich seine eigenen Gesetze gibt; daß sein Raum ein magischer Raum ist; daß es eine Aussage ist, kein Zierstück, ein Organismus, kein Arrangement. »Ein Kunstprodukt,« so hat Goethe es ausgesprochen, »insofern es mit Kunstsinn entworfen ward, ist ein lebendiges Werk, wo alles mit allem zusammenhängt, wo nichts gerückt werden kann, ohne alles von der Stelle zu bewegen.«

Gustav Pauli

Antwort auf den »Protest deutscher Künstler« von Carl Vinnen

Bekanntlich ist Vinnens Broschüre eine Zusammenstellung von zwei Artikeln, die sich aus Anlass der Erwerbung unseres Van Gogh zunächst gegen die Anschaffungspolitik der Bremer Kunsthalle und dann gegen die deutschen Kunstzustände im allgemeinen richteten. Ein merkwürdiger Mahnruf, der mit einem Lob des bisher Geleisteten eingeleitet wurde. – Der Leiter der Kunsthalle hat eine hübsche Galerie zusammengestellt, wirklich sehr anregend, aber... Dieses »aber« und was darauf folgt, habe ich offen gestanden nie begriffen. Der einfache Mensch sollte doch meinen, dass eine Galerie ebenso wie ein Bild entweder gut oder schlecht sein müsse, entweder lobenswert oder tadelnswert. Für Vinnen ist sie aber beides zugleich. Einerseits ist die Kunsthalle vortrefflich, andererseits darf sie so nicht weiter verwaltet werden. Einerseits gesteht Vinnen selbst die Suprematie der französischen Malerei in den letzten Jahrzehnten ein, geht selbst nach Paris, um von den Parisern zu lernen, andererseits warnt er vor der Überschätzung der Franzosen. Einerseits will er nichts von den Deutschtümeleien des »sentimentalen Werdanditums« oder von der Gefolgschaft der Mediokritäten wissen, andererseits stellt er Forderungen auf und äussert Ansichten, die der freudigen Zustimmung der Werdandibrüder und aller missvergnügten Halbtalente im Deutschen Reiche gewiss sein können. Einerseits soll nur ein ideales Interesse verfochten werden, andererseits wird aber auch vom Geschäft und von recht erdenschweren Brotkorbinteressen unter Angabe von Zahlen geredet. – Einerseits – andererseits! – Ein Wagen wird bekanntlich nicht rascher dadurch fortbewegt, dass man ein Pferd vorn und eins hinten anspannt.

Nachdem bei der Zusammenstellung der Broschüre die persönlichen und lokalen Beziehungen zu Bremen weggelassen sind, bleibt ein allgemeines Wehklagen über unpatriotische Begünstigung französischer Meister, über einen zwar törichten, aber doch gefährlichen Snobismus der Ästheten, über die bedrohlichen Machenschaften einer Clique von Pariser und Berliner Kunsthändlern übrig. Es ist mit Recht gefragt worden, wer in diesen verschiedenen Fällen eigentlich gemeint sei. Wenn schon angegriffen werden soll, so muss man zum mindesten seine Gegner unzweideutig bezeichnen können, sonst fährt man, wie in einem Feuilleton der Berliner Neuesten Nachrichten richtig bemerkt wurde, »mit einer Stange im Nebel herum«. Man kann daher dem Verfasser des Protestes nicht zustimmen, wenn er sich damit schmeichelt, dass sein Mahnwort »klar und unzweideutig« sei. Im Gegenteil: Es ist unklar und zweideutig.

Wenn es schon unter allen Umständen schwer ist, eine Frage sowohl vom idealen wie vom geschäftlichen Standpunkt aus zu behandeln, so wird dies vollends misslich für den, der selber materiell interessiert ist; denn er setzt sich der Gefahr aus, dass man seinen idealen Motiven weniger glaube als seinen materiellen Interessen. Daher wäre für Vinnen und seine Protestler ein Entweder-Oder empfehlenswert gewesen. – Entweder sie hätten nur von den Idealen der bedrohten deutschen Kunst reden sollen, oder nur von der Konkurrenz auf dem Markte. Im ersten Falle müsste der Nachweis erbracht werden, dass und inwiefern der Einfluss der modernen französischen Malerei auf die Deutschen vom Übel gewesen sei oder noch sei. Doch Vinnen betont ja selbst: *»dass die ganze Bewegung des letzten Vierteljahrhunderts von Frankreich ihren Anfang nahm«.* Er gibt *»den grossen Nutzen der Befruchtung durch die hohe Kultur der französischen Kunst auf die unsere«* zu. Er erinnert daran, dass *»Leibl, Thoma, Klinger, Böcklin und die meisten anderen grossen Namen (!)«* ihre Kunst in Paris befruchten liessen. *Er selbst geht nach Paris, »um zu lernen«.* – Na also!

Wir glauben in der Kunsthalle lediglich diesen von Vinnen angezogenen Tatsachen Rechnung getragen zu haben, indem wir eben jene französischen Meister, welche die deutsche Kunst befruchtet haben, in charakteristischen Werken sammelten. Besieht man die Deduktionen Vinnens genauer, so bleibt es nur übrig, dass seiner Ansicht nach die grosse Zeit der französischen Malerei eben jetzt vorübergegangen sei. Nun, darüber werden sich wohl die allermeisten einigen können. Aber was beweist das? Wer hat denn behauptet, dass die Suprematie der Franzosen, weil sie ein Jahrhundert bestanden hat, nun in alle Ewigkeit weiter dauern müsse? Wenn Vinnen aber meint, dass über Cézanne, van Gogh und Gauguin der Weg *nicht* weiter ginge, so ist das ganz gewiss falsch. Denn die Entwicklung hört nie auf, sie geht immer weiter, so lange die Erde sich dreht, so lange Menschen auf ihr leben, lieben und kämpfen. Nur wissen wir noch nicht, *welchen* Weg die Entwicklung über Cézanne und van Gogh hinaus nehmen werde, da wir keine Propheten sind – weder Vinnen noch der Unterzeichnete.

Imitatorenkünste sind niemals schön, ob sie nun von den Nachahmern Böcklins oder Cézannes geübt werden. Nur muss man gleich hinzufügen, dass diese Allerneuesten wahrlich noch keine Gefahr für die deutsche Kunst (weder fürs Ideal noch fürs Geschäft) bedeuten. Und im übrigen: Ist es wirklich empfehlenswert, ist es schön, wenn deutsche Künstler die immerhin ernstgemeinten Bestrebungen ihrer Kollegen vor dem Laienpublikum kritisieren und herabsetzen? Übernehmen die Künstler nicht damit selber die Rolle der sonst perhorreszierten Kritiker und Ästheten?

Wenn aber nicht vom Ideal, sondern vom Geschäft geredet werden soll, so wird der Fall allerdings vereinfacht, ohne darum verschönert zu werden. »Ganz recht, es ist wirklich infam, dass der Rodin mehr Talent hat als ich«, meinte ironisch ein junger Münchner Bildhauer. Doch bleiben wir ernst, wir bewegen uns hier auf dem nüchternen Boden der Tatsachen und Zahlen. Was unsere Kunsthalle betrifft, die uns zunächst interessiert, so habe ich bereits an anderer Stelle darauf hingewiesen, dass wir in den letzten elf Jahren (1899 bis 1910) neben 84 modernen deutschen Gemälden 13 moderne Franzosen erworben haben. Das sieht nicht gerade nach einer bedrohlichen Unterdrückung der Deutschen aus. Überhaupt hat man in Deutschland erst seit etwa 15 Jahren, seit Tschudis Vorgehen an der Nationalgalerie, mit dem planmässigen Ankauf französischer Gemälde für öffentliche Sammlungen begonnen und zwar *in sehr bescheidenem Masse*. Denn die ganze grosse Entwicklung der modernen französischen Malerei bis auf Courbet wird man in unseren Museen vergebens suchen. Ingres, Delacroix, Corot, Millet, die ganze Schule von Barbizon sind so gut wie gar nicht, d. h. hie und da in einzelnen Pröbchen, vertreten. Warum nicht? Weil damals die Sorge für den Ausbau der deutschen Galerien den Herren Malerdirektoren und Gesinnungsgenossen unseres Vinnen und seiner Protestler anvertraut war. Was diese Herren mit ihrer patriotischen Sammeltätigkeit geleistet haben, davon legen ja die vielen modernen Galerien Deutschlands, die Neue Pinakothek in München an erster Stelle, ein recht lautes, man könnte auch sagen himmelschreiendes Zeugnis ab. Sollen wir die Rückkehr dieser Zustände herbeiwünschen?

Man sollte nun meinen, dass Vinnen für den bedrohlichen Import französischer Kunstware ein erdrückendes Tatsachenmaterial anführen könnte. Das ist aber so wenig der Fall, dass man diesen Teil seiner Ausführungen als den allerschwächsten bezeichnen kann. Die Behauptung, dass das Posener Museum als »ersten Ankauf, der das ganze zur Verfügung stehende Geld verschlang, eine Studie von Monet erworben habe«, ist aus der Luft gegriffen. Direktor Kämmerer hat inzwischen erklärt, dass dieses Bild dem Museum keinen Pfennig gekostet hat, da es geschenkt worden ist.

Angesichts der Behauptung, dass »neuerdings für flüchtige Studien van Goghs dreissig- bis vierzigtausend Mark anstandslos bezahlt werden,« habe ich es Vinnen vergebens nahe gelegt, mir doch eine einzige solche Studie zu nennen. Unser Mohnfeld, ein seit lange – nur den Protestlern nicht – bekanntes Hauptbild, kann er doch wohl nicht meinen. – Nun heisst es, dass die Deutschen die französischen Gemälde im allgemeinen überzahlten, dass sie ihr Geld für den Abhub des Pariser Ateliers – »für alte französische Überbleibsel« – wegwürfen. Wenn Vinnen etwas besser informiert wäre, wenn er die grösseren deutschen Privatsammlungen französischer Bilder aus eigenem Augenschein kennte, so würde er dieses in den Ateliers herumgetragene Gerede nicht nachgesprochen haben. Wer dem

Kunsthandel gefolgt ist und die Preisforderungen auf deutschen, englischen und französischen Ausstellungen verglichen hat, der muss wissen, dass im allgemeinen französische und englische Bilder nicht teurer, sondern *billiger sind als die deutschen*. Das gilt zunächst für die jüngeren Künstler, die noch nicht beanspruchen können, dass man ihren Namen honoriert. Es gilt aber auch für die Berühmtheiten. Die Preise, die für Hauptwerke von Böcklin, Feuerbach, Leibl, Menzel, Klinger gezahlt werden, sind durchaus nicht geringer als die Preise, die bei vergleichbarer Qualität die Bilder der französischen Impressionisten erzielen. Dabei wäre noch zu bedenken, dass die Mehrzahl dieser deutschen Meister nur für den deutschen Kunstmarkt in Betracht kommt, *während die Preise der Franzosen auf dem Weltmarkt normiert werden*. Der Graf Kessler hat eben jetzt darauf hingewiesen, dass kein deutsches Museum für irgend welche Franzosen auch nur annähernd eine Summe aufgewendet habe, die den anderthalb Millionen nahekommt, welche die Nationalgalerie für den grossen Menzelankauf nach dem Tode des Meisters aufgewendet hat. Solche Tatsachen rücken das Gerede von der unpatriotischen Verschwendung der Deutschen für französischen Atelierkehricht erst in das rechte Licht.

Und nun noch ein Wort über den Erfolg des Vinnenschen Protestes! Hm! Wenn ich mich auf den Markt stelle und mit erhobener Rechten meine Mitbürger apostrophierte: »Ihr trefflichen, edlen Männer, euch muss es besser gehen! Ihr leidet unter der Verkennung eurer Tugenden und unter einer nichtswürdigen, unlauteren Konkurrenz eurer Nachbarn!«, so ist zehn gegen eins zu wetten, dass alle mir zustimmen würden – womit indessen noch nicht bewiesen wäre, dass ich recht hätte. So liegt der Fall des Künstlerprotestes. Selbstverständlich stimmen viele Künstler, die der Ansicht sind, dass es ihnen besser gehen könnte, begeistert zu. – Es muss schon bedenklich machen, *wenn nicht alle zustimmen*. Und das ist hier der Fall. Wir vermissen unter der Liste der protestierenden Künstler geradezu die *meisten unserer angesehensten Künstler*! Die Künstler, die sich Vinnen nicht angeschlossen haben, verhehlen sich keineswegs einige der in dem Protest beklagten Übelstände, namentlich nicht den offenkundigen Rückgang in der Bewertung deutscher Kunst auf dem Weltmarkte. Nur halten sie einen wortreichen Protest nicht für das geeignete Mittel zur Änderung einer Sachlage, die nur von innen heraus kuriert werden kann, nämlich durch die Hebung und Veredelung der künstlerischen Leistung.

Welchen Erfolg versprechen sich denn die Protestler? – Glauben sie im Ernst, dass sie einen einzigen ihrer jungen Kollegen von seiner Vorliebe für französische Meister kurieren werden? Glauben sie, dass sie einen einzigen jener intelligenten Grosskaufleute und Kunstfreunde, die im Besitze bedeutender Sammlungen sind, veranlassen werden, seine Franzosen abzustossen? Glauben sie, dass sie den internationalen Kunsthandel oder die Ästheten und Snobs aus der Welt schaffen können? – Nein, ihren Gegnern gegenüber sind sie vollkommen machtlos. Der einzige mögliche Erfolg dieses Protestes kann nur der sein, dass gerade den besseren anregenden öffentlichen Sammlungen moderner Kunst in Deutschland einige Unannehmlichkeiten bereitet werden. Hoffen wir, dass auch dieser Erfolg ausbleiben wird.

Wilhelm Worringer
Entwicklungsgeschichtliches zur modernsten Kunst

Die Vinnensche Broschüre ist mir psychologisch wohl verständlich, und ich zögere nicht, sie als eine symptomatische Erscheinung zu respektieren, ja ich begrüsse sie sogar als ein zu rechter Zeit ausgesprochenes Stichwort zur ernsten prinzipiellen Auseinandersetzung. Die Krise, in der wir mit unseren Kunstvorstellungen und Kunsterwartungen stehen, kann nicht vertuscht werden: sie muss zur offenen und entschiedenen Aussprache führen.

Von diesem Gesichtspunkt aus muss ich es allerdings bedauern, dass die prinzipiellen Fragen in jener Tendenzschrift kaum ernsthaft behandelt werden, sondern nur hier und da flüchtig gestreift werden, um dann gleich allgemeinen Redensarten und unbeweisbaren Gefühlspostulaten Platz zu machen. So ist das Hauptargument, mit dem die angreifende Partei auf das Publikum einzuwirken sucht, nicht irgend eine sachlich diskutierbare Widerlegung der neuen Kunstprinzipien, sondern die in allen Tonarten wiederholte skrupellose Verdächtigung jener Persönlichkeiten, die auf der anderen Seite stehen. Deren Überzeugungsehrlichkeit und Urteilsfähigkeit wird mit all den billigen Mitteln einer oft bis zum Mitleid gehenden überlegenen Ironie blossgestellt. Man macht sich damit derselben Irreführung des Publikums schuldig, die man den Gegnern mit einer so gewaltigen moralischen Entrüstung vorwirft. Denn es geht doch wohl nicht an, dem breiten Publikum, das in dieser Beziehung schon aus natürlicher Trägheit und aus Selbsterhaltungstrieb leichtgläubig ist, die willkommene Überzeugung beizubringen, es handle sich bei der angegriffenen Bewegung nur um ein sinnloses Spiel impotenter, sensationslüsterner Künstler, urteilsloser, der Modesuggestion unterlegener Kunstschreiber und abgefeimter Kunsthändler, die unter verhaltenen Lachausbrüchen den Profit aus dieser Komödie ziehen.

Ich bestreite übrigens nicht, dass sich Vertreter dieser drei

Kategorien auch in diese neue Entwicklungsbewegung der Kunst eingeschlichen haben. Das ist das unvermeidliche Schicksal jeder Entwicklungsbewegung, und darum ist es kaum zu entschuldigen, wenn man ein neues Wollen nur mit der einen Tatsache zu diskreditieren sucht, dass belanglose Mitläufer es lächerlich machen.

Denn neben diesen unverantwortlichen Mitläufern stehen ernste suchende Künstler, die bei allem sachlichen Selbstbewusstsein persönlich voller Bescheidenheit sind, stehen ernste Theoretiker, die bei aller produktiven Parteinahme doch das historische Bewusstsein und damit die kritische Besonnenheit wahren, stehen schliesslich Kunsthändler, die bei aller selbstverständlichen geschäftlichen Rücksichtnahme doch mit innerer Überzeugung und innerem Verständnis eine Bewegung fördern, bei der das Risiko des Gewinns ein viel grösseres ist als bei dem Vertrieb der ganz unproblematischen und anerkannten Publikumsware.

Ich habe hier nur das Recht, für die zweite Kategorie einzutreten, deren Vertreter man zu den eigentlichen Prügelknaben der verfahrenen Situation zu machen sucht und die man dementsprechend abkanzelt. Worin besteht nun unser Verbrechen?

Wenn ich Vinnen recht verstehe, sind es nicht die grossen Klassiker des Impressionismus, wie Manet, Monet, Renoir etc., vor deren Einfluss er die deutsche Kunst bewahren will, sondern die sog. Jungpariser, die von Cézanne, van Gogh und Matisse ausgehen, um eine neue Form der künstlerischen Gestaltung zu finden.

Was man uns nun vorwirft, ist, dass wir diesen neuen Bestrebungen, die naturgemäss vorläufig noch Experimentalcharakter tragen, ein Verstehenwollen entgegenbringen, das auch vor dem unverständlich und absurd Scheinenden und Extremen nicht zurückschreckt. Diesen Willen zum Verständnis können wir verantworten. Mag für einige Snobs das Credo quia absurdum da entscheidend sein, wir andern haben das Bewusstsein, dass es der unbeirrbare entwicklungsgeschichtliche Instinkt ist, der uns hier leitet. Darin liegt das Entscheidende. Wo das unvorbereitete und entwicklungsträge Publikum nur Ausgeburten subjektiver Willkür und blöder Sensationsmache sieht und sehen muss, da empfinden wir das Entwicklungsgeschichtlich-Notwendige, da sehen wir vor allem eine Einheitlichkeit der Bewegung, die etwas Elementares an sich hat und vor der alles Subjektiv-Scheinende verschwindet. Ja, ich glaube nicht fehlzugehen, wenn ich die tiefste Wurzel dieses neuen künstlerischen Wollens gerade in der Überwindung des Subjektiv-Willkürlichen und nur Individuell-Bedingten sehe. Mit diesem unverkennbaren Drang zum Objektiven, zur zwingenden Vereinfachung der Form, zu einer elementaren Vorurteilslosigkeit der künstlerischen Wiedergabe, hängt jener Grundcharakter der neuen Kunst zusammen, den man als sinnlose Primitivitäts- und Kindlichkeitskomödie vor dem erwachsenen Europa lächerlich machen zu können glaubt.

Aber diese Wirkung wird nur bei denen erreicht werden, die die primitive Kunst noch nicht verstehen gelernt haben und in ihr nur ein unentwickeltes Können sehen, über das man mit der Überlegenheit des Erwachsenen lächelt. Dieser Erwachsenenhochmut des europäischen Kulturmenschen aber beginnt heute wankend zu werden und der wachsenden Einsicht in die elementare Grossartigkeit primitiver Lebens- und Kunstäusserung zu weichen. Aus derselben Notwendigkeit heraus, aus der wir den jungpariser Synthetisten und Expressionisten ein williges Verstehen entgegenbringen, ist in uns ein neues Organ lebendig geworden für die primitive Kunst. Wie selbstverständlich erscheint es uns heute, dass der Stilcharakter dieser primitiven Kunst nicht durch ein unentwickeltes Können, sondern durch ein andersgerichtliches Wollen bedingt ist, durch ein Wollen, das auf grossen elementaren Voraussetzungen beruht, wie wir mit unserem heutigen wohltemperierten Lebensgefühl es uns kaum ausdenken können. Wir fühlen nur dunkel, dass die groteske Unnatürlichkeit und die zwingende Einfachheit dieser primitiven Kunst (zwingend allerdings nur für die, die den Zwang einer Formung nicht mit dem Zwang der Illusionswirkung identifizieren) von einem stärkeren Spannungsgehalt des künstlerischen Ausdruckswollens herrühren, und wir lernen erkennen, dass es nicht nur ein gradueller, sondern ein genereller Unterschied ist, der zwischen unserem und dem primitiven Kunstschaffen liegt. Ein genereller Unterschied, der darin besteht, dass man den Wirkungsertrag, den man von der Kunst erwartete, nicht wie heute in der Auslösung sinnlicher oder seelischer Luxusgefühle, sondern in der Auslösung elementarer Notwendigkeitsempfindungen sah. Eine Beschwörung der Vieldeutigkeit der Erscheinungen: darin lag der Sinn, darin lag die Notwendigkeit, darin lag die Mystik dieser Kunst. Ihr natürliches Element war die Synthese, um die wir heute wieder ringen, nachdem wir uns an der ganzen Ausschlürfung jener Vieldeutigkeit ermüdet haben.

Wir können uns gewiss heute nicht künstlich auf das Niveau des primitiven Menschen zurückschrauben, aber was heute unterirdisch in uns drängt, das ist doch schliesslich eine Reaktion nicht nur auf den Impressionismus, sondern auf die ganze vorhergehende Entwicklung, in der wir seit der europäischen Renaissance stehen und deren Ausgangspunkt und Richtung durch Burckhardts lapidares Wort von der Entdeckung des Individuums umfassend bezeichnet wird. Der grosse äussere Erkenntnisreichtum der vergangenen Epoche hat uns arm zurückgelassen und aus diesem Armutsgefühl heraus stellen wir heute wieder bewusst Forderungen an die Kunst, die sich mit denen in etwa decken, die der primitive Mensch naiv an sie stellte. Wir wollen wieder eine Suggestionskraft der Kunst, die stärker ist als die Suggestionskraft jenes höheren und kultivierten Illusionismus, der seit der Renaissance das Schicksal unserer Kunst ist. Um das zu erreichen, versuchen wir uns zu emanzipieren von jenem Rationalismus des Sehens, der dem gebildeten Europa als das natürliche Sehen erscheint und an dem man sich nicht versündigen darf, wenn man nicht als kompletter Narr hingestellt werden will. Um das zu erreichen, zwingen wir uns zu jener primitiven – durch kein Wissen und keine Erfahrung gebrochenen – Art des Sehens, die das schlichte Geheimnis der mystischen Wirkung primitiver Kunst ist. Den äusseren Symbolismus, wie er als nationale Eigentümlichkeit gerade der deutschen Kunst gepriesen wird, ihn wollen wir in das innerste Innere des Kunstwerks zurückdrängen, damit er von hier mit elementarer Notwendigkeit ausstrahlt, befreit von jedem Dualismus von Form und Inhalt. Kurz, die primitive Art des Sehens, zu der wir uns zwingen, ist nur ein Mittel, den letzten elementaren Wirkungsmöglichkeiten der Kunst nahe zu kommen. So wie Faust zu den Müttern, so wagen wir es, in das Reich der noch unartikulierten Formung hinabzusteigen, um mit einer neuen, mit elementaren Wirkungskräften gesättigten Form wieder an die Oberfläche zu kommen. Das ist der Sinn des »willkürlichen snobistischen Archaismus«, das ist der Sinn der »Primitivitäts- und Originalitätshascherei«, die man den neuen Kunststrebungen vorwirft.

Dem Entwicklungsgeschichtlich-Denkenden ist solches Zurückgehen auf frühere elementare Entwicklungsstufen, solches Kraftschöpfen aus den konzentrierten Kraftreservoirs der Vergangenheit nichts Neues. Es ist ihm nur die Wiederholung einer fast gesetzmässigen Entwicklungserscheinung. Nur die Pendelweiten wechseln. Und es ist nur das beste Zeichen für die Stärke und die Sehnsucht unserer Zeit, dass der Pendelschlag nun so weit ausholt und dass er zurückgeht auf das Letzte und Elementarste, von dem uns bisher der Hochmut unserer europäisch-klassischen Befangenheit und die Kurzsichtigkeit unseres europäischen Erwachsenenstandpunkts trennten. Man geht auf elementarere Entwicklungsstufen zurück, weil man hofft, damit der Natur wieder näher zu kommen. Nun, die vielbelächelte und vielverhöhnte Unnatur der neuen Bildungen, sie ist schliesslich nichts anderes als das Resultat eines solchen Zurückgehens auf die Natur, allerdings auf eine Natur, die noch nicht durch die rationalistische Optik europäischer Bildung duchfiltriert worden ist und von deren keuscher Unberührtheit und symbolischer Wirkungskraft der Durchschnittseuropäer dementsprechend nichts wissen kann.

Aus solchen Überlegungen heraus erwächst uns das Bewusstsein der entwicklungsgeschichtlichen Notwendigkeit der neuen Bewegung, die uns zu so entschlossener prinzipieller Parteinahme drängt. Der grosse Sinn dieser Bewegung kann auch durch kleine und irritierende Erscheinungsformen, wie sie naturgemäss mitunterlaufen, nicht diskreditiert werden. Und letzten Grundes ist es ja das Zukünftige, um dessentwillen wir das Gegenwärtige pflegen. Denn diese moderne Primitivität, sie soll ja kein endgültiges Stadium sein. Der Pendelschlag bleibt nicht an dem äussersten Punkte stehen. Diese Primitivität soll vielmehr nur ein Übergang, ein grosses langes Atemholen sein, bevor das neue und entscheidende Wort der Zukunft ausgesprochen wird. Was vorläufig noch Experimente, unartikulierte Laute sind, aus ihnen wird sich das klare Wort herausringen, und wie stark kann diese Zukunftskunst werden, die nach der Verarbeitung der elementarsten und mächtigsten Formensprache sich wieder zur engeren Tradition und damit wieder zu sich selbst zurückfindet. Um dieser Zukunftshoffnung willen lassen wir uns gerne als verstiegene urteilsunfähige Theoretiker und als betrogene Betrüger ansehen. Von solchen entwicklungsgeschichtlichen Blickweiten umfangen, entrükken wir allerdings der engen Sphäre, in der ein Herr Vinnen über deutsche und französische Kunst streitet und uns mit Marktstatistiken überzeugen will.

Drum nur zwei Worte zur nationalen Seite der Frage. Wer um sein Deutschtum wirklich Bescheid weiss, wer vor allem die Entwicklungsschicksale der deutschen Kunst kennt, der weiss, dass es uns mit unserer angeborenen Problematik und mit unserer angeborenen sinnlichen Instinktunsicherheit nicht gegeben ist, den direkten Weg zu einer eignen Form zu finden, der weiss, dass wir das Stichwort immer erst von draussen empfingen, der weiss, dass wir uns immer erst aufgeben und verlieren mussten, um unser eigentliches Selbst zu finden. Das ist von Dürer bis Marées die Tragik und die Grösse der deutschen Kunst, und es heisst unsere eigentliche nationale Tradition verleugnen, wer unsere Kunst von der Auseinandersetzung mit anderen Kunstwelten abschneiden will. Nur für einen ganz kindlichen und psychologisch unreifen Standpunkt bedeutet diese Konstatierung der Unselbständigkeit eine Herabsetzung unserer Kunst. Mir ist das Schauspiel dieser Auseinandersetzung und dieser sehnsüchtigen Ausweitung der eignen Enge immer das Erhebendste an der deutschen Kunstentwicklung gewesen, und ich möchte diese Tragik, diese Problematik in ihr nicht missen, denn sie gab der deutschen Kunst ihre eigentliche Dynamik.

Eine kurze Bemerkung noch zu dem äusseren Anlass der ganzen Diskussion: zur Stellungnahme unserer Museumsleiter zu der neuen Bewegung. Das Problem für sie ist, kurz formuliert, folgendes: sollen sie nur gute Bilder kaufen, d. h. gute im Sinne des herrschenden Durchschnittsgeschmacks, oder sollen sie hier und da diese relative Güte opfern zugunsten des Entwicklungsgeschichtlich-Bedeutsamen, aber noch nicht durch den Mehrheitsgeschmack Sanktionierten? Die Frage wird für unsere Museen jetzt erst akut, weil sie selbst vor eine Entwicklungskrise gekommen sind und sich über den Weg entscheiden müssen. Entstanden sind sie ja als Luxusinstitute fürstlicher Höfe: Wagelust und Propaganda lag ihnen naturgemäss fern. Sollen sie diesen reifen, kulturgesättigten, rückwärtsgewandten Luxuscharakter behalten oder wollen sie sich dem Rhythmus der Zeit anpassen und aus einem toten Entwicklungsherbarium zu einem lebendigen Entwicklungsinstrument werden? Sollen sie nur Geschichte registrieren oder sollen sie selbst Geschichte machen?

Ich denke, die Generationen nach uns werden von unseren Museen nicht nur wissen wollen, welches die Durchschnittsphysiognomie unserer Zeit war, sie werden vielmehr die Entwicklunsvorgänge kennen lernen wollen, die sich jenseits dieser Durchschnittsphysiognomie abspielten und die vielleicht gerade die feinsten und entscheidensten waren. Und die werden sie nur kennen lernen, wenn ihnen jene Experimente zur Gewinnung einer neuen elementaren Formensprache erhalten werden, von denen hier die Rede ist. Mögen diese Experimente zu einem positiven Ziele führen oder mögen sie sich als ein nutzloser Kraftaufwand herausstellen: in ihnen hat ein wertvolles Stück des eigentlichen inneren Lebens unserer Zeit gelebt, und darum gehört ihnen auch ein Platz in unseren Museen: ein Platz nicht vor, wohl aber neben den reifen unproblematischen Kunsterzeugnissen, die, wie gesagt, nur die Durchschnittsphysiognomie unserer Epoche widerspiegeln können und darum manches Feine und Beste verschweigen müssen. Auch verfehlte Experimente haben ihren Lebenswert und ihre entwicklungsgeschichtliche Bedeutung.

Ernst Piper

Nationalsozialistische Kulturpolitik und ihre Profiteure

Das Beispiel München

> »Max Liebermann, der größte Feind des deutschen Wesens, hat es vermöge seiner Beziehung zur Presse, besonders aber als Präsident der preußischen Akademie der bildenden Künste bewußt verstanden, eine Vergiftung des deutschen Kunstlebens in solchem Maß durchzuführen, daß es ohne die nationalsozialistische Erneuerung mit Deutscher Eigenart und Deutschem Wesen schnell zu Ende gegangen wäre. Liebermann, die leibhaftige Verkörperung der unheimlichsten Internationale, wußte, wie man ein Volk am tödlichsten trifft. Danach richteten sich alle seine Maßnahmen. Zuerst wurde die Künstlerschaft selber immer wieder durch die Sezessionen gespalten, nach dem Grundsatz: Entzweie und herrsche! Dann wurden in alle einflußreichen Stellen an den Kunstschulen, an den Museen, auf die Lehrstühle für Kunstgeschichte an den Universitäten und in alle staatliche Stellen, die Einfluß auf Ankäufe, Aufträge und Stipendien hatten, willfährige, innerlich und äußerlich abhängige Helfershelfer eingesetzt.«

So schrieb Hans Adolf Bühler 1937 in seinem Aufsatz »Die bildende Kunst im Dritten Reich«[1]. Gleich mehrere Topoi nationalsozialistischer Kunst- und Kulturpolitik sind hier artikuliert. Da ist zum einen die Überzeugung von der Undeutschheit alles Jüdischen, die der nationalsozialistischen Rassenlehre entsprang. Es wird ein grundsätzlicher Gegensatz zwischen der arischen deutschen und der jüdischen Rasse konstruiert. In dem halbamtlichen Handbuch »Weltentscheidung in der Judenfrage« hieß es, »der Jude (kann) sich seiner ererbten Art nicht entziehen, er mag sich noch so sehr zu assimilieren oder als Deutscher zu tarnen suchen.«[2] Dem Jüdischen wurden die

Begriffe deutsch, national und volksbewußt entgegengestellt. Ein zweiter Topos ist die Internationalität. Der Jude war nicht nur undeutsch, sondern ein Agent finsterer Mächte, ein Vertreter des mit aller Macht gegen alles Rechtschaffene arbeitenden Weltjudentums. So war es nicht überraschend – dies der dritte Topos –, daß er überall in heimtückischer Weise Einfluß zu nehmen versuchte. Bühlers Stichworte sind Presse, Akademien, Museen, Lehrstühle und Ankäufe, Aufträge und Stipendien sowie Helfershelfer. Anzumerken ist, daß auch Hans Adolf Bühler Maler war und sogar zweiter Vorsitzender einer »Deutschen Kunstgesellschaft«, nur – sein Ruhm blieb hinter dem Liebermanns merklich zurück. Doch die Nazis dankten ihm sein Engagement und machten ihn sofort nach der sogenannten Machtergreifung zum Akademie- und Galeriedirektor in Karlsruhe.

Gegen einen derart gefährlichen Feind, wie den von Bühler beschriebenen, sind natürlich härteste Abwehrmaßnahmen erlaubt, ja geboten. Das zentrale Stichwort lautete »Entjudung«. Die »Entjudung des deutschen Kulturlebens« war »eine Arbeit, die unter Leitung des Reichsministers für Volksaufklärung und Propaganda von der Kulturkammer mit der Gründlichkeit und Sorgfalt, die der großen Verantwortung für unsere deutsche Kultur entspricht, im wesentlichen in wenigen Jahren durchgeführt wurde«.[3] So Erich Kochanowski, Referent im Propagandaministerium, im Jahre 1939. Diese »Entjudung des deutschen Kulturlebens«, Teil der kulturpolitischen Formierung des nationalsozialistischen Staates, und ihre Folgen sind unser Thema.

1932 hatte Hitler Goebbels gegenüber geäußert:

> »Goebbels, überlegen Sie sich, wenn Sie einmal in der Reichsregierung die gesamte Propaganda zu bearbeiten haben, wie wir diesem Unwesen ein Ende machen. Zwar hat Kunst nichts mit Propaganda zu tun, sondern ist der tiefste Ausdruck der wahrsten Seele eines Volkes. Diese Seele ist aber durch jüdische und sezessionistische Propaganda beschmutzt, irregemacht und haltlos geworden... Insofern ist

es Aufgabe der Propaganda, dem gesunden Volksempfinden wieder zur Freiheit und zum Recht zu verhelfen.«[4]

Am 15. März 1933, zehn Tage nach den letzten relativ freien Reichstagswahlen, wurde Goebbels zum Reichsminister für Volksaufklärung und Propaganda ernannt. Dies war damals zugleich das einzige von den Nazis neugeschaffene Ministerium. Der Propagandaminister war aufgrund seines Amtes auch Präsident der ebenfalls neuerrichteten Reichskulturkammer mit ihren sieben Einzelkammern. Außerdem unterstanden ihm alle Genehmigungs- und Kontrollinstanzen für den kulturellen Bereich. Entscheidend war die erste Durchführungsverordnung zum Reichskulturkammergesetz vom 1. 11. 1933, die die Zwangsmitgliedschaft in den Einzelkammern festlegte. Dies bedeutete Berufsverbote für alle, deren Aufnahme abgelehnt worden war oder die später ausgeschlossen wurden. Ein förmliches Aufnahmeverbot für Juden gab es zunächst nicht. Angesichts der starken Stellung der Juden in bestimmten Kultursektoren, z. B. dem Kunsthandel, wären sonst wirtschaftliche Einbußen zu befürchten gewesen. Der Reichswirtschaftsminister war daher auch der einzige, der ein gesetzlich verankertes Mitwirkungsrecht bei den Maßnahmen der Reichskulturkammer hatte. Den »Geistes- und den Kapitaleinfluß des Judentums« wollte man ausschalten, die »Vernichtung wirtschaftlicher Werte« aber vermeiden.[5] Ein Argument, das nach den Zerstörungen der »Kristallnacht« von Kritikern des Pogroms innerhalb der NSDAP-Führung wieder vorgebracht wurde.

Ziel der Nationalsozialisten war die »Liquidation der folgenschweren Judenemanzipation«[6]; deshalb war die erste Etappe der antijüdischen Politik vorwiegend legalistischer Natur. Schon am 7. April 1933 wurde das »Gesetz zur Wiederherstellung des Berufsbeamtentums« verabschiedet, das einen förmlichen Ariernachweis für alle Beamten verlangte und natürlich auch für die staatlichen und städtischen Kultureinrichtungen galt. Es folgten noch im selben Jahr das Reichskulturkammergesetz und das Schriftleitergesetz, und die Nürnberger Gesetze im Herbst 1935 »verankerten schließlich die in der Praxis bewährten rassenpolitischen Maßnahmen zur Lösung der Judenfrage im deutschen Reichsgebiet mit endgültiger Wirkung«.[7] Hatte Goebbels im Februar 1935 erklärt: »Grundsätzlich sollen alle Nichtarier (Juden) aus den Einzelverbänden der Kammer heraus«[8], so war man ein gutes Jahr später so weit, auch von Mitgliedern der Kulturkammer den förmlichen Ariernachweis zu verlangen.[9] Das betraf indessen nur noch wenige. Aus der Reichsschrifttumskammer z. B. waren bis Ende Januar 1936 bereits 447 jüdische und 4 »jüdisch versippte« Autoren ausgeschlossen worden, denen nur 8 jüdische und 35 »jüdisch versippte« Autoren gegenüberstanden, die noch Mitglieder der Kammer waren.

Gerade auf kulturellem Gebiet setzte die Formierung des nationalsozialistischen Staates besonders rasch ein. Die Künstler waren nur eine kleine Gruppe ohne mächtige Lobby, und bei ihrem Vorgehen gegen die Moderne konnten die Nazis mit breiter Zustimmung in der Bevölkerung rechnen. Bereits am 11. April 1933 wurde das Bauhaus geschlossen, am 10. Mai kam es zu den berüchtigten Bücherverbrennungen, und sechs Tage später wurde die erste »Verbotsliste Schöne Literatur« veröffentlicht. Diese Verbotslisten des »schädlichen und unerwünschten Schrifttums«, ergänzt um Empfehlungslisten, wurden periodisch publiziert. Es gab drei Gründe für das Verbot eines Autors: Rasse, Emigration und politische Gesinnung. Am 24.7.1936 fand erstmals die »Kulturpolitische Pressekonferenz« statt, die von da an einheitliche Sprachregelungen für die Kulturberichterstattung ausgab.[10] Am 27.11.1936 erging der »Erlaß zur Neuformung des deutschen Kulturlebens«[11], der die Kunstkritik generell verbot und nur noch die »positive Kunstbetrachtung« zuließ. Zur Begründung führte Ministerialrat Alfred-Ingemar Berndt vor dem Reichskultursenat aus,

> »der jüdische Kritiker sei sozusagen der preisbildende Mittler für den Geschäftsmann gewesen, der emporlobte, was verkauft, in Grund und Boden verdammte, was billig gekauft werden sollte. So seien denn bis 1933 die tollsten Bilder

jüdischer Maler zu wahnsinnigen Preisen an die Museen des Reiches, der Länder, der Gemeinden usw. verkauft worden. Der gute deutsche Künstler verhungerte, während für kubistische Schmierereien Preise gezahlt wurden, die in die Zehntausende gingen.«[12]

Hier wird ein weiterer Vorwurf gegen die Juden im Kultursektor artikuliert, nämlich, daß sie sich an den sauer erarbeiteten deutschen Steuergroschen bereichert hätten. In der Ausstellung »Entartete Kunst« wurde dieser Vorwurf später in billigster Propagandamanier wiederholt, indem Ankaufspreise von Gemälden aus öffentlichen Sammlungen aus der Inflationszeit angegeben wurden und dabei suggeriert wurde, es handle sich um reale Reichsmarkbeträge.

Der durch listige jüdische Machenschaften von Wirken und Erfolg abgehaltene deutsche Künstler war einer der wichtigsten Topoi nationalsozialistischer Propaganda. So hoffte man, die vielen, die sich zu kurz gekommen fühlten, für sich zu gewinnen. Schon 1930 hatte Hans Severus Ziegler in seinem Leitfaden »Kulturarbeit im Dritten Reich« betont, daß es nur darauf ankomme, die Museen von »bolschewistisch-jüdische(m) Nichtskönnertum und Minderrassentum« zu befreien. Der Staat, die Gemeinden und auch die Kirchen sollten regelmäßig Werke deutscher Maler und Bildhauer ankaufen, ein Vorschlag, dem die Betroffenen nur zu gerne zustimmten. Neun Jahre später konnte der schon zitierte Referent im Propagandaministerium befriedigt feststellen:

»Die kulturelle Auswirkung dieser erfolgreichen Entjudungsarbeit war verblüffend. Schneller als man es erwarten konnte, entfaltete sich das deutsche Kulturleben zu neuer Blüte. Die deutschen Künstler erhielten Engagements und Aufträge, die Theater- und Konzertsäle füllten sich wieder, der deutsche Film – früher völlig in jüdischer Hand – errang internationale Preise und Auszeichnungen, die Ausstellungen im Haus der Deutschen Kunst, die erhabenen Bauten des Dritten Reiches und viele andere große Leistungen zeugen davon, wie segensreich sich die Befreiung der deutschen Kultur von dem Alpdruck jüdischer Überfremdung bereits in 6 Jahren nationalsozialistischer Führung auswirkte.«[13]

Schamloser ist wohl selbst von Nazis nicht oft gelogen worden. Darin offenbarte sich zugleich der hohe Stellenwert, den die Nazis für ihre Selbstdarstellung dem Kultursektor beimaßen.

Im September 1933, auf dem ersten Parteitag der NSDAP nach der »Machtergreifung«, gab es eine eigene Kulturtagung, auf der – wie auch in den folgenden Jahren – Adolf Hitler die Hauptrede hielt. Im Mittelpunkt dieses ersten Parteitages im Zeichen der errungenen Staatsmacht stand das Thema Weltanschauung, und auch Hitlers Rede auf der Kulturtagung hieß »Nationalsozialismus als Weltanschauung«[14]. In ihr findet sich der Satz, der später über dem Eingang zum Haus der Deutschen Kunst stehen sollte: »Kunst ist eine erhabene und zum Fanatismus verpflichtende Mission.« Hitler kam in seiner Rede auch auf die in »Mein Kampf« entwickelte Theorie zurück, daß die Menschheit in Kulturbegründer, Kulturträger und Kulturzerstörer einzuteilen sei. Die einzigen Kulturbegründer seien die Arier, während die Juden natürlich den Zerstörern zuzurechnen wären:[15]

»Jede klar ausgeprägte Rasse hat ihre eigene Handschrift im Buche der Kunst, sofern sie nicht, wie z. B. das Judentum, überhaupt ohne eigene künstlerisch produktive Fähigkeit ist.«[16]

Beschränkte sich Hitler bei dieser Rede auf allgemeine Überlegungen und Andeutungen, so wurde er auf der Kulturtagung im Herbst 1936, nach der erfolgreichen Absolvierung der Olympischen Spiele, die bis dahin das Motiv für mancherlei kalkulierte Zurückhaltung gewesen war, wesentlich deutlicher. Diesmal trug Hitlers Rede die Überschrift »Die Kräfte der Ordnung wider den Geist des Chaos«. Hitler verkündete jetzt, daß, was durch Kampf und Härte an die Macht gekommen sei, auch nur so erhalten werden könne. Der Hauptfeind war für ihn das Judentum, der Bolschewismus eine jüdische Erfindung, dessen Ziel es sei,

> »die vorhandenen blutsmäßigen organischen Volksführungen auszurotten und durch das den arischen Völkern fremde jüdische Element zu ersetzen«[17].

Das Judentum steht gegen jede staatliche Gemeinschaft, sei stets ein »Ferment der Dekomposition« gewesen. Seine Tätigkeit auf wirtschaftlichem und kulturellem Gebiet sei in gleicher Weise destruktiv. Da, wo das Judentum scheinbar kulturbejahend auftrete, handle es sich in Wirklichkeit um die »gerissene geschäftliche Auswertung«.

Nun gab es unter den Galeristen, die sich für moderne Kunst einsetzten, tatsächlich eine ganze Reihe von Juden. Dagegen gab es nur relativ wenige bedeutende jüdische Maler wie Max Liebermann, Lesser Ury, Jankel Adler und Felix Nussbaum. Das hing zum einen mit dem traditionellen jüdischen Bilderverbot zusammen, über das die jüdischen Künstler sich erst nach der Aufklärung hinwegsetzten. Zum anderen aber wurden viele jüdische Unternehmer durch den Ausschluß von den meisten Produktionssektoren in den Handel gedrängt. Es gab eine Reihe von Kaufhäusern in jüdischem Besitz, aber auch Textil- und Juweliergeschäfte und eben Galerien und auch einige Verlage, von denen die letzten nach der »Kristallnacht« arisiert bzw. aufgelöst wurden. Daß diese Galeristen dem Postkartenmaler Hitler, der alles Moderne in der Malerei mit äußerster Radikalität ablehnte, ein besonderer Dorn im Auge waren, versteht sich von selbst. Hitler stellte deshalb unmißverständlich fest, daß anstelle des Spiels der freien Kräfte nunmehr »die Zeit der gemeinsamen Leistung und des gemeinsamen Wiederaufbaus«[18] angebrochen sei. Die Epoche der »bolschewistischen Kunstvernarrung« war abgeschlossen:

> »Daher kann diese nationalsozialistische Kunst auch nicht mehr die Erscheinungen der hinter uns liegenden dekaden-

ten Welt dulden, deren demokratische Zerstörungen sich in sichtbarer Deutlichkeit auch auf kulturelle Gebiete übertrugen. Wir lieben das Gesunde. Der beste Kern unseres Volkes an Leib und Seele gemessen, soll den bestimmenden Maßstab heben. Wir wünschen in unserer Kunst nur dessen Verherrlichung.«[19]

Das Ziel war der Stil »einer sich gegenseitig ergänzenden und steigernden Gemeinschaftsarbeit«. In diesem Zusammenhang verwies Hitler zum Schluß auf die großen Bauvorhaben, das »Nürnberg der Reichsparteitage«, die »Umgestaltung der Hauptstadt der Bewegung« und den »Neuaufbau von Berlin«.

München, jener »am meisten geliebte Fleck der Erde«[20], wie Hitler in »Mein Kampf« geschrieben hatte, war nicht nur »Hauptstadt der Bewegung«. Sein anderer nationalsozialistischer Ehrentitel war »Hauptstadt der deutschen Kunst«. Er wurde der Stadt von Hitler am 15. Oktober 1933, bei der Grundsteinlegung für das »Haus der Deutschen Kunst«, verliehen. Dieses Ausstellungsgebäude, nach Meinung der Nazis das größte und schönste der Welt[21], war der einzige repräsentative Museumsbau, der in der Nazizeit entstand. Am 18. Juli 1937 wurde er mit der ersten »Großen Deutschen Kunstausstellung« eingeweiht, die von nun an jährlich einen repräsentativen Überblick über die von den Nazis geduldete Kunst bot. Einen Tag später wurde, nur wenige hundert Meter entfernt, in den Hofgartenarkaden die zur Abschreckung gedachte Ausstellung »Entartete Kunst« eröffnet.[22] Generalprobe für die erstere war die Ausstellung »Große Deutsche in Bildnissen unserer Zeit«, die werbewirksam während der Olympischen Spiele in Berlin gezeigt worden war.[23] Auch die Gegenausstellung hatte Vorläufer, die bis 1933 zurückreichten. Der erste war die schon im April 1933 von dem frischgebackenen Galeriedirektor Bühler inszenierte Schau »Regierungskunst 1918 bis 1933« in Karlsruhe. Doch die Schreckenskammer des Jahres 1937 stellte alles Bisherige weit in den Schatten und beraubte die deutschen Museen in einem Bildersturm ohnegleichen der bedeutendsten Werke der Kunst des 20. Jahrhunderts. Insgesamt wurde der

Fundus der öffentlichen Sammlungen um etwa 17000 Werke geschädigt. Ziel dieses Ikonoklasmus war die »deutsche Verfallskunst seit 1910«[24], wie es in Goebbels' Vollmacht für die Raubkommission hieß, die in wenigen Wochen 14 Museen ausräumte. Dieser Kommission, die einen wichtigen Beitrag zu dem von Hitler angekündigten »unerbittlichen Säuberungskrieg... gegen die letzten Elemente unserer Kultursetzung«[25] leistete, gehörten unter dem Vorsitz des Präsidenten der Reichskammer der bildenden Künste, des Malers Adolf Ziegler, unter anderem der Direktor des Folkwang-Museums, Klaus Graf Baudissin, der Reichsbeauftragte für künstlerische Formgebung Hans Schweitzer (Künstlername Mjölnir), Wolfgang Willrich und Franz Hofmann an.

Die Ausstellung »Entartete Kunst« hatte das erklärte Ziel, die Gefährlichkeit einer »von ein paar jüdischen und politisch eindeutig bolschewistischen Wortführern gelenkte(n) Entwicklung«[26] aufzuzeigen. Sie war in neun Abschnitte untergliedert:

1 Barbarei in der Darstellung
2 Religiöse Inhalte
3 Der politische Hintergrund der Kunstentartung
4 Politische Tendenz
5 Die moralische Seite
6 Planmäßige Abtötung der letzten Reste jedes Rassebewußtseins
7 Der Idiot, der Kretin und der Paralytiker als geistiges Idcal
8 Eine kleine Auswahl aus den zahlreichen jüdischen Machwerken
9 Vollendeter Wahnsinn

Dem Ausstellungsführer war ein auf blutrotes Papier gedrucktes Flugblatt beigelegt, in dem zum Besuch der Ausstellung aufgerufen wurde:

»Gequälte Leinwand – Seelische Verwesung – Krankhafte Phantasten – Geisteskranke Nichtskönner von Judencliquen preisgekrönt, von Literaten gepriesen, waren Produkte und Produzenten einer ›Kunst‹, für die Staatliche und Städtische Institute gewissenlos Millionenbeträge deutschen Volksvermögens verschleuderten, während deutsche Künstler zur gleichen Zeit verhungerten. So, wie jener ›Staat‹, war seine ›Kunst‹.«[27]

Hier begegnen uns wieder die inzwischen bekannten nationalsozialistischen Schlagworte von der jüdischen Lenkung des Kunstmarktes, der Verschleuderung von Steuergeldern und der Unterdrückung deutscher Künstler. Die Ausstellung »Entartete Kunst« wurde in München bis Ende November gezeigt, im Februar 1938 dann in Berlin, im Juli des gleichen Jahres in Düsseldorf und im Juli 1939 in Frankfurt am Main. Insgesamt hatte sie über zwei Millionen Besucher. Daneben gab es auch direkte politische Propagandaaktionen, so wurde im Sommer 1936 eine »Antibolschewistische Schau« eröffnet, die von München aus durchs Deutsche Reich wanderte. Die dritte große Wanderausstellung hieß »Der ewige Jude – Große politische Schau«. Sie wurde, fast auf den Tag genau ein Jahr vor der »Kristallnacht«, am 8. November 1937 im Bibliotheksbau des Deutschen Museums eröffnet und wollte demonstrieren, daß »in allen Ländern und zu allen Zeiten ein Abwehrkampf gegen das Judentum und die Judenplage geführt werden mußte«[28].

München war nicht nur, weil Adolf Hitler hier wohnte, zur »Hauptstadt der Deutschen Kunst« erkoren worden. Nachdem sich im Laufe des Ersten Weltkriegs eine sehr starke antipreußische Stimmung entwickelt hatte, war München, die Hauptstadt der »Ordnungszelle Bayern«, nach der Niederschlagung der Revolution von 1918/19 nicht nur der Hort antipreußischer und antisemitischer Stimmungen, sondern auch Sammelpunkt für nationalistische Desperados, Freikorps, Einwohnerwehren und völkische Umstürzler. Ein antidemokratisch-antirepublikanisch-reaktionäres Bürgertum, wie Lion Feuchtwanger es in seinem Roman »Erfolg« so großartig beschrieben hat, prägte das öffentliche Leben. Der gescheiterte Hitlerputsch änderte daran nichts. Die NSDAP wurde zwar vorübergehend verboten, doch der von ihr beherrschte Völkische Block erreichte bei den Landtagswahlen vom April 1924 in München 50% der Stimmen.[29] Wenige Monate später wurde Hitlers Haftstrafe zur Bewährung ausgesetzt. 1933 konnte der nationalsozialistische Kunstideologe Hans Kiener zufrieden konstatieren:

> »München hat sich in den letzten Jahrzehnten in erbitterten und zähen Kämpfen gegen das Einströmen des zersetzenden Geistes gewehrt; nicht immer, aber häufig siegreich; und das Geschrei vom Niedergang Münchens als Kunststadt war die Quittung, die ihm aus dem linken Lager dafür zuteil wurde.«[30]

Schon im »Jahrbuch der Münchner Kunst«, bezeichnenderweise während des zu Ende gehenden Ersten Weltkriegs gegründet, hatte Rudolf Oldenbourg mit deutlicher Befriedigung geschrieben, daß »gerade die eigentliche Münchener Tradition – im Gegensatz zu Berlin – dem Eindringen des Impressionismus zähen Widerstand geboten hat«[31]. Ende des 19. Jahrhunderts war der Einfluß auf die deutsche Kunst durch den französischen Impressionismus besonders stark. Daß der bedeutendste deutsche Impressionist Max Liebermann war, von dessen Gefährlichkeit wir zu Beginn gehört haben, machte die Sache gewiß nicht besser. Oldenbourg sah den Grund für die Ablehnung des Impressionismus natürlich nicht im Futterneid der schon mehrfach zitierten unterdrückten und um ihren Erfolg betrogenen deutschen Künstler, sondern in dessen »artistische(m) Charakter«, der das »künstlerische Ausdrucksbedürfnis unserer Rasse« nicht befriedigen konnte. Mehr entspreche der Expressionismus »mit seiner stärkere(n) Betonung des idealen Gehaltes den natürlichen Anlagen der Deutschen«[32]. Damit berührte Oldenbourg zweifellos einen richtigen Punkt. Der Expressionismus, mit seiner Tendenz zum idealischen Wahn, zur Hochgesteiltheit, zum Superlativismus und zur Brachialität, hätte sich, so wie der Futurismus bei den italienischen Faschisten Beifall gefunden hatte, durchaus dazu geeignet, die Renommierkunst der Nazis zu werden. Der nationalrevolutionäre »Aufstand« (1931) hatte zum Beispiel die »visionären ekstatischen Künstler« Ernst Barlach und Emil Nolde als Hauptillustratoren. Der Expressionismusstreit wogte lange innerhalb der NSDAP und wurde erst durch die ablehnende Haltung des Postkartenmalers gegenüber jeder nicht absolut naturalistischen Malerei entschieden. Die zu antisemitischen Kundgebungen allzeit bereiten Nolde, Kirchner, Pechstein usw. waren zutiefst enttäuscht, sich später in der Ausstellung »Entartete Kunst« wiederzufinden. Als Kirchner im Juli 1937 aufgefordert worden war, seinen Platz in der Preußischen Akademie der Künste zu räumen, antwortete er:

> »Ich wünsche von Herzen, daß Deutschland eine neue, schöne und gesunde Kunst erwachse. Ich und mancher andere ältere haben ehrlich und treu daran gearbeitet, das wird man früher oder später einsehen.«[33]

Dennoch war Kirchner in der Ausstellung »Entartete Kunst« mit 32 Werken vertreten. Darüber schrieb er:

> »Ich hoffte immer, daß Hitler für alle Deutschen wäre, und nun hat er so viele und wirklich ernsthafte und gute Künstler deutschen Blutes diffamiert.«[34]

Nolde war nach der sogenannten Machtergreifung sogar in die NSDAP eingetreten, sein Aufnahmeantrag in den »Kampfbund für deutsche Kultur« wurde dagegen bezeichnenderweise abgelehnt. Er sah sich, wie er im Juli 1938 an Goebbels schrieb, »als fast einzigster deutscher Künstler im offenen Kampf gegen die Überfremdung der deutschen Kunst«[35]. Um so mehr mußte es ihn schmerzen, daß sein Werk einen zentralen Platz in der Ausstellung »Entartete Kunst« einnahm.

Die Anhänger der deutschtümelnden Richtung, die gegen den Expressionismus standen, versammelten sich vor allem im »Kampfbund für deutsche Kultur«, der aus der 1927 gegründeten »Nationalsozialistischen Gesellschaft für deutsche Kultur« hervorgegangen war. Anführer dieses Kampfbundes war Alfred Rosenberg, gewissermaßen der Chefideologe der Nazis und zugleich Chefredakteur des »Völkischen Beobachters«. Der Architekt und spätere Präsident der Reichskammer der bildenden Künste, Eugen Hönig, vertrat den Bund Deutscher Architekten in der Reichsleitung des Kampfbundes. Andere prominente Mitglieder der Reichsleitung waren Baldur von Schirach und Robert Ley. Der Kampfbund wollte alle »nationalen Kräfte« gegen »Entartung, Zersetzung und Verjudung des deutschen Kulturlebens« sammeln und hetzte, wo er konnte. Hatte die Organisation es bis 1933 nur auf etwa 6000 Mitglieder gebracht, so schwoll sie, da der Drang zu den siegreichen Bataillonen schon immer besonders stark war, Ende desselben Jahres schon auf weit über 30000 an. Einer der Mitgründer und Hauptredner des Kampfbundes war Paul Schultze-Naumburg. Die Titel seiner Bücher sprechen für sich: »Kunst und Rasse« 1928 und »Kunst aus Blut und Boden« 1934. Aber schon zuvor, in »Das flache und das geneigte Dach« (1927), hatte er dem »bolschewistisch-jüdischen Flachdach« den Kampf angesagt.[36] Nur ein Böswilliger wird dahinter die schlechte Auftragslage eines dem Neubiedermeier verpflichteten Architekten als Motiv erkennen wollen. Jedenfalls ließen die Nazis die Ihren nicht verkommen und machten Schultze-Naumburg 1930, als sie in Thüringen erstmals in der Regierung saßen, zum Direktor der Staatlichen Kunsthochschule Weimar.

Ein anderer Glücksritter der staatlich organisierten Barbarei war Wolfgang Willrich. Willrich war ursprünglich Maler:

> »Als Künstler hat Willrich schon seit 1920 versucht, den Rassegedanken künstlerisch zu formen, und zwar in schroffem Gegensatz zu der damals üblichen Auffassung vom Menschen als jämmerliche Kreatur, wie sie uns sattsam aus den Schilderungen der Kunstbolschewisten Schmidt-Rottluff, Heckel, Kirchner, Kokoschka, Dix, Grosz und Hofer bekanntgeworden sind. Derartige Versuche, den gesunden Menschen nordischer Rasse als künstlerisch wertvolles Ziel des gesamten Kunstschaffens herauszustellen, sind während der finsteren marxistisch-liberalistischen, jüdisch vollständig

verseuchten Systemzeit von 1918–33 keineswegs häufig gemacht worden...«[37]

Nach 1933 trat Willrich zwar auch als Porträtist von SS-Männern (»Vom Lebensbaum deutscher Art«, Vorwort Heinrich Himmler), vor allem aber als Autor zahlreicher Hetzschriften hervor. 1934 wurde er vom Reichsbauernführer Darré »zur künstlerischen Gestaltung des Staatsgedankens von Blut und Boden« nach Berlin berufen. 1937 erschien sein Pamphlet »Säuberung des Kunsttempels«, das die Konzeption der Ausstellung »Entartete Kunst« geprägt hat. Ziegler machte den »halb scherzhaften« Vorschlag, aus der Ausstellung ein Museum und Willrich zu dessen Direktor zu machen. Dann sei er versorgt und die Reichskammer der bildenden Künste ihn los.[38]

Ein anderes Mitglied der Ausstellungskommission »Entartete Kunst« war Franz Hofmann. Seit 1931 war er hauptamtlich Kunstkritiker beim »Völkischen Beobachter« gewesen. Im Juni 1934 wurde er zum neuen Leiter der Städtischen Galerie im Lenbach-Haus berufen. Da er selbst für nationalsozialistische Verhältnisse ungewöhnlich schwach als Kunstfachmann ausgewiesen war, billigte ihm die Stadt nur eng begrenzte Kompetenzen zu. Seine Freiheit bei Ankaufsentscheidungen endete bei 200 Reichsmark. Er selbst hatte sich vor allem als »alter Kämpfer« empfohlen. Der »Angriff« würdigte am 11.1.1939 den Künstler Hofmann durch die Wiedergabe einer Zeichnung und ließ ihn auch selbst zu Wort kommen:

»Nach dem faulen Frieden machte ich im Freikorps Epp den Sturm auf meine Vaterstadt München mit. (...) So stand ich am 9. November am rechten Platz. Dies erscheint mir heute als das Symbol einer eigenen inneren Revolution; ich wurde Journalist und führte mehrere Jahre die Klinge im ›VB‹ auf dem Kunstgebiet, auf dem die junge Bewegung den Kampf mit der gerissensten Gegnerschaft zu führen hatte! Die städtische Galerie München ließ mich als ihr Leiter die Gegenwartskunst in eine organische Einheit mit der Kunst der Vergangenheit bringen. Daraus ergab sich die Ausscheidung

> von Verfallskunst von selbst, und die große Säuberungsaktion, die vom Führer 1937 veranlaßt wurde, traf deshalb meine Galerie nicht.«[39]

Tatsächlich hatte Kammerpräsident Ziegler bei einer Bestandsaufnahme vor dem großen Bildersturm festgestellt, daß von allen deutschen Museen die Galerie im Lenbach-Haus die »tadelloseste« sei. Darin kommt natürlich auch die Ankaufspolitik Eberhard Hanfstaengls zum Ausdruck, der die Galerie von 1925 bis 1933 geleitet hatte und in dessen Konzept die Moderne keinen Platz gehabt hatte.[40] Jedenfalls qualifizierte der Befund Hofmann für die Raubkommission. Er wurde dafür für drei Monate beurlaubt und nach getaner Arbeit, zum 1. 1. 1938, zum Leiter der Abteilung Bildende Kunst im Propagandaministerium befördert.

Ich hoffe, es ist deutlich geworden, daß München nicht zu Unrecht in den strategischen Überlegungen der Nazis einen besonderen Stellenwert hatte. Natürlich gab es auch andernorts Opportunisten und begeisterte Nazis – wer möchte entscheiden, was schlimmer ist –, aber München war ein Ort, an dem reaktionäre Traditionen, nationalsozialistisches Engagement, bürgerlicher Opportunismus und die Mobilisierung dumpfer antimoderner Ressentiments in besonderer Weise kulminierten. So unrecht hatte Adolf Dreßler wohl leider nicht, als er 1937 schrieb:

> »Das Volksleben Münchens wird nicht vom Verstand, sondern vom Gemüt beherrscht, und so konnte München am besten den Nährboden für eine Bewegung abgeben, die sich in erster Linie an das Gemüt und an den Glauben wendet.«[41]

1 Zit. J. Wulf, Die bildenden Künste im Dritten Reich, ND Berlin 1983, 355
2 E. Kochanowski, Die kulturelle Auswirkung der Judengesetzgebung im nationalsozialistischen Deutschland, in: Weltentscheidung in der Judenfrage, hg. v. W. F. Könitzer u. H. Trurnit, Dresden 1939, 45
3 Ebd., 48
4 Aufzeichnungen Wageners, zit. V. Reimann, Dr. Joseph Goebbels, Wien u. a. 1971, 179
5 Runderlaß des Präsidenten der Reichskulturkammer an die Einzelkammern v. 17. 1. 1935, zit. V. Dahm, Das jüdische Buch im Dritten Reich. Erster Teil: Die Ausschaltung der jüdischen Autoren, Verleger und Buchhändler, Frankfurt 1979, 64
6 E. Kochanowski (Anm. 2), 52
7 Ebd., 47
8 Zit. V. Dahm (Anm. 5), 65
9 Vgl. E. Piper, Nationalsozialistische Kunstpolitik, Frankfurt 1987, 164
10 E. Fröhlich, Die Kulturpolitische Pressekonferenz des Reichspropagandaministeriums, Vierteljahreshefte für Zeitgeschichte, Heft 4, 1974, 347–381
11 Vgl. ebd., 363 ff.
12 Münchner Neueste Nachrichten v. 30. 11. 1936
13 E. Kochanowski (Anm. 2), 48 f.
14 Völkischer Beobachter v. 3. 9. 1933
15 A. Hitler, Mein Kampf. Zwei Bände in einem Band, [181]1936, 318, 322 ff. u. 329 ff.
16 Wie Anm. 14
17, 18, 19 Völkischer Beobachter v. 10. 9. 1936
20 A. Hitler (Anm. 15), 138 f.
21 Völkischer Beobachter v. 19. 7. 1937
22 Beide Ausstellungen sind umfassend dokumentiert in dem ausgezeichneten Katalog Die ›Kunststadt‹ München 1937. Nationalsozialismus und ›Entartete Kunst‹, hg. v. P.-K. Schuster, München 1987
23 A. Hentzen, Die Berliner National-Galerie im Bildersturm, Köln/Berlin 1971, 19
24 F. Roh, »Entartete« Kunst, Hannover 1962, 230
25 Rede zur Eröffnung des Hauses der Deutschen Kunst, Münchner Neueste Nachrichten v. 19. 7. 1937
26 Ausstellungsführer Entartete »Kunst«, Berlin o. J. 2 f.
27 Beiblatt zum Ausstellungsführer (Anm. 26)
28 Zit. K.-H. Meißner, »München ist ein heißer Boden. Aber wir gewinnen ihn allmählich doch.«, in: Die ›Kunststadt‹ München 1937 (Anm. 22), 51

29 A. Schwarz, Die Zeit von 1918 bis 1933, in: Handbuch der Bayerischen Geschichte, Bd. IV: Das Neue Bayern von 1800–1970, hg. v. M. Spindler, München 1979, 484f.

30 H. Kiener, Kunstbetrachtungen. Ausgewählte Aufsätze, München 1937, 331

31 R. Oldenbourg, Malerei, in: Jahrbuch der Münchner Kunst, 1. Jg., 1917/18, begründet v. E. Hanfstaengl, München 1918, XII

32 Ebd., XVII

33 Zit. H. Brenner, Ende einer bürgerlichen Kunst-Institution. Die politische Formierung der preußischen Akademie der Künste ab 1933, Stuttgart 1972, 146

34 Zit. Ernst Ludwig Kirchner 1880–1938, Berlin 1980, 104

35 Zit. In letzter Stunde. 1933–1945, hg. v. D. Schmidt, Dresden 1964, 153

36 J. Frecot, Marginalien zur nationalsozialistischen Kunstpolitik, in: Zwischen Anpassung und Widerstand. Kunst in Deutschland 1933–1945, o. O. 1980, 77

37 W. Hansen, Wolfgang Willrich, 1936, zit. J. Wulf (Anm. 1), 390

38 M.-A. v. Lüttichau, ›Deutsche Kunst‹ und ›Entartete Kunst‹: Die Münchner Ausstellungen 1937, in: Die ›Kunststadt‹ München 1937 (Anm. 22), 99

39 Zit. J. Wulf (Anm. 1), 406

40 Vgl. A. Zweite, Franz Hofmann und die Städtische Galerie 1937, in: Die ›Kunststadt‹ München 1937 (Anm. 22), 261–288

41 Zit. Der Königsplatz 1812–1988, hg. v. K. Vierneisel, München o. J., 41

Emil Preetorius

Die japanische Kunst und Europa

Spricht man vom Einfluß der japanischen Kunst auf die europäische des 19. Jahrhunderts, so denkt man vor allem an die große Bedeutung, die der japanische Holzschnitt für die Meister des französischen Impressionismus gewonnen hat. Denn diese Einwirkung ist durch Bild und Wort auf mannigfache Weise eindringlich dokumentiert. Man braucht nur als eines für viele Beispiele an jenes berühmt gewordene, programmatische Vorwort zu erinnern, das Emile Zola für den Katalog der ersten Gesamtausstellung Manets geschrieben hat. Er verteidigt darin den vielerseits angegriffenen Freund mit dem Hinweis auf seine künstlerische Verwandtschaft mit dem japanischen Holzschnitt, der für ihn jenseits aller Kritik steht. Und als anschauliches Gegenstück zu diesem Worte Zolas darf das meisterliche Bildnis gelten, das Manet im Jahre 1868 von dem großen Romancier geschaffen hat: eine Malerei, deren kontrastreiches Hell-Dunkel, deren planvoll ausgewogene Flächendisposition und unbekümmert freie Kompositionsart das japanische Vorbild eindrucksvoll deutlich werden lassen. Obendrein zeigt dies Bildnis im Hintergrunde nicht nur einen japanischen Wandschirm, sondern auch als beziehungsreiche Devise einen japanischen Holzschnitt, der unschwer als das Blatt eines Meisters der ausklingenden Holzschnittzeit zu bestimmen ist. Aber nicht nur die Maler des Impressionistenkreises in Paris, nicht nur die künstlerischen Zentren Europas haben im Holzschnitte Japans die Offenbarung einer großen, freien und neuartigen Kunst gefeiert: die Gebildeten der ganzen Welt waren von Bewunderung erfüllt für diese exotische Graphik. Und es ist interessant, in der Schönen Literatur der sechziger Jahre des vergangenen Jahrhunderts den Niederschlag dieser allgemeinen Begeisterung aufzuspüren: immer wieder, in der Romanliteratur, dann in Tagebuchblättern und sonstigen Notizen wird dieser Farbenholzschnitt Japans rühmend genannt, gepriesen als letzte künstlerische Sensation zumal im Werke eines seiner fruchtbarsten Meister, Hokusai, der die eigentliche Holzschnittepoche glänzend abschließt. Der Einfluß der japanischen Holzschnittkunst erstreckte sich auch auf die gesamte Plakatkunst, das Wort im weitesten Verstande genommen, sowohl als Lithographie wie als Klischeedruck. Die silhouettierende Flächigkeit, die freie Kompositionsweise und die gestuften Farbskalen des neueren Stiles, all das rührt vom Holzschnitt Japans. Drei Namen nur seien in diesem Sinne für viele genannt: der Franzose Lautrec, der Engländer Beardsley und der Deutsche Th. Th. Heine. Schließlich haben die Holzschnittdarstellungen von Blumen- und Blattwerk in ihrer geschwungenornamentalen Lineatur dem Kunstgewerbe mannigfache, wesentliche Anregungen gegeben, die ihren Weg von Paris nach England nahmen und von da nach Deutschland, wo sie zur eigentlichen Grundlage des heute wieder viel beachteten Jugendstiles wurden.

Man muß sich jedoch bewußt bleiben, daß dieser Einfluß der japanischen Holzschnittkunst, so bedeutungsvoll er immer war, ins Große gesehen doch nur der Ausschnitt, der Unterteil ist eines weit umfassenderen Themas, dem man den Titel geben könnte: der Einfluß der japanischen Kunst auf das Sehen und Bilden des Abendlandes vom 19. Jahrhundert an. Denn dieser Einfluß, der allerdings mit dem sogenannten Japonismus in Paris begann, mit der allseitig begeisterten Aufnahme der ersten dort bekanntgewordenen Japanblätter, ergriff in der Folgezeit alle nur erdenklichen Kunstzweige in ganz Europa und blieb wirksam bis weit über die Jahrhundertwende hinaus. Wie sehr auch der moderne Bau in seiner vornehmlich horizontalen Gliederung, in seinen abgewogenen Maßverhältnissen, seiner bewußt asymmetrischen Balance, farbigen Zurückhaltung, kargen Schmucklosigkeit und betonten Materialsprache Anregungen empfangen hat und verarbeitet, die vom japanischen Innenraume kommen, das ist wenig bekannt geworden. Dieser Innenraum aber, die eigentümlichste, bedeutendste Schöpfung japanischen Bildnergeistes war um 1500 schon vollendet. Und pointiert läßt sich sagen, daß der moderne europäische Hausbau, der Bau im neusachlichen Stile, geradezu der umgestülpte japanische Innenraum sei: so nahe ist die künstlerische Verwandtschaft, so nachweisbar die unmittelbare Befruchtung, die ihren Weg über Holland, Wien und Nordamerika genommen hat. Bekannter sind freilich die vielfältig bestimmenden Einwirkungen geworden, die jede Art künstlerischen Geräteschaffens von Japan empfangen hat, dessen Meisterschaft in den Dingen der Gebrauchskunst von nahezu unvergleichlich hohem Range ist. Tatsache, Reichweite und umwandelnde Bedeutung dieses Einflusses sind unbezweifelbar. Um so erstaunlicher ist es, daß dies eminent wichtige Kapitel neuerer Kunsthistorie noch keine gründliche Darlegung gefunden hat, sondern immer wieder abgetan wird mit gelegentlichen Bemerkungen am Rande. Und doch müßte solche Darlegung entwicklungsgeschichtlich wie psychologisch im höchsten Maße aufschlußreich werden. Zwei Kernfragen wären bei einer solchen Untersuchung vor allem aufzuwerfen. Einmal: Woher kam es, daß gerade Japan diese Einwirkung gewinnen konnte, die mit keiner vorangegangenen aus dem Fernen Osten irgend verglichen werden kann? Und alsdann: wäre diese Einwirkung auch zu anderer Zeit möglich geworden oder kam hier wie so oft im Verlaufe der Geschichte des menschlichen Geistesschaffens das rechte Vorbild zur rechten Stunde, so daß es auf jene Empfängnisbereitschaft traf, die es erst voll fruchtbar werden ließ?

Die Beantwortung der ersten Frage würde Aufschluß geben über die besondere Eigenart der japanischen Kunst, die trotz aller tiefen Anregungen und Einflüsse vom Festlande her von der chinesischen sich wesentlich unterscheidet als Erzeugnis einer Menschenart von einer anderen seelisch-geistigen Struktur und vor allem von einer anderen, der europäischen weit verwandteren Bewußtseinslage: einer hell-wachen, planend-konstruktiven Geistesverfassung, die dennoch die geschwisterliche Nähe zu allem Kreatürlichen in Wachstum und Gebilden nicht verloren hat, die aufgehellte Bewußtheit und urtümliche Gebundenheit auf eine Art in sich vereint, für die es kaum noch ein zweites Beispiel gibt. Die Beantwortung der zweiten Frage aber müßte ihren Ausgang nehmen von dem Phänomen der

Technik mit ihrer den natürlichen Kräftezusammenhang aufhebenden und durch ein System ineinander wirkenden Bezüge ersetzenden Macht, die vom Ende des 19. Jahrhunderts an Seele und Geist geradezu verwandelt hat. Denn die allein vom technischen Denken und Schaffen herrührende Steigerung von Zwecksinn und Materialgefühl im neuen europäischen Menschen, die es vordem in dieser Empfindlichkeit und engen Verkoppelung nicht gegeben hat: sie ist die eigentliche Wegbereiterin geworden für den Einfluß von Bau- und Gerätekunst Japans, in deren Gebilden sich die Zwecklichkeit und Stofflichkeit, konstruktiver Geist und beseeltes Naturgefühl harmonisch binden. Das aber bedeutet anders ausgedrückt: in Japan gibt es jenes Auseinandertreten nicht des rein Mechanisch-Zweckhaften als Ausdruck gewordenes Prinzip des kürzesten Weges und des Leibhaft-Organischen als Geschaffen-Gewachsenes. Die Wiedervereinigung dieser beiden Sphären jedoch, die seelenhafte Bewältigung stoffgewordener rationaler Logik als einer geistentsprungenen Neu-Natur: sie war als das eigentlich zentrale Problem der technisch gewordenen Welt aufgegeben. Es war ein Problem, das weit über das Gebiet des Ästhetisch-Formalen hinausreicht als ein allgemein-menschliches. Und zur Lösung dieser Aufgabe versuchte man zunächst, im Anfang der technischen Epoche, das Maschinenhafte als das erschreckend Ungewohnte im Vertraut-Gewohnten zu verhüllen, es sozusagen zu vermenschlichen. Es entstand jene verschämt drapierende Verlarvung maschineller Dinge, die heute uns so seltsam skurril anmutet wie etwa die als gotischer Hausaltar hergerichtete Zentralheizung und ähnlich widerspruchsvoll absonderliche Zwittergebilde. Auch die bekannten sprachlichen Metaphern jener Zeit wie das Dampfroß, das Luftschiff rühren vom gleichen Bestreben. Erst ganz allmählich nach einer Zwischenspanne, die als Reaktion auf die vorangegangene sich maskenlos und absichtsvoll zum bloß Zweckhaft-Erdachten zu bekennen unternahm, erwachte das Suchen nach einer Formgestaltung, die dem technischen Prinzip sinnvoll entspreche, die das Logisch-Starre ohne Zwang und Drapierung in die Sphäre des Organisch-Gestaltigen emporheben und damit dem leibhaft-lebendigen Gesamt einbeziehe. Und im Beginne solchen Strebens trat Japan und seine Kunst, aufgerufen wie durch ein Stichwort, erneut und richtungweisend in den Gesichtskreis Europas.

Das hier Dargelegte ist ein Kapitel später europäischer Kunstgeschichte, das wie gesagt verhältnismäßig unbeachtet geblieben ist und heute im Anblick eines zur Einheit zusammenwachsenden Weltganzen, einer zunehmenden Kulturosmose schon der Vergangenheit anzugehören scheint. Und doch ist es geboten, der fortwirkenden Bedeutung des japanischen Beispiels bewußt zu bleiben und einer allzu großen, allzu hybriden Europa-Gläubigkeit, Europa-Selbstgefälligkeit entgegenzutreten. Denn wenn heute etwa posaunt wird: die europäische Kultur, das will zu unserem Thema heißen, die europäische Art der künstlerischen Bewältigung einer neuen Wirklichkeit, sie sei zu einem Modellfall aller menschlichen Existenz überhaupt geworden, so ist daran zu erinnern, daß dafür Japans Bildnertum erst die grundlegenden Voraussetzungen geschaffen hat. Und so gewagt das auch klingen mag, es läßt sich bei genauem Hinsehen erweisen. Zunächst seien in Kürze nur zwei Fakten genannt, für die schon der japanische Holzschnitt beredtes Zeugnis gibt. Es ist einmal die souveräne Freiheit des Blickpunktes beim japanischen Künstler, die jenseits steht des klassisch-europäischen, des dialogischen Bezugssystems zur sichtbaren Welt, das den Menschen in die Mitte rückt, eine Freiheit, die durch den stets wechselnden Blickpunkt völlig neue Bildreize, ja neue Strukturen der Erscheinungswelt offenbar macht. Es ist dann, was mit dem eben Gesagten zusammenhängt, die Lösung des japanischen wie allen ostasiatischen Bildraumes aus der perspektivischen Orientierung trotz gewisser Ausnahmen: Dieser Bildraum ist wirklich Fläche und hat darstellerische Selbständigkeit, er wird auch durch kinetische Signaturen man kann wohl sagen in einem höchst modernen Sinne in Bewegung gebracht.

Diese beiden Fakten haben auf die Impressionisten, wie erwähnt, faszinierend gewirkt, ja in der Begegnung mit dem japanischen Holzschnitt wird das Fläche-Raum-Problem zum ersten Male voll ins europäische Bewußtsein gerückt. Von da ab beginnt erst das eigentliche Ringen um eine, von der früheren Kunst unabhängige, neue Organisation der Malfläche, das alsdann aller Weiterentwicklung der bildenden Kunst den spezifischen Akzent gibt. Inwieweit – das sei in Parenthese bemerkt – die neue Raumkonzeption Cézannes mit diesem Einfluß Japans parallel geht oder aber von daher erst ihren Anstoß genommen hat, das ist schwer zu entscheiden. Die bekannte heftige Ablehnung des japanischen Holzschnittes gerade durch Cézanne ließe, tiefenpsychologisch gedeutet, eher auf letzteres schließen als die bekannte Wirkung e contrario. Es geht aber noch um ein drittes Faktum, und das ist der zuvor genannte japanische Innenraum als ein Gebilde ohne jeglichen Schmuck, jegliche Verbrämung, sachlich in einem geistigen Sinne, Gebilde einer zweckbedingten, durchfühlten im heutigen Wortverstande »funktionalen« Struktur: dies Gebilde ist zum richtungweisenden Modell der modernen Baukunst schlechthin geworden. Es kann also nicht daran gezweifelt werden, daß die künstlerische Entwicklung der neuen westlichen Welt, also Europas wie Amerikas, in Architektur, Gerätekunst und den freien Künsten, das aber will schließlich heißen, daß unsere gesamte eigentlich »moderne« Formensprache undenkbar wäre ohne das Beispiel, das der Bildnergeist Japans gegeben hat: eines Volkes, für das in unvergleichlicher Weise uralte Tradition lebendige Gegenwart bleibt, die geistige Überlieferung zumal im Künstlerischen ein Ehrfurcht gebietender Besitz ist und zugleich Impuls zum schöpferischen Weiter – kurzum ein Volk, dem das unmittelbare Beieinander von dunkler Gebundenheit an seine Gründe und hellwacher, ausgreifender Bewußtheit auch heute noch einen rätselhaften Stempel aufdrückt.

Die Autoren

Götz Adriani, Kunsthistoriker, geb. 1940 in Stuttgart, studierte Kunstgeschichte, Archäologie und Geschichte, Promotion 1964. Seit 1971 Direktor der Kunsthalle Tübingen. Veröffentlichungen zur Kunst des 19. und 20. Jahrhunderts, u. a.: »Joseph Beuys«, 1973; »Paul Cézanne. Aquarelle«, 1981; »Degas, Pastelle und Zeichnungen«, 1984; »Toulouse-Lautrec. Gemälde«, 1986; »Toulouse-Lautrec. Das graphische Werk«, 1987.

Ernst Barlach, Bildhauer, Graphiker und Schriftsteller, geb. 1870 in Wedel (Holstein), gest. 1938 in Rostock. Seine Arbeiten als bildender Künstler stehen gleichbedeutend neben seinem literarischen Werk. Veröffentlichungen u. a.: »Ein selbsterzähltes Leben«, 1948; »Das dichterische Werk«, 3 Bände, 1956–1959; »Die Briefe, 1888–1938«, 2 Bände, 1968/69; »Güstrower Tagebuch 1914–1917«, 1981.

Max Beckmann, Maler und Graphiker, geb. 1884 in Leipzig, gest. 1950 in New York. Bedeutendster Figurenmaler der klassischen Moderne neben Picasso. Äußerungen über sein künstlerisches Denken finden sich in Aufsätzen, Reden, Tagebüchern und Briefen, u. a. in: »Frühe Tagebücher. 1903/04 und 1912/13«, 1985; »Leben in Berlin. Tagebuch 1908/09«, 1966; »Briefe im Kriege 1914/1915«, 1916; »Tagebücher 1940–1950«, 1955; »Die Realität der Träume in den Bildern. Schriften und Gespräche 1911 bis 1950«, 1990.

Hans Belting, Kunsthistoriker, geb. 1935 in Andernach. 1969 Professor für Kunstgeschichte an der Universität Heidelberg, seit 1979/80 an der Universität München, Gastprofessuren in Harvard/USA. Veröffentlichungen u. a.: »Bild und Publikum im Mittelalter«, 1981; »Max Beckmann«, 1984; »Jan van Eyck als Erzähler«, 1984; »Giovanni Bellini«, 1985; »Bild und Kult. Eine Geschichte des Bildes vor dem Zeitalter der Kunst«, 1990.

Lothar-Günther Buchheim, Prof. Dr. h. c., Maler, Schriftsteller, Photograph, Verleger, geb. 1918 in Weimar. 1951 Gründung des Buchheim-Verlags, in dem u. a. seine Standardwerke zum deutschen Expressionismus erschienen: »Die Künstlergemeinschaft Brücke«, 1956; »Graphik des deutschen Expressionismus«, 1959; »Der Blaue Reiter und die Neue Künstlervereinigung München«, 1959; »Max Beckmann«, 1959; »Otto Mueller«, 1963. 1972 erschien sein – inzwischen weltberühmter – Roman »Das Boot«.

David Burljuk, russischer Maler und Schriftsteller, geb. 1882 in Charkow, gest. 1967 in Southampton (New York). Führer der künstlerischen Avantgarde in Rußland. Mitarbeit am Almanach »Der Blaue Reiter««, 1912.

Werner Busch, Kunsthistoriker, geb. 1944 in Prag. Seit 1988 Professor für Kunstgeschichte an der Freien Universität Berlin. Arbeiten zur englischen, deutschen und niederländischen Kunst des 16. – 19. Jahrhunderts. Buchveröffentlichungen: »Die notwendige Arabeske. Wirklichkeitsaneignung und Stilisierung in der deutschen Kunst des 19. Jahrhunderts«, 1985; »Joseph Wright of Derby ›Experiment mit der Luftpumpe‹«, 1986; »Funkkolleg Kunst«, 2 Bände, 1987; zusammen mit Peter Schmoock: »Kunst – Die Geschichte ihrer Funktionen«, 1987.

Erwin von Busse, Kunsthistoriker, geb. 1885 in Magdeburg, gest. 1939 in São Paulo. Nach dem Studium in München promovierte er 1914 mit dem Thema »Entwicklungsgeschichte des Problems der Massendarstellung in der italienischen Malerei«.

Hajo Düchting, Kunsthistoriker und Maler, geb. 1949 in Düsseldorf. Lehraufträge an der Universität München, wissenschaftlicher Assistent bei Professor Wieland Schmied an der Münchner Akademie der Bildenden Künste. Zahlreiche Veröffentlichungen, zuletzt »Apollinaire zur Kunst«, 1989; »Franz Marc«, 1991.

Max Dvořák, Kunsthistoriker, geb. 1874 in Raudnitz a. d. Elbe, gest. 1921 in Grusbach (bei Znaim). 1905 Professor und Leiter des staatlichen Denkmalamtes in Wien. Wurde durch seinen wegweisenden Ansatz, die Kunstgeschichte mit Nachbardisziplinen zu verbinden, zum Begründer einer geistesgeschichtlichen Richtung der Kunstwissenschaft, etwa in: »Katechismus und Denkmalpflege«, 1924; »Kunstgeschichte als Geistesgeschichte«, 1924; »Geschichte der italienischen Kunst im Zeitalter der Renaissance«, 2 Bände, 1927/28.

Paul Fechter, Literaturhistoriker, Schriftsteller, Theater- und Kunstkritiker, geb. 1880 in Elbing, gest. 1958 in Berlin. Arbeitete ab 1911 bei den führenden Berliner Zeitungen, Mitherausgeber der Kulturzeitschriften »Deutsche Zukunft«, »Deutsche Rundschau« und »Neue deutsche Hefte«. Veröffentlichungen zur Kunst: »Der Expressionismus«, 1914; »Das graphische Werk Max Pechsteins«, 1921; »Der Zeichner Ernst Barlach«, 1933. Als sein bekanntestes Werk gilt: »Dichtung der Deutschen«, 1932. Fechter schrieb auch humorvolle Berliner- und Ostpreußenromane.

Paul Gauguin, französischer Maler, Graphiker und Bildschnitzer, geb. 1848 in Paris, gest. 1903 in La Dominica (Marquesas-Inseln). Wegbereiter des Expressionismus. Die menschlichen und künstlerischen Erfahrungen seines Tahiti-Aufenthalts hat er 1893 in »Noa-Noa« und in »Vorher und nachher«, 1920, zusammengefaßt.

Vincent van Gogh, niederländischer Maler und Zeichner, geb. 1853 in Groot-Zundert bei Breda, gest. (Selbstmord) 1890 in Auvers-sur-Oise (Val d'Oise). Überwand in seiner Malerei den Impressionismus, leitete damit zum Expressionismus und Fauvismus über. Gedanken zur Kunst und Malerei enthalten in: »Sämtliche Briefe«, 6 Bände, 1965–1968.

Rosel Gollek, Kunsthistorikerin, geb. 1928 in Leverkusen. Bis 1988 Konservatorin an der Städtischen Galerie im Lenbachhaus, München, betreute ab 1972 die Sammlung »Der Blaue Reiter« und erstellte u. a. den wissenschaftlichen Katalog dieser Sammlung. Herausgeberin verschiedener Werke über den Expressionismus: »Gabriele Münter 1877–1962«, 1977; »Franz Marc 1880–1916«, 1980; »Der Blaue Reiter im Lenbachhaus München«, 1988.

Olaf Gulbransson, norwegischer Zeichner und Maler, geb. 1873 in Oslo, gest. 1958 in Tegernsee. Berühmt geworden vor allem durch seine Karikaturen für den »Simplicissimus«.

Wassily Kandinsky, russischer Maler und Graphiker, geb. 1866 in Moskau, gest. 1944 in Neuilly-sur-Seine bei Paris . Gehört zu den Begründern der abstrakten Kunst. Zusammen mit Franz Marc sowohl Gründer der Künstlergemeinschaft »Der Blaue Reiter«, 1911, als auch Herausgeber des Almanachs »Der Blaue Reiter«, 1912. Schriften u. a.: »Über das Geistige in der Kunst«, 1912; »Rückblicke«, 1913; »Punkt und Linie zur Fläche«, 1926; »Die Gesammelten Schriften«, 1980.

Horst Keller, Kunsthistoriker, geb. 1912 in Halle a.d. Saale. 1950–1960 Kustos an der Kunsthalle Bremen, 1961–1977 Direktor des Wallraf-Richartz-Museums in Köln. Setzte sich in seinen Arbeiten besonders mit der deutschen und französischen Malerei, Zeichnung und Druckgraphik des 19. und 20. Jahrhunderts auseinander. Veröffentlichungen u. a.: »Die Kunst der französischen Impressionisten«, 1975; »Ein Garten wird Malerei«, 1982; »Claude Monet«, 1985; verschiedene Künstlermonographien.

Kurt Kusenberg, Kunsthistoriker, Schriftsteller und Publizist, geb. 1904 in Göteborg, gest. 1983 in Hamburg. Herausgeber von »rowohlts monographien«, schrieb humoristische und phantastische Kurzgeschichten, Essays und Hörspiele. Veröffentlichungen zur Kunst u. a.: »Pablo Picasso«, 1953; »Mit Bildern leben«, 1955; »So ist das mit der Malerei«, 1971.

Klaus Lankheit, geb. 1913 in Landsberg (Warthe). Studium der Religionsgeschichte, Kunstwissenschaft und Geschichte. Em. Ordinarius der Kunstgeschichte an der Universität Karlsruhe und Honorarprofessor an der Universität Heidelberg. Grundlegende Veröffentlichungen u. a.: »Florentinische Barockplastik«, 1962; »Revolution und Restauration«, 1965, ^{3}1989; »Der kurpfälzische Hofbildhauer Paul Egell«, 1988. Vor allem verfaßte er Œuvrekatalog, 1970, und maßgebliche Monographie Franz Marcs, 1976, und gab die dokumentarische Ausgabe des Almanachs »Der Blaue Reiter« heraus, ^{8}1990.

August Macke, Maler, geb. 1887 in Meschede (Ruhr), gefallen 1914 in Perthes-sur-Hurlus (Champagne). Dem Figürlichen verhaftet, stehen Licht und Farbe im Zentrum seiner Malerei. Mitglied der Künstlergemeinschaft »Der Blaue Reiter« und Beiträger zum Almanach »Der Blaue Reiter«, 1912.

Franz Marc, Maler und Graphiker, geb. 1880 in München, gefallen 1916 bei Verdun. Bekannt geworden vor allem durch seine Tierbilder. Mitbegründer der Künstlergemeinschaft »Der Blaue Reiter«, 1911, Mitherausgeber des Almanachs »Der Blaue Reiter«, 1912. Veröffentlichungen u. a.: »Briefe, Aufzeichnungen und Aphorismen«, 2 Bände, 1920; »Briefe aus dem Feld«, 1940; »Schriften«, 1978.

Julius Meier-Graefe, Kunsthistoriker und Schriftsteller, geb. 1867 in Reşiţa (Rumänien), gest. 1935 in Vevey (Schweiz). Zählt zu den bedeutendsten deutschen Kunstschriftstellern; trug entscheidend zur

Rezeption der französischen Impressionisten in Deutschland bei. Seine dreibändige »Entwicklungsgeschichte der modernen Kunst«, 1904, ist ein Klassiker der Kunstkritik. Sein Werk umfaßt u. a. Arbeiten über Edvard Munch, 1902; Arnold Böcklin, 1905; Adolf von Menzel, 1906; William Hogarth, 1907; Hans von Marées, 1910; Camille Corot, 1930.

Henry Moore, englischer Bildhauer, Graphiker und Zeichner, geb. 1898 in Castleford (Yorkshire), gest. 1986 in Much Hadham bei Cambridge. Der Mensch, dargestellt in stark reduzierter, archetypischer Form, ist das zentrale Thema seiner Plastiken. Schriften: »Über die Plastik«, 1972; »Energie im Raum«, 1973.

Gustav Pauli, Kunsthistoriker, geb. 1866 in Bremen, gest. 1938 in München. 1899 Direktor der Kunsthalle Bremen, 1914 der Kunsthalle Hamburg. Setzte sich im Sinne Alfred Lichtwarks für eine gründliche kunstpädagogische Schulung aller Bevölkerungsschichten ein. Werke u. a.: »Paula Modersohn-Becker«, 1919; »Die Kunst des Klassizismus und der Romantik«, 1924; »Die deutsche Kunst des 19. und 20. Jahrhunderts«, 1934.

Ernst Piper, Verleger, geb. 1952 in München, studierte Geschichte, Philosophie und Germanistik in München und Berlin; Promotion 1981. Veröffentlichungen u. a.: »Der Aufstand der Ciompi«, 1978; »Savonarola«, 1979; »Der Stadtplan als Grundriß der Gesellschaft«, 1982; »Ernst Barlach und die nationalsozialistische Kunstpolitik«, 1983.

Reinhard Piper, Verleger, geb 1879 in Penzlin (Mecklenburg), gest. 1953 in München. Gründete 1904 den R. Piper & Co. Verlag, München. Zahlreiche Freundschaften mit Künstlern der Avantgarde. Schrieb motivgeschichtliche Untersuchungen, u. a.: »Das Tier in der Kunst«, 1910; »Das Liebespaar in der Kunst«, 1915; »Die schöne Frau in der Kunst«, 1917; ferner Erinnerungen »Mein Leben als Verleger. Vormittag – Nachmittag«, 1964; aus dem Nachlaß publiziert: »Briefwechsel mit Autoren und Künstlern 1903 – 1953«, 1979.

Emil Preetorius, Graphiker, Bühnenbildner, Illustrator und Kunstsammler, geb. 1883 in Mainz, gest. 1973 in München. Mitarbeiter der Zeitschriften »Simplicissimus« und »Jugend«; 1927 – 1935 Professor an der Münchner Kunstakademie, 1948 – 1968 Präsident der Bayerischen Akademie der Schönen Künste. Intensive Beschäftigung mit ostasiatischer Kunst. Veröffentlichungen u. a.: »Vom Wesen ostasiatischer Malerei«, 1937; »Reden und Aufsätze«, 1953; »Japanische Farbenholzschnitte«, 1955; »Geheimnis des Sichtbaren. Aufsätze zur Kunst«, 1963.

Benno Reifenberg, Kunsthistoriker und Publizist, geb. 1892 in Oberkassel (bei Bonn), gest. 1970 in Kronberg (Taunus). 1924–1943 politischer Redakteur, Korrespondent und Feuilletonchef der »Frankfurter Zeitung«, 1945–1959 Mitherausgeber der »Gegenwart«, 1959–1966 Mitherausgeber der »Frankfurter Allgemeinen Zeitung«. Zahlreiche Veröffentlichungen zur Kunst der Moderne, u. a.: »Karl Hofer«, 1924; Edouard Manet«, 1947; »Max Beckmann«, 1949; »Das Abendland gemalt«, 1950; »Lichte Schatten«, 1953.

Jean Renoir, Filmregisseur, Drehbuchautor und Schriftsteller, geb. 1894 in Paris, gest. 1979 in Beverly Hills, Sohn von Auguste Renoir. Ab 1924 beim Film, 1941–1947 in den USA tätig. Gehört zu den Vertretern des poetischen Realismus der dreißiger Jahre im französischen Film. Filme u. a.: »Die große Illusion«, 1937; »Die Spielregel, 1939; »Das Tagebuch einer Kammerzofe«, 1946.

Karl Scheffler, Kunstschriftsteller, geb. 1869 in Hamburg, gest. 1951 in Überlingen. Herausgeber der Zeitschrift »Kunst und Künstler«, 1906–1933. War einer der einflußreichsten Kunstschriftsteller seiner Zeit, befaßte sich vor allem mit der Kunst des 19. Jahrhunderts und der modernen Baukunst. Werke u. a.: »Moderne Baukunst«, 1907; »Die Malerei und Zeichnung im 19. Jahrhundert«, 1909; »Der Geist der Gotik«, 1917; »Kunst ohne Stoff«, 1950.

Wieland Schmied, Kunsthistoriker, geb. 1929 in Frankfurt a. M.; 1978–1986 Direktor des Berliner Künstlerprogramms des DAAD, seit 1986 Professor für Kunstgeschichte an der Akademie der Bildenden Künste in München. Veröffentlichungen insbesondere zur Kunst des 20. Jahrhunderts mit Schwerpunkt Surrealismus, u. a.: »Neue Sachlichkeit und Magischer Realismus in Deutschland 1918–1933«, 1969; »200 Jahre phantastische Malerei«, 1973 und 1980; »De Chirico und sein Schatten«, 1989.

Robert Suckale, Kunsthistoriker, geb. 1943 in Königsberg/Ostpreußen, studierte in Berlin, Bonn, Paris und München, Promotion 1970, Habilitation 1976. 1980 Professor für mittelalterliche Kunstgeschichte an der Universität Bamberg, 1990 Professor für Kunstgeschichte an der Technischen Universität Berlin. Veröffentlichungen u. a.: zusammen mit Dieter Kimpel: »Die gotische Architektur in Frankreich 1130–1270«, 1985.

Hermann Uhde-Bernays, Kunst- und Literaturhistoriker, geb. 1873 in Weimar, gest. 1965 in Starnberg. Nach Schreibverbot in der NS-Zeit 1946 Professor für Neuere deutsche Literatur in München. Bekannt geworden mit seinen Monographien über Carl Spitzweg, 1913, und Anselm Feuerbach, 1929. Weitere Werke u. a.: »Die Münchner Malerei des 19. Jahrhunderts«, 2 Bände, 1927; »Aufsätze und Studien«, 1948.

Walter Urbanek, Schriftsteller und Maler, geb. 1919 in Mährisch-Schönberg. Studierte in Bonn, Prag und München. Veröffentlichungen u. a.: »Edvard Munch – Lebensfries«, 1953; »Deutsche Literatur. Das 19. und 20. Jahrhundert«, 1969; »Oskar Kokoschka – Städtebilder und Landschaften«, 1990; zahlreiche Lyrikbände (W. Bauernfeind).

Franz Winzinger, Kunst- und Literaturkritiker, Kunstsammler, geb. 1910 in Hofberg (Niederbayern), gest. 1983 in Regensburg. Beschäftigte sich vor allem mit den Zeichnungen und Graphiken altdeutscher Meister sowie ostasiatischer Graphik. Veröffentlichungen u. a.: »Albrecht Altdorfer«, 1952; »Hokusai«, 1952; »Utamaro«, 1956; »Meisterwerke der erotischen Kunst Japans«, 1977.

Wilhelm Worringer, Kunsthistoriker, geb. 1881 in Aachen, gest. 1965 in München. 1925 Professor in Bonn, 1928 in Königsberg, 1947 in Halle. Bekannt geworden vor allem durch seine Dissertation »Abstraktion und Einfühlung«, 1907, die zur theoretischen Basis für den Expressionismus wurde. Veröffentlichungen u. a.: »Formprobleme der Gotik«, 1911; »Problematik der Gegenwartskunst«, 1948.

Quellenverzeichnis

Alle genannten Bücher sind im Piper Verlag, München, erschienen.

I. Künstler – Kunstwerke: Begegnungen und Deutungen

Franz Winzinger: Altdorfer und Dürer, aus:
F. W.: Albrecht Altdorfer – Zeichnungen. Gesamtausgabe. Mit 4 Farbtafeln und 167 Abbildungen. 1952. S. 25–27 (© Annemarie Winzinger, Regensburg)

Reinhard Piper: Bei Barlach in Güstrow, aus:
R. P.: Nachmittag. Erinnerungen eines Verlegers. Mit 81 Bildern. 1950 (Neuausgabe: Mein Leben als Verleger. Vormittag – Nachmittag. Serie Piper 763. 1991). S. 156–167

Hajo Düchting: Paul Cézanne – Bilder eines Berges, aus:
Paul Cézanne: Bilder eines Berges. Einführung von H. D. Mit 16 Farbtafeln und einer Schwarzweißabbildung im Text. Serie Piper Galerie 615. 1990. S. 5–8, 11–14

Julius Meier-Graefe: Eugène Delacroix – Chaos und Kosmos, aus:
J. M.-G.: Entwicklungsgeschichte der modernen Kunst. Neu herausgegeben und mit einem Nachwort versehen von Hans Belting. 2 Bände. Mit 94 Tafeln und 57 Abbildungen im Text. Serie Piper 661 und 662. 1987. Band 1 (zuerst erschienen Stuttgart 1904), S. 150–162

Max Dvořák: Dürers Apokalypse, aus:
M. D.: Kunstgeschichte als Geistesgeschichte. Studien zur abendländischen Kunstentwicklung. Mit 55 Tafeln. 2. Auflage 1928 (zuerst erschienen 1924). S. 193–202

Horst Keller: Vincent van Gogh – In der Provence, aus:
Vincent van Gogh – In der Provence. Einführung von H. K. Mit 16 Farbtafeln und 3 Schwarzweißabbildungen im Text. Serie Piper Galerie 1107. 1989. S. 5–16, 49

Werner Busch: William Hogarth, aus:
Funkkolleg Kunst. Eine Geschichte der Kunst im Wandel ihrer Funktionen. Herausgegeben von W. B. 2 Bände. Mit 156 Abbildungen. Serie Piper 735 und 736. 1987. Band 2, S. 703–720

Reinhard Piper: Alfred Kubin – Der Zeichner von Zwickledt, aus:
R. P.: Nachmittag. Erinnerungen eines Verlegers. Mit 81 Bildern. 1950 (Neuausgabe: Mein Leben als Verleger. Vormittag – Nachmittag. Serie Piper 763. 1991). S. 197–208

Karl Scheffler: Max Liebermann – Die Landschaften, aus:
K. S.: Max Liebermann. Mit 124 Abbildungen nach Gemälden, Zeichnungen und Graphik. 2. Auflage 1922 (zuerst erschienen 1906). S. 135–141

Wieland Schmied: René Magritte – Die Reize der Landschaft, aus:
René Magritte – Die Reize der Landschaft. Einführung von W. S. Mit 16 Farbtafeln. Serie Piper Galerie 830. 1989. S. 5–11

Wassily Kandinsky: Über Franz Marc. Mit einer Einführung von Klaus Lankheit, aus:
K. L.: Franz Marc im Urteil seiner Zeit. Mit 9 Bildniszeichnungen Franz Marcs von August Macke. Serie Piper 986. 1989 (zuerst erschienen Köln 1960). S. 43–54

Robert Suckale: Claude Monet – Die Kathedrale von Rouen, aus:
Claude Monet: Die Kathedrale von Rouen. Mit einer Einführung von R. S. Piper Galerie. Mit 16 Farbtafeln und 7 Abbildungen. 1981. S. 5–13, 61

Walter Urbanek: Edvard Munch – Der Tanz des Lebens, aus:
Edvard Munch: Der Tanz des Lebens. Einführung von W. U. Mit 16 Farbtafeln und 2 Schwarzweißabbildungen im Text. Serie Piper Galerie 1123. 1990. S. 5–16

Kurt Kusenberg: Pablo Picasso und die Lithographie, aus:
Pablo Picasso: 46 Lithographien. Mit einer Einführung von K. K. Piper Galerie. Mit 51 Abbildungen. 6. Auflage 1975 (zuerst erschienen 1953). S. 5–15 (© Barbara Kusenberg, Hamburg)

Götz Adriani: Robert Rauschenbergs Illustrationen zur »Göttlichen Komödie« von Dante, aus:
G. A.: Robert Rauschenberg. Zeichnungen, Gouachen, Collagen 1949–1979. Mit 48 Farbtafeln und 112 Abbildungen. Die Kunst der Gegenwart. 1979. Band 3, S. 21–24

Jean Renoir: Die letzten Bilder Auguste Renoirs, aus:
J. R.: Mein Vater Auguste Renoir. Aus dem Französischen von Sigrid Stahlmann. Mit 32 Abbildungen und einer Farbtafel. 1962. S. 410 bis 413

Hermann Uhde-Bernays: Die Welt Carl Spitzwegs, aus:
H. U.-B.: Carl Spitzweg. Des Meisters Leben und Werk. In Verbindung mit der Familie Spitzweg herausgegeben unter Beigabe von Briefen und Gedichten des Künstlers sowie seines eigenhändigen Verkaufsverzeichnisses. Mit vier Farbtafeln, 171 Bildern in Kunstdruck und zahlreichen Textabbildungen nach Zeichnungen. 1935. S. 51–55

Benno Reifenberg: Vermeer van Delft, aus:
Das Bild. Atlanten zur Kunst. Band X: Vermeer van Delft. Nachwort von R. B. Anmerkung von Wilhelm Hausenstein. Mit fünfundvierzig Tafeln und einem Titelbild. 1924. S. 3 – 9 (© Jan G. Reifenberg, Brüssel)

II. In me ipsum – Künstler über sich und ihr Werk

Ernst Barlach: Ein selbsterzähltes Leben, aus:
E. B.: Ein selbsterzähltes Leben. Mit 91 Abbildungen. 1948 (Neuausgabe: Ein selbsterzähltes Leben. Mit 16 Bildtafeln. Serie Piper 914. 1988). S. 37–44

Max Beckmann: Briefe im Kriege, aus:
M. B.: Briefe im Kriege. Gesammelt von Minna Tube. Mit 32 Zeichnungen des Künstlers. Nachwort von Peter Beckmann. Serie Piper 286. 1984 (zuerst erschienen Berlin 1916). S. 58–65

Lothar-Günther Buchheim: Fernöstlicher See, aus:
L.-G. B.: Die Tropen von Feldafing. Mit einem Nachwort von Herbert Pée. Mit 35 farbigen und 29 schwarzweißen Abbildungen. 1978. S. 57 bis 72

Paul Gauguin: Aus den Aufzeichnungen Noa Noa, aus:
P. G.: Noa Noa. Aufzeichnungen aus Tahiti. Nach dem Originalmanuskript von 1893. Aus dem Französischen von Rosmarie Aegerter. Mit 16 Farbtafeln. Serie Piper Galerie 616. 1992 (in Vorbereitung; © der Übersetzung: Verlag Im Waldgut, Frauenfeld)

Vincent van Gogh: Das gelbe Haus und die Sonnenblumen, aus:
V. v. G.: Von Feuer zu Feuer. Sein Leben von ihm selbst berichtet. Herausgegeben und bearbeitet von Hans Walter Bähr. Mit 51 Abbildungen. 2. Auflage 1970 (zuerst erschienen 1952). S. 202 – 213

Olaf Gulbransson und Reinhard Piper: Briefwechsel, aus:
R. P.: Briefwechsel mit Autoren und Künstlern 1903 – 1953. Herausgegeben von Ulrike Buergel-Goodwin und Wolfram Göbel. Mit 49 Faksimiles. 1979. S. 259 – 275

Franz Marc: Briefe aus dem Feld, aus:
F. M.: Briefe aus dem Feld. Neu herausgegeben von Klaus Lankheit und Uwe Steffen. Serie Piper 233. 1982 (zuerst erschienen Berlin 1920). S. 52 – 58

Henry Moore: Die menschliche Gestalt, aus:
H. M.: Über die Plastik. Ein Bildhauer sieht seine Kunst. Herausgegeben von Philip James. Aus dem Englischen von Wilhelm Thaler. Mit 137 Abbildungen. 1972. S. 115 – 118 (© MacDonald & Co., Publishers, London)

III. Aus dem Almanach »Der Blaue Reiter«

D. Burljuk: Die »Wilden« Rußlands, aus:
Der Blaue Reiter. Herausgegeben von Wassily Kandinsky und Franz Marc. Dokumentarische Neuausgabe von Klaus Lankheit. Mit 161 Abbildungen. Serie Piper 300. 7. Auflage 1989 (zuerst erschienen 1912; dokumentarische Neuausgabe 1965). S. 41 – 50

E. v. Busse: Die Kompositionsmittel bei Robert Delaunay, aus:
Ebenda, S. 96 – 102

Wassily Kandinsky: Über die Formfrage, aus:
Ebenda, S. 132 – 142

August Macke: Die Masken, aus:
Ebenda, S. 53 – 59

IV. Stationen der europäischen Kunstgeschichte

Hans Belting: Julius Meier-Graefe und seine Entwicklungsgeschichte der modernen Kunst, aus:
Julius Meier-Graefe: Entwicklungsgeschichte der modernen Kunst. Neu herausgegeben und mit einem Nachwort versehen von Hans Belting. 2 Bände. Mit 94 Tafeln und 57 Abbildungen im Text. Serie Piper 661 und 662. München 1987. Band 2 (zuerst erschienen Stuttgart 1904), S. 731–742

Max Dvořák: Voraussetzungen für die italienische Renaissance, aus:
M. D.: Geschichte der italienischen Kunst im Zeitalter der Renaissance. Akademische Vorlesungen. Erster Band: Das 14. und 15. Jahrhundert. Mit siebenundneunzig Tafeln. Zweiter Band: Das 16. Jahrhundert. Mit hundertvier Tafeln. 1927/28. Band 1, S. 13–24

Paul Fechter: Der Expressionismus, aus:
P. F.: Der Expressionismus. Mit 50 Abbildungen. 4. Auflage 1920 (zuerst erschienen 1914). S. 21–29 (© Sabine Fechter, Berlin)

Rosel Gollek: Der Blaue Reiter in München, aus:
Brennpunkt der Moderne – Der Blaue Reiter in München. Einführung und Bildauswahl von R. G. Mit 34 Farbtafeln und 7 Schwarzweißabbildungen im Text. Serie Piper Galerie. 1989. S. 7–20

Kurt Kusenberg: Was ist ein Bild? aus:
K. K.: Mit Bildern leben. 27 Kapitel über Malerei und Maler. Mit 84 Bildern und 4 Farbtafeln. 1955. S. 23–26 (© Barbara Kusenberg, Hamburg)

Gustav Pauli: Antwort auf den »Protest deutscher Künstler« von Carl Vinnen, aus:
Im Kampf um die Kunst. Die Antwort auf den »Protest deutscher Künstler«. Mit Beiträgen deutscher Künstler, Galerieleiter, Sammler und Schriftsteller. 1911. S. 1–6 (© Freya Pauli, Hamburg)

Wilhelm Worringer: Entwicklungsgeschichtliches zur modernen Kunst, aus:
Ebenda, S. 93–99 (© Lucinde Worringer-Sternberg, Bochum)

Ernst Piper: Nationalsozialistische Kulturpolitik und ihre Profiteure. Das Beispiel München, aus:
»Niemand war dabei und keiner hat's gewußt«. Die deutsche Öffentlichkeit und die Judenverfolgung 1933–1945. Herausgegeben von Jörg Wollenberg. Serie Piper 1066. 1989. S. 129–134, 157

Emil Preetorius: Die japanische Kunst und Europa, aus:
E. P.: Geheimnis des Sichtbaren. Gesammelte Aufsätze zur Kunst. Mit 40 Abbildungen. 1963. S. 109–114 (© Lilly Preetorius, München)

Wir danken allen Rechteinhabern, sofern diese zu ermitteln waren, für die freundliche Genehmigung zum Abdruck.

Bildnachweis